CARPE DIEM

文学、电影与刑法

刑事案例演习课程实录

周详 著

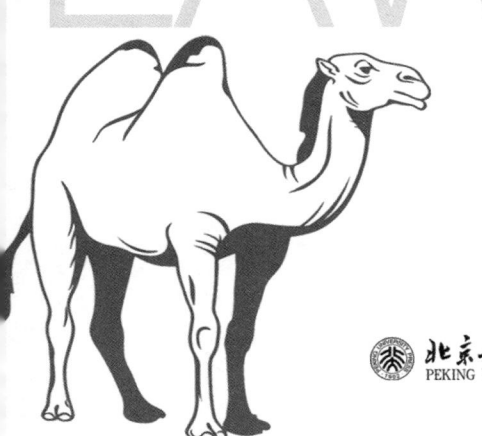

Literature Film and
Criminal Law

A FACTUAL RECORD ON COURSES OF
CASE ANALYSIS OF CRIME

未选择的路①

黄色的树林里分出两条路,
可惜我不能同时去涉足,
我在那路口久久伫立,
我向着一条路极目望去,
直到它消失在丛林深处。

但我却选了另外一条路,
它荒草萋萋,十分幽寂,
显得更诱人、更美丽;
虽然在这两条小路上,
都很少留下旅人的足迹;

虽然那天清晨落叶满地,
两条路都未经脚印污染。
呵,留下一条路等改日再见!
但我知道路径延绵无尽头,
恐怕我难以再回返。

也许多少年后在某个地方,
我将轻声叹息把往事回顾:
一片树林里分出两条路,
而我选了人迹更少的一条,
从此决定了我一生的道路。

---

① [美]罗伯特·弗洛斯特:《未选择的路》,载《英诗300首》,顾子欣编译,国际文化出版公司1996年版,第587页。

目 录

序一 浮躁的时代,我们需要什么样的法学教育?/齐文远 …………… 001
序二 "法律与文学"走进刑法教义学之门/陈兴良 ………………… 009

基础理论篇 刑事案例演习教学模式与素质教育理论

第一章 刑法案例演习课程与素质教育理念 ………………………… 017
第一节 刑事案例演习课程的教学过程设计 ………………… 017
第二节 在刑法案例演习教学中所贯彻的素质教育理念 ……… 020

第二章 素质教育理念下的法学本科案例教学的实践问题探讨 …… 027
第一节 一个前置性问题:素质教育是一种实践 ……………… 027
第二节 法学本科案例教学模式的创新问题 ………………… 029
第三节 传统法学本科案例教学实践中存在的问题 ………… 032

第三章 法学硕士研究生刑事案例演习教学法的探索 ……………… 035
第一节 案例教学的利弊分析 ………………………………… 035
第二节 刑事案例演习教学法的具体实践及根据 …………… 037
第三节 课堂的效果与经验 …………………………………… 040
第四节 制约因素与改进思路 ………………………………… 042

第四章 法科生如何写学术论文 ……………………………………… 044
第一节 何谓论文 ……………………………………………… 044
第二节 法科生为何要写论文 ………………………………… 045
第三节 法学论文的基本要素与结构 ………………………… 046
第四节 撰写具有创新性论文的技巧 ………………………… 049

教学核心环节展示篇　经典电影、文学中的案例问题联想

第五章　刑事案例演习课程的问题式思考方法论
　　　　——电影《死亡诗社》《狗十三》……………………… 057
　第一节　教学过程设计梗概及《死亡诗社》《狗十三》电影简介 …… 057
　第二节　网络影评与涉电影学术论文文本的对比问题提示 ……… 059
　第三节　电影精彩片段以及相关问题的提示 …………………… 063
　第四节　优秀学生作业的选录和点评 …………………………… 075

第六章　发现问题比解决问题更难
　　　　——电影《寻枪》……………………………………… 078
　第一节　教学过程设计梗概及《寻枪》电影简介 ………………… 078
　第二节　"找"问题 ………………………………………………… 080
　第三节　阅读影评并尝试寻找一些问题 ………………………… 081
　第四节　提问之思维训练 ………………………………………… 086
　第五节　电影片段包含的刑法问题提示 ………………………… 087
　第六节　学生课堂作业点评 ……………………………………… 107
　第七节　教学中出现的问题小结 ………………………………… 109

第七章　"一半魔鬼一半天使"的人性复杂问题
　　　　——电影《天下无贼》………………………………… 113
　第一节　教学过程设计梗概及《天下无贼》电影简介 …………… 113
　第二节　电影情节与犯罪学视角的解读与反思 ………………… 114
　第三节　电影情节中的刑法规范学问题 ………………………… 122

第八章　影视作品中的盗窃罪问题解析
　　　　——电影《我叫刘跃进》《小武》《盗梦空间》………… 137
　第一节　从"小偷"的名称谈起 …………………………………… 137
　第二节　什么东西可被偷？ ……………………………………… 140
　第三节　偷一个乒乓球、一个空汽水瓶也是盗窃罪吗？ ………… 150
　第四节　主人拿回"自己的东西"也是盗窃吗？ ………………… 156
　第五节　盗窃罪的非法占有目的的问题 ………………………… 164
　第六节　偷亲属的钱的问题 ……………………………………… 167

第七节 "拾金而昧"是否构成盗窃罪的问题 …………… 172
第八节 对社会观念中"小偷"的反思 …………………… 174

学术论文成果示例篇 经典电影、文学中的刑事法理分析

第九章 形式与实质的刑法解释论的立场选择
——电影《通天塔》与小说《小王子》………………… 179
第一节 《通天塔》电影简介 ……………………………… 179
第二节 形式解释与实质解释的概念在法理学中的缺位 … 179
第三节 对《通天塔》电影的语言学解读 ………………… 183
第四节 对实质解释论的几点反思 ………………………… 189
第五节 小王子的"帽子"与刑法学者的解释立场选择 … 202

第十章 负有照护职责人员性侵罪的规范目的新解
——电影《大卫·戈尔的一生》与《诗经》
《阿Q正传》《十日谈》等文学作品 ………………… 208
第一节 《大卫·戈尔的一生》电影简介 ………………… 208
第二节 刑法修正案的表面问题：两处年龄修订之间的
"矛盾" ……………………………………………… 208
第三节 "不伦之恋"的法律管控史略：从《诗经》到
《阿Q正传》………………………………………… 210
第四节 "年龄提高论"面临的刑法教义学难题 ………… 213
第五节 "立法推定论"的刑法教义学建构 ……………… 219
第六节 司法者可以考虑出罪的几种特殊情况 …………… 231

第十一章 "救援酷刑"合法化问题
——电影《变节：潜罪犯》《战略特勤组》…………… 235
第一节 《变节：潜罪犯》《战略特勤组》电影简介 …… 235
第二节 酷刑回归的学术思潮 ……………………………… 236
第三节 营救酷刑合法化的强点 …………………………… 238
第四节 营救酷刑与"人"的消逝 ………………………… 244
第五节 "定时炸弹"情景与"定时诈弹"骗局 ………… 248

第十二章　程序正义与实体正义的纠缠
——《登徒子好色赋》《美人赋》与《水浒传》 251
第一节　《登徒子好色赋》《美人赋》古文选读 251
第二节　《刑事诉讼原理》一书中好看的文学故事 252
第三节　十字坡上的程序正义 258
第四节　《登徒子好色赋》《美人赋》中的实体正义 267
第五节　刑法学者的自负与坚守程序正义的艰难 273

第十三章　我国防卫过当学说的反思
——电影《犯罪嫌疑人X的献身》《天注定》
《夜行动物》 277
第一节　电影《犯罪嫌疑人X的献身》《天注定》《夜行动物》简介与刑法问题提示 277
第二节　热点案件中争议的焦点 278
第三节　学者的理论宣示与实践判断的矛盾 279
第四节　防卫必要限度判断学说之间的逻辑关系 286
第五节　"原则与例外说"的立场归属 296

第十四章　人工智能能否成为"犯罪主体"的问题
——科幻电影《人工智能》《黑客帝国》《异形》 301
第一节　科幻电影《人工智能》《黑客帝国》《异形》简介 301
第二节　刑法研究的想象力落后于科技的飞速发展 302
第三节　"权利主体"问题的人类观念史梳理 304
第四节　智能机器人"权利主体论"的法理分析与论证 310
第五节　智能机器人"权利主体论"对传统刑法观的挑战 316
第六节　人工智能技术的发展与刑法学研究的功能主义走向 321

第十五章　人性的弱点与刑法中的期待可能性
——电影《1942》 324
第一节　电影《1942》简介与刑法问题提示 324
第二节　刑法理论上的回应：期待可能性理论的提出 325
第三节　期待可能性在我国刑事司法中的具体运用 326
第四节　期待可能性的理论渊源与哲学基础 328
第五节　期待可能性理论的人性基础 329

第十六章　刑事冤案的产生与防控
　　——电影《杨乃武与小白菜》 …………………………… 332
　第一节　《杨乃武与小白菜》剧情与历史故事简介 ………… 332
　第二节　刑事冤案发生的原因分析 ……………………… 334
　第三节　刑事冤案的社会危害性 ………………………… 336
　第四节　刑事冤案的防范机制 …………………………… 338

第十七章　中国熟人社会与求刑权反思
　　——电影《秋菊打官司》 ………………………………… 342
　第一节　《秋菊打官司》电影简介与法理问题提示 ………… 342
　第二节　我国刑法对秋菊讨说法的正式回应 …………… 344
　第三节　民间习惯法与国家刑罚制度的冲突关系 ……… 345
　第四节　对"国家追诉主义"求刑制度的反思 …………… 347

附篇　刑事案例演习课程的教学反馈 ……………………… 353

后记　别把凶恶的"狮子"放出来 ………………………… 367

序一
浮躁的时代，我们需要什么样的法学教育？

齐文远[*]

学校以培养人为最终目的。《废墟中的大学》一书的作者雷丁斯认为，当下的大学理念与现代大学建立时的理念相比，已经不可同日而语。按照作者的理解，西方现代大学的教育理念有三个阶段：康德的理性大学、洪堡的文化大学和当代的"一流大学"。如今，各高校在争创"一流大学"的理念下，纷纷出台测评方案，进行量化操作，以便在各种项目的评估中达到较好的效果。雷丁斯却对这种"一流大学"教育理念提出反思与批判，将这种量化的"一流大学"称为"废墟中的大学"。在雷丁斯看来，**任何一种绝对的判断都会导致新的盲从、迷信、权力、压制**。面对全球化语境中的大学处境，他提出一种以"思想之名"办学的理念，也就是**以培养学生的反思、质疑、批判能力为旨归的教育**。他倡导**"教学景观的开放性"**，即在课堂上，老师和学生都不应认为自己是主体，而是永远保持"他者"与己共存的意识，包纳"他者"，用"他者"不断质疑"自我"，由此大学可以成为一个新的共同体，但这个共同体不再以"共识"为凝聚力，而是以差异，说得更确切一些，以承认彼此的差异为基础。[①] 进而，我们需要思考"为什么现在我们的学校总是培养不出杰出人才"[②]。

或许人们对此的解答有很多种。从法学教育的角度来看，就是一个如何激发创新的问题，而传统法学教育模式的确隐含着忽视创新的客观危机，没有创新的法学教学形式，没有创新观念的老师，自然很难产生具有创新意识的学生，所以各个高校都鼓励在法学教育模式上创新，不过其探索之路却是举步维艰，知易行难。而刑事案例演习课程就是在这条艰难的探索、实践之

---

[*] 中南财经政法大学刑事司法学院教授、博士生导师。
[①] 参见[加]比尔·雷丁斯：《废墟中的大学》，郭军等译，北京大学出版社2008年版，第209页。
[②] 王怀兴：《为什么现在我们的学校总是培养不出杰出人才》，载《中国教师》2010年第23期。

路上逐步成型的。可以说，本书无论是从内容还是从形式上都是动态鼓励自主创新的师生关系的产物。

"刑事案例演习课程"最开始并没有针对法学本科生开设，而是针对刑法学研究生开设的一门新课程。经过几年的实验，其良好的教学效果开始逐步显现。1999年，周详从中南民族学院教育管理系教育管理专业毕业，考上刑法学研究生，在我的指导下，他经过好学好问的三年学习，进步很快，研究生毕业后留校任教。有一次，我们谈起了刑事案例演习课程，他告诉我，最吸引同学们的研究生课程就是我开设的这门课，他觉得有必要照葫芦画瓢，在本科生中也开设这门课。我支持他的这一提议，本科生的刑事案例演习课程的申请、教学由周详具体负责，我做一些宏观的指导与协调工作。经过他向教务处申请，针对本科生的刑事案例演习课程得到我校教务处的批准。在教学过程中，显然他遇到一些困难，比如完全按照研究生的刑事案例演习课程的模式来教学，在本科课堂中似乎效果不明显；又如学生对一些疑难刑事案件提不出有价值的问题，把握不了疑难案件的关键点，对老师的提问，回答起来也不能令人满意，对一些看似是刑事法的前沿学术问题，本科生似乎并不感兴趣。师生之间、学生之间难以围绕一些疑难刑事案件形成有效的自由讨论、辩论、辩驳，似乎学生还是更习惯于老师教、学生记的传统法学教学模式。这显然是因为他的教学经验还不足，未能掌握研究生与本科生在知识储备与心理成熟程度、取向上的差异。我告知他本科生更容易接受浅显的、生动的知识传播形式，对纯理论的知识与过于抽象的学术争议，他们不感兴趣，虽然我们常常认为"内容决定形式"，但实际上很多时候是"形式决定内容"。即使是深奥的知识，一个有经验的、善于把握的老师如果能用浅显有趣的形式表现出来，将会事半功倍，反之则会事倍功半。不是学生对那些看似"高深"的刑法学术问题不感兴趣，而是老师没有激发出他们对刑法知识的兴趣。要想创新，要想吸引学生，首先要从形式上的创新找突破口。

学生，就像是小孩一样，常常需要老师的鼓励、扶持。后来他告诉我，受我的点拨与鼓励，他找到了一个很好的教学形式——通过学生喜闻乐见的电影素材来挖掘刑事法的问题。兴趣是最好的老师，让本科生在快乐中学习，其动力是无穷的，教学也明显富有成效，课程深受广大法律学子的欢迎，甚至有一些非法律专业的学生也选修了本门课程。后来我了解到他为了这门选修课，的确称得上煞费苦心、不计成本，几乎跑遍武汉的影像店，收集了上千套电影碟片。有很多碟片买回来一看，只是一些普通的枪战片、暴力片，与刑法知识没有多大关系，就只能废弃。不过他在付出这些

序一　浮躁的时代,我们需要什么样的法学教育?

精力与财力之后还是有很大收获,淘到了一些比较适合刑事案例演习教学的电影。他每找到一部比较经典的电影,还会兴致勃勃地推荐给我看,与我一起讨论其中包含的刑事法问题,甚至针对电影中相关法律问题写出篇幅不短的研究性论文。

当然,在教学电影的选材上,我们早期遇到了一个尴尬:外国法律电影占了大部分。这并非崇洋媚外,而是"巧妇难为无米之炊"的客观现实所决定的。用车浩的话说:在过去的十年中,人们对法律电影的印象,主要还是来源于西方的法律电影特别是美国的"法庭片"。作为控辩双方的角斗场,社会冲突的解决中心,法庭本来就是彰显人性的绝佳戏台。美国电影敏锐地捕捉到"法庭"这一足以代表现代成熟法治的主题形象,对其百拍不厌,使法庭片在诸多与法律题材有关的影片中脱颖而出,形成规模,占据主流,成为法律电影类型片的代名词。电影界通过法庭片展现出对于现代法治的颂扬或批判,反过来也不断强化和修正着美国社会的价值观,并将之传播到世界各地。相比之下,作为一种电影类型,法律片尚未在中国的电影工业中形成规模,甚至对"中国法律电影"这样一个概念,仍然模糊不清,公众对其缺乏认可。"以法之名"的中国电影在过去的十年中并不鲜见,但是仔细琢磨,其中大部分影片的法律内涵都是浮光掠影,更难以在脑海中涌现出形象鲜明、数量众多、代表中国法律电影主流题材的类型片。[①] 当然,这一中国本土法律电影的缺失尴尬,并不妨碍我们以外国的法律电影为素材来讨论中国刑法问题,我们尽量作出"素材是外国的,问题是中国的"这样的处理。在沙里淘金中,也寻得几部比较好的法律电影,比如《死囚168小时》《绿里奇迹》适合探讨死刑存废问题,《大卫·戈尔的一生》适合探讨刑事错案的必然性问题,《肖申克的救赎》适合探讨刑罚的功能或监禁的交叉感染问题,《魔鬼代言人》《辩护人》适合探讨刑辩律师的职能问题,《罗生门》《十二怒汉》适合探讨刑事证据认定中客观真实与法律真实的关系问题,《战略特勤组》适合探讨救援酷刑合法性问题等。

这种从普通的生活、常见的电影素材中思考、研究严肃的法律问题与刑法问题的做法在学术界是比较罕见的,但却是值得鼓励的。据说德国著名的刑法学家雅各布斯先生的学术研究分为两个半天,上午在书屋里看书写作,研究刑法问题,下午就走在大街上观察生活,体验生活,从生活中发现刑法的规范原理与法律韵味。电影艺术虽然高于生活,但来源于生活。我想,从电影中挖掘刑事法问题,也是可能的、可欲的。陈兴良教授就在《刑事

---

① 参见车浩:《中国法律电影十年反思》,载《人民法院报》2008年1月5日,第4版。

法评论》第 17 卷中结合美国电影《绿里奇迹》谈佘祥林案等死刑案。他说："……本片是我看过的描写死刑的最为难忘的电影。它告诉我们：死刑冤案是存在的，其错判难纠令人扼腕。联想到我们现实生活中发生的类似佘祥林的案件，《绿里奇迹》揭示的哲理对我们具有启发意义。"[①]**可见，善于思考的人，也许能在人们熟知的东西里面，感知到法的精神、法律问题**。创新，也许并没有我们想象中的那么难，关键是看一个人是不是真的全身心地投入进去，是不是真的想把一个突发奇想的观念从纯观念变为现实，努力去试验、检验、实践。只要迈出第一步，总会有"柳暗花明又一村"的意外收获。

本书初稿在 2012 年就已经形成。但受时代局限，本书初稿尚有一些令人不满意之处，比如外国电影比例过高了一点。毕竟这些法律电影大都产自美国、日本、韩国等国家，虽然其中蕴含了很多刑事法共通的法理，但也有很多情节、观念、语境与我国的国情、法律制度、法律体系、法律文化等相去甚远。可以说当时具有典型刑法学术意义的中国本土法律电影资源太稀缺了。《秋菊打官司》(1992)、《被告山杠爷》(1994)这两部中国电影曾引起法社会学界的广泛讨论，甚至由此在中国法学界诞生了一个具有中国特色的"法律与文学"流派。[②] 当然有的中国电影虽然没有引起法理学界的关注，比如《寻枪》(2002)、《天下无贼》(2004)，但仍然具有刑法学术上的价值，可用于探讨"丢失枪支不报罪"的相关争议问题以及"盗窃罪与抢夺罪的界分"等问题。所以出于谨慎考虑，本书初稿一直未能公开出版。2012 年之后，上述中国本土法律电影教学素材的稀缺性问题有所缓解，我国也陆续出产了一些具有典型法学学术意义的好电影。比如《失孤》(2015)涉及买卖妇女、儿童犯罪的问题，《烈日灼心》(2015)涉及死刑问题，《我不是潘金莲》(2016)涉及信访滥用与寻衅滋事罪问题，《我不是药神》(2018)涉及仿制药"假药"的犯罪问题。后来经过十余年的刑事案例演习课程教学素材的挖掘与更新，教学经验的不断积累，尤其是 2018 年随着我国高校教育"新文科"建设目标的提出，刑事案例演习课程的改革探索也进入了一个新阶段。本课程有意识地按照"培育新时代中国特色、中国风格、中国气派的新文化，培养新时代哲学社会科学家，推动哲学社会科学与新一轮科技革命和产业变革交叉融合，形成哲学社会科学的中国学派"的要求，对之前的教学内容进行了大幅调整。首先，在中外电影素材的选取比例上，大幅增加中国本土法律电影与本土刑事案例的比例。其次，在课堂教学中，特别有意识地增加《左传》《史记》《诗经》《水浒

[①] 陈兴良主编：《刑事法评论》(第 17 卷)，中国政法大学出版社 2006 年版，主编絮语。
[②] 参见苏力：《法律与文学——以中国传统戏剧为材料》，生活·读书·新知三联书店 2006 年版。

传》《美人赋》《龙图公案》《极花》等中国古典文学、现代文学文本文献的列示与研读。相关的教学与学术研究成果也逐步成熟,修改初稿予以出版的时机也成熟了。

在全书的篇章结构上,第一篇"基础理论篇"收录了有关本科生与研究生在刑事案例演习的教学理念方面的理论探讨的教学研究文章。其实在素质教育理念方面,本科生与研究生并没有实质差异,只是具体的实现方式或者在程度上有一定差异罢了。过去我们往往将法学本科生定位为法学基础知识的学习者,认为(硕士、博士)研究生、法学教师才是法学知识的创造者。这一般而言是成立的,但也有刻板划分之嫌。事实上,如果指导培养无方,研究生也许就会沦为不知如何创造法学知识的"大龄本科生",而只要培养指导有方,法学本科生也完全可以是法学知识的创造者。例如,张明楷教授在清华大学针对本科生开设了"刑法研讨与案例分析"课程,最后以本科生的课堂作业为主要内容,出版了《刑事疑案演习(一)》一书,其中本科生所写的文章在问题意识以及创新程度上并不逊色于法学教师所写的学术论文。[①] 陈兴良教授主编的《刑事法评论》以及像《政法论坛》这样的法学核心刊物偶尔也发表法学本科生撰写的高质量的学术论文。而且随着多年的法学教育经验的积累,我们越来越清晰地感知到法学论文写作对法学思维培养的重要性,正如有法学教育同行所言:"从教育学的角度,最好的学习方式就是写作……身在教育圈,我特别知道能写意味着什么,写作意味着高级层次的思维。学生的写作能力,成了衡量学生素质的硬指标。"[②]因此,我们"刑事案例演习"课程就将"写出一篇合格的学术论文"[③]确定为本课程的核心考核目标。

第二篇"教学核心环节展示篇"中,第五章至第八章基本上是以周详早期(2012年之前)在本科课堂上的刑事案例演习讲义为主。在编写体例上,本部分前三章主要参照了邓子滨教授翻译的美国大学法学院比较通用的法律教科书——《法律之门》[④]——的案例讨论方式,即采用先给出电影文本

[①] 参见张明楷编:《刑事疑案演习(一)》,中国人民大学出版社2009年版。
[②] 田洪鋆、赵海乐:《你学习那么好,为什么写不好论文?》,北京大学出版社2022年版,第27页。
[③] 在早期的刑事案例演习考核目标的探索过程中,允许学生最后提交的文章不限体裁:诗歌、散文、影评、论文都可以。这有利有弊,利是有利于部分同学自由发挥文采,弊端是缺乏体裁限定,也就缺乏"戴着脚镣跳舞"这种严格的逻辑思维训练,故后期教学的考核目标要求中,严格限定为法学学术论文。
[④] 参见[美]博西格诺等:《法律之门》,邓子滨译,华夏出版社2002年版。

或辅之其他文本的材料①,然后从这些文本中挖掘出刑法学、刑事诉讼法学、犯罪学的问题或育人问题。这种案例演习模式一般只提出问题或给出问题解答的某些提示,而不给出具体的答案,可称之为"问题联想式案例教学"模式。"问题联想式案例教学"模式有利于法科生进行自主的、开放性的问题思考,而不是记住某一具体问题的答案。第八章则是既给出问题的联想,又给出对这些问题的思考与倾向性的回答。可以说"问题联想式案例教学"模式是刑事案例演习课堂部分核心教学环节的一种展示。2012年之后,为了突出训练法科生的论文写作能力,在课堂教学中压缩了"问题联想式案例教学"模式课时占用比例,不再对某部电影中的所有刑事法问题与知识点进行全面撒网式的讨论,而是突出其中几个值得重点研究的学术争议问题予以讨论,这样有利于加强学术问题的聚焦性与课堂讨论的深度,为后期的学术论文的撰写打下基础。

第三篇"学术论文成果示例篇"主要是对平时课堂教学所讨论的案例、所提出的焦点问题、所积累的学术材料进行整理后,严格按照学术论文的基本要求,精选其中某一个核心学术问题进行体系化、结构化的深度思考与论文写作。从思维角度看,如果说第二篇的基本特点是散在的、头脑风暴式的问题联想式思考,那么第三篇的基本特点则是聚焦某一学术问题的结构性、体系性思考。② 第九章至第十四章,是周详撰写或公开发表的学术论文。第九章主要是以一部美国电影《通天塔》为引子,围绕刑法的形式解释与实质解释之争的学术前沿问题而写出的一篇研究型学术论文。第十章是以《大卫·戈尔的一生》电影中的一个老师与学生发生性关系的情节为引子,讨论负有照护职责人员性侵罪的规范目的的论文。第十一章是以《变节:潜罪犯》中的一个电影情节为引子,讨论"救援酷刑"合法化问题的文章。第十二章是以《水浒传》电视剧里的"十字坡"故事以及《登徒子好色赋》《美人赋》古文为文本,讨论程序正义与实体正义观念的文章。第十三章是以《犯罪嫌疑人X的献身》《天注定》《夜行动物》等电影故事为引子,讨论我国防卫过当学说之争的文章。第十四章是以《异形》等科幻电影为引子讨论犯罪主

---

① 本书甚至收录了历届本科生所交的一些优秀作业,以该作业为文本进行教学与育人相融合的提问、启示。可惜还有很多优秀的作业未能录入。学生每次上交的大量作业,周详老师都是在用心阅读、评注,只不过他没有时间在课堂上一一点评,以至于有学生从该角度提出改善意见。
② 在刑法学术研究中存在着"体系性思考"与"问题性思考"以及"体系性思维"与"问题性思维"的对立。参见陈兴良:《教义刑法学》,中国人民大学出版社2010年版,第13页。当然刑法学术中的"体系性思考"之"体系"主要指"刑法学知识本身的体系",与论文写作所要求的形式上的"结构与体系"有语义差异。

体问题。第十五章至第十七章是三次网易公开课"影视刑法"内容的整理。①《1942》《杨乃武与小白菜》《秋菊打官司》几部影视作品,分别探讨"人性的弱点与刑法中的期待可能性""刑事冤案的产生与防控",以及"国家求刑权与熟人社会中老百姓对法律的实际需求不匹配"的问题。这种从课堂上的"口语刑法学"变成"口授刑法学"②的书面语言形式,赋予知识不同的形式再出版传播,具有新的价值。

第四篇是附篇,主要收录了历届本科生在本课程的学习中,对周详主讲的本课程的教学反馈与评价,既包括一些感想,也包括一些学生对本课程提出的改善意见。③这样既实现师生的具体互动,也完成了一个教学过程完整环节的大循环。

在本书中,探讨或探索了有关法学素质教育的各种理念、模式。若要一句话归纳本书的主旨,就是"提倡素质教育"。这固然不错,但太抽象太枯燥。不如用一句更富文学性的话来描述:希望学子们从老师主体性视角的"你要学"进化为学生主体性视角的"我要学",完成哲人尼采所说的"从骆驼到狮子"的精神变形。周详作为我的学生(1999届硕士、2006届博士),从入学到毕业留校二十五年有余,明显感知到他自身也有一个"从骆驼到狮子"的精神变形过程。看着他一步步成长,倍感欣慰。

但他身上的优缺点都很明显,比如在学术层面上批评意识过强,对其他学者观点的评论常常言词过激或表达不当,也有不少令人误读之处,瑕疵与错误在所难免。希望学界同仁怀着海纳百川的包容心,对他多多赐教。

齐文远
2023年6月7日

---

① 我校刑法学科的网易公开课"影视刑法",借鉴了刑事案例演习课程的模式,类似于本课程的网络版。从申报到开课,周详做了不少电影资料的收集与主题建议等工作。几次网易公开课产生的社会效果很好,受众广泛,可惜中途停滞了,没有继续坚持下去。在本书出版过程中,我建议他整理修改这三次网易公开课的内容,收入本书。

② 陈兴良教授有本书叫"口授刑法学"。陈兴良:《口授刑法学》,中国人民大学出版社2017年版。

③ 学生早期提出的一些教学改进意见,在后期的"刑事案例演习"课程的实践中,也吸纳并基本解决了。

序二
"法律与文学"走进刑法教义学之门

陈兴良[*]

周详教授的《文学、电影与刑法——刑事案例演习课程实录》一书即将由北京大学出版社出版,请我为本书作序。周详的这本书我早就知道,没想到延宕了这么久,现在终于要问世了,实属不易。

本书是一本难以归类的书籍,它既不是一本刑法教辅书籍,也不是一本电影欣赏书籍,而是介乎于两者之间:既有电影,又有刑法。这种类型的书籍以前没有见到过,以后很可能也不会再见到,可谓"空前绝后"。因此,本书是一本独一无二的书籍。本书核心内容是以刑法为视角的影评,同时纳入刑事案例演习教学的框架之中,由此形成本书的复调结构。以下,我通过三个关键词来解读本书的主题:

第一个关键词是案例。案例演习是法学教学的一种方法,其实,不仅法学教学,经济学、社会学的教学,也越来越多地采用案例教学法。法律本身是一种以文本为载体的规范,具有抽象性。大陆法系以法典为法律的主要形式,因而在法学教学中更加重视法学原理的传授;英美法系以判例为法律的主要形式,因而案例教学具有天然优越性。我国法律形式是成文法,但现在也越来越多地采用案例教学法。其中,刑法作为一个主要的部门法,刑事案例演习就成为一门重要课程。在通常情况下,刑事案例教学大多采用真实案例或者教学案例,或者两者兼而采之。真实案例主要来自指导性案例或者典型案例,因其具有权威性和指导性。教学案例则在真实案例的基础上加以适当改编,使其适合于教学需要。例如,德国案例教学采用的案例既有真实案例,也有教学案例。德国著名刑法学者罗克辛教授撰写的《德国最高法院判例·刑法总论》[①]收集了德国最高法院100个特别重要的判决,并附有罗克

---

[*] 陈兴良,北京大学博雅讲席教授。
[①] 参见[德]克劳斯·罗克辛:《德国最高法院判例·刑法总论》,何庆仁、蔡桂生译,中国人民大学出版社2012年版。

辛教授的注解，成为德国刑法案例教学的重要资料。此外，我国还翻译出版了德国学者希尔根多夫教授的《德国大学刑法案例辅导》三卷本，包括新生卷、进阶卷和司法考试备考卷。① 在三卷本的中译版序中，希尔根多夫教授指出："在德国，法律专业的大学生从第一学期就开始学习解析案例的方法。法学教育和司法实践紧密相连。本案例集最早可回溯到 1993 年，从 2010 年开始以三卷案例集（新生卷、进阶卷、司法考试备考卷）的形式在德国出版……展现了案例解析的结构，并为学生提供了练习的机会。这三卷案例集，可使读者独立掌握在法治国框架内解析刑法案例的方法。"由此可见，德国法学教学中，案例演习也是必不可少的教学课程。随着我国案例指导制度的建立，指导性案例和典型案例不断累积，并被引入课堂教学之中。通常来说，案例演习还是以真实案例为主。例如我和江溯主编出版了《判例刑法教程（总则篇）》和《判例刑法教程（分则篇）》（北京大学出版社 2015 年版），为刑事案例教学提供了教材。然而，在周详的刑事案例演习课程中，虽然也有徐州拐卖妇女案这样的真实案例，但周详并不拘泥于此。在本书中，周详教授认为案例教学模式没有必要完全拘泥于模拟法庭法或者案例讨论法，而是要根据不同的学习对象，根据不同的教学手段和资源，根据不同的学科性质摸索出最能够培养学生实践能力和创新精神的案例教学模式。也就是说，案例教学中的案例未必是真实案例，也可以是虚拟案例或者取之于其他渠道的案例。周详教授指出："在'快乐学习'观念的策动下，想到了学生感兴趣的文学作品、影视作品。艺术虽然高于生活，但艺术也来源于生活。当然文学作品的感官性不如影视作品强烈，因此笔者有意识地收集、挖掘和法律相关的影视作品。让同学们观赏一些具有观赏性的电影，然后分析隐含在其中的刑事法律问题……以影视作品为蓝本挖掘出的刑事案例演习，代替以文字材料为蓝本的刑事案例演习，尽管只是一个小小的变化，但却产生截然不同的效果。这是一种案例教学模式上的创新和探索。"这样一种以电影或者其他文学作品中的故事作为刑事案例演习课程教学对象的教学模式，确实是别具一格、前所未见的，这也构成了本书的独特性。因为真实案例是较为枯燥的，涉及的案件事实比较复杂，而电影或者其他文学作品则是充满趣味的，更能够吸引学生，因而这一教学模式践行了快乐学习的观念。我觉得周详教授的这一思路是十分独特的，从教学效果上说，肯定会吸引更多的学生，因而具有其积极的方面。当然，法学教学毕竟是以传授法律规范知识为使命，因而以电影或者其他文学作品中的故事作为案例教学的资料，只能是一种辅助性

---

① 参见北京大学出版社 2019 年出版的希尔根多夫教授撰写的《德国大学刑法案例辅导》三卷本。

的教学方法。在这个意义上说,周详教授的刑事案例教学方法具有实验的性质,其创新性是值得肯定的。

第二个关键词是电影。如上所述,本书的刑事案例主要来自电影,当然还有部分来自文学作品。观看电影,对于如我之类的普通观众来说,目的在于娱乐而不是接受教化或者教育。当然,还有些观众对电影具有异乎寻常的兴趣,每每观后,还喜好将观后感诉之于文字,形成影评,与其他观众或者非观众共赏。周详教授可能就属于此类人士,我称之为电影的忠实观众。以往我就阅读过周详教授的某些观后感,洋洋洒洒数千言,即使不是观众也深受感动,引发观影的兴趣。周详教授不满足于此,还将电影引入刑事案例演习的课堂,这是我未想到的。周详教授在本书中提及的电影,有些我是看过的,例如《寻枪》《秋菊打官司》《狗十三》《天下无贼》《盲山》《天注定》《1942》等,这些都是国产电影。至于外国电影,除了《黑客帝国》,我几乎都没有看过,由此可见我并不是一位称职的影迷。这些电影确实展示了某些刑法问题。例如《天注定》完全就是根据四个真实刑事案件改编而成的,因此涉及刑法理论问题。其实,刑事案件是社会公众最为关注的一类案件,因而也往往被改编成电影。例如近些年影响极大的《第二十条》,就是以刑法中的正当防卫为主题的电影,其对正当防卫制度的普及作用甚至超过刑法学者的著作。因此,在正当防卫单元的教学中,让学生观看《第二十条》可以强化课堂教学效果。我在许多年前的本科教学中,也曾经以电影作为课外辅助资料。例如在刑事责任的教学中,让同学们观看日本电影《刑法第三十九条》。《日本刑法典》第 39 条是关于刑事责任能力的规定:心神丧失者之行为,不罚。心神耗弱者之行为,减轻刑罚。这里的心神丧失者之行为不罚类似于我国《刑法》第 18 条规定的精神病人在不能辨认或者不能控制自己行为的时候造成危害结果,不负刑事责任。《刑法第三十九条》是 1999 年上映的日本电影,电影讲了一个在新闻上常见的争议问题:精神病人犯罪不负刑事责任。电影的剧情是:畑田修夫妇惨遭杀害,犯罪嫌疑人柴田承认杀人事实,但否认动机。柴田的反常举动引起法庭注意,经司法鉴定认为其患有精神分裂症,按《日本刑法典》第 39 条的规定无须承担法律责任。担任鉴定助手的小川则认为案件存在疑点。经过进一步调查,小川得知被害人畑田修 15 岁时曾杀害一名女童,后因未成年人保护条例及《日本刑法典》第 39 条躲过制裁。为报复畑田修,柴田杀死畑田修夫妇以后,假装精神病人逃避刑事制裁。因此,这部电影不仅关涉刑事责任能力问题,更为重要的是关涉刑事责任年龄问题。观看这部电影可以帮助同学们深刻理解刑法中的刑事责任年龄制度和刑事责任能力制度。在死刑教学中,让同学们观看的是美国电影《绿里奇迹》。《绿里奇迹》是 1999 年上映的美国电影,电影的剧情是:狱监保罗(汤姆·汉克斯饰)这天迎来了一位不平凡的杀人犯——约翰·考夫利。约翰因"杀了"(其实凶手另有其人)两名幼女被判死刑而来到了这座著名的冷山监狱。监狱里有一片称为"绿里"的绿地,绿地那头就是刑场。约翰不仅不像想象中的凶残,相反,他出奇的温厚、机智。约翰的到来给狱中的每个人带来了天翻地覆的变化:为老囚犯特里沃的小老鼠注入了生命的活力,给特里沃最后的人生带来最后的慰藉;神奇地拯救了被病痛折磨的保罗和马琳达;将金保斯从死神手中拉了回来。保罗这些天也从约翰身上看到了人生的真谛。在监狱里还有其他各种各样的死囚。有的死囚是真正的穷凶极恶,有的则在生命最后时刻展现出复杂的情绪。狱监们见证了这些囚犯的最后时光,与此同时,他们的内心也经历着挣扎。最后,约翰选择走向电椅结束自己的生命,因为他承受了太多痛苦。保罗在见证这一切后,内心也受到了极大的触动。影片通过保罗的回忆展开,展现了善与恶、生与死、公正与偏见等诸多主题。上述两个电影都讲述了刑法问题,尤其是揭示了刑法制度中的争议,对于刑法教学具有辅助作用。当然,我没有采用周详教授刑事案例演习课程的方式,而是要求学生课外观影,并撰写观后感。周详教授是系统地讲授电影,并以此为线索展开刑法知识的传授,这是一种十分独特、感性的教学方法,对学生具有良好的教学效果。

第三个关键词是刑法。在周详教授的刑事案例教学中,电影只是一个载体,中心线索则是刑法。对于刑法具体条文,通常都是在刑法总论和分论的课程中系统讲授的。刑事案例演习课程起到补充作用,因而具有刑法理论讲授所不具有的功能。因为刑法规范本身是抽象的,刑法教义学是以逻辑分析和语言分析为主要工具的,所以学生接受起来具有一定的难度。以电影评论或者文学评论为内容的刑事案例演习课程,可以加深或者弥补刑法教义学之不足。这里涉及法学与文学这样一个话题。电影也可以归于文学的范畴,而且是文学当中最通俗、最接地气的一种形式。法学不仅要研究法律文本,还可以研究文学中的法律现象。我国学者在法律史的研究中,以文学作为资料,由此形成独特的研究进路。有学者指出:"以中国古典文学作品为资料探讨中国法律史,不仅是可行的,而且是很有学术价值的。进而,两者之间的'互证互释',对于深化中国法律史与中国文学史的研究有双重意义。"[1]我国法律学者苏力教授更是通过电影研究其中涉及的法理问题,例如苏力在1996年发表的《秋菊的困惑和山杠爷的悲剧》[2]一文围绕《秋菊打官司》和《被告山杠爷》这两部电影讨论社会问题,奠定了"法律与文学"学术范式的

---

[1] 徐忠明:《法学与文学之间》,中国政法大学出版社2000年版,"自序"第6页。
[2] 参见苏力:《秋菊的困惑和山杠爷的悲剧》,载《东方杂志》1996年第3期。

基础，使这两部电影成为法律学人反复研究的经典素材。周详教授的刑事案例演习课程以电影和文学作品为对象，分析其中的刑法问题，实际上是"法律与文学"的刑法版，也就是把法律与文学的研究方法引入刑法研究之中。这种研究当然不属于刑法教义学的范畴，在某种意义上可以说属于社科法学的范畴。应该说，教义学虽然是刑法的主要研究方法，但刑法学并不排斥社科研究方法。这些不同研究方法共同对刑法知识积累与创新做出贡献，由此拓展和提升刑法学的知识地位，增添刑法学的人文品格。

在周详教授的《文学、电影与刑法——刑事案例演习课程实录》一书出版之际，随意"添油加醋"这么几句话，祝贺本书的出版，同时向读者推荐本书。

是为序。

谨识于北京海淀锦秋知春寓所
2025 年 3 月 29 日

基础理论篇
刑事案例演习教学模式与素质教育理论

◎ 第一章　刑法案例演习课程与素质教育理念
◎ 第二章　素质教育理念下的法学本科案例教学的实践问题探讨
◎ 第三章　法学硕士研究生刑事案例演习教学法的探索
◎ 第四章　法科生如何写学术论文

第一章　刑法案例演习课程与素质教育理念

刑事案例演习课程最开始是针对刑法专业硕士研究生而开设的一门试验性的教学课程。经过二十多年的摸索与实践，逐步形成了一个比较完整的有特色的教学体系和模式，教师和学生都觉得本课程的效果比较显著。因此有必要对这一教学模式从教育思想与素质教育的理念上予以总结、反思，以期引起法学教育界乃至于其他教育实践者更多的关注。

第一节　刑事案例演习课程的教学过程设计

刑事案例演习教学大体上划分为以下几个阶段：

（一）明了该课程的意义阶段。在这一阶段，老师阐明为什么要开这一门课程，欲培养什么样的素质；介绍案例教学在国内外的现状，尤其是有判例法传统的英美法系在这方面的经验，并指明因法系的差异，我们在吸收英美法学教育经验的同时应更注重案例教学中的理论性与系统性；介绍案例演习教学的基本步骤、方法、注意事项并指定相关的案例参考，提出一些如何看书、如何收集资料的建议。

（二）教学内容的逻辑划分阶段。在此阶段，教师将中国刑法学按其理论逻辑和体系从粗到细划分为几大范畴，提纲挈领地对每一范畴所涉及的基本理论、概念和当前理论界主要争议的问题予以梳理。要求学生在课后按自己的特点、兴趣选择某一范畴广泛收集资料，寻找相关的案例，作初步的准备。

（三）学生选题和对学生的分组阶段。这一阶段，每个学生在课后按自己的特点、情况进行初步的选题。教师对其选题的价值予以评价，对部分学生的选题提出异议，以及为避免同学之间的选题重复和从教学内容的几大范畴的均衡起见，教师与个别同学协商，作出选题上的调整和变更。然后根据选题的相关性对学生按课时顺序予以分组（一次课为4课时，安排2名学生主讲）。

（四）案例学习的实行阶段。该阶段中，每次由一位主讲学生在讲台上陈述典型案例，阐明本案例所包含的疑难理论问题，评价其他学者的观点。最重要的是要提出自己有新意的观点和论据。教师首先对该学生的论述提出问题，其他同学也可提出问题。在该学生准备答辩期间，由主讲的另一位学生上台陈述并由他人提问。然后进入学生答辩和自由辩论阶段。在此过程中，学生、教师站在不同的角度、立场、观念可对任何人的发言予以评价、质疑、反驳和支持。最后，由教师对本次案例演习课作总体评价，指出在辩论的形式或是具体的理论问题方面所显现出的可取和欠缺之处。希望下一次课能扬长避短。

（五）形成论文阶段。要求每个同学在讨论的基础上进一步思考，最后形成一篇八千字以上的论文，教师对每一位同学的论文提出具体的建设性意见并提供必要的指导。

以上是整个课程的教学阶段划分，对于每个具体主题的研讨课程，还可以具体化为十个教学环节。以课堂上讨论过的"买卖妇女罪的相关问题"为例，可分为如下十个环节：

第一教学环节：重申学术论文的问题意识与基本结构

第二教学环节：本主题的相关提示性问题

关于徐州拐卖妇女案的判决争议点是什么？你有何看法？关于买卖妇女的犯罪，法学界有哪些争议点？你对买卖妇女的相关犯罪的印象与认识是什么？我国地方政府、司法机关是如何看待、处理相关犯罪的？是否具有合理合法的依据？你是否阅读过贾平凹的小说《极花》，如何评价该小说？《盲山》电影中白雪梅走不出盲山的真实原因是什么？买家阻碍解救被拐妇女的原因是什么？《盲山》电影中陈春丽为什么在解救中选择留下来，在刑法上如何看待此现象？《盲山》电影等拐卖题材的文学作品，是否具有误导性，容易让我们形成对该犯罪问题的不当偏见？

第三教学环节：播放《盲山》电影（研究生课堂本环节省略）

第四教学环节：布置课下任务

布置本组同学课下阅读相关学术资料，准备下节课堂的展示、讨论课的PPT。

第五教学环节：课堂展示与讨论

本组同学进行课堂展示，老师与其他同学对课堂展示内容进行提问、评价并展开课堂讨论。

第六教学环节:核心学术问题提炼归纳

老师帮同学提炼本主题中可以从不同角度进行论文写作的学术问题。核心刑法问题:(1)收买被拐卖的妇女罪的刑罚是否需要加重。(2)要不要取消收买被拐卖的妇女罪中的从轻、减轻处罚条款。(3)买卖妇女犯罪的法益到底如何解释才合理?(4)如果我国存在大量自愿被拐被收买的妇女,这一社会事实是否会影响我国相关刑事立法规范的制定与修改?(5)被拐卖、被收买的妇女的同意承诺,是否影响拐卖妇女罪与收买被拐卖的妇女罪的认定与量刑。

第七教学环节:论文写作布置

要求同学们根据自己的兴趣,围绕拐卖妇女、儿童罪的主题,选择一个角度,按照学术论文的基本结构的要求,进行论文大纲的设计以及着手论文的撰写。

第八教学环节:论文指导与修改

课下对部分同学提交的论文大纲以及论文初稿进行指导。

第九教学环节:论文提交与评价

经过反复指导与修改后,学生提交论文的定稿,老师根据论文进行结课考核评价。

第十教学环节:论文完善与推荐发表

从结课论文中挑选比较优秀的作品,进行进一步的修改完善,并推荐投稿,进行公开发表。

也许人们认为,案例与理论分别代表着教学内容的现象与本质、个别与一般、散在性与系统性,在教学中案例至多起一种对理论的附带说明作用。我们在刑法案例演习课程的教学设计中有意识地进行目标控制——尝试强化案例演习的理论性和系统性。教学实践表明这一目标不仅可以达到,如果控制得法,案例教学比传统的理论教授法更能体现出教学内容的系统性、相关性、普遍联系性。从表面上看,"理论教授法"的优点就在于"系统性""逻辑性",它根据某一教材的逻辑体系按部就班地教授每个概念的"定义、特征、功能、意义",似乎既全面又系统,但实际上这只是一种想象。首先,所谓的"逻辑性""系统性"只存在于外在的书本上,由于缺乏学生的主动参与,外在的系统知识无法深入到学生的头脑中去而变得支离破碎、残缺不全。其次,即使相信学生已经一丝不苟、一字不漏地将教学内容记下来了,也不意味着在概念、范畴之间建立了真实的逻辑联系,这就像砖头与漂亮的房子是不同质的东西一样。为达到逻辑性、系统性真实的效果,在案例课程的教学设计中采取了系统控制的方法:在"明了"阶段,突出强调案例教学的系统性、逻辑性目标;在"划分"阶段,提要地勾画出概念、范畴之间的抽象的逻辑关系,犹如画出了房子的草图;在"选题、分组"阶段,对所选取的案例是否具有"典型性"予以评价和把关,避免那种就事论事式地将一些案件简单套在"犯罪构成的四大要件"上了事。分组时则考虑选题之间的可能的相关性;在"实行"阶段,以"问题"为中心的论辩已无须刻意追求,刑法概念、范畴之间的逻辑性、相关性、普遍联系性生动现实地显现出来。不同案例从不同的切入点、不同的角度深入到刑法理论的机制中去,走出了狭义刑法的理论范畴,与犯罪学、刑事诉讼法学、行刑学等其他刑事学科发生不可分离的联系,甚至远远超出了刑事学科范畴,与哲学、政治学、经济学、社会学、人类学以及伦理学乃至于一些自然科学也发生了具体联系。

第二节 在刑法案例演习教学中所贯彻的素质教育理念

(一)教学民主,师生平等

中国有尊师重教的传统美德,古代"师"与"父"不分,合称"师父",所以有今天的"一日为师,终身为父"之说。然而任何事情强调过头了,也就走向了反面。学生与老师的关系缺乏民主性、平等性。学生从小对老师具有一种莫名的恐惧。对师与父的恐惧往往成为中国学子的被动学习心理。而在现实中,的确部分老师对爱提问的学生有反感心理,甚至出言讥讽。学生见了老师犹如老鼠见了猫,唯避之而不及,更谈不上坦诚交流。正是这种现状使得一些智者反反复复强调教学民主、师生平等。孔子提倡闻过则喜。子路很喜欢提问,几次闹得孔子下不了台,孔子不但不疏远子路,相反是"子路告之有过则喜"。而他的得意门生颜回从来不反驳孔子,为此孔子抱怨:"回也,非助我也"。[①] 亚里士多德则提出"吾爱吾师,吾更爱真理"的名言。而罗素提倡的"自由教育""爱的教育"就旨在根除潜伏在学生心灵的恐惧,将学生从恐惧、挫折、压抑、阻挠的阴影中解放出来。[②] 缺乏民主、平等的师生关系将会把学校变成学生恐惧的场所,变成他们才智的屠宰场。在刑法案例演习教学中,老师一再强调要敢于说话、发言。无知者无畏,我们并不需要等到自己要说的每句话具备成为真理的资格之后才开口。尤其对老师的发言,应

---

① 参见喻本伐、熊贤君:《中国教育发展史》,华中师范大学出版社1991年版,第61页。
② 参见[英]罗素:《教育与美好生活》,载华东师范大学教育系、杭州大学教育系编译:《现代西方资产阶级教育思想流派论著选》,人民教育出版社1980年版,第108页。

当提出有理有据的反驳和异议,在真理面前人人平等。老师并非圣贤,孰能无过,孔子云:"过则勿惮改""过而不改,是谓过矣"。① 避免那种压制性的、绝对化的教训。当然在辩论的激烈之时,措辞难免有过激之处,但这是一种双方性的"得意忘形",不但无伤大雅,而且有益于学术讨论的深化和实质性的师生平等关系的建立。

(二)教学相长,学而不厌

在传统的教学观中,"教学"似乎就是老师"教"、学生"学"的输出与接受的单向过程。老师是主体,学生是客体,在绝大部分的课堂,回荡的只有老师一个人的声音,老师讲得口干舌燥,学生则死气沉沉,一脸的漠然,"身在曹营心在汉"。即使老师偶尔提问,也会面临难堪境地,学生低头垂眼,生怕点到自己的名,有学生连提出的问题是什么都没听清,其教学效果可见一斑。我们仍然固守着这种教学模式,是建立在几个貌似有理的观念之上:第一,老师乃知识的化身,学生乃无知的象征,如"教授"一词就具有双关性,既是有知识的身份性指称,又是"教授"知识的流程(从"有知"一端流向"无知"一端)。第二,相信只要学生纪律好,总能把一定分量的无活力的知识灌进脑子中去。这就像绝大多数父母相信只要用铁勺撬开儿童的嘴巴,哪怕儿童声嘶力竭地反抗,拒绝吃药,总能灌进少许药水,从而对其身体有益。这些似是而非的"真理"对"素质教育"有害无益。《圣经》上有一则故事颇有启发性:当先知们争论天国中谁最伟大时,耶稣指着一个小孩说"凡自己谦卑得像这小孩的,他在天国里就是最大的"② 。苏格拉底就是这种坚信自己无知的人,他将德尔菲神庙上的"认识你自己"的神谕解释为"认识你自己的无知"。"美德即知识",只有认识到自己无知,才会激发爱真理的德行,才能帮助自己正确地思维。③ 这样最聪明的人就是明白自己无知的人。这与孔子所说的"知之为知之,不知为不知,是知也"不谋而合。柏拉图以希腊英雄Academus之名建立最早的学院"Academy",他在学院中并不以"教授"之名来"教授"知识,而是以活泼的对话方式上课。④ 也许被误解、被扭曲是思想家、哲人的宿命,后来在世界范围兴起的学院(Academy)以"教授"之法排挤了"对话"之法。难怪教育家陶行知先生强烈要求将师范课程中的"教授法"改名为"教学法"。它意味着三大原则:"教授"意味着先生的责任在于"教学生学";"教学"意味着"教的法子必须根据学的法子";"教学"意味着先生需"一边教,

---

① 参见喻本伐、熊贤君:《中国教育发展史》,华中师范大学出版社1991年版,第61页。
② 《圣经·马太福音》18章4节,中国基督教协会1995年版,第32页。
③ 参见[美]梯利:《西方哲学史》,葛力译,商务印书馆1995年版,第58页。
④ 参见[挪威]乔斯坦·贾德:《苏菲的世界》,萧宝森译,作家出版社1996年版,第89页。

一边学",所谓的"先生"即"先做学生"之意。① 但是这种"教学"思想在现实中同样没能逃脱被曲解的宿命。换言之,即便在现代,持"先知者先生"思想的人也并不稀罕,教育仍然处在"教死书,死教书,教书死;读死书,死读书,读书死"的应试教育模式中。英国哲学家怀特海对教育中的那些无活力的概念作了深刻的批判:这种概念是对最好的东西的最坏的腐蚀,是最危险的、最致命的教育观念。他指出儿童的心智不是被动的,而是永不止息的、灵敏而富有接受性的,人们不应推迟它的生命,错误地以为只有等到它锋利了才有生命,才去使用它。总之,不管对教材具有什么样的兴趣,不管老师在强化学生什么样的能力,不管老师的教学应该传授什么样的精神生活,都必须"此时此刻"地予以引起、练习、表现出来。②

刑法案例演习课程一改过去的老师讲、学生听的传统教学模式,让学生走上讲台,老师坐在下面与其他同学一起共同听。来自不同地区、学校、单位和本科所学不同专业的研究生在知识结构、社会生活经验、思维方式上具有较大的差异。各种学科知识乃至于民风民俗这种平常看起来与刑法风马牛不相及的"地方性知识"都与刑法理论问题交织在一起。闻道有先后,术业有专攻,每个人都有其特长。三人行,必有我师,老师在某些知识面前必然感到"后生可畏,焉知来者之不如今也"。此时,老师应不耻下问,甘做学生。在刑法案例演习中可以看到这样的情况,尽管老师在知识、阅历的博与专方面要比任何一个学生强,但在论辩中作为一个整体的学生常常有"三个臭皮匠赶上一个诸葛亮"的效应。我们的体会是,刑法案例演习教学其实就是一种寓教于乐的开放式教育,老师与学生的关系就如足球比赛中核心球员与其他球员的关系,核心球员在技术、心理、意识的整体素质上高于其他球员,并起着协调、控制、组织整个球赛的作用,但离开了其他十个球员的特长和积极配合,则孤掌难鸣。在案例学习这种活动教学中,学生与老师都相得益彰,在互动的关系中达到教学相长、学而不厌的效果。

(三)德智并举,首在立人

在传统教育中德育以"思想品德"的学科形式出现,有专职教师教授"德"的知识并配有行政性的"班主任""辅导员"。这也许是必要的,但往往使德育陷入空泛,毫无针对性,并常常引起学生的反感。也使得学生把"德"理解为如何在"德育人员"面前表现以争得"三好学生"和"党票"。"德"异

---

① 参见喻本伐、熊贤君:《中国教育发展史》,华中师范大学出版社1991年版,第634页。
② 参见[英]怀特海:《教育的目的》,载华东师范大学教育系、杭州大学教育系编著:《现代西方资产阶级教育思想流派论著选》,人民教育出版社1980年版,第115页。

第一章 刑法案例演习课程与素质教育理念

化为与自身素质无关的获取功利的工具。所以一些"表现好"的学生往往作出让老师难以置信的坏事。其实德并非传统德育中理解的那种空泛的"一种知识"或"口号"。德简单而言就是一个"做人"的素养问题。而"做人"恰恰体现在细微的"做事"之中。对民族的忠诚、对社会的责任感无时无刻不体现于每一个人对待学习、生活的态度中。很难想象一个在自己的学习生活中极不负责认真的人会对他人、社会、民族产生关怀心和责任感。刑法案例演习教学抛弃了从概念到概念的教授模式,理论与现实、知识与实践、法律与道德不再处于分裂状态,也很难严格地区分开来,学生与老师常常就这些问题展开热烈的讨论。正如"美德即知识",事实上知识与道德具有天然的亲和性,关键在于我们能否有意识地将其提炼出来。在刑法案例教学中老师一再强调对专业学习的敬业精神不只是个人"做事"问题,而是一种科学精神、人文关怀,在案例演习课程中也可能出现极少数同学课下不积极收集资料和认真准备而马虎交差的现象,对此老师总是严厉批评并要求下次补课,这不仅仅是老师常常强调的"严进严出"的专业素质问题(注:在高等教育的教育模式上,美国是"宽进严出",我国是"严进宽出"),而且涉及道德素养上"长善救失"的问题。另外,在具体的发言中,有些同学在政治上表现得不成熟,有时把一些法律问题牵强附会地与一些社会事件扯在一起。虽然我们强调一种"学术自由、兼容并包"的氛围,但正如在法律上不存在绝对的自由一样,极端的民主与自由恰恰是对民主与自由的最大破坏。对于课堂上的这种走极端的现象,老师要给予适时恰当的引导。至少要他说出能够服人的具体理由和论据,若说不出来,则证明该学生的发言只是一种情绪性的发泄和虚假的"批判"精神。这种虚妄的发言应当受到批评,老师该指出这种行为本身的不合理之处和将来可能对个人、社会、国家产生的危害。当然话又说回来,如果没有在课堂上无话不说的前提,学生在政治上、道德上所隐藏的问题是不会暴露出来的。道德素质的培养犹如大禹治水,与其堵之压之,不如疏之导之。正如鲁迅所言,教育"首在立人,人立而后凡事举。若其道术,乃必尊个性而张精神"[①]。换言之,要通过辩论、说理等各种方式使学生认识到自己在道德素质、政治觉悟上的缺陷并不断完善自我,要使学生自己立起来。大学生不应成为"大龄中学生","在大学里,他应该站起来,四面瞭望"[②],在道德与文化教育中,不应以压抑学生的个性与牺牲其独立精神为代价来换取观念上的"一致"。况且这种"一致"本身是表面的,靠不住的。在立人的过

[①] 参见喻本伐、熊贤君:《中国教育发展史》,华中师范大学出版社1991年版,第559页。
[②] [英]怀特海:《教育的目的》,载华东师范大学教育系、杭州大学教育系编著:《现代西方资产阶级教育思想流派论著选》,人民教育出版社1980年版,第134页。

程中,老师要真正起到"导师"的作用,朱熹云:"指引者,师之功也"①,在素质能力方面,老师起指路人的作用,道还得靠自己求索,谁也无法越俎代庖。

(四)因材施教,不教之教

"孔子施教,各因其才",这被当代教育学奉为教学的基本原则②,但在教育实践中根本未得以贯彻,事实上它已成为一段历史的佳话。究其原因,这与近现代兴起的班级授课制有关。班级(课堂)是政治经济学的发明,19世纪商人斯托出版《培训制度》等系列书籍,令课室开始普及。1915年,欧文采用以儿童为本的课室制度,取代了古老的导生制。③ 这种学校规训制度和学习方法,采取系统的教授、书写、考试手段,适应工业化对劳动者的批量需求,以最小的投入得到最大的产出。在这种政治经济学的观念下,具有较强个性色彩的因材施教法因为在经济上的昂贵而被排斥、贬低、取消。的确,孔子一生的学生不过三千,而现代一个教师一学年的学生就可以千计,何来时间与精力"因材施教"。但是,刑法案例演习教学的实践表明,如果摆脱了这种定势思维,在现代的课堂不仅可以因材施教,而且教学效果更佳。正如刑法中的行为分"作为"与"不作为",老师的教学也可分为"教"与"不教之教"。二者有机结合,既减少了老师"教授"时的无效投入,又增加了产出,这种重素质的教学还具有"可持续发展"的效益。在案例演习教学中老师"当为而为,不当为而不为",这样既给老师了解学生个性的机缘,有针对性地查缺补漏、长善救失,也给予每个学生充分展现才华的机会,满足其受尊重的心理需要,且能激发一种公平竞争的气氛。所谓"不愤不启,不悱不发","导师"真正尽到启发、激励、引导的天职。此时对学生而言是从老师的"你要学"变成"我要学",完成了哲人尼采所说的从骆驼到狮子的精神变形。骆驼将"你应"的重担负载于身,有一种被动忍耐的精神。而狮子的精神是"我要"的主体精神、创造精神、征服精神。④ 此时对于老师而言是"匪我求童蒙,童蒙求我"(《易·蒙卦》)⑤,即不再需要老师苦口婆心地求学生学,学生也会主动向老师求学。可以说刑法案例演习课程开启了学生的值得发扬的"我要学"的狮子精神。

---

① 参见喻本伐、熊贤君:《中国教育发展史》,华中师范大学出版社1991年版,第260页。
② 参见王道俊、王汉澜主编:《教育学》(新编本),人民教育出版社1999年版,第243页。
③ 参见霍斯金:《教育与学科规训制度的缘起》,载[美]华勒斯坦等:《学科·知识·权力》,刘健芝等编译,生活·读书·新知三联书店1999年版,第69页。
④ 参见[德]尼采:《查拉斯图拉如是说》,尹溟译,文化艺术出版社1987年版,第22页。
⑤ 傅隶朴:《周易理解》,巴蜀书社1991年版,第51页。

(五)致疑切思,内省外导

刑法案例演习教学的核心技术是提问、讨论和辩论。这种学术之风可追溯到孔子与学生之间的问答式教学,而作为一种正规学校教育模式则可追溯到战国的稷下学宫定期举行的辩论会——期会。不同学术观点坦诚交锋,不仅吸引稷下师生,也吸引四方游士参与辩难。① 学术辩则兴,不辩则亡。苏格拉底认为哲学家与教师的任务并不是要臆造和传播真理,而是做一个新生思想的"产婆",因此他从不直接向人传授知识,而是通过提问、辩讼来揭露对方认识上的矛盾,从而令对方自己承认原来观念的荒谬并形成正确答案,用这种方法将存在于每个人心灵中的真理引导出来。他将这种方法形象地称为"精神助产术"。② 在刑法案例演习中,直接的质疑、辩证法与间接的"精神助产术"交叉使用,一张一弛,交锋中产生了许多思想的火花和幽默风趣的对话,在这种既紧张又轻松的过程中,所涉及的基本理论和概念不知不觉地在头脑中刻下深刻的印象。至于案例演习中的"致疑切思"则体现在对身心素质的注重,就像陆九渊所说的"为学患无疑,疑则有进,小疑则小进,大疑则大进"③,对书要有一种"(六经)皆我注脚"的怀疑精神,孟子云:"尽信(书),不如无(书)"。对事则是凡事看其理如何,不要看其人是谁。这有利于培养学生独立思考的习惯、树立科学的怀疑精神、训练发现问题和解决问题的能力。否则的话,教育将会成全《魔鬼词典》的解释——"教育:组织起来的知识;我们为之耗去毕生精力却没有学到手的东西",而所谓的教育"专家"也将成为"一个知道全部答案却提不出任何问题的人"④。德国教育家第斯多惠有一句名言:"一个坏的教师奉送真理,一个好的老师则教人发现真理"⑤。在发展性的教学中,老师给予学生的应是猎枪而不是面包,知识是死的,方法是活的,有了方法不愁没知识,就像有了猎枪不愁没有三餐一样。⑥ 当然因为教育首在立人,仅仅给予学生猎枪还不行,还应当培养学生身体与心理的力量,使其具有在森林中生存的能力,尤其是对其理性、正义、责任感的塑造,以免他以一技之长苟且偷生乃至违法犯罪,与他人、社会为敌。实际上,无论是做人还是做事,所需的能力、素质和品质的形成都有赖于老师外在的引导、激励和学生内在的反思、体察。

---

① 参见喻本伐、熊贤君:《中国教育发展史》,华中师范大学出版社1991年版,第45页。
② 参见王天一、夏之莲、朱美玉编著:《外国教育史》,北京师范大学出版社1993年版,第40页。
③ 参见喻本伐、熊贤君:《中国教育发展史》,华中师范大学出版社1991年版,第277页。
④ [美]安·比尔斯:《魔鬼词典》,莫雅平译,漓江出版社1991年版,第258页。
⑤ 王道俊、王汉澜主编:《教育学》(新编本),人民教育出版社1999年版,第233页。
⑥ 参见王东华:《新大学人》,海天出版社1993年版,第190页。

总之，我们有意识地将各种素质教育原理贯穿于刑法案例演习课程的教学中，对学生的各种素质、能力、品质具有极大的塑造、促进作用。其实我们完全可以"得其意，忘其表形"，不拘一格地根据不同学科本身的属性、特点对案例演习课程进行变形，按素质教育的理念将案例教学推广到整个法学教育以及其他社会科学教育中去。

第二章 素质教育理念下的法学本科案例教学的实践问题探讨

第一节 一个前置性问题：素质教育是一种实践

素质教育是应试教育的对称，人们对素质教育理念的归纳总结可能会有所差异，但是素质教育的核心是创造能力和实践能力的培养，中共中央、国务院《关于深化教育改革全面推进素质教育的决定》中指出："实施素质教育，就是全面贯彻党的教育方针，以提高国民素质为根本宗旨，以培养学生的创新精神和实践能力为重点，造就'有理想、有道德、有文化、有纪律'的、德智体美等全面发展的社会主义事业建设者和接班人。"正是在这个《决定》的指导下，高校也开始展开了素质教育的大讨论。具体到法学学科来说，很多专家学者提出：随着应试教育向素质教育的转变，传统的以教师讲、学生听的讲授式教学方法已经不适应了，变革传统的讲授式的教学方法，推行案例教学法势在必行。

但是在这场沸沸扬扬的讨论中，笔者发现一个严重的问题：人们忽视了素质教育是一种实践。换言之，我们可以看到数以千计的关于案例教学的论文，但试问这些作者又有多少真的是在实践案例教学或者开设案例教学的课程？这是一个令人担忧的现象。第一，这给人一个假象，那就是各大高校的法科学生似乎正在普遍地经历着体现素质教育理念的案例教学。但实际情况却是只有少数高校开设法学案例教学的课程，而且还不是所有的核心课程都开设案例教学课程，只是个别任课教师以任选课的方式进行零星式的尝试。第二，在没有真正去实践法学案例教学的前提下，很多学者只是纸上谈兵，凭空想象法学案例教学是如何改变现有的教学模式中存在的问题，论证法学案例教学如何提高学生的创新能力和实践能力，除了产生很多所谓的"科研成果"以外，恐怕还会对素质教育本身产生负面作用，这种假象的危害是可怕的。

笔者认为，如果说素质教育是以培养学生的创新精神和实践为重点，那么也可以反过来说，素质教育本身也必须是一个实践问题和创新问题。如果所谓的素质教育只停留在人云亦云、纸上谈兵的理论探讨层面,而没有落脚到实践层面和创新,那么培养学生的创新精神和实践能力也就成为一句空话。

实践是检验真理的唯一标准。如梭罗所言:"解决生命的一些问题,不但要在理论上,而且要在实践中"①,教育解决的是培养人、塑造人的问题,从某种意义上讲是给予人第二次生命的问题,所以只有树立素质教育本身也是一个实践的观念,才有可能在这个实践中不断地获得对素质教育的深刻认识,才有可能不断地总结经验,不断地创新。理论是苍白的,而实践之树常青。如果我们只顾在理论上探讨案例教学的性质、价值、模式、方法等问题,而忽视了去实践案例教学,无异于本末倒置,忘记了素质教育讨论最初的目的。笔者在此并非反对素质教育需要理论的论证和指导,而是强调素质教育只有真正成为实践中的一种探索,哪怕效果是差强人意或者是从总体上来看是不成功的,也要比没有实践却空谈高调、凭空想象中的素质教育的价值大百倍。这就好像一个人从来不去下水却高谈如何渡河,而另外一个人却实实在在地想各种办法:摸着石头过河,游泳过河……也许最后的结果无法预测,但在逻辑上无非就是几种:顺利地渡过河;有代价地渡过河;没有能力渡过河回到原岸;没有渡过河还被淹死。对实践者而言,哪怕是最坏的结果,也要比不去实践而空谈者的价值大。

从教学论的角度来看,素质教育论应当是一种实践教学论而不是理论教学论。这是一种教学论研究范式的转型:从理论教学论向实践教学论转型。实践教学论中实践性是其第一特性。实践教学论强调教学是一种实践活动,对教学实践活动的研究更是一种特殊的实践活动,实践教学论必须以教学实践为研究对象;实践教学论不仅要反映教学实践,而且要干预、影响、指导教学实践;尤其值得注意的是研究者是在课堂教学的实践中,是在学科教学的实践中研究教学的,而不是在图书馆、资料室或网络中研究教学的。从方法上来看研究者的方法重在观察、描述、分析、归纳、演绎等。虽然用到理性的思辨,但将理性的思辨建立在大量事实与案例的基础之上。②

总之,素质教育本身首先是一个实践问题而不是理论问题,素质教育实践是素质教育理论讨论的前提,如果不认清这一点,不解决这个前置性问题,那么所谓的素质教育的理念、价值的理论探讨都是虚无的。

笔者从 1997 年开始在刑法研究生教学中开设了刑事案例演习课程,经

---

① [美]梭罗:《瓦尔登湖》,徐迟译,吉林人民出版社 1997 年版,第 12—13 页。
② 参见王鉴:《教学论的表述危机与研究转型问题》,载《北京大学教育评论》2004 年第 2 期。

过几年的摸索和实践,这样的教学方式的确要比传统的教授法更能激发学生的主动性、积极性,在培养研究生的创新能力、实践能力方面取得了不错的效果,鉴于此,2002 年又针对本科生开设了刑事案例演习课程。下文主要探讨在法学本科生案例教学实践中的一些经验、教训以及一些还没有解决的问题。

第二节　法学本科案例教学模式的创新问题

如前文所述,素质教育不仅仅在培养目标上是以学生的创新精神和实践为重点,而且素质教育问题本身也涉及在实践基础上的创新问题。具体到法学本科案例教学上来看,主要涉及如何探索案例教学模式的创新问题。

传统的案例教学模式,是与对案例教学的含义的争论联系在一起的。对于什么是案例教学,大致上有以下几个观念:

第一种观点认为案例教学就是"事例教学",教育者在讲授过程中为便于学习者理解和掌握所传授的理论知识要点,依靠所编制的事例而进行的教学,事例教学的具体模式可以分别被称为"案例印证法"和"案例评析法"。"案例印证法"这种方法具体模式主要是在传授理论时使用,案例的功能主要是印证有关原理或原则,这种案例的选材通常短小精悍、针对性强。这种案例教学可以使枯燥、抽象的理论传授变得生动活泼,易于为学生理解和接受。"案例评析法"是指在教师讲授某一法律制度或基本原理之后,为了考察学生对有关知识的掌握运用程度,选择 1~2 个典型案例让学生分析研究,并在此基础上引导学生得出处理结果,教师再对处理结果进行评析,肯定正确意见,挖掘产生不正确意见的原因,使学生掌握分析问题、解决问题的方法,增长将所学知识运用于实际的能力。① 有些人在文章中谈到的所谓的"案例教学实践"实际上就是事例教学实践。这种实际上一直在教授法中使用,所以笔者认为事例教学只是教授法的基本方式,很难说是案例教学。

第二种观点认为法律案例教学则是用法律事件提供的虚拟环境进行情景教学,通过案例将所描述的法律事件带入课堂,让学生在群体讨论中进入法律情景,通过归纳与演绎的方法掌握其中的法学理论并追寻解决问题的最佳方案的一种教学方法。② 具体的模式可以采用模拟法庭法,也可以采用以书面为核心的案例讨论法。案例讨论法与事例教学的差别在于这种案例的

---

①　参见杨秀英、张云:《案例教学法在法学教学中的运用》,载《浙江外国语学院学报》2006年第 1 期。
②　参见罗世荣、赵青、杨蓉等:《案例及其法律案例教学》,载《重庆大学学报(社会科学版)》2006 年第 2 期。

选材通常具有交叉性和疑难性。交叉性是指案件涉及的法律问题比较多,不局限在某个知识点,也不局限在某一个部门法,甚至不局限在法学领域。疑难性是指在案件定性上、法律责任上存在重大分歧。而模拟法庭法除了具有案例讨论法的一些特点以外,增加了角色的模拟和参与因素;另外案例讨论法在书面材料上往往更多的是事实确定但法律适用并不确定,而模拟法庭则不仅仅对法律适用问题进行辩论,还要对案件事实本身进行辩论和确认。换言之,案例讨论法更多涉及的是实体问题。而模拟法庭法则既重视实体问题也重视程序问题,甚至可以说重点在法律事实的确认问题上。无论是案例讨论法,还是模拟法庭法,都具有了与事例教学不同的特点,因此在这个意义上,我们可以把案例讨论法和模拟法庭法视为案例教学的模式。当然案例选材上具有的交叉性、疑难性以及学生参与到角色模拟中去是否一定能培养出学生的创造和实践精神,尚需要实践的检验,毕竟这与这些模式在实践中具体的操作控制技术有关。如果这些具体的教学模式设计或者控制得不好,那么就有可能无助于学生的实践能力和创造精神的提高,还失去了传统教授法的在传授知识问题上的系统性、连贯性的优点。

因此笔者认为,案例教学模式没有必要完全拘泥于模拟法庭法或者案例讨论法,而是要根据不同的学习对象,根据不同的教学手段和资源,根据不同的学科性质来摸索出最能够培养学生实践能力和创新精神的案例教学模式。

笔者在给研究生开设刑事案例演习课程的时候,基本上采用的是案例讨论法的模式,在早期近十年的实践中经过对案例讨论法具体模式的调整和控制,逐步形成了比较成熟的刑法专业研究生案例教学模式,通过调查和评估,案例讨论法在刑事案例演习课程中对研究生的创造力以及其他素质的提高取得了比较好的效果。在本科生中开设刑事案例演习课程时,本来也想将在研究生课程教学中的这个模式传承下去,但却发现效果不好,遇到了障碍。经过反思,发现本科生不太适合案例讨论法。原因有几个:第一,研究生经过了系统的本科生教育,知识面比较宽,基础知识比较扎实,但本科生往往刚刚接触法律,甚至有的根本没有接触法律,所以本科生缺乏相关的知识背景和基础,无法有效参与讨论。第二,本科生对一些专业性很强的学术问题的兴趣不大,一方面,这可能是因为本科生和研究生在生理心理上有差异,另一方面,本科生教育的培养目标也不要求本科生掌握学术前沿问题,在自我定位上,本科生更加愿意接受通识教育。所以当案件涉及一些尚未形成定论的学术前沿问题,而且这种问题隐含在案件的文字材料中时,本科生的兴趣显然要比研究生小得多。所以如何吸引本科生对前沿的学术问题感兴趣,而不是知难而退,甚至对其产生畏惧感、反感的问题就摆在面前。解决这个问题成

第二章 素质教育理念下的法学本科案例教学的实践问题探讨

为一个紧迫的需要,笔者首先想到的是对案例讨论法具体设计上的微调,比如对案例的疑难程度的降低,或者在知识背景上为本科学生提供具体到章节的指导,或者在讨论的时候提出的问题更加注重考虑本科生的现有知识背景和结构等,但是效果仍然没有预期得那么好。可以说此时陷入了"此路不通"的困境。

"兴趣是最好的老师",在本科生的传统教学模式中,学生往往把学习看成一种负累,如果不是为了考试或者就业压力,估计没有多少学生会主动学习。所以要走出这个困境,必须找到本科生感兴趣的方式来进行案例教学。于是笔者就想到了中国男足国家队原主教练米卢提出的"快乐足球"理念,是不是也可以创造出一种"快乐学习"的学习模式?在这种"快乐学习"观念的策动下,想到了学生感兴趣的文学作品、影视作品。艺术虽然高于生活,但艺术也来源于生活。当然文学作品的感官性不如影视作品强烈,因此笔者有意识地收集、挖掘和法律相关的影视作品。让同学们观赏一些具有观赏性的电影,然后分析隐含在其中的刑事法律问题。这获得了同学们的极大欢迎,积极参与到案件的讨论。例如由陆川导演、姜文主演的《寻枪》,是一部非常具有观赏性的电影,而这部电影中隐含着诸多刑法问题:丢失枪支不报罪的犯罪构成的诸多争议问题;转化型抢劫罪的理解问题;打击错误问题;牺牲他人生命保护自己的生命是否成立紧急避险问题;私藏枪支罪、非法持有枪支罪、盗窃枪支罪、侵占罪、故意杀人罪等犯罪的区别以及一罪与数罪的问题;生产销售伪劣产品罪的疑难问题。再比如《秋菊打官司》中就隐含着国家法与习惯法的关系法理问题,从刑法学角度看则隐含着刑罚权中求刑权的特殊性问题以及亲告罪的立法价值问题等。[①] 这些原本看起来枯燥无味、抽象高深的刑事法律问题,因为有了电影《秋菊打官司》《寻枪》等活的素材,一下子变得有血有肉,声形并茂。通过几年的精心收集和挖掘,刑法中绝大多数理论问题都可以在中外影视作品中找到相关的生动的案例。

以影视作品为蓝本挖掘出的刑事案例演习,代替以文字材料为蓝本的刑事案例演习,尽管只是一个小小的变化,但却产生截然不同的效果。这是一种案例教学模式上的创新和探索,正如我国著名教育家刘佛年曾经说过:"只要有一点新意识、新思想、新观念、新设计、新意图、新做法,就可称得上创新,我们要把创新的范围看得广一点,不要看得太神秘。"当然在这个新的实践中也遇到了一些问题。

---

① 参见齐文远:《"亲告罪"的立法价值初探——论修改刑法时应适当扩大"亲告罪"的适用范围》,载《法学研究》1997年第1期。

第三节 传统法学本科案例教学实践中存在的问题

以影视作品为素材进行法律案例教学模式,的确是一个新的思路,在这个尝试过程中遇到很多新的有趣的现象,也遇到一些具有代表性的问题。

(一)学生对创造精神的适应性问题

在刑事案例演习的实践中,有一个有趣的现象,那就是学生对创造性思维本身的排斥现象。照常理,学生是饱受应试教育之苦的人,应该是素质教育的最大支持者。但是学生的反应并没有按照我们想象的逻辑发展,很多学生对创造性学习、创造性思考有一种本能的抗拒。比如在案例教学过程中,笔者会在第一堂课上给学生观看反映美国教育制度的奥斯卡获奖影片《死亡诗社》,然后要求学生交一篇观后感。可是看到最多的一句话就是"老师,这部片子相当感人,可是想来想去这部片子与刑事案例演习没有半点关系"。这个问题本身就反映了学生对创造性思维、创造性学习的排斥。在对这个问题的讨论中,要逐步引导学生改变习惯性思维,所谓"熟知非真知"(黑格尔语)。《死亡诗社》中本身就隐含着进行创造性学习的重要性启示,可以说这是案例演习课程最核心的培养目标和进行手段,创造性思维是案例教学手段和目的的有机统一,相互促进,这是影片和刑事案例演习在方法论上的关系。在本体论上,《死亡诗社》中所隐含的对人性的关注,对生命的关注,可以说在最高的层面是和法律的精神统一在一起的。血淋淋的凶案、血淋淋的铡刀并不是刑法的正常形象。刑法必须以人性为基础,必须以人类的文明和文化为根基。正如歌德在《大地之母》中的诗歌所言:"他应惩罚,他应宽容,他必须以人性度人",伟大的法学家拉德布鲁赫将歌德的这句话视为刑事法官必须铭记在心的精神,并且决定了将来的刑法是否可获成效的关键。[①] 所以诗歌、文学、艺术这些和法律表面上风马牛不相及的东西,其实有着内在的必然联系。所以创造性思维不仅仅是法律思维的一个方法论价值,它也是法律作为一个本体的基本存在,通俗一点说,法律从来就不是一个自给自足的东西,法学从很大意义上讲从来就不是一个自治自主的学科,它涉及社会的所有方面。所以哪怕整部片子里没有一个刑事案件,但并不代表这个片子就和刑法没有关系。它们之间的内在关系需要创造性的思

---

① 参见[德]拉德布鲁赫:《法学导论》,米健、朱林译,中国大百科全书出版社1997年版,第99页。

维去挖掘。① 可以说如何改变长期由应试教育所形成的习惯思维,一直是案例演习课程面临的最大的问题。每届学生都会有很多人"前仆后继"地提出相同的问题:"老师,请问这个案件的最后标准答案是什么?""老师,刑事案例演习课程怎么考试啊?"正如爱默生所言:"愚蠢的一贯性是渺小的心灵上的恶鬼,受到小政客、小哲学家和小牧师的顶礼膜拜。如果强求一成不变,伟大的灵魂就一事无成。"②爱默生所鄙视的一贯性是指机械死板的陈规和因循守旧的陋习。实际上每个人都有勃勃生机的灵魂和内在的巨大的创新潜能。"每个人自身都包含有这颗心灵,尽管多数人的心灵受到了滞塞……活跃的心灵能看见绝对的真理,能表述真理,或者进行创造……它不是少数几个人蒙上天垂赐的特权,而是人人均有的正当资产。"③

经过刑事案例演习的训练,的确很多同学认为这门课激发了他们的心灵,开阔了他们对法律的观念、对刑法的观念,学会了创造性的学习、阅读、思考,至少有了创造性学习、阅读、思考的态度和意识。

(二) 传统案例教学模式对创造性思维的训练不够的问题

1. 具有创新性的刑事案例教材的缺乏

从具有代表性的刑事案例的教材来看,它们和启发学生的实践性和创造性的案例教学的要求还相去甚远。这些教材有一些共同的特点,即都和案例教学的目的相违背,这些教材往往是按照传统学科的分类,将刑事案件中的问题分离,比如刑法案例中剔除了对程序问题或社会效果的思考,缺乏真正的刑事一体化以及学科交叉融合的思考。

2. 创造性教学资源限制的问题

资源无非就是人、财、物的统称。从人的角度看,并非每一个老师都可以直接转换为能够胜任刑事案例教学的角色。案例教学对老师提出了比以前的教学模式更高的要求,在知识结构上要求比按照《刑法学》教材体例来授课的教学方式更为宽广深厚。在思维上,教师本身也必须先有创造性,否则

---

① 其实《秋菊打官司》电影直接相关的也就是一个行政法的案例,但朱苏力教授却从本片中挖掘出法理问题,受其启发,笔者也从该片中思考刑法问题。所以从刑法学角度来看,电影素材的取材并不是一个简单的凶杀等刑事案例的收集,而是一个以刑法理论问题为导向的思考、挖掘、创造的过程。
② [美] 吉欧·波尔泰编:《爱默生集:论文与讲演录》,赵一凡等译,生活·读书·新知三联书店1993年版,第290页。
③ [美] 吉欧·波尔泰编:《爱默生集:论文与讲演录》,赵一凡等译,生活·读书·新知三联书店1993年版,第68页。

就不可能引导、开发学生的创新性思维和精神。从财的角度来讲，教师进行案例教学要花费比讲授法更多的精力和财力去备课。比如在成千上万的电影中去找与本课程相关的电影，还得自费买下来，有的用得上，有的用不上。如果单纯地从经济成本上来看，上一学期的刑事案例演习的课时费可能还不够补偿收集教学素材的成本，那么是不是所有的老师都愿意费心费力费财地去为一门课付出，这是一个很现实的问题。

3. 传统教学体制的限制问题

学校在教学体制上有统一的规划，因此对各个学科的学时进行了限制，以我校法学院刑法课程的教学为例，原来刑法总论课时是 72 学时，后来压缩到 68 学时，现在刑法总论则进一步压缩到 51 个或 48 个学时。教师在按照教材的大纲教学教授时，都已经明显感觉到课时不够，所以上课也就只能采用事例教学模式。另外教务处往往要求必修课程通过统一的考试来评估。但是案例教学中每个老师所使用的素材不一样，很难统一用考试的方式评估，而且书面考试的方式并不能反映出学生在案例教学中素质的提高，高分低能的现象是普遍的，因此用标准化的考试方式来评估违背案例教学的宗旨。所以如何在核心课程中引入比较好的案例教学模式，面临着教学体制的限制。

任何一个新生的事物在生长之初都是脆弱的，会遇到很多问题和困难，有的问题是一时解决不了的，有的问题是可以通过自己的努力解决的，但是不管遇到多大的困难，除非放弃培养学生的创造能力和实践精神，除非老师放弃自我的创造精神和实践精神，那么有责任感的教师都会坚持走创新之路、探索之路、实践教学之路。随着近十年的不懈探索，以及各种社会条件、教育改革配套措施的完善，刑事案例演习课程对上述几个问题，现在已经基本解决。

第三章 法学硕士研究生刑事案例演习教学法的探索

传统的法学研究生教育以传授法为主,它既不适合社会对高素质创新人才的需要也满足不了高等教育大众化发展中应用型人才培养的需求。因而,改革现有教学方式进而寻求一种兼顾创新型与应用型的教学模式成为当务之急。

不少学者将目光投向了美国的案例教学法。在笔者看来,案例教学法确实是一种值得借鉴的教学方法,但案例教学法有多种实现方式,也存在本土化的问题,因此,应根据不同的教学对象,结合中国成文法的传统寻找最适合的实现方式。我们在法学硕士研究生教学中采用了刑事案例演习的案例教学方式,实现了创新型与应用型人才培养模式的契合,取得了良好的效果。

第一节 案例教学的利弊分析

基于人才培养模式改革的需要,当前法学教育界高度关注案例教学法。区别于传统的事例教学法,案例教学法是用法律事件提供的虚拟环境进行情景教学,通过案例将所描述的法律事件带入课堂,让学生在群体讨论中进入法律情境,通过归纳与演绎的方法掌握其中的法学理论,并追寻解决问题的最佳方式的一种教学方法。[①] 具体的模式可以采用模拟法庭法,也可以采用以书面为核心的案例讨论法。

案例教学法起源于美国,相对于制定法的法律教学方法,其原理是:①法律训练的实际目的是讲授法律推理,讲授法律和法庭获得结论所运用的方法;②案例教学法完全适于帮助人们掌握美国法律赖以建立的法律原则。[②] 案例教学法符合判例法的天性,有很多突出的优点。第一,案例教学法将学生引入特定情境,通过加深其体验来促使其反思,继而在反思的基础

---

① 参见罗世荣、赵青、杨蓉等:《案例及其法律案例教学》,载《重庆大学学报》2006年第2期。
② 参见王健:《中国的J.D.?——评"法律专业硕士学位教育"》,载贺卫方编:《中国法律教育之路》,中国政法大学出版社1997年版,第102页。

上通过讨论引发思想激荡,让学生内化出自己的观点,教师则在此环节通过巧妙引导,使其内化的观点更切合正确的理念和思维,从而在学习者头脑中真正树立起法律理念,促使其法律思维的形成。第二,调动学生学习的主动性和积极性,培养其自主学习的能力。案例教学法中,学生需要自主地查阅资料,独立分析问题和解决问题,成为积极的主体,有利于培养学生自主学习的习惯。第三,有利于培养学生的应用能力。通过让学生分析真实的案例,在抽象理论与具体事实之间建立联系,使学生掌握法律独特的分析问题和解决问题的方法,从而提高实际动手的能力。第四,易于知识的理解和接受。案例教学法通过分析鲜活的案件来使学生认识和掌握抽象的理论与原则,使抽象的理论与具体的案例直接对应起来,会在学生头脑中留下深刻直观的印象。

案例教学法也有局限性。法学教育界有学者对该方法提出了质疑:①案例教学法有很多具体方式,针对不同知识结构的教学对象需要寻找与之相适应的方式,同时对教师的要求也很高。如果不能采取适当的具体案例教学方式,没有与之相适应的教师,往往会产生事与愿违的效果。②案例教学法对硬件有较高的要求,如模拟法庭的使用,而我国 600 多所开设法学教育的高校中,不少还没有配套的模拟法庭。③法律职业需要高尚的职业伦理,更依赖教师的言传身教,案例教学法在此方面的教育效果甚微。

案例教学法有很多实现方式,正因为如此,不能简单地认为只要是采用案例教学法,就会取得良好的效果。笔者曾经策划组织在法学本科教学中尝试案例讨论法,然而最初效果并不理想。深究其原因,发现本科生刚刚接触法律专业知识,尚缺乏相关知识背景和基础,因此参与讨论的积极性不高。另一方面,本科生对一些专业性很强的学术性问题兴趣不大。后来笔者尝试在案例教学的具体设计上进行微调,比如降低案例难度,或者注重考虑本科生的现有知识背景和结构等,但仍未取得预期的效果。再后来我们改用文艺作品而不是实际案例为素材,让本科生观赏一些艺术性较强的影视作品,然后分析隐含在其中的刑法问题。这种方式果然获得了学生们的欢迎,并取得了良好的效果。①

由此观之,案例教学法成功的关键在于根据教学对象找到最佳的实现方式。鉴于此,应该根据不同的教学对象、不同的教学目标,借助不同的教学手段和资源,按照不同的学科性质探索最佳的案例教学方法。

---

① 参见齐文远:《素质教育理念下的法学本科案例教学实践》,载徐卫东、里赞主编:《问题与进路:中国法学教育研究》,四川大学出版社 2007 年版,第 45—46 页。

第二节　刑事案例演习教学法的具体实践及根据

就法学硕士研究生而言，他们已经掌握了基本的法律原理和法律规范，知识面相对较宽，基础知识比较扎实。同时，硕士研究生的培养目标和就业形势的变化，决定我们必须以提高研究生的创新能力和应用能力作为培养的重点。基于这种背景和培养目标，我们设计刑事案例演习的方式作为法学硕士研究生案例教学法的具体实现方式。

1. 设计思路及内容

之所以将这种方法称为刑事案例演习，是因为"演"字意在模拟，意图吸收诊所式教育的优点，通过案例提供的虚拟环境，模拟法律职业者的工作方式进行诊断式教学；"习"字意指学习、练习，旨在吸收案例讨论的长处，通过案例的分析、辩论和写作，提高法学研究生的创新能力。

具体做法是，每周设一个专题，精选一组典型疑难案例，提前一周发放给学生，要求他们结合案例查阅法律法规、相关理论著作，进行独立研究分析，并写出书面的演说稿和辩论要点。上课后先由一两个同学做主题发言，然后其他同学补充、评议、提问和反驳，经充分辩论后，再请一个同学作总结发言，最后由指导老师点评。课程结束后，每个同学要根据自己的事先研究和课堂辩论，按照通用的论文规范完成一篇学术论文，且要求论文尽量发表。

这种案例教学法力求贯彻"四个一体"的理念：①融演说和辩论于一体。任何一种法律职业无不与口头表达和辩论能力直接相关，所以，演说和辩论能力是法科学生应用能力的重要方面，刑事案例演习课程将这一能力的训练作为重要的教学目标之一。要求学生上课前写出具有说服力的演说稿，并预设可能的攻防情境写出辩论要点，上课后要积极参与演说与辩论，最后还要由学生作总结发言，整个过程近似于法庭审判的过程。②融分析和写作于一体。与口头表达能力一样，无论是从事科研还是实务工作，写作都是法科学生必须具备的一项基本技能，而独立分析是写作的前提，所以独立分析与写作能力的训练要同步进行。刑事案例演习课程要求学生在查阅相关资料的基础上，从法理的高度分析案例，形成自己的观点，最后写成学术论文。③融应用和创新于一体。这里所说的应用不仅指上述口头表达和书面写作等基本应用技能，而且还指将抽象的法律规范应用于解决具体法律问题的能力，这种能力也需要大量系统的训练才能具备。案例教学法一般注重这方面能力的培养,而较少关注创新能力的培养,但创新能力的培养是法学硕士研究生的重要培养目标之一,案例教学必须将这一目标作为重要内容。刑事案例演习课程通过选择疑难案例,鼓励学生创新思维,勇于向传统理论挑战,敢于提出新观点、新看法。④融讨论与点评于一体。刑事案例演习课程强调教师在学生辩论基础上的点评,顺理成章地传授公平、正义、人权等法律观念,弥补案例教学在法律职业伦理培养方面的不足。

2. 理论根据

刑事案例演习课程设计的理论根据是建构主义的学习理论和平衡性认知理论。建构主义的学习理论有以下几个特点:①知识不是对现实的准确表征,只是对现实的一种解释或假设,会随着人类的进步而不断地得到修正和完善。②学习过程不是由教师向学生传递知识的过程,而是学生主动建构知识的过程。所谓建构就是学习者通过新、旧知识经验的反复的、双向的相互作用,来形成和调整自己的经验结构。在建构过程中,一方面学习者对当前信息的理解需要以已有知识经验为基础;另一方面,在运用已有知识经验的同时,个体需要依据新的经验对已有知识经验作出调整和改造,这实际上是同化和顺应两个方面的统一。③教学不是知识的传递,而是知识的相互作用和转换。① 对于硕士研究生而言,他们已经接受了四年的本科教育,已经掌握了法学专业的基本理论和基本知识。硕士生阶段的教学应该以他们已有的知识作为新知识的生长点,引导他们从原有知识经验中生长出新的知识经验。刑事案例演习课程把学生置于主体地位,引导他们借助阅读、辩论和写作,通过新、旧知识经验的反复相互作用,建构自己的知识体系。

平衡性认知理论认为,学习质量由所得信息及其使用水平构成。教学过程中知识的输入与输出应保持质与量的动态平衡,因为具有外生性的知识只有经过个体的有效"内化"(同化+顺应)和"外现",才能成为有效信息。平衡性认知模式尤其适用于实践性较强的法学课程教学。"输出"的实质是检验学生所接受信息的全面性、正确性以及综合运用信息的能力,它为学习提供了多种形式的刺激和反应机会,可以有效地避免"学而不用"和"学而不会用"的弊端。法学高等教育的目标主要是培养律师、法官、检察官等高素质的应用型人才,主要是一种职业教育。因此,更应注意通过知识的多渠道输入—输出的循环刺激与反应来帮助学生理解高度抽象、高度概括的成文法条。引导学生运用所学知识进行分析与判断,掌握应用技能,继而潜移默化地形成法律精神、法律理念和创新能力。从我国法学教育的实际情况来

---

① 参见陈琦主编:《教育心理学》,高等教育出版社 2001 年版,第 115—123 页。

看,本科阶段实践教学内容不足,硕士毕业后又没有职业教育,如果硕士生阶段的教育不肩负起"输入—输出"的职责,不可避免会产出大量马谡式的人才。如果没有输出性教学环节,学生的知识难以内化,更不可能外现,素质教育就会落空。

3. 必要性与可行性

实践刑事案例演习法是必要的。①将抽象的理论运用于具体的个案的能力需要训练。学习刑法理论的根本目的就是能够将所学的理论应用于现实案件。马克思指出:"法律是普遍的,应当依据法律来确定的案件是单一的,要把单一的现象归结为普遍的现象,就需要判断。"①而这些判断需要通过反复的实际训练才能掌握。②就刑法理论而言,真实、典型、疑难的案件是刑法理论产生、发展和完善的动力和源泉。换言之,理论只有同实践相结合才能得到检验、丰富和完善,学说只有通过实际案例的检验才能分出高下。所以,培养研究生的创新能力,使其在刑法理论的发展中有所建树,必须从分析疑难案例入手。③培养研究生自主学习能力需要案例教学。刑事案例演习课程强化研究生的主体意识,要求学生不照搬照抄教科书的概念,而是学会独立思考。独立思考是创新的前提,没有独立思考就不能创新,而任何科学工作者如果没有创新就没有生命力。④可以避免硕士研究生教育本科化,防止研究生课程空洞、"炒冷饭",使学生学有所获、学有所值。

实践刑事案例演习法是可行的。诚如批判者所言,案例教学法难以使学生获得系统和完整的法律知识,这一缺陷就本科生教育而言是值得重视的,因为判例法国家与成文法国家毕竟在法律渊源、诉讼模式、法律思维等诸多方面存在太大的差异,而案例教学法与判例法的天性不谋而合,因而得到了广泛的推广。而成文法系的特点决定了法律工作者必须对法律有系统完整的认识,如果在本科教学中完全照搬美国的案例教学法,难免出现如上述批判者所言的结局。正因为如此,案例教学法在本科教学中始终没有得到大面积的应用。但就硕士研究生而言,批判者的这种顾虑已不复存在。因为在本科教育阶段,他们已经获得了系统的法律知识,接下来的问题是如何将法律概念、犯罪构成理论和法律原理运用于具体案件中,通过输入与输出的训练提高应用能力,通过新旧知识的反复相互作用和转换建构自己的知识框架,而这些正是案例教学的长处所在。由此可知,在法学研究生教育中推行刑事案例演习的教学方法是完全可行的。

---

① 《马克思恩格斯全集》(第1卷),人民出版社1995年版,第76页。

第三节　课堂的效果与经验

刑事案例演习课程在法学硕士研究生中已经实践二十五年有余,经过不断的调试,已经形成了比较成熟的刑法专业案例教学的实现方式。调查和评估结果表明,刑事案例演习课程对学生的应用能力和创新能力以及其他综合素质的提高都有明显的效果。许多同学就是通过这门课程的学习写出、发表了第一篇真正的学术论文;不少同学正是由于这门课程的学习,敢于并逐渐善于以法律人独有的方式阐述自己的观点,反驳他人的看法。这门课程结束以后绝大多数同学表示他们的应用能力、综合素质都上了一个台阶。刑事案例演习课程启发了他们创新的心灵,培养了他们运用法律思考问题的能力,激发了他们辩论的信心和勇气,使他们学会了创造性的学习阅读和思考,使他们掌握了从规范到事实、从抽象到具体的方法。刑事案例演习课程的良好效果除了归功于前述"四个一体"理念之外,还得益于以下几点经验。

1. 突出能力培养

能力培养始终被置于刑事案例演习课程的核心地位。刑事案例演习课程的目的不仅在于使学生掌握、消化和巩固特定的法律原理或法律规范,而且更在于使学生养成特定的法律思维模式,掌握适用法律知识分析处理实际问题的能力,激发创新思维。刑事案例演习课程谋求融演说和辩论于一体、分析和写作于一体、应用和创新于一体、讨论和点评于一体,其目的在于研究生能力的培养。教学过程强调学生的主动性,让学生自己去研究和学习,并且得出自己的结论,然后在老师的指导下通过辩论来修正、完善,逐渐将各种技巧、方法内化,形成他们自己的能力。

2. 着力案例的选择

刑事案例演习课程的各项教学目标都要借助案例来实现,案例选择成为决定教学效果好坏、各项目标是否能如期实现的一个关键环节。因而,案例的选择要有特殊的要求。①案例要有疑难性。本门课程的对象是硕士研究生而不是本科生,并且案例的目的不是印证所讲授的某种理论,而是要借助案例达到培养学生分析问题、解决问题的能力,训练他们辩论和演说的能力,如果案例没有难度,学生很快便会形成一致的认识,就没有辩论的余地,设定的目标便无法实现。②案例要有新颖性。案例教学要以案例为平台训练学生独立分析、思考的能力,如果案例过于陈旧,学生便能轻易找到他人已有的分析,会助长学生的惰性,难以取得预期的效果。同时,新颖的案例还可激发学生的兴趣,提升他们参与讨论的积极性,使课堂更为活跃。③案例要有系列性。单个案例往往会将认识引入片面,只有系列相关案例才能促使学生多视角、全方位地分析,从而发现问题,启发创新思维。

3. 注重创新的引导

在法学领域有法律硕士教育与法学硕士教育之分,两者的主要区别在于,法律硕士教育重在培养应用型人才,而法学硕士教育重在培养学术型人才。法学硕士教育具有承上启下的作用,一方面它是对本科教育的深化和升华,为博士研究生教育奠定基础,从而需要大力培养学生的创新能力。而案例教学长于应用能力的训练,短于创新能力的培养。在需要培养学术能力的法学硕士教育中推行案例教学法,虽然可以补偿当前法学硕士生应用能力不足的缺陷,但也不能因此而矫枉过正,淡化创新能力的培养。在案例教学中要时刻牢记创新能力培养的根本要求,实现创新与应用的目标契合。为实现这一目标,我们注重从以下几个方面着手:①树立信心,让研究生相信每个人都有充满勃勃生机的灵魂和内在的巨大的创新潜能。②引导研究生跳出单纯应用的思维圈子。案例教学是将抽象的规范适用于具体的个案,这一训练过程当然也是必要的,但我们没有停留于此,而是引导、鼓励学生更上一层楼,从中归纳出某种理论,演绎出某种立场。③强调学术论文的写作。学术论文必须有创新,我们把刑事案例演习课程论文的创新性作为评价学生成绩合格与否的主要依据,通过内引和外压的方式抓研究生创新能力的培养。

4. 强调过程控制

刑事案例演习课程基本上可以分为课前准备、课中演说和辩论、课后总结与写作三个阶段,每个阶段都设定了课程任务和教学目标,只有三个阶段严格按课程设计执行,才能达到预期的教学目的。如果前一阶段的任务打了折扣,不仅该阶段的目标无法实现,而且直接影响到下个阶段的教学效果,最终导致整个教学目标流产。例如,课前准备阶段没有落实,不仅扩大学生阅读量、培养其独立分析思考的能力无法实现,而且课中的演说、辩论难以进行,课后的写作也会举步维艰。人具有惰性,没有压力惰性就会放大。我们采用了适度施压的方式,控制学生的惰性,保证教学质量。课中的演说采用随机点名的方式,课程成绩直接以课中表现和课后的学术论文为依据。多数学生迫于临场随机发言的压力或督促,在课前的阅读、分析方面不敢打折扣,课间的辩论异常踊跃,课后的写作一丝不苟。

第四节 制约因素与改进思路

在实践刑事案例演习课程中,我们取得了很多成绩,积累了不少经验,但也发现一些问题,需要进一步完善。

1. 进一步培养研究生的文化素养

法律是文化上的事项,法律制度是一种特殊的社会文化现象。法律来自社会,是社会需要的客观反映,不了解社会文化便不可能真正理解法律的精神。正如美国学者所言:"一个只懂法律的人,只是一个十足的傻瓜而已。"[1]虽然法律职业者有着自己独特的知识结构、思维方式和职业伦理,但却并不是完全独立于他们自己所处的社会,脱离于他们所置身其中的文化。作为正义和法律的追随者,他们必须全面地认识社会,深刻地把握法律文化背景,并且广泛地了解普通民众的心理和要求。因此法学素质教育中应当包含对学生人文素养和科学素质的培养,使他们能够从社会和文化中汲取营养,以提高自己的执业水平和道德水平。然而,我国的法学高等教育属于高中后教育,一进入本科阶段,学生就开始学习法律知识,知识结构比较单一,这种状况无论对其应用能力的培养,还是对其学术水平的提高都极为不利。美国的法学教育是本科后教育,学生在接受了其他专业的本科教育后才能进入法学院,因此法科学生的知识面比较宽。日本的法学教育虽然也是中学后教育,但学生入学后先统一集中在教养学部学习1.5～2年的人文科学、社会科学、自然科学和外语等基础知识,然后才能转入法学部学习法律专业知识。法律从来就不是一个自给自足的东西,法学从很大意义上讲不是一个自治自主的学科,它涉及社会的所有方面。丰厚的文化底蕴是理解法律精神的基础,如何通过案例教学同时达到提高学生人文素养的效果,成为我们关注的问题。虽然在案例的分析和讨论中,以及在最后论文的写作中我们强调要上升到文化的高度,也取得了一定的成效,但总的情况仍不尽如人意。调整后,我们从案件的选择上入手,尽量选取与社会文化联系紧密的案例作为讨论的对象,通过案例的分析和研讨,提高学生对于文化在法学中重要性的认识,从而激发他们自主弥补人文素养不足的缺陷。

2. 进一步强化阅读量和写作量

目前,受就业的压力影响,法学硕士研究生忙于应付司法考试,专业书籍

---

[1] [美]埃德加·博登海默:《法理学——法哲学及其方法》,邓正来、姬敬武译,华夏出版社1987年版,第491页。

的阅读量较小,写作量更小,这直接影响法学硕士研究生的培养质量。与此形成鲜明对比的是,美国法学硕士研究生的阅读量极大,每周每门课程读一二百页书籍和论文是常事。阅读的并非课本或一般的论文,而是本专业的经典原著或原著摘编以及最新出版的研究成果。研究生一般每两三周就要写作一些小文章,5～10页不等。① 笔者以为"读""说""写"是法学硕士研究生教育的三个关键环节,通过大量的阅读扩大知识面,打下坚实的基础;通过大量的演说和辩论训练表达能力和逻辑思维能力,进而提高应用的能力;通过经常的写作激发创新思维的能力。只有三个方面齐头并进,素质教育的要求才能落到实处。刑事案例演习课程能够调动学生积极、主动地去阅读相关文献,同时来自课堂辩论、演讲的压力,使得学生不得不增加阅读量,但仍显不够。当前,刑事案例演习课程在"说"这一方面收效明显,"读""写"两个方面还有待进一步提高。着力在"读"和"写"两个方面做文章,采取有效措施提高学生的阅读量和写作量。

3. 进一步突破教学资源上的限制

刑事案例演习课程对教师的要求较高,并非每一位老师都能够胜任案例教学。从事案例演习教学的教师要有足够的阅历和经验,在知识储备上,要求更加宽广深厚;在思维上,教师本身也必须要有创造性,否则就不可能引导、开发学生的创新思维和精神。从精力的投入角度来讲,教师进行案例教学要花费更多的时间去备课,表面上案例教学是以学生为主老师为辅,实际上教师背后的劳动相当辛苦,案例的新颖性、疑难性和系列性要求教师经常查找网络、报纸。这些特点决定了适合从事案例演习课程教学的教师较少,在合适的教师中愿意费心费力地去为一门课程的案例教学付出那么多的教师更少。很明显,合格教师资源的匮乏已经制约了本门课程的进一步推广。我们在刑事案例演习教学过程中,不断突破各种教学资源上的限制,从教师人员结构、教师知识结构、教师创新思维的训练、教师奉献精神等层面上都做了大量优化与提升的工作。

---

① 参见苏力:《美国的法学教育和研究对我们的启示》,载贺卫方编:《中国法律教育之路》,中国政法大学出版社1997年版,第346页。

第四章　法科生如何写学术论文

第一节　何谓论文

一般而言,"论文是学术论文的简称。学术论文是指用来进行科学研究和描述科学研究成果的文章"[①]。论文的关键词是科研,科研的核心要素是创新。所以,论文的本质是创新,没有创新的文章不是论文。

这里尤其是需要对"描述科学研究成果"也可能是论文做一点说明,比如前些年每年都有《××年刑法学研究综述》的文章,这类文章通常缺乏作者的评价、反思性思考,而只是一种他人学术观点的汇编,就不是严格意义上的学术论文。

这涉及什么是创新的问题。"创新是以新思维、新发明和新描述为特征的一种概念化过程。第一,更新;第二,创造新的东西;第三,改变。"[②]虽然创新在客观上表现为一种相对性的"变",但在主观评价上,创新必须是变"好",而不是变"坏"。例如人类与其他动物的区别,在生物学角度,首先是直立行走,解放了双手,从而能够创造工具进行劳动。如果某人主张现在直立行走的人必须爬行,这固然是一种变,但却是变坏、退化,不是创新。从这个意义上讲,并非所有的"标新立异"都是创新。

另外,在论文写作过程中,同学们由于长期接触的是教科书,受到思维模式的影响,在写论文时尤其容易犯错的地方,是把论文的体裁弄错了。通常很多同学把论文写成了教科书式的结构与内容。教科书的体裁总体上是说明文文体,主要是知识点的介绍与集合,对于真正需要研究的问题,往往点到为止,并没有展开分析与论证。而学术论文作为议论文文体,是以某一问题为核心的观点的分析与论证。虽然论文中可能包含少部分的知识、概念的说明部分,但其主体内容是分析、论证的说理。

[①] 武宏伟:《论文、开会与学校管理》,载《教书育人》2011年第29期。
[②] 张勤:《论自主创新与自主知识产权》,载《知识产权》2010年第6期。

第二节　法科生为何要写论文

在大学迅猛扩招与学生巨大就业压力的双重钳制下,很多法学本科生与研究生内心都有一大疑问:我读法学就是为了找一个好工作,为什么要写学术论文？例如法科学生绝大部分都是走向公检法或者其他实务部门,可能只有万分之一的人进入高校当老师,进行学术研究。既然好工作与写好学术论文没有什么关系,为什么要求法学本科生研究生写论文呢？事实上,有的高校鉴于本科毕业论文质量江河日下、流于形式、抄袭成风,甚至产生了取消毕业论文的想法。[1] 研究生教育体系也同样存在要不要写论文(或毕业论文)的疑问。

其实这是一个巨大的观念误区,没有正确认识到写论文的逻辑思维训练等方面的价值。

首先,从不带任何价值评价的纯功利角度看,写论文是更好谋生的手段。俗话说得好:"三百六十行,行行出状元","状元"就是搞学问、写论文的顶尖者。在思维的角度,各行各业的工作与写论文一样,都要学会怎样发现问题、分析问题、解决问题。如果你的理想是成为一个政治家,要搞学问;如果你的理想是成为一个房地产老板,要搞学问;如果你的理想是成为一名检察官、法官,要搞学问。《红楼梦》中有一副经典对联:世事洞明皆学问,人情练达即文章。所以在研究生期间,学会了如何写好学术论文的方法,触类旁通、举一反三,对将来的就业与更好地进行创造性的工作,大有助益。

其次,从理想的价值层面看,写论文是自我价值实现的体现。俗话说:"人生如戏"。每个人的一生之戏好不好,取决于自己书写的剧本的价值之有无与程度。哲学家萨特曾言:"存在先于本质",作为大学生或者研究生而言,最重要的就是"在其位,谋其政",一步步做好当下应该做的事情,而不能老是想着"生活在别处",陷入"少壮不努力,老大徒伤悲"的怪圈。对于学界关注、讨论的钱学森之问——"为什么现在我们的学校总是培养不出杰出人才？"人们常归咎于大学教育之弊,尤其是归咎于没有好的老师——大学有大楼没大师。其实这只看到了问题的次要方面。因为这里有一个"先有蛋还是先有鸡"的古老哲学问题。假设学生是蛋,老师是鸡,大学是鸡窝,那么蛋的质量不好,不能单向地归因于鸡不好、窝不好。如果杰出人才的产出单向依赖于是否有大师,必然会得出一个荒谬的结论:由于没有第一位大师,所以永

---

[1]《取消本科毕业论文》,载《上海教育》2008 年第 2 期。

远不会有优秀的学生,如此,我们国家提出的"创新型国家战略"就永远是一句不可能实现的空话。实际上第一位大师的产生,也是从学生时代的一点一滴的自我成长开始的。如果说大学本科教育之弊表现在创造性的素质的缺乏,"大学生"沦为"大龄中学生"①,那么研究生教育之弊同样表现在缺乏创造性的研究生沦为"超大龄中学生"。大学生、研究生更应该反思钱学森之问,将钱学森之问转换为"我如何成为一个优秀的人才""我如何实现自我的价值"的问题。

著名的哲学家、教育家怀特海说:"在大学里,他应该站起来,四面瞭望"②,畅销书《追求卓越》的作者彼得斯说:"要么创新,要么灭亡"③。大学生、研究生如何站起来,如何成为一名卓越的人才,如何实现自我的价值?笔者给出的答案其实很简单:那就从学会如何写具有创新性的学术论文开始。所以,写论文这个"小事"在价值层面并不小:在宏观方面,关系到国家、民族的命运;在中观方面,关系到我校提出的研究型大学建设的成败;在微观方面,关系到个体的成败,关系到人之为人的本真性存在。一句话概括:如果说不想当将军的士兵不是好士兵,那么不想写学术论文的"研究生"就不是合格的研究生。

第三节　法学论文的基本要素与结构

论文应该具备哪些要素,这本是中学教育写作课上就应该掌握的"议论文"的基本知识,但笔者却发现很多研究生对此也没有完全掌握。在笔者看来,论文的要素可以分为形式的要素与实质的要素两个方面。

(一)形式要素

所谓论文的形式要素,通俗地讲就是从外观上看该文就是一篇学术论文,而不是其他文体。论文文体大体上应该同时具备四点形式要素:

1. 有题目

并不是所有的文体都必须有题目,比如某些散文、诗歌,可以无标题,以

---

① 王东华:《新大学人》,海天出版社1993年版,第65页。
② [英]怀特海:《教育的目的》,载华东师范大学教育系、杭州大学教育系编译:《现代西方资产阶级教育思想流派论著选》,人民教育出版社1980年版,第134页。
③ [美]汤姆·彼得斯:《汤姆·彼得斯论创新》,林立、沙丽金译,海南出版社2000年版,第28页。

达到"杂乱的丰富,无章的壮美""形散而神不散"的效果。① 这并不影响该作品的艺术价值,例如李商隐的两首书写爱情的无题诗歌,就堪称千古佳作。有的文章干脆用"无题"作为标题。但论文显然不能无标题,也不能用"无题"作为标题。

2. 有论点

论点就是文章所要议论、阐述的观点,是作者要表达的看法和主张。有很多学生乃至学者写的"论文"字数不少,却找不到观点或者核心命题,这不是论文,至多只是资料的汇编。

3. 有(论证)结构

论文作为一种摆事实、讲道理的文体,当然要遵循一定的思维规律,具备一定的论证结构。但很多所谓的"论文"有述无论或有据无析,即虽然有观点,却没有论证结构。把论文写成教科书式的说明文,就是不合格的"论文"。通常情况下,论文的论证结构大体上可以归结为三段论:提出问题(论点),分析问题(论证),解决问题(结论)。②

4. 有引注

注释是论文必备的形式要素。③ "任何一个学术论文的研究,从论题的提出、资料的整理、观点的确立以及结论的得出,其实都离不开我们前人已有的研究成果,对前人成果的借鉴、利用非常重要。引文、注释和参考文献是作者与前人之间的一种桥梁和纽带,也是学术论文必不可少的组成部分。"④在二十世纪八十年代初期,曾经有很多所谓"学术论文"是没有注释的,至今有些法学期刊上的少数"论文"一个注释没有⑤,这其实不符合论文的形式要素。

---

① 参见邰尚贤:《杂乱的丰富 无章的壮美——评匡燮〈无标题散文〉》,载《唐都学刊》1998年第1期。
② 关于什么是论文中的"问题",为什么论文只能围绕一个核心问题展开论证,如何设置论证的章节目录,何为"论证"等论文写作的基本问题与判断标准等,请参见田洪鋆:《批判性思维与写作》,北京大学出版社2021年版;田洪鋆、赵海乐:《你学习那么好,为什么写不好论文?》,北京大学出版社2022年版;田洪鋆、赵海乐:《你写的论文,为什么老师总看不上?》,北京大学出版社2024年版。
③ 这是大学论文与中学语文教育中的议论文在形式要素上的区别。
④ 涂永前、郭登科、赵钢等:《法学论文写作方法》,载《国家检察官学院学报》2008年第3期。
⑤ 当然笔谈的文章是例外,笔谈的文章本来是有注释的,只是因为篇幅所限而被处理掉。

(二) 实质要素

由于论文的本质特征是创新,因此论文除了具备以上的形式要素以外,还需要具备实质要素。对于论文的实质要素,不同的人可能会有不同的归纳,笔者将其归结为三个方面:信(真)、达(善)、雅(美)。信、达、雅原本是对翻译的三点实质要求,但其实也是论文的实质要求。

"信(真)"意味着论文要具有一定的说服力、可信度,读者看了文章以后觉得文章说得有理。只有读者"信以为真",才会受到文章观点的影响,改变原来的某些看法。

"达(善)"意味着文章基本传达出作者想要表达的意思,具有可理解性。固然在学术史上的确存在这种情况:某些有较高学术价值的论文或者哲学著作因读者缺乏相关的知识背景而读不懂,但现在有的文章"故作高深",似乎"越使人看不懂学术价值越高",其实是充满了病句与毫无意义的生造辞藻,可能连作者本人也不知道自己到底要表达什么,这就缺乏善意、不地道。在某种意义上,"达"的要素体现了"文如其人",实际上关系到大学生、研究生或者其他论文写作者的诚信问题。

"雅(美)"意味着文章结构、修辞、文字上的优美,能给读者在情感与思维上带来更多的愉悦、共鸣、反响、思考的效果。陈兴良教授曾经用文学性的高低来比喻、说明学术性的高低[1],这是有道理的。例如中国古代文人对文章结构提出形象的"凤头、猪肚、豹尾"要求,这种结构之美同样适用于学术论文的写作。论文的开头(提出问题)部分犹如凤头一样精彩亮丽,吸引人。如果说散文开头有可能比较隐晦,那么论文则必须像经典小说的开头一样开门见山,"门泊东吴万里船";推窗见月,"窗含西岭千秋雪"。[2] 如《三国演义》的经典开篇就是"话说天下大势,分久必合,合久必分"。卡夫卡《审判》的开头也非常吸引人:"准是有人诬蔑了约瑟夫·K,因为在一个晴朗的早晨,他无缘无故被捕了。"所以论文开头最忌讳大头娃娃,云山雾罩,不知所云;文章的本体(分析、论证问题)部分犹如猪肚,五脏六腑俱全,内容充实丰富,且层次分明、环环相扣、过渡自然,而不是一团乱麻,"剪不断、理还乱";结尾(解决问题)部分犹如豹尾,响亮有力,令人印象深刻。论文的结尾一般有两种:(1)戛然而止的结尾,简短总结全文,首尾照应。多数学术论文采用的是这种结尾。(2)言尽意远、发人深思的结尾。比如在我印象中,金庸小

---

[1] 参见陈兴良:《教义刑法学》,中国人民大学出版社2010年版,"代序"第2—4页。
[2] 参见孟繁喜:《杜梨花开夕照红》,载《邢台日报》2008年1月21日,第6版。

说中,《雪山飞狐》的故事算不上最精彩,但其结尾却是最精彩的。其他小说,大侠们都有一个相对完满的归宿与确定的结局,唯有《雪山飞狐》中两大英雄在雪山之巅决斗时坠崖,以"胡斐到底能不能平安归来和她相会,他这一刀到底劈下去还是不劈"的悬念结尾。① 有少数学术论文也采用这种具有一定升华或者开放性的结尾。当然这种结尾比较难把握,处理得不好容易画蛇添足、狗尾续貂。

第四节 撰写具有创新性论文的技巧

(一) 解决不会写论文问题的根本技巧就是"写"

很多研究生见到导师常常会说:"我想写论文,但不知道怎么写,老师您教教我吧。"我通常如此回答:"多看、多思,尤其是多写。"学生会觉得我的这一回答简直就是废话。这就好像《寻枪》电影中搞笑的一幕:警察马山把枪丢了,去找老战友"老树精"打探线索,"老树精"帮忙出主意:"我说你的事情要想解决啊……,凭我的经验,只有一个字。"马山(期盼地问):"哪个字?""老树精"(一本正经地说):"找。"这让马山哭笑不得。实际上这一点也不好笑。真理往往是最简单的道理,例如作为中国革命胜利的法宝之一的游击战,毛主席就用了"战争的基本原则是保存自己消灭敌人"这个简单的标题予以总结。只不过"上士闻道,勤而行之;中士闻道,若存若亡;下士闻道,大笑之。不笑不足以为道"②。著名哲学家黑格尔就用俏皮话来讽刺这一常见但却矛盾的思维现象:"在学会游泳之前,切勿下水",事实上"害怕错误,害怕真理"。③ 总之,与"害怕下水就永远也不会游泳"的简单道理一样,解决不会写问题的根本技巧就是"写"。学而不思则罔,思而不写(学)则殆。因此,下文中所言的其他一些论文写作的具体技巧、道理,说得再多,倘若学生始终找各种理由——如怕出错、知识不够等——搪塞自己,不动手去写,永远也学不会写。而如果学生开始动手去写,写多了,下文的一些创作技巧也就自然而然地掌握了,正所谓"熟能生巧"。

---

① 参见周详:《论一只"牛虻"在中国刑法学术生态圈的诞生——评〈中国实质刑法观批判〉》,载《刑事法评论》2010年第1期。
② 老子:《道德经》,第四十二章。
③ [德]黑格尔:《精神现象学》,贺麟、王玖兴译,商务印书馆1979年版,第59页。

(二)论文撰写的具体技巧

1. 选题技巧

(1)把握动态

如何把握学术动态？其实很简单，随时了解本学科的学科带头人的研究动向。每个学科总有那么几个著名的学者在引领学术走向。以笔者熟知的刑法学领域为例，如果说二十多年前是"北高（高铭暄）南马（马克昌）"在引领，那么近二十年则是张明楷教授[①]、陈兴良教授[②]等少数几个人在引领。近十年则涌现出一批60后、70后，甚至80后的中青年刑法名家，比如邓子滨、周光权、黎宏、孙万怀、刘艳红、林维、车浩、劳东燕、姜涛、陈璇等人，不一一列名。一般而言研究生还不具备这种创造、开拓、引领学术的能力，那么最简便最有效地把握学术动态的方法就是跟着名家、大家的学术走向进行一些补阙式的研究。

(2)大量阅读

名家所创造、开拓、引领的学术走向是以最新的学术讲座、文章、著作为载体的。大量阅读首先体现在精读这些名家的学术作品，其次是按图索骥，根据这些作品的注释提示，阅读其他学者的作品，再次是根据其他学者的作品中的注释提示，阅读更多的相关文章、著作。实际上这种学术作品的"互文"性，就足以有读不完的学术作品了。最后是自己通过图书馆等资料库查找以上作品没有涉及但实际上与主题相关的其他学术作品。

(3)选定主题

很多人即使已经做了以上两个工作，也仍然不知道怎么选题。最多的感受是这些名家的成果说得太有道理了，已经把问题研究透了，研究完了，无法进行创新与突破。那么这一感知现象背后的问题出在哪里呢？我认为是学生没有把握住学术论文创新的关键：批判思维、问题意识。例如从古至今无数人看到苹果从树上掉下来均对此习以为常，却唯有牛顿思考"这是为什么"的问题从而发现了牛顿定律。如果伽利略没有批判思维，不敢、不愿挑战亚里士多德提出并盛行了近千年的"落体的速度同它的质量成正比"的权威

[①] "着眼于刑法学最近十年的大势，愚以为理论殊荣应当给予张明楷先生……"参见邓子滨：《〈法学研究〉三十年：刑法学》，载《法学研究》2008年第1期。

[②] "众所周知，在刑事法学界，陈兴良教授向来以引领学术创新风潮著称……"参见车浩：《罪刑法定理想的执着追求》，载《人民检察》2010年第13期。

观点,就不会发现自由落体定律。没有问题意识,没有批判思维,就永远不会有创新。自然科学的发展史是如此,带有强烈的价值立场选择与评价的人文社会科学更是如此。所以在学术上大胆地挑战、批判名家,这不仅是可能的,也是必要的,毕竟学科名家、大家"引领学术"不等于"包办学术"。正如张明楷教授所言:"任何学者都必须在与现有学说进行对话和批评中进行学术研究与创新。满足于现有答案,不展开学术批评,就意味着现有学术成果没有问题;任何科学都是为了解决问题,如果没有问题,科学就没有存在的必要了。"①因此,只要发现了名家作品中的一个"小问题",就可以大做文章,"小问题"就是一个"大主题"。

2. 论文的基本行文技巧

(1) 确定题目

论文的题目就是文章之眼,文章之窗。好的文章标题等于成功了一半。那么怎么样确定一篇文章的标题呢?最简单的方法就是将上文中的"论题"作为标题。这是因为标题的基本功能就是点明文章的主旨,让读者一眼就可以看出文章所要探讨的基本问题,比如常见的"论××"的标题就是如此。实际上绝大多数论文标题都是省略了"论"字的"论××"。当然文章标题点明主题只是最基本的要求,一个好的标题会有更高的要求。首先,标题最好能直接且具体地传达出文章的核心观点。作为研究生而言,笔者不提倡研究生采用"论××"的标题,这种标题的缺陷是过于笼统。一个名家采用这样的标题,比如张明楷教授写的"论偶然防卫",因为文章的实质内容有创新,也照常能发表,但研究生采用这样的标题发表的可能性很小。如果这是一篇研究生写的论文,最好采用"偶然防卫有罪论之质疑"或"偶然防卫无罪新论"这样能具体传达出文章的核心观点的标题。其次,标题要尽量简洁,不要过长。有的报刊文章的标题可能超过 20 个字,乃至在标题中间出现逗号、顿号或者将两个长的分句作为标题,这在论文的标题(包括文中的次级标题)写作中是忌讳的,但很多本科生、研究生的论文中就会常常犯这样的错误。最后,标题的新颖性,即标题的用语不能过于常规化。有时候使用一些比较陌生的词来表达同一主题,可能会起到耳目一新的效果,例如张明楷教授几篇极具影响力的刑法论文,其标题就非常吸引人,如"论表面的构成要件要素""论短缩的二行为犯""行为功利主义违法观""'客观的超过要素'概念之提倡",标题中的这些用语是我国刑法学中没有的或者比较陌生的概念,这会让编辑或者读者产生极大的好奇心。

---

① 张明楷:《学术之盛需要学派之争》,载《环球法律评论》2005 年第 1 期。

当然,有时候论文涉及的主题比较复杂,标题的具体性、新颖性往往意味着要用更多的词给出更多的信息,这与简洁性之间会有一定的矛盾。如何消除二者之间的矛盾,的确需要绞尽脑汁。有时候一篇文章一气呵成,却为一个好题目的确定而千锤百炼、反复"推敲"①,"捻断数茎须"。实际上如果一个标题太冗长,那么也有一个可资借鉴的文字处理的技术——使用副标题。有一类比较好的论文标题就通常使用破折号或者冒号乃至于同时使用破折号与冒号来处理具体性、新颖性与简洁性之间的矛盾。例如陈兴良教授就非常善于使用这种标题:"从罪数论到竞合论——一个学术史的考察""形式解释论与实质解释论:事实与理念之展开""刑法因果关系:从哲学回归刑法学——一个学说史的考察"……

(2)论文的基本行文公式

学术论文作为议论文文体的一种表现形式,是有基本的行文格式的。按照刘大生教授的说法,写文章的技巧和规范可归纳成一句简单的话,一个基本的路子,一个基本的公式,那就是:"张三说,李四说,我认为"。他认为"张三说,李四说"的作用有三:第一,通过"张三说,李四说"引出话题。第二,将"张三说,李四说"树为批判的靶子。第三,将"张三说,李四说"用作论据,来论证自己的观点。如果有论文仅有"我认为",而没有"张三说,李四说",要么写不长,要么是低水平重复,要么是抄袭剽窃;论文如果都是"张三说,李四说"而没有"我认为",也不合格。没有"我认为",也就没有自己的想法,写论文就变成了资料汇编、文献汇编;没有"我认为"就可能是将别人的"我认为"模糊处理为自己的"我认为",这是抄袭剽窃。② 研究生写论文,首先就要从套用刘大生的这一基本公式做起,或者用这一公式来检验自己的文章是否为论文,是否为抄袭剽窃。

(3)文章创新之技巧

论文的本质特征是创新,创新是有规律可循的。很多人对论文创新都有不正确的认识,认为只有核心观点新才是创新。但是人一生不可能有那么多的核心观点的创新。连名家大家都无法做到时时刻刻的观点创新,凭什么要求研究生的论文有创新?其实在笔者看来,创新是多层面的,大体上分为

---

① 推敲典故:诗人贾岛去长安参加考试。他骑着驴,在大街上一边走一边想着他的诗句。突然,他想到了两句好诗:"鸟宿池边树,僧推月下门。"但似乎觉得"推"字改为"敲"字更好一些,心里反复琢磨,手上比画"推"与"敲",嘴里反复念叨:"僧推……""僧敲……",以至于冲撞了吏部侍郎韩愈的车队,被卫兵拉下驴。韩愈问明缘由,不但没有责罚他,反倒引起了韩愈对诗句的兴趣。韩愈想了一会儿,建议用"敲"字,诗境更美。

② 参见刘大生:《论文写作基本公式》,中国民主法制出版社2016年版,"前言"第1页。

三层面:发现了他人没有发现的问题;说出了他人没有说出的论据;解决了他人没有解决的问题。具体而言,论文创新又体现在如下几个方面:论题选择新;核心观点新;使用材料新;写作手法新;论证方法(思路)新。具备了以上任何一点,都是学术创新。而要做到以上创新,关键是需要有批判思维或问题意识。缺乏批判思维或问题意识,就不可能有独立思考的能力,永远不可能有任何意义上的创新。而所谓的批判思维与问题意识,也没有那么高深,其实就是古人常说的两句话:"尽信书,不如无书"(《孟子·尽心下》),"吾爱吾师,吾更爱真理"(亚里士多德语)。

(4)注释的使用技巧

注释作为论文的必备形式要件,其实也有规则可循。例如《中外法学》就列出了关于引证的七条伦理规则:①引证以必要为限。这一规则意味着不要为了注而注,有些人所共知的公理、常识,就无须加注,除非作者认为"公理""共识"有问题,需要进行商榷或者批判。②引证应是已发表之文献。引证未发表文献应征得相关权利人之同意。这一规则是为了保证引证观点的真实性,有据可查,防止伪注。③引证应保持被引证话语之原貌。这一规则主要是对直接引用的要求,直引必须用引号来标明。当然保持直引的原貌并不意味着一字不变,有时候直引有明显的笔误,当然可以改掉错别字。另外,在应用直引时,为了保持前后文的逻辑连贯性,也有可能根据需要而在不改变文意的基础上适当增补或省略几个字。省略时通常用省略号来标明。增补文字时,通常用括号或者(××——引者注)的标示来区别。④不得曲解原作之观点。这一规则通常是对间接引用的要求,间接引用是对原作者观点、论据的简化与归纳,因此要特别注意归纳的准确性,不能断章取义,曲解原意。⑤有修订本的,应以修订本为引证对象(研究原作者学说演变者除外)。这一规则意味着不能将原作者已经抛弃的观点作为该作者现有的观点,否则就是一种变相的曲解。⑥引证应当有明显标志。这一规则是为了防止将他人的观点模糊处理为自己的观点。在比较长的间接引用中,通常采取两种方式来标明,一种方式是:在引文开始之处使用"张三认为"这样的用语且最好是在间接引用的结束的注释中使用"以上观点,参见……"之类的标示。另一种方式就是将间接引用的话语用不同的字体来标示。⑦引证应以注释准确地显示被引证作品之相关信息。这一规则主要是为了保证引用查询的简便性。一般而言被引用作品要求写明作者、文章名、书名、期刊名与期刊年期、著作的出版社以及出版年月、页码(个别期刊不要求写明被引文章观点的页码)。

另外,有时候如果将某些被引观点及其讨论、评价置于正文,就会显得有些"节外生枝",此时为了保证正文的顺畅与连贯性,不妨将这些内容置于注释中,这时候也许会出现注释段中评论且出现其他的注释。为了突出注释段中的注释,通常会将该注释用括号来标明。

由此可见,注释的合理正确的使用技巧,不仅关系到文章是否有创新的问题,而且关系到是否有剽窃抄袭的诚信问题。

(5)投稿技巧问题

研究生写出具有创新性的论文,当然最好是能够公开发表。因此这里也略微谈谈投稿的技巧。

首先,应该全面了解、研究学术刊物的风格、格式要求。每个学术刊物都有一定的风格或者格式要求。一个名家即使风格与格式上与某刊物不太符合,只要文章内容本身具有创新性,刊物编辑也愿意帮其修改后发表。但研究生毕竟"人微言轻",因此在投稿时必须注意与所投刊物的风格、格式的一致性,才有可能发表。

其次,投稿前的文章修改技术。俗话说:"文章不厌百回改。"文章一气呵成之后,最好不要急于投稿,而是多修改。修改有两种方式:一是自己修改,通常是将文章放一段时间之后拿出来读一读,也许会有新想法,或者发现论述不周、不妥的地方,然后进行完善修改。二是请自己的同学或者老师帮助修改,一方面自己对自己的文章过于熟悉,不容易发现一些语法、用语上的明显错误。另一方面他人的视角、知识结构与自己不同,他们可能更能够发现问题,从而提出一些比较好的修改建议。

最后,注意刊物的分级。在我国现有的学术体制下,各学科的刊物是有(一类、二类)权威、(重点、一般)核心、其他刊物之类的分级。从可行性的角度而言,本科生、研究生最好不要向竞争激烈的权威期刊或者重点核心期刊投稿。① 另外,像《刑事法评论》《刑事法判解》《刑法评论》通常对作者的身份、职称、资历等没有特别严格的要求,往往更能坚持"以质取文"的标准——不是看"是谁在说",而是看"说了什么"。这些刊物的学术影响力也不小,因此研究生不妨试着向这些刊物投稿。

---

① 当然极个别的重点核心刊物偶尔也发硕士研究生乃至本科生的高质量文章。例如《政法论坛》就曾经发表过几篇本科生的论文。

教学核心环节展示篇
经典电影、文学中的案例问题联想

◎ 第五章　刑事案例演习课程的问题式思考方法论
◎ 第六章　发现问题比解决问题更难
◎ 第七章　"一半魔鬼一半天使"的人性复杂问题
◎ 第八章　影视作品中的盗窃罪问题解析

第五章　刑事案例演习课程的问题式思考方法论

——电影《死亡诗社》《狗十三》

第一节　教学过程设计梗概及《死亡诗社》《狗十三》电影简介

一、教学过程设计梗概

教学目标

(1)让学生明白该课程的具体要求;(2)和学生讨论素质教育理念下的法学教学模式创新。

使用的教学素材

电影《死亡诗社》《狗十三》

教学课时

4课时

教学手段

电教

教学步骤

第一步,观看电影《死亡诗社》《狗十三》(2课时)。要求学生写观后感。注意几个问题:(1)采用诗歌、散文、论文、影评、小说等文体均可,不限制文体以及字数。(2)可以参考经典影评,但要写出自己的真实感想,不能全篇抄袭。(3)主旨不限,但应当是观看电影之后有感而发。

第二步,对学生的观后感进行评价(0.5课时)。注意几个问题:(1)以对学生的精彩观后感的正面评价为主,也可以提出在观后感中存在的问题,比如全篇抄袭以应付老师或者缺乏新意,过于教条等问题。(2)对写得好的观后感,可以点名予以表扬,对草率应付的不宜点名,只把问题提出来。

第三步,对素质教育观念、教育模式、问题式思考方法等问题进行讨论(1.5课时)。

二、《死亡诗社》《狗十三》电影简介

《死亡诗社》(Dead Poets Society)(1989)

> 作者评级 ★★★★★

> 简评

"话说三遍无人听,戏演三遍无人看",《死亡诗社》是例外,看过不下十遍,台词几乎都可以背下来了,却每每深有其感。也许是自己曾经是学生,现在是老师的缘故吧。

> 电影梗概

威尔顿预备学院以沉稳的风格受到了当时人们的尊敬,是当时最好的大学预备学校。在那里,教育的模式是固定的,奉行着四大信念:传统、荣誉、纪律、卓越。然而一名新教师基廷的到来打破了这一切,他也是威尔顿的荣誉毕业生,此番回校接替退休的英文教师。这位特立独行的新老师的到来给学院带来了一丝生气,在他的别出心裁的教育方法的影响下,渐渐地,一些学生接受了他,开始勇敢地表达自己,勇敢地面对每一天,把握他们自己的人生。然而不幸也在这时发生了。学生查理重建了秘密团体"死亡诗社",在校刊上以"死亡诗社"的名义发表了一篇文章,主张威尔顿应招收女生入学,由此引起了轩然大波。校方决定严查此事,查理为此受到了一顿结结实实的体罚。最不幸的是,尼尔背着古板固执的父亲,参加了《仲夏夜之梦》的公演,他获得了巨大的成功,但怒气冲冲的父亲赶来,强行将尼尔带回了家中,他向尼尔宣布自己的决定:明天他将去威尔顿为儿子办理退学手续,随后将尼尔送入军校。尼尔想反对,却欲言又止,对如此固执、古板的父亲他还能说些什么呢?半夜里,尼尔用父亲的手枪自杀了。尼尔的死讯震惊了威尔顿学院。校方决定要调查尼尔自杀的原因。于是"异端分子"基廷老师自然就成了众矢之的、替罪的羔羊,被学校堂而皇之地开除了。

《狗十三》(2018)

电影梗概

13岁的少女李玩,由于父母离异,与爷爷奶奶生活在一起。正处于青春期的她渴望被了解、陪伴和爱。在"要听话"的中国式教育里,李玩也完成了属于她的"成人礼"。电影中,父亲希望通过一条宠物小狗完成与女儿的和解与沟通,李玩为狗取名"爱因斯坦",与它形影不离,她偷偷把吃的丢给狗狗,和狗狗吃同一份食物,慢慢地,女孩和狗狗建立了深厚的感情。爷爷一时疏忽弄丢了狗,全家找狗未果,李玩伤心大哭。大人们轻飘飘安慰几句,发现没用。为了摆平李玩,继母出了主意,又买了同一品种、长得一样的狗,告诉她:"爱因斯坦找到了。"李玩清楚,这不是她的爱因斯坦。但所有人都一口咬定:"这就是你的爱因斯坦。"李玩不愿妥协,据理力争这不是她的爱因斯坦。于是,家里人纷纷教育李玩。大家教育完李玩,都以为翻过了爱因斯坦这一页,全家人都恢复成若无其事的样子,只有李玩一个人埋头吃饭耿耿于怀。但是李玩坚持要的是爱因斯坦,而不是一只狗,所以她坚持找狗,让家庭氛围越来越不和谐。一只误闯教室被老师一巴掌拍死的蝙蝠,跟李玩一样弱势,所以在成人心里,他们不算什么。孩子与成人的处事原则,形成两个冲突的世界。无数次残暴的打击和不理解的驯化,让孩子变得"伪善",最终在成年人的规则中熟练运转,成为新的施暴者。残暴和不理解代代相传,一次次地消灭天真。

第二节　网络影评与涉电影学术论文文本的对比问题提示

一、影评

最需要反抗的其实是自己——《死亡诗社》[1]

《死亡诗社》,看了;别人的影评,也读了。都挺好的,无论是电影还是影评。

原来,还有这么多人在默默地反抗着。

---

[1] 小强:《最需要反抗的其实是自己——〈死亡诗社〉》,载 http://tieba.baidu.com/g/523584446/,访问日期2021年8月9日。

反抗什么呢？教育制度或者传统的束缚。

高中时,流行看新概念作文。看韩寒那帮人激昂澎湃地痛斥应试教育的累累罪行,自己也心头痒痒,时不时地会在课堂上表达一下自己的感慨。当时,干这事的绝非我一个,估计经历过那个年月的人,或多或少会有些牢骚的。

我们也只是发泄情绪而已,没有几个人敢身体力行地去反抗。最终大家还都是老老实实地参加了高考,并老老实实地上了大学。

曾经天真地以为,大学就意味着自由。这也是促使我上大学的最大动力,结果失望地发现,我不过是脱掉了脚镣,换上了手铐。还有什么好说的呢？还有什么好反抗的呢？

山的那边不过还是山,实在没有什么好期待的。反抗得疲惫不堪的人,最后会如此安慰自己,并开始尝试曾被自己唾弃的生活方式,结果他们发现,并不像自己想象得那么糟,安安稳稳地生活也没有什么不好。再后来,他们又开始要求自己的子女,好好学习,考个高分,上个好大学。若遇子女的反抗,他们也会像当初自己的父母那样严厉对待。

就是这样了,实在没什么好说的。确实,人生就是不断的轮回,不同的人拥有着相似的经历,一轮又一轮。

难道就这样放弃了吗？就这样结束了吗？

不要吧!!!

我觉得从一开始他们就选错了反抗的对象。一个人去反抗整个教育制度,去反抗传统本身,那不纯粹是把自己当做鸡的产物吗？

确实,当一个小小的个体站在一个庞然大物面前,高叫"我不会顺从于你,我要反抗你"时,会有不少人佩服他的勇气,并几乎有点崇拜了。那个个体也乐意沉浸于那种集体崇拜之中,或者是他幻想出来的集体崇拜之中。

当他失败或是放弃的时候,旁观者、助威者也不会咬牙切齿地骂他。反而觉得,一个小小的人,能做这么一次抗争已经是很了不起了。

于是乎,抗争的人越来越多,失败的人也越来越多。

高中时,有位颇有姿态的老师,每每上课必言中国教育体制之腐败,说到痛心之处必当咬牙切齿不足表恨。当时很是佩服这位老师,觉得这么一个小县城的老师敢如此反抗那么庞大的体制,真是厉害。现在想想,当时自己真是傻得出奇。

《死亡诗社》的影评中，多半也是反抗的呼声，反抗的对象同样的庞大。

我不敢说我完全看懂了电影，至少我没有看到基廷老师让他的学生去反抗什么体制或者传统。他所做的不过是帮助学生认清自己而已，同时帮助学生远离那些不让他们认清自己的人，比如那个用坐标的方法鉴赏诗歌的什么博士。

有人觉得，基廷老师有鼓动学生的嫌疑，当然片中也是如此给他定罪的。我坚决不能同意这一点，鼓动一定要有反抗的对象。基廷只是让学生认清自己，并没有告诉学生要反抗什么。

其实，我们这样小小的人，根本不可能去反抗那些庞大的体制或者传统。我们最有能力去反抗，也最需要去反抗的其实只是自己。因为我们自己有种被传统束缚、被体制约束的惯性，所以我们要努力认清真正的自己。"认识你自己"不是古希腊的神谕吗？

只有真正明白了自己想要什么，自己需要什么，自己应该反抗自己什么，才是有意义的。

影片最后，几个学生站立在书桌上给基廷送行，基廷笑了。因为他感到自己的学生中还有人能懂得反抗自己，如此足矣。

二、学术论文

《规训主题的表达——基于对曹保平影片〈狗十三〉的视听语言分析》[①]（节选）

曹保平的影片《狗十三》秉承他影片一贯的多义、好看的特征，远远超出了单纯青春类型片的范畴，融合了青春、成长、家庭伦理片的特点，又对中国教育和中国文化进行了反思，因此受到感动的观影人群并不仅限于青春期的少年，还有已经度过青春期的大学生、成年人，几乎每一个人都能在影片中看到自己熟悉的影子，都能形成"私语性共鸣"，因而它表达的主题既是个人的，也是普世的。虽然很多人都认为《狗十三》主要表达了"青春期少女在家庭成长中的挣扎和阵痛"，但是基于整部影片所呈现的视听语言，笔者认为规训主题更显突出，它"向人们还原了人类童年成长的残酷与撕裂""折射出一种典型的中国式成长语境和当下社会普遍存在的中产焦虑"，因而其规训不仅仅指向少女李玩，也指向弟弟、父亲，乃至我们所有人。

[①] 宋先红、张开颜：《规训主题的表达——基于对曹保平影片〈狗十三〉的视听语言分析》，载《肇庆学院学报》2021年第1期。

"规训"一词的现代含义来自福柯的《规训与惩罚》一书,它"通常具有两方面的意义:一是能够给人以惩罚和强制行为的联想和威慑,使其成为一个驯服的人;二是能够教人以某种职业技能和知识体系,使其成为一个对社会有用或能够为统治阶级服务的人"。规训的主体通常是有权力的一方,如家长、上级、政府或国家,它以牺牲个体的自由意志为代价,使其成为某个体系的一部分,但同时又为其提供安全和技能,促使其在特定的社会和团体中实现自我和获得人生成就。因此,我们不能仅仅将规训与压力、限制和义务相连而否定它给我们人生带来的积极力量。也许曹保平正是意识到了规训的这种复杂性,因而他在处理这个剧本时,"还是想把它拍得很主流""在用光上、调度上还是很主流",他的态度是现实的,而不是批判的,他更多的是想把一个人在特定的文化、社会中从童年向成年转变、成为一个社会的人所要经历的残酷和无奈呈现出来。这种态度清晰地反映在影片的视听语言之中,使其成为一个具有多义、复杂的曹保平电影文本。

一、有寓意的场景(略)

二、活动的限制(略)

三、互为映照的关系(略)

四、结语

子曰:"以不教民战,是谓弃之。""善人教民七年,亦可以即戎矣。"孔子当时虽然是站在统治阶级的角度论述如何"牧民",但是从社会的复杂性和现实性的角度出发,这背后"教民"才能"保民"的道理一样适用于家庭教育和社会教育。《狗十三》的制作特辑已经提示了这部影片不仅仅反映了青春和成长的残酷,更表达了人为了适应社会而不可避免被规训的思想。人的成长本来就是一个暴力过程,其中充满了"痛",但是不失为"真"。影片之所以有超越青春片的地方,也被认为有文化意义,就是因为它是从所有人的角度来审视问题的,而不仅仅是针对青春和女性的。因此,这部影片虽然在题材上与曹保平导演之前的作品如《光荣的愤怒》《追凶者也》等存在差异,但是依然"会延续曹保平对人性细腻、精准又独到的解释"。

> **问题与提示**

(1)阅读上面两篇涉及两部电影的文章,比较自己写的作业,你觉得以上两位作者写得怎么样?如果写得好,好在哪里?如果写得一般,理由是什么?

(2)以上两篇文章相比较,你更喜欢哪一篇文章,为什么?你有多长时间没有写文章了？我所说的"文章"不是"作文",而是写类似于博客、日记、诗歌、小说、散文等自己想写的东西,而不是为了完成考试或者完成任务而进行的被迫的写作或者训练。你能回忆起最令你感动的电影、书、画、语言、情节等是什么？当时是否有想写点什么的念头或者冲动？你是否将这些念头轻易地放过,让感动仅仅只是感动,很快就被遗忘了？

（3）你认为自己现在能否写出优秀的文章？你对将来写出优秀的文章有信心吗？你认为写出一篇优秀的文章,需要哪些要素？将你认为非常重要的要素一一列举出来,问问自己现在具备了哪些要素,还不具备哪些要素。不具备的要素是先天不足还是后天不足？

（4）你认为第一篇影评中"认识你自己"是什么意思？提示,苏格拉底说:"认识你自己,就是认识你的无知。"你怎么理解这句话？你"认识你自己"吗？你对人的一般心理结构和构成了解多少？你赞同"我们不是要反抗什么体制或者传统,最需要去反抗的其实只是自己"的观点吗？你如何认识传统与创新的关系？创新与传统之间的距离有多大？创新就是拒绝传统吗？创新的基础是什么？"你是传统的人,还是反抗传统的人？"这个问题是不是存在类似于"是要一个鸡蛋还是两个鸡蛋"的陷阱？"反抗自己"这个词语是否存在逻辑上的问题？这个"自己"是指什么？在什么意义上它存在逻辑问题,或者又在什么意义上它不存在逻辑问题？

（5）第一篇影评与第二篇论文,在体裁上、问题意识上、篇章结构上、语言风格上、格式上有什么差异？回忆学术论文写作的基本结构、形式要件等知识。

第三节　电影精彩片段以及相关问题的提示

一、"地狱学校"情节与问题提示

开学典礼上,男校校长一脸自豪地问及学生一百年来每次开学都要问的问题:"各位先生,何谓四大信念？"学生沉闷而又异口同声地回答:"传统、荣誉、纪律、卓越。"好像学生们只要循规蹈矩,遵守四大校训,将来也会像已经毕业的优秀学生一样,大有作为。

典礼后,学生回到宿舍,相互认识介绍后关上门,开始吸烟、说笑。尼尔模仿校长的声调:"欢迎来到地狱学校","各位先生,何谓四大信念？"其他人异口同声地回答:"模仿,恐怖,颓废,污秽。"

> **问题与提示**

（1）当看到这个场景的时候，你是否也会心一笑，自己也做过类似的小把戏，诸如篡改校训，或者某些严肃的"经典"与传统？

（2）为什么在老师以及家长面前，学生是那么循规蹈矩、唯唯诺诺，一转身就变了样？哪一个是真正的"我"？

（3）你是如何看待在班上那些学习成绩不好、特别调皮的同学的？如果将来你当了老师，如何看待、对待这些"差生"？

（4）在学校的成绩好坏，能否决定将来的成就大小？

二、"基廷的第一课"情节与问题提示

学生们刚刚从沉闷、刻板的数学课、拉丁语课解脱出来，在教室里喧闹成一片。上课铃响起，基廷老师从门口探进半个头，没有人注意他，他缩了回去。然后，吹着《扬基进行曲》曲调的口哨信步迈进教室，教室里顿时一片静寂，学生们正襟危坐。他继续吹着口哨，没有走上讲台，环顾一圈后径直从后门走了出去，"来吧"，基廷向正在惊诧与茫然的学生们招呼道，学生们陆续离开课桌随他来到大厅中。"船长，我的船长！"，基廷以惠特曼写给林肯的一句诗，开始了他的第一堂课，"如果大胆的话，你们可以叫我船长。我也上过地狱学校并且生存了下来"。一番话使课堂气氛顿时活跃起来。他让一个学生念了一首诗："花开堪折直须折/时光易逝/今日轻绽浅笑的花朵/明日便将凋零"。"花开堪折直须折"的意思是"及时行乐"，拉丁文是"CARPE DIEM"。基廷问："作者为何如是说？"学生回答："因为他很急切。""不对，但仍然谢谢你的回答。因为我们都是凡人，孩子们。在这个房间里的每个人，总有一天都要停止呼吸、僵冷、死亡。我要你们到这儿来细细玩味过去的面孔。你们经过这儿无数次，但从未真正看过他们。照片上的那些男孩子们和你的差异并不大，对吧？同样的发型，也曾经是同样的意气风发，雄心勃勃，和你们一样不可一世，自认为注定要成就大事，世界都在他们的掌握之中。和你们一样，他们是否虚度时光到最后一无所成？因为各位所见到的……这些男孩现在都已化为尘土了。如果你们仔细倾听，便能听见他们在附耳低语，听见了吗？'CARPE DIEM……'让你的生命不同寻常"。

> **问题与提示**

（1）比较"船长，我的船长！"你如何看待在中国文化教育传统中"老师是辛勤的园丁"这个比喻？在你内心中一个好的老师，或者理想的老师应该是什么样的形象?

(2)戴尔·卡耐基说过:"人性最可怜的就是:我们总是梦想着天边的一座奇妙的玫瑰园,而不去欣赏今天就开在我们窗口的玫瑰。"《汤姆叔叔的小屋》的作者斯托说:"最痛苦的泪水从坟墓里流出,为了还没有说出口的话和还没有做过的事。"梭罗也曾说:"啊!到达人生的尽头,才发现自己没活过。"这些名言、诗歌和基廷提倡的"及时行乐"观念是否相互印证,都是要我们放弃理想、梦想,享受现在吗?该如何理解"及时行乐"一词?

(3)兰斯顿·休斯说:"要及时把握梦想,因为梦想一死,生命就如一只羽翼受创的小鸟,无法飞翔。"你是否有过梦想?你现在还有什么梦想?你是如何处理梦想、理想和"及时"的关系的?你现在是否有一种既没有梦想、理想,也没有"及时享受"的迷茫状态?进入大学后是否曾经有甚至现在还有"大学综合征":空虚感?迷失方向感?对专业、对学校、对社会、对自己有一种不满、抱怨感?有了这些感觉后你是如何处理的?

(4)基廷老师让学生们细看大厅中陈列着的已故校友的照片,虽然学生们对这些照片早已司空见惯,但要说为此而思考什么,这还是头一回。马塞尔·普劳斯特说:"真正的发现之旅不只是为了寻找全新的景色,也为了拥有全新的眼光。"为什么从古至今苹果从树上落下来的现象没有改变,却偏偏是牛顿从其中发现了万有引力定律?你问过自己类似这样的问题吗?你是否拥有"善于发现的眼睛"?

(5)电影中基廷老师的这番惊世骇俗的宣言,在这些长期被窒息的心灵中无异于引发了一场地震,CARPE DIEM成为后来许多人在需要做出人生选择时用以自勉的座右铭。思想对人的影响,并不仅仅是电影中虚拟的情节,在现实中,有很多伟人、成功人士都受到他人思想观念的深刻影响,比如我们最熟悉的马克思,他最信仰的是"我们必须怀疑一切""真理使人自由""人所具有的我也具有"三大格言。那么在你的人生经历中,你最信仰的话是什么,或者说对你影响最大的话或者思想是什么?这些深深影响你的话是消极的还是积极的?

三、"诗歌鉴赏课"情节与问题提示

基廷的第一堂课已经赢得了大部分学生们的好感。但,真正让学生们心灵地震的是基廷老师的"诗歌鉴赏课"。基廷首先要求优秀学生尼尔朗读教科书上的普利查博士所写的《如何鉴赏诗》的导论。"要完全了解诗,首先要熟悉诗的韵律、押韵和修辞。然后再问两个问题:诗如何技巧地呈现其客观性以及其客观性有多重要。问题一衡量诗(形式上)的完美程度,问题二衡量其(内容)重要性,只要回答这两个问题,便可确定诗的伟大程度。若以诗的完美程度为横轴,其重要性为纵轴,那么计算其所占的面积,便可得到它的伟大分数,一首拜伦的十四行诗,或许在纵轴上的得分很高,但在横轴上得分普通,而莎士比亚的十四行诗,在横、纵轴的得分都很高,因而得到极大的总面积,故显示这首诗真正的伟大,当你往下研读本书的诗时,多演练这个评量方法,随着你评估诗的能力增加,你将更能欣赏了解诗。"基廷老师按照普利查博士的说法,在黑板画出对诗歌进行"科学分析"的数学模型图。有的学生一丝不苟、照葫芦画瓢地记着笔记。

"这是狗屁",基廷老师画完数学模型图,转过身来,这句话脱口而出,一语惊四座。"我们不是在装水管,我们谈论的是诗。你怎能像音乐比赛般描述诗。我喜欢拜伦,我给他42分。但我不能随他的音乐起舞。"最让人震惊的是他要求学生把教科书上的这些"狗屁"导论统统撕掉。学生满脸疑惑,不知道是什么把戏,笑笑而已,没有人真敢撕掉课本。"动手啊!将整个导论撕掉。你们听见了,撕掉。撕掉!快点,撕掉。"在基廷的一再要求下,大胆的达顿第一个撕掉。"撕下来,揉成一团,那不是圣经,你不会因此下地狱。""撕吧!这是一场战争,它关系到你们的心智和灵魂,你们要学习独立思考。你们将学会品尝文字与语言,不论他人如何告诉你,文字与思想能改变世界。"在基廷的鼓励声中,教室里慢慢地响起一片撕书的声音,最后连内向、胆小的托德也将那篇"狗屁"扔进了废纸篓。"我们读诗写诗,非为它的灵巧,因为我们是人类的一员,而人类充满了热情。医药、法律、商业、工程这些都是高贵的理想,并且是维生的必需条件。但是诗、美、浪漫、爱这些才是我们生存的原因。引用惠特曼的诗:'啊!我!/这个问题不断重演的生命/在载运无信者的绵延车厢中/在充满愚人的城市之中/身处其中的意义为何?/啊!我!啊!生命!/答案是……/你在这儿'。"基廷看着学生的眼睛说:"使生命存在,使其有一致性,使这个强而有力的戏演下去,而你能贡献出一篇诗歌。"

问题与提示

(1)你觉得普利查博士写的《如何鉴赏诗》的导论有没有它的道理?基廷老师是从什么角度认为这个导论是"屁话"的?普利查博士从诗歌形式上的完美程度和内容的重要性两个方面对诗歌进行科学分析的方法,能不能被借鉴、转用在对法律案件,或者法律问题的处理上?比如我们能否从是否符合法律的形式要件以及是否符合实质正义这两个方面来评价某个案件的处理结果是正确还是错误?

（2）在绝大多数的法律课堂上,老师都会给某个法律案例一个标准的答案,你对这些标准答案有没有质疑过? 法律问题有唯一的答案吗? 在你的印象中,法学是一门严谨的科学吗? 当你看到历年司法考试题目中,对于同一个问题,不同的出题人,不同的年份可能给出不同的答案时,你是否认定其中必然只有一个是对的? 你是否觉得司法考试题目有问题、不严谨?

（3）"我们读诗写诗,非为它的灵巧,因为我们是人类的一员,而人类充满了热情。医药、法律、商业、工程这些都是高贵的理想,并且是维生的必需条件。但是诗、美、浪漫、爱这些才是我们生存的原因。"从这句话中,你能否得出这样的结论:既然法律等只是生存的必需的工具、手段、条件,而诗、美、浪漫、爱等才是生存的目的。因此法律等与诗歌、美、浪漫、爱等之间是两种截然不同的东西吗? 日本著名刑法学者西原春夫说:法律人必须熟悉法律制度,除此之外,还应该大量阅读小说或者其他文学作品。[①] 你是如何看待法律与文学艺术之间的关系的? 它们之间有内在的联系吗? 如果有,这种内在的联系是什么?

（4）"撕吧! 这是一场战争,它关系到你们的心智和灵魂,你们要学习独立思考。"你们对当前的法学教材有没有自己的看法? 是不是如果不是为了分数,为了考试,为了就业,根本不会有去学习教科书的念头,早就将它束之高阁? 如果你将教科书扔掉、撕掉,你不从教科书上学习,那么你准备从什么地方学习? 你是否试图从其他什么地方学习? 有什么效果?

（5）"你们将学会品尝文字与语言,不论他人如何告诉你,文字与思想能改变世界"。你真的相信"文字与思想能改变世界"吗? 这和我们熟知的"知识能改变命运"教育格言有何不同? 哲学家卡西尔在《人论》一书中将人定义为"符号性的动物",你是如何看待这个关于人的定义的?

（6）"使生命存在,使其有一致性,使这个强而有力的戏演下去,而你能贡献出一篇诗歌。"你是如何理解这一句话的。这句话也提到了"戏",那么这和"人生是一场戏"的话有什么关系? 维斯冠说:"你就是自己的情感、思想、行动和意愿的综合体,你有权利感受,你有权利选择,你更有保持自我的权利。"克里希那穆提说过,顺应社会、听从父母与老师告诉你的事,是安全而简单的存活方式,但这不叫生活,要生活,就得自己去发现什么是真实。你认同你自己的现状吗? 如果你不认同现状的"我",那么你认同的自我以及人

[①] 参见[日]西原春夫:《刑法的根基与哲学》,顾肖荣等译,法律出版社2004年版,第140—141页。

生的意义是什么？如果你思考发现了什么是真实的自我,那么你为了使得生命与自我具有一致性,你为这场戏或者这首诗歌的创造,正在做点什么吗?

四、"野性的呼喊"①情节与问题提示

基廷的课又来到了。基廷点评着学生们写的诗歌,告诉大家生活中任何普通的事物,诸如一只猫、一朵花、一滴雨都可能给人以灵感,但轮到托德朗诵自己的诗作时,内向、封闭、忧郁的托德却痛苦地坐在那儿,令人失望地回答自己没有写出诗。

"托德认为他内心的一切都是无价值和难堪的,那是你最大的恐惧。我认为你错了,我认为你的心中有某种极珍贵的东西。"

基廷在黑板上写下了一个大大的"Yawn"(咆哮)。基廷把托德叫上讲台,让他当着全班同学的面,示范"Yawn"的呐喊声。

"Yawn",托德腼腆地嘟哝着。

基廷似乎发怒了:"发出原始的咆哮!你那是老鼠的叫声,加油,大声点,老天!像个男人般大叫。"托德终于被逼急了,"Yawn!"一声怒吼使基廷兴奋不已。

"你的内心有原始的成分。"基廷又让托德望着墙上挂着的诗人华特的画像。

"你看见了什么?凭直觉!"

"一个疯子,狂野的疯子!"托德有些胡言乱语了,同学们发笑了。

基廷突然捂住了托德的眼睛,任其延续自由的想象:"别管他们,释放你的心灵,用你的想象力,说出跃入脑中的第一个念头。"

托德继续说:"我看见一个令人齿冷的疯子,他在告诉我真理是什么。""真理像使你脚发冷的毡子,你拉它,却永远不够长。你踢它,打它,却永远无法覆盖住任何人,由我们哭着进入此生,到我们垂死离开此世,它都只能盖着你的脸,任你悲叹、哭泣与尖叫。"

同学们都怔住了,包括托德在内的所有人都发现了另一个托德,一个会写诗歌的托德。

---

① 有一本小说名叫《野性的呼唤》。参见[美]杰克·伦敦:《野性的呼唤》,商务印书馆2007年版。该书讲述的是一只叫巴克的狗的悲惨而令人激动的经历以及它逐渐回归到自己原始野性状态,最后变成一只狼的故事。

第五章　刑事案例演习课程的问题式思考方法论

> **问题与提示**

（1）《狗十三》电影中，那条狗取名为"爱因斯坦"有什么寓意？爱因斯坦曾经说："有时我会迷惑，是我疯了还是其他人疯了？"也确实有为数不少的思想家、艺术家、诗人行为怪异，甚至自杀，因此有这样的说法：哲学家、诗人、天才与疯子只有一步之遥。你是如何看待这些话的？这些话是否让你对思想、灵感产生排斥心理？苏格拉底有句名言：这个世界上有两种人，一种是快乐的猪，一种是痛苦的人。在"痛苦的人与快乐的猪之间"，你选择做什么？

（2）你是否也曾经有或者现在还有托德的那种心理：自卑、自闭、忧郁，觉得自己没有价值，对他人的看法十分敏感，害怕表达自己的内心真实想法。当出现这些情绪或者心理的时候，你是如何处理的？如果已经克服了，那么回想起来，你有什么经验与感想与大家分享？

（3）托德即兴创作的诗歌中提到了使人发冷的真理。真理为什么会使人发冷？在中国传统教育文化中，似乎不鼓励学生提问、质疑。那么当你发现老师讲错了，你敢于向老师提出异议吗？如果某个老师因此对你产生偏见、仇恨，你还会坚持自己的观点，坚持自己的做法吗？坚持真理会付出什么样的代价？提示：柏拉图说："真理可能在少数人一边。""吾爱吾师，吾更爱真理。"培根说："使人们宁愿相信谎言，而不愿追随真理的原因，不仅由于探索真理是艰苦的，也不仅由于真理会约束人的想象，而且是由于谎言更能迎合人类某些恶劣的天性。"歌德说："我们对于真理必须经常反复地说，因为错误也有人在反复地宣传，并且不是有个别的人而是有大批的人宣传。"

（4）行为学派教育学家华生说："给我一打婴儿，一个由我支配的特殊的环境，让我在这个环境里培育他们，随机选出其中任何一个，不问他们的才能、倾向、本领、父母的职业和种族，我就可以保证把他训练成为我所选定的任何类型的特殊人物，比如医生、律师、艺术家、大商人甚至乞丐、小偷。"萨特说："是英雄使自己成为英雄，是懦夫使自己成为懦夫。"你觉得这可能吗？电影中从一个封闭自卑的托德到一个会写诗歌的托德的裂变过程是如何发生的？你相信这种化蝶过程是一个虚拟的神话，还是相信这个过程也可能发生在自己身上？我们每个人，也许写给别人或者别人写给你的祝福中往往有"心想事成"这样的话，你觉得这可能吗？这是否是一种唯心的说法，是不是正是因为不可能才有那么多人说这样的话？你觉得现在的你的性格、气质、能力是怎么产生的？你觉得人的潜力、可塑性有多大？天才是如何产生的？

（5）杰克·伦敦在《野性的呼唤》中说："每一次发自喉头的喊叫声都变成野性的咆哮。""它更为清晰的是因遗传而来的记忆。""风俗的链条锁不住游牧部落跳跃的古老渴望;寒冬萧条,沉沉睡去,野性将唤醒凄厉的诗行。"你觉得(托德的诗性)"自我"是被找出来的,还是被创造出来的? 提示:托玛斯·萨斯说:"人们经常会信口说什么尚未找到自我,但是事实上,自我并不是被找出来的,它是被创造出来的。"

五、"站在讲桌上的瞭望"情节与问题提示

基廷的课每次都能带来意外,一次他竟公然站到了讲桌上。"我为何要站在这儿?""可以感觉高些。""不对,谢谢你的回答,达顿先生。我是提醒自己,要经常用不同的角度看待事物。由这上面看见的世界很不一样。当你认为你知道某件事时,必须再从不同角度看它,即使那看来似乎愚笨或荒唐。你们都必须试试。当你阅读时,别只想到作者的见解,想想你的见解,你们必须努力寻找自己的声音。因为你越迟开始寻找,便越不可能找到它。梭罗说:'大多数人都生活在平静的绝望中,别陷入这种境地,要冲出来。别像老鼠仓皇逃跑似的,要环顾四周,要敢于开拓自己的天地。'不相信我吗? 自己来看,来啊!"学生们在基廷老师的鼓动下,一个接着一个爬上讲桌上去体验。

问题与提示

(1)英国教育家怀特海说过:"在大学里,他们应该站立起来并环顾四周。"①"站立起来"意味着什么? 在电影中基廷老师这个简单的身体动作蕴含着什么样的道理? 也许基廷老师站上讲台上的讲桌只是向上跨出了一小步,但他鼓励学生也来体验从不同角度看待事物,这对学生而言,是精神上迈出的一大步。请问,作为大学生的你,你站起来了吗,你在四面瞭望吗? 你开拓了自己的精神领域了吗?

(2)"距离产生美",当基廷要求学生也站到老师讲台上的讲桌上瞭望时,你是否觉得基廷老师做得有点太过分了,破坏了师道尊严,破坏了师生之间必要的距离? 你崇拜过某个老师吗? 你崇拜他什么? 你是否因为特别喜欢、崇拜某个老师而接受他所传授的知识和观点? 当你离开了你崇拜的这个老师,是否就无所适从,甚至对其他老师提不起兴趣? 你是否思考过这里面也许隐含着问题? 也许这意味着你还没有站起来? 还没有寻找到自己的声音。如哲学家尼采说过:"人永远做一个学生,这对于他的老师不是好的报答。你们为何不撕破我的桂冠呢? 你们崇拜我,一旦你们崇拜的对象倒塌了

---

① [英]怀特海:《教育的目的》,徐汝舟译,生活·读书·新知三联书店 2002 年版,第 47 页。

呢？当心，不要被一尊石像压碎了你们，……你们还不曾找寻自己，你们却先找到我了，一切信徒都是如此，所以一切信徒都少有价值，现在我教你们丢开我，去发现你们的自我。我等到你们都背叛了我的时候，我再回到你们这里来。"①

（3）"因为你越迟开始寻找，便越不可能找到它。梭罗说：'大多数人都生活在平静的绝望中，别陷入这种境地，要冲出来。'"为什么基廷老师要强调立即行动起来，冲出来？也许我们经常听到这样的话：你说的道理我都懂，但做起来很难。做起来真的很难吗？就像基廷老师向上跨出一步，很难吗？难在哪里？你没有去做，怎么知道很难？提示：任何的限制，都是从自己的内心开始的。而"行动是治愈恐惧的良药，而犹豫、拖延将不断滋养恐惧"。

六、"林中路"②情节与问题提示

基廷老师的语文课甚至放在了操场上进行。他让几个学生在同学们面前漫步，这几个人最开始都是以自己独特的方式迈步的，他知道他总会到达目的地。然而在其他同学的注视和鼓掌的节奏中，这几个学生的步伐变得整齐划一，就像是在军训一样。基廷老师叫停他们，说："我叫他们上前，不是为了嘲弄他们，我让他们上前是为了说明'一致'的重点：在其他人面前维持自己信念的困难所在……我们都非常需要被接受，但你们自己必须相信，你们的信念独一无二，纵使别人可能认为它奇特、不流行，纵然庸俗的大众可能会说：好烂。弗洛斯特说过：'树林里两条岔路，我选人少走过的那条路，那里有天壤之别。'现在我要你们找到自己的步态，漫步，任何方向，随心所欲，不管是洋洋自得或傻里傻气。你们不用表演，为自己走路。"

问题与提示

（1）提示："一片树林里分出两条路，而我选了人迹更少的一条，从此决定了我一生的道路"译自诗人弗洛斯特的《未选择的路》③，英文原文为：

---

① ［德］尼采：《查拉斯图拉如是说》，尹溟译，文化艺术出版社1987年版，第91—92页。
② 《林中路》是海德格尔借用写诗人弗洛斯特的诗歌而写的一本哲学名著。开篇针对"林中路"有一段著名的话："林是森林的古名。林中有路，它们大多在无可通行处突然停止延伸。这样的路就叫作林中路。每条路分别行进，却都在同一林中。初看起来这一条常常与另一条相似。然而只是看起来如此。林业工人和看林人认得这些路。他们知道，什么叫作误入歧途。"
③ 这首诗歌，不同的作者有不同的译文版本，本诗歌被选入初中教材《语文》（七年级下册），人民教育出版社2016年版，第120页。

The Road not Taken

Robert Frost

Two roads diverged in a yellow wood,

and sorry I could not travel both

and be one traveller, long I stood

and looked down one as far as I could

to where it bent in the undergrowth;

Then took the other, as just as fair,

and having perhaps the better claim,

because it was grassy and wanted wear;

Though as for that, the passing there

had worn them really about the same,

And both that morning equally lay

in leaves no step had trodden black.

Oh, I kept the first for another day!

Yet knowing how way leads on to way,

I doubted if I should ever come back.

I shall be telling this with a sigh

Somewhere ages and ages hence:

Two roads diverged in a wood, and I—

I took the one less travelled by,

and that has made all the difference.

（2）联合国教科文组织编写的《学会生存》中说："未来的文盲,不再是目不识丁的人,而是没有学会学习的人。"捷克文学家昆德拉说："现代的白痴不是没有知识的人,而是对既有知识不加思考就继承的人。"这是否对中国的文化教育有一定的警示性和启发性？中国文化教育传统往往把学生的顺从、听话当作好学生的标准,这是否有问题?你认为知识与创新是什么样的关系?提示:我国教育家陶行知说:"你的教鞭下有瓦特,你的冷眼里有牛顿,你的讥笑中有爱迪生。你别忙着把他们赶跑。你可不要等到坐火轮、点电灯、学微积分,才认识他们是你当年的小学生。"奥斯本说:"人类会因累积的学习和经验,告诉自己这也不能做,那也不能做,让拒绝尝试变成自己的习惯,那正是创造力最大的致命伤。"爱因斯坦说:"想象力比知识更重要,因为知识是有限的,而想象力概括着世界的一切,推动着进步,并且是知识进化的源泉。严格地说,想象力是科学研究的实在因素。"中国的学生可能善于掌握知识、善于考试,但却缺乏创造精神和想象力。如杨振宁所言:"中国留学生学习成绩往往比一起学习的美国学生好得多,然而十年以后,科研成果却比人家少得多,原因就在于美国学生思维活跃,动手能力和创造精神强。"

(3)我国教育家陶行知说:"教育不能创造什么,但它能启发儿童创造力以从事创造工作。"那么电影中基廷老师提倡的"为了自己走路""以自己的方式走路""走自己的路",是否仅仅只是个人的成长问题?如果教育所培养的人缺乏创造性的思想和勇气,如果教育鼓励的是危险的顺从素质,那么在面临十字路口的抉择的时候,只敢走别人走过的路,我们永远只能步他人的后尘。个人缺乏创新的勇气和创新的素质,将会极大地影响创新型国家的建设。没有创新型的人才,创新型国家就成了无源之水。

(4)我们是否已经习惯了应试教育,习惯了不做自己,习惯了不思考,习惯了不用自己的声音说话,习惯了接受知识而不是创造知识?为什么人们往往不愿意打破这些习惯?提示:托尔斯泰说:"习惯正一天天地把我们的生命变成某种定型的化石,我们的心灵正在失去自由,成为平静而没有激情的时间之流的奴隶。"马可说:"我时常诧异,虽然每个人都是爱自己甚于爱他人,但他们重视别人的观点却甚于重视自己的判断。"

(5)海德格尔在《林中路》中有一个基本的观点:美不是人的创造物,而是真理的自行发生。① 马克思认为,法……是没有自己的历史的。苏力说,法律并不是某几个天才的创造,而是在公众的集体行动中体现的。② 与其说我们是在创造法律秩序,不如说我们是在阅读法律秩序。你如何理解这些话,它们之间有什么关系?作为法科学生,你是怎么认识法律的?在你的职业道路上,在你的人生道路上,你准备做出什么样的选择?

---

① 参见[德]马丁·海德格尔:《林中路》,孙周兴译,上海译文出版社1997年版,第70页。
② 参见苏力:《制度是如何形成的》(第三版),北京大学出版社2022年版,第192页。

七、"基廷的最后一课"情节与问题提示

尼尔的自杀,震惊了威尔顿。基廷在尼尔的课桌中发现一本诗集,上面写道:"我到森林里,因为我要过真正的生活。我要活得充实,吸取生命中的精髓。当我死时,才不至于发现白活了一生。"基廷不禁泪如雨下,这曾是他当年参加死亡诗社时说过的啊。

校方迫于压力,决定要调查导致尼尔自杀的原因。异端分子基廷老师自然就成了众矢之的,替罪的羔羊,校方罗织了基廷老师的思想与尼尔的死有关的罪名,基廷被学校堂而皇之地开除了。他意兴阑珊地回到教室收拾细软,教室里代替基廷老师的校长正在上课,在座的学生正念着基廷以前喝令撕去的导论。就在基廷将要走出教室的一刻,原本最胆小的托德再也按捺不住,大声地对基廷说出他们被迫签悔过书指认他的事,校长大声呵斥、恐吓托德,托德没有停下来,而是站上了书桌,大声喊出:"船长,我的船长!"托德的行动鼓动了大家,学生们不顾校长的一再恐吓,一个接着一个站到了课桌上,庄重地注视着他们所热爱的基廷老师。除了卡麦伦以及其他几个胆小的学生,几乎每一张桌上都站着一个挺直了的男子汉的身躯,他们以这种方式目送着基廷老师的离去。"谢谢你们,孩子们!"基廷留下了一个微笑,离开了威尔顿。

问题与提示

(1)基廷是被赶下讲台、赶出教室的,讲台已经不是他的讲台,教室已经不是他的教室,我把这一场景视为"基廷的最后一课"是否合适?

(2)你们觉得谁该为尼尔的自杀负责?基廷?学校?尼尔的父亲?还是尼尔自己?

(3)你们是否遇到过尼尔的困惑?当自己的理想和家人的期望要求相冲突的时候,你是如何处理的?你觉得应该怎么处理才好?

(4)你觉得基廷最后的微笑是因为有学生给他挽回了面子还是因为其他原因?你觉得基廷失败了吗?提示:我国教育家叶圣陶先生说过:"凡为教,目的在于达到不需要教。"

(5)你觉得不敢站起来的胆小者,尤其是那个"告密者""叛徒"卡麦伦应该受到憎恨或者谴责吗?如果你是老师,你是基廷老师,你会怎么看待那些坐着不动、不敢站起来的学生?提示:鱼对水说你看不到我的眼泪,因为我在水里。水说我能感觉到你的眼泪,因为你在我心里。能否从这句话出发来分

析上面的问题？其他提示：密尔曾告诫我们："迫使一个意见不能发表的特殊罪恶在于它是对整个人类的掠夺，对后代和现存的一代都是一样，对不同意那个意见的人比对抱持那个意见的人甚至更甚。假如那意见是对的，那么他们是被剥夺了以错误换真理的机会；假如那意见是错的，那么他们是失掉了一个差不多同样大的利益，那就是从真理与错误冲突中产生出来的对于真理的更加清楚的认识和更加生动的印象。"①梭罗说："和同伴格格不入的人，或许只是因为他听到的拍子不一样。何不就让这人随着他听到的乐声走，管他有无节奏，是否离谱呢？"也许有些人很可恶，有些人很卑鄙。而当我设身处地为他想的时候，我才知道：他比我还可怜。所以请原谅所有你见过的人，好人或者坏人。寇蒂斯说："有两种人是没有什么价值可言的：一种人无法做被吩咐去做事，另一种人只能做被吩咐去做事。海伦·凯勒说："逃避危险最后并不会比冒险犯难安全，怯懦者失败的机会和胆大的人一样多。"波普尔说："错误在所难免，宽恕就是神圣。"《圣经》有云："只见他人眼中的小刺，不见自己眼中的梁木。"

第四节　优秀学生作业的选录和点评

《死亡诗社》②

虚拟中刻录着现实

诗给人以死亡的力量

瞳孔中布满忧伤的颜色

泉水叮咚的洞穴

有野人引吭高歌

梦想的巨轮于是启航

黑夜幻化出诗的图案

威尔顿伴着摇滚起舞

雪雨纷飞的寒冬

触摸到诗的轮廓

---

① [英]约翰·密尔：《论自由》，程崇华译，商务印书馆1959年版，第17页。
② 文娟，法学院0512班，学号：0504001231

哦,船长,我的船长

告诉大海我为她疯狂

海市里有座我的剧院

抛开成熟理性的面具

我就是戏曲之王

虚拟中刻录着现实

彼岸比彼岸更远

诗的存在给人重生

及时行乐

那是天堂不能企及的高度

点评:

(1)山不在高,有仙则名。文不在长,有意则灵。

(2)"我们不是在装水管,我们谈论的是诗。"我不会写诗,也不知道自己会不会欣赏诗,更不知道诗人会怎么评价这上面的作品。我也不敢给这个作品打分,不知道它是否有"诗"的形式,不知道在形式上是否完美,更不知道它在主旨上是否重要。但是我知道一点:如果不能触动我的诗句,哪怕是名家的句子,对我而言,也只是结石。能够给我一点点通感、灵感、想法的,哪怕是我学生写出的句子,对我那就是好诗。我只能说它感动了我,我喜欢。

(3)当然,我们不能只有一个结论:它打动了我……那么它究竟是什么地方打动了我?我们还要试图表达出来,学会表达出来,哪怕最开始词不达意,言不尽意。这是我对学生的要求,也是对自己的要求。那么我就试图表达出我看了这首诗歌后的感想。例如第一段:"虚拟中刻录着现实",摸不着的不等于不存在,虚拟的不等于非现实的,虚拟的不等于是虚假的,也许虚拟的,诸如理想、梦想、想象、爱等精神是一种更高的现实。"诗给人以死亡的力量/瞳孔中布满忧伤的颜色",我们并非主张自杀,但我们尊重电影中的尼尔,以及尊重现实中一些艺术家、诗人、思想家的选择,虽然这些人也表现为现实的个体,但他们的死亡更多的不是为个人私利意义上的死亡,而是一种文化、哲学意义上的死亡、自杀,这是一种特殊的现象。"泉水叮咚的洞穴/有野人引吭高歌",洞穴不仅仅是一个黑暗的空间,而是一个人类学上的象征,在柏拉图的《理想国》中,人们习惯于将洞穴隐喻为黑暗和事物的假象,囚徒/野人隐喻无知的人,太阳/火光隐喻为理性、真理。① 这固然不错,但人们却忽视了柏拉图描述的"站起来的囚徒"从"黑暗"的洞穴中走出去,又从"光明"的世界返回黑暗的洞穴的双向过程。在大写的理性、理智统治下的人,也许需要不时地回洞穴看看。习惯黑暗固然悲哀,但只知理性之光,排斥、忽视、忘却了洞穴,恐怕也是另外一种更大的悲哀。我们不正是处于这种忽略、排斥人的野性的、原始的感情、情绪、欲望等潜意识因素的年代——"诗歌死了的时代"吗?也许哲学上"人死了"是伴随着诗歌的死亡而发生的。至于第二段、第三段的触动,在此就不一一表达了。

---

① 柏拉图在《理想国》中关于"洞穴"的比喻,是一个非常有名的比喻:有一群人世世代代住在一个洞穴里,从出生起就犹如囚徒,被铁链锁在固定的地点,甚至他们被锁住了脖子而不能回头或四顾。他们的身后有一堆火,在火和囚徒之间有一堵矮墙,墙后有人举着各种雕像走过,火光将这些雕像投影在囚徒对面的洞壁上,形成各种变化的影像。但洞中的人并不了解这到底是怎么回事,他们甚至连自己是什么模样也不清楚。由于众人已经习惯,因此并不觉得悲惨,也没有人想要脱离"困境"。直到有一个囚徒偶然挣脱了锁链,移动脚步,转过头来,平生第一次见到了炫目的光亮。他克服了最初的刺眼的痛苦,走出洞穴,看到了阳光下真实的一切。他庆幸自己的解放,并怜悯自己的同胞,于是又义无反顾地回到了洞穴。但这个从光明回到黑暗的人却被他的同胞们嘲笑,认为他在外面弄坏了自己的眼睛不合算,再也看不清墙上的影像,在关于幻觉和真理、偶像和原型的激烈争辩中,他被愤怒的人群怀恨,最终被他们乱棍打死。

第六章　发现问题比解决问题更难
——电影《寻枪》

第一节　教学过程设计梗概及《寻枪》电影简介

一、教学过程设计

教学目标

（1）试着让学生根据所学的刑法理论知识,学着从电影中找出可能隐含的刑法问题,掌握提出问题的方法。（2）对电影中所涉及的刑法问题进行讨论。（3）试着写影评与学术论文。

使用的教学素材

电影《寻枪》

教学课时

4课时

教学手段

电教

教学步骤

第一步,观看电影《寻枪》(2课时)。

第二步,要求写影评与学术论文;要求学生寻找电影《寻枪》中可能包含的刑法问题。

第三步,要求学生对自己的影评学术论文进行自我评价,对刑法问题进行讨论(2课时)。

第四步,修改影评与学术论文。

二、《寻枪》电影简介

《寻枪》(2002)

> 作者评级 ★★★★★

> 简评

有人评价《寻枪》为"中国第一部真正意义上好看的电影"。虽然早在 2002 年受身边朋友们的推荐,看了这部电影,但至今一些经典台词还在朋友圈子中流传使用。诸如见面就相互用贵州口音称呼对方为:"马山兄弟。"遇上对方有些迷糊的事情,就会借用电影台词开玩笑:"马山兄弟,你脑壳不好用,我帮你分析分析。"

> 电影梗概

马山是一个在贵州某边陲小镇任职的警察,在妹妹婚礼上喝醉酒,第二天一觉醒来,忽然发现自己的配枪神秘失踪了!于是马山沿着青石板路开始了一段寻枪之路……小镇弥漫着重重浓雾,马山的内心感到了一种莫名的恐惧与绝望,因为枪维系着小镇的安宁与平和!一夜之间,熟悉的小镇变得陌生了,充满了危险诡异的气氛,熟悉的人、街道甚至自己的家庭都变得陌生了,谁拿了马山的枪,变得扑朔迷离。随后小镇枪击命案的发生,以及进一步可能发生命案的危险,使得马山深深地陷入黑暗。最终马山用自己生命寻找到自己丢失的手枪。

三、作业布置

作业 1 看完电影《寻枪》之后,认真思索导演想表达什么主题?你从本片中体会到什么?试着写一篇《寻枪》的影评文章或者观后感。

本次作业要求:(1)不看有关《寻枪》的影评,以免受到这些影评的观点的影响。(这一要求仅仅是本次课的要求)(2)文章不一定非得和法律、刑法挂钩。(3)尽量写出自己的风格。

作业 2 根据电影的情节,你认为本片中可能会涉及哪些刑法问题。

第二节 "找"问题

一、"找"的情节与问题提示

电影梗概

马山的枪丢了,去找老战友"老树精"打探线索,在原著《寻枪记》中"老树精"才是盗枪、杀人的真正凶手①。而在电影里"老树精"并不是盗窃、杀人的凶手,似乎只是个打诨插科的人物。不管原著《寻枪记》的作者凡一平怎么看待导演的这种改编,但是电影《寻枪》却通过这个"老树精"和马山的一席令人啼笑皆非的对话场景,而使观众对那个"找"字,产生了难以磨灭的印象。似乎这个黑色幽默的对话并不是单单为了笑场而幽默一把,而是具有超出幽默本身的意义。

电影片断与台词

马山:"我的手枪不见了……"

老树精:"枪丢了二十四个小时啦,哎,我说你的事情要想解决啊……凭我的经验,只有一个字。"

马山(期盼地问):"哪个字?"

老树精(一本正经地说):"**找!!**"

马山(无语):……

二、《〈寻枪〉——"一个字,找"》标题的解释及提问

我们借用电影中的"找"字作为本课程的标题内容,特意突出本次课程的教学内容的关键词"找问题"。

问题与提示

(1)为什么要强调"找"问题、"发现"问题的重要性?

"一位著名的科学家曾经这样概括大学里的不同层次,认为大学生是培

---

① 小说《寻枪记》作者凡一平说自己这样安排潜藏着一个隐喻———他因为在战场上负伤而失去了性功能,导致他产生了变态的仇恨,这才杀死有勾引他人习惯的李小萌。

养自学的能力,硕士生是培养解决问题的能力,博士生则是培养发现问题的能力,因为发现问题比解决问题更难,解决问题仅仅只是技术上的完成,而发现问题则常常意味着思想上的隔膜,然而连自学这个基本的要求我们也差之远矣。"①

爱因斯坦说:"提出一个问题往往比解决一个更重要。因为解决问题也许仅是一个数学上或实验上的技能而已,而提出新的问题,却需要有创造性的想象力,而且标志着科学的真正进步。"

清代学者陈宪章说:"学贵有疑,小疑则小进,大疑则大进。疑者,觉悟之机也,一番觉悟一番长进。"

(2)你是如何看待"自学"、解决问题、发现问题之间的关系的?作为本科生,你们认为我强调"发现"问题,要求是否过高?

第三节 阅读影评并尝试寻找一些问题

《寻的母题与枪的隐喻——解读影片〈寻枪〉》②

2002年,新导演陆川推出了一部很好看的电影《寻枪》,这也是他的处女作。因为好看,所以我认定陆川很有电影的气质与才华,接下来,他会有更好看的电影奉献给观众。

好看的电影不寂寞,《寻枪》刚在大学生电影节推出,最新一期的电影刊物上就纷纷发表评论文章,但读过以后,总觉得对《寻枪》的评价多停留在电影的表象上,如抓住"悬疑"——"枪在哪里?用'老树精'的话说是,找! 于是情节如剥竹笋一样层层铺开……"或是干脆不知陆川要表达什么:"我们无法概括影片到底要说明一个什么样的主旨……但我们可以在人物的机智同时也是在导演的机智之外,感受到一份壮美。这份壮美会让我们忘掉去辨别马山到底有多大的功过是非……"甚至批评陆川作品真正触及心灵的镜头太少:"《寻枪》作为陆川的处女作,从开始就走得这么稳,语言精致却没有新意,少了处女作应有的创新和探索精神……"。③ 只有一篇文章略点到了主题:"他(陆川)表现的是所有人的状态,是对于理想的追寻,是人类底层的焦虑……"但即便写到这儿,也没有能再做深入的探讨。

---

① 王东华:《新大学人》,海天出版社1993年版,第66页。
② 参见李稚田:《寻的母题与枪的隐喻——解读影片〈寻枪〉》,载《影视艺术》2002年第6期。
③ 以上引文均参见《电影评介》2002年第6期,第38—41页。

引出几篇文章的观点,是想分析一下当今电影评论的"软骨"——理论准备得不足,于是在文章中只能发布一些感想式的东西。《寻枪》当然好看,因为就故事的表层而言,《寻枪》至少是数年里我看的中国电影中少见的那种"看了前面,实在不知道故事后面将会怎样发展"的电影。但它又并不以情节取胜,它的故事实在很简单,一个乡村派出所的警察赴婚礼吃醉了酒,醒来才知道自己的枪丢了,而且枪里还压有子弹,"要晓得中国是禁枪的,偷枪的一定是要拿它去杀人,枪里有几颗子弹,那就是几条人命"的话,让观众背上抽紧,于是和马山一起踏上寻枪的路,找啊找啊,突然就找到了:"局长,枪和犯人都交到你的手里了。"悬疑虽设,但并不大;惊险虽出,但并不深;刺激虽有,但又觉浅。然而必须特别指出的是——陆川很好地把握了镜头语言——快速移动、静态焦灼、客观追查、主观幻象、机位长跟、急促摇甩,所有演员表演到位,川话口语透出乡情,观众被精致的镜语吸引,说明陆川懂电影,知道怎样把电影拍成电影,而不是把自己捆绑在情节上使镜头成为故事的附庸。时间长度仅有 90 分钟的电影,能使观众既深深沉入那个胆敢"偷枪"的客观世界中思考,又不断追随"寻枪"者的主观情绪而有所感受,不管对观众还是对市场,都已经足够了。

接下来的应该是电影评论者来分析、研究这部电影的成败得失,或是挖掘出它的深层含义,以供电影创作者从中获取经验教训,同时观众也能通过不断地阅读评论,提高自身的鉴赏水平。

分析一部电影,可以从多个层面入手,但一定要看清评判的对象,检点自己的评判利器,有取有舍,才能做到有的放矢。比如,《寻枪》这部电影,我们对它的道德层面的审定,就只能置之空缺:偷枪者原来是卖羊肉粉的刘结巴,但他偷枪的动机在于要为被假酒夺去生命的亲人和众多喝假酒致死的冤魂复仇。这是该由法律解决的事情,制造假酒的元凶周小刚已被法律监控,只是还因证据不足而暂时逍遥法外。陆川导演原本就不想纠缠于此,否则本片就会演绎出一个公安部门侦破假酒大案的"九命奇冤"式的故事来,或者也不必追究"政府失察""法律失控"等有关的社会道德责任。而且马山与李小萌之间究竟有怎样的感情纠葛,周小刚与马山之间因李小萌又有多大仇恨,以致为什么参加妹妹婚礼竟使马山醉得人事不省,周小刚一定要送马山防弹背心等,都不应是研究者对《寻枪》所发问的方向。我曾为马山的妻子韩老师追问马山"李小萌的死你是不是感到难过",马山坦率承认后,韩老师向马山道歉说:"我不该吃你的醋"一个细节感到困惑——这个道歉在暗示生活中的哪一处细节,后来终于明白这个细节表现的是中国妻子的美德——内疚于因自己的"吃醋"使丈夫承受精神压力而铸成丢枪大错。这个细节在电影叙事中只能算一个旁枝,是人物情感丰富化的辅助手段而已。

　　对《寻枪》要下功夫的,是它的文本层面,它的意义与价值都出于文本。前述的评论文章都误于没有对文本下功夫。中国古语说:"书读百遍,其义自现。"当然百遍也绝不是机械阅读,还应该有阅读的方法、评论的武器。

　　《寻枪》导演陆川在影片中最用力经营的,包括情节,包括镜语,包括音响,包括表演,一切手段都为之服务的,就是"寻找","寻找"成为影片的立身之本。没有"寻找",也就没有了《寻枪》。"寻找",自古以来就是文学艺术的一个重要母题(motif)。加拿大文艺批评家弗莱更把"寻找"确定为神话中的最中心的故事。从古希腊《阿尔戈号英雄远征军》中对金羊毛的寻找,到民间文学中大量类似《找幸福》类型故事中对或是幸福或是宝物的寻找,到意大利新现实主义电影代表作《偷自行车的人》和中国新时代电影《十七岁的单车》中同样对自行车的寻找,都是"寻找"母题的具象化。"寻找"是人类千百次不断重复的动作,也就成为文学艺术中不断出现的意象。"寻找"是表层的,表象的深处则是对"寻找"客体的潜意识欲望,这种客体必然会改变寻找者的命运:找得到会改变,找不到也会改变,所以非找不可,甚至有时主观上并不明白为什么要去寻找。① 而"寻找"母题向文本与观众两方面的延伸,即表现在文学艺术作品中的主题、组织原则和要求观众把握的中心意识,则是对秩序的追求与重建。具体到《寻枪》,便是马山的身边人——他的上级对马山的要求,他的朋友"老树精"等人积极而不得法的介入,以及他的妻子韩老师、儿子马冬包括妹妹、妹夫等人对他的无言或有言的鼓励。当然从生活常理以及叙事逻辑两方面都要求导演陆川必须如此设置,但更重要的一条是:"寻找"母题以及它背后深藏的原型(archetypes)——重建秩序,也恰恰是观众对马山的行动请求。导演与观众在一个母题上很容易取得相通的价值取向,在古老的潜在的原型上很容易产生作者与观众在情绪上的共鸣。这便是《寻枪》容易得到观众好口碑所使用的高超技巧。

　　所谓原型,弗莱解释得最精湛:"原型是一些联想群(associative clusters),与符号(sign)不同,它们是复杂可变化的。在既定的语境中,它们常常有大量特别的已知联想物,这些联想物都是可交际的,因为特定文化中的大多数

---

① 由于儿童深受童话影响,很适宜成为"寻找"母题作品的阅读者。1958 年我国第一部中法合拍的彩色儿童电影《风筝》,就是以寻找风筝的主人为叙事主线的电影。电影并不解答法国儿童比埃罗等为什么要寻找风筝主人的理由,而只是暗示寻找的结果是得到了"友谊"。同样,侦破片的母题也是"寻找"——找出作案的元凶,因此,这类影片便也成为一大部分影迷的"童话"。

人很熟悉它们。"①那么《寻枪》中就有了两个原型意味的联想群,一个是上文所叙述的"寻找",另一个就是作为警察的马山反复念叨反复追寻的目的物——那把暂时丢失的枪。

无论在东方还是在西方,枪在文化意义上的象征都在指涉权力。《寻枪》并没有把枪符号化——单纯作为政治权力对待,而是尽力把它原型化,从而使枪具有多种相位(phases)②的表现。用中国文化熟悉的思想方式,我们可以发现来自镜头语言中的多种原型相位。

第一个相位:马山是在被妻子愤怒地从床上叫起来,阅读儿子的"流氓"作文后要好好教训儿子一顿时,才发现枪丢了。找不到枪,不仅顿时使做父亲的威风完全消失,而且迅速把马山拖入无尽的恐慌与焦躁之中。在这个相位中,枪象征着父权,有枪就可以向儿子发威,没了枪父亲也就无法再成为父亲:李小萌被杀,马山因嫌疑最大而暂时被拘留,儿子马冬前来探望,探望也许是父子关系的表露,但马冬一席话却鲜明揭示枪与父权的象征关系——"我知道你把枪丢了,我正在积极想办法帮你找枪,也有了一点线索,但是今后我要和你做个约定:不管什么时候,不管怎样都不许再打我,也不许再骂我"——马山只能无奈地点头接受。后来证明马冬并没有提供什么有价值的线索。"探望"一场戏的意义并不在探望,而在于马山的父权因丢枪而丧失。

第二个相位:马山丢了枪,除发疯地寻找以及在想象中向所长承认之外,他有很长时间向自己的妻子韩老师隐瞒。而当他不得不向妻子说明真相后,妻子因为自身的利害关系开始同情他,并在一个晚上把儿子打发到楼上睡觉,想通过和马山做爱暂时缓解一下马山的焦虑情绪时,马山表现出了性的无能。生活中因情绪波动而导致如此状态的情况常有,但电影的叙事则不是全为了加点"作料"。这也是一个象征,是枪对夫权的隐喻——影片结束处,马山终于把偷枪者铐在自己手上,并寻回了枪后,他唯一想做的事情就是让自己的灵魂来到儿子就读、妻子工作的小学校,看看自己的儿子与妻子,这是马山的潜意识——我寻回了枪,我就又是你们值得骄傲的好父亲、好丈夫了。

---

① Northrop Frye, Anatomy of Criticism: Four Essays, Princeton University Press, 1971, p.102. 笔者手中暂无中文译本。本文也不想在概念上作过多纠缠,只是引进它们以便更准确地把握《寻枪》。

② 在弗莱《批评的解剖》中,对文学的象征表现作了五种相位的划分:文字相、形式相、描写相、神话相和寓意相。在每一相中,象征分别成为叙述、母题、意向、原型和单子(monad)而出现。单子是17世纪下半叶至18世纪初德国哲学家莱布尼茨在他的著作《单子论》中提出的关于宇宙万物构成的哲学命题。

第三个相位是周小刚追着马山要送他防弹衣的情节。按情节推论,周小刚是知道李小萌是被谁打死的,因而也就知道偷枪者是谁。假酒的事与偷枪的事相比,因自己也处在死亡危险之中,因此后者的严重性一定大于前者,但周小刚不去积极揭发偷枪人,反倒追着送马山防弹衣,这绝不是出于自己弟弟和马山的战友之情,恰是对没有了枪的警察的一种蔑视性的哀怜:于是,枪在这里又成了国家权力即王权的象征,甚至那个偷了枪的刘结巴,在日常很有威风的马山面前也变得不结巴起来,原本做抹稀泥、和浑水的瓦匠现在也敢在警察面前高声叫卖"羊肉粉"了——什么是羊肉粉?无非是"挂羊头卖狗肉"和"粉"状的稀泥软蛋而已。没有了枪,马山就再也不是王权的代表。

马山终究是机智的,他在观众无限的猜测中终于化装成周小刚,用自己的肉身引出了偷枪人。他的伤看来不轻,所以有了一段出窍的魂灵飘荡到学校的镜头。他也终于在闻声赶来包围偷枪罪犯的警察中站了起来,但影像的三次晃动使我们不知道他究竟能不能挺过来、活下去,结局在马山仰天大笑的定格中结束。但我们可以说:枪找到了、罪犯抓住了,这是马山智慧的胜利,是马山牺牲精神的胜利,而不是我们观众早已习惯的父权、夫权以及王权的胜利,所以很多观众看过电影以后,只记得扮演马山的姜文,而不记得《寻枪》能给观众带来什么启发。

问题与提示

(1)你认为本篇影评写得怎么样?你感觉从本篇影评中学到了什么东西?

(2)试比较本篇影评和第五章引用的影评《最需要反抗的其实是自己——〈死亡诗社〉》,二者是否在形式上有所不同?有什么不同?学术文章在形式上有什么要求?你是否掌握了学术论文在格式等方面的撰写要求?

(3)本篇影评作者想要表达什么核心观点?作者是如何展开他的主题的?本篇影评中使用了什么样的词语、句子来起承转合?试着将这些词句标出来。

(4)作者说:"引出几篇文章的观点,是想分析一下当今电影评论的'软骨'——理论准备的不足,于是在文章中只能发布一些感想式的东西"。试比较自己所写的影评,问问自己是否被作者点中了"软骨"?

(5)作者说:"只有一篇文章略点到了主题:'他(陆川)表现的是所有人的状态,是对于理想的追寻,是人类底层的焦虑……'但即便写到这儿,也没有能再做深入的探讨。"回想一下在你的日常生活或者学习中,你是否对某些问题也进行过触及主题的思考,但却蜻蜓点水,没有进行深入的分析探讨?再想想是什么原因导致自己没有深入进行下去?

(6)如果要你给本篇影评列举五个关键词,你选择哪几个词?作者在本篇影评中使用的最主要的分析概念(范式)是什么?

(7)结合自己所写的影评,你觉得本篇影评的观点是否有道理?和你的看法有什么不同,为什么会有这样的不同?你是否被本篇影评的观点所征服?你能否对本篇影评提出一些异议?

(8)借鉴你从本篇影评中学到的一些技巧和方法,再试着对自己写的文章进行修改。然后比较两次的作业,自己评价这些技巧和方法是否对自己写文章有所提高?

第四节　提问之思维训练

一、"丢了枪的警察算什么东西"情节

警察马山丢失的枪支还没有找到,马山给干警送盒饭,正遇公安局局长在派出所大发雷霆。在这个场景中,除了局长说的"我永远不吃饭"这样令人啼笑皆非的台词以外,实际上最令人回味的一句话就是"一个**警察,把枪丢了,算个什么东西**?"因此我就借用了这句话作为标题,并从这句话开始要求学生尝试着提出问题,思考问题。

局长(对所长发脾气):"你们的任务是找枪,可是枪呢,到现在,连个线索都没有。一个警察,把枪丢了,算个什么东西?"

马山(小心翼翼地对局长说):"局长,吃饭。"

局长(手一甩):"我不吃饭。我告诉你,我是来工作的,不是来吃饭的。枪找不到,我永远不吃饭。"

局长(停顿几秒,转过身):"我告诉你们,明天这个时候把枪放到我办公室来,如果我明天再见不到枪,你们他妈的都不要吃饭。"

> **问题与提示**

(1)当看到局长发火的这个场景,同学们被局长的话语引得哈哈大笑。那么除了笑声,同学们是否对局长的话有所深思呢?结合《寻的母题与枪的隐喻》一文,再仔细回味局长的那句话:"一个**警察,把枪丢了,算个什么东西**?"你结合自己的身份是否有所思考,你联想到了什么问题?(不见得非

要和刑法问题直接相关)。

提示:如果你没有什么头绪,那么接着看一个记者对主演姜文的采访问答。

记者:看《寻枪》的剧本时最有感触的是什么?

姜文:我不敢说,怕惹事(笑)。其实除了剧本和(陆川)做事的方式好以外,还有一点我一直没说过,就是我自己当时就是那个状态。"枪"丢了?我的"枪"就丢了。我被缴械了,"家伙儿"没了,呵呵……我觉得只能那个时候演,我这个感觉有地儿宣泄了。正糟着心呢,不用演,还能给剧本以不止表面上的那种丰富。其实大家的"枪"都丢了,只不过有人没发现罢了。

(2)看了姜文的这段话,尤其是"其实大家的'枪'都丢了,只不过有人没发现罢了"。你对上面问题是否有点头绪了?

(3)进一步提示。如果你们还是没有头绪,那么我只能说:我作为老师把自己的"枪"丢了。你们作为学生,也把"枪"丢了。

"一个老师把'枪'丢了,算什么东西?""一个学生把'枪'丢了,算什么东西?"我们能否对得住国家、父母?那么我说的作为老师的"枪"是什么?作为学生的"枪"是什么?如果我们丢了这个"枪",凭我们的经验,我们该怎么办?如果要"找"枪,到哪里去、怎么样去"寻枪"?

第五节　电影片段包含的刑法问题提示

一、"错了还是犯罪"情节与问题提示

警察马山一觉醒来,忽然发现自己的手枪不见了,家里没找到,枪库也没有,他到派出所准备报告,派出所只有一个女干警在值班,他紧张兮兮地对着空无一人的所长办公室喃喃低语:"所长,我的枪不见了,我一定把它找回来。"然后他去找亲妹妹以及几个铁哥们儿打听线索,一无所获。下午派出所通知他开表彰大会,得了先进个人的马山在表彰大会上精神恍惚。所长追问才知道马山把枪搞丢了。马山面对局长低头认错,局长严肃地指出:"错了?你犯罪!"于是在严肃、尴尬、紧张的气氛中,在派出所就有了一处令人忍俊不禁的经典对话。

所长:"马山,你神头鬼脸的,是不是把枪搞丢了?"

马山:"我……我一定把它找回来。"

所长:"你真的把枪搞丢了?"

马山:"不是丢,是不见了。"

所长(把杯子一摔):"'不见'就是丢了!"

干警们将刚发的奖金放在桌子上,无声地退出去。不一会儿,公安局局长黑着脸推门进来。

局长:"枪里有三颗子弹?"

所长:"三颗子弹。"

局长:"一颗没打过?"

马山:"一颗没打过。"

局长:"最后什么时候看到手枪的?"

马山:"婚礼以前。"

局长:"我问你好多个小时。"

马山:"二十个小时。"

局长:"二十个小时?!坐汽车都到省城了,坐火车到北京了,坐飞机都到美国了,美国的事情我不管!枪要是流到了北京,你给党和国家带来多大的危害!"

马山:"我错了。"

局长:"错了?你犯罪!我们国家是禁枪的,一般的老百姓根本不晓得枪怎么用,说白了,把枪放在他们面前也不晓得怎么用。敢偷枪的人一定是拿枪干坏事。搞不好要出命案。"

……

局长:"枪里面还有三颗子弹就是三条人命啊!如果遇到职业杀手一枪两个,就是六条人命,六条人命啊!晓不晓得?"

所长:"晓得。"

局长:"马山可以走了,等等,把他的警服收了。"

后来,马山的枪支被人盗用打死了李小萌,打死了马山。

第六章　发现问题比解决问题更难

问题与提示

问题一：局长所说的犯罪可能是指什么罪名？

提示1：一篇报道——《被盗手枪连续作案牵出9年前渎职丢枪案》①

9年前发生了一起警察丢失枪支的案件，在以后的几年里，陆续引发了几起惊天血案。陕西省周至县检察院查办了这起涉嫌重大渎职犯罪的案件，周至县公安局一名民警被检察机关决定逮捕。

经当地公安机关查证：枪号为"17002936"和"19023426"的两支"六四式"手枪均于9年前在陕西省周至县公安局丢失。那么，枪到底是怎么丢的？丢枪事件发生后，谁又承担了什么样的责任？周至县检察院成立了专案组，由副检察长程国强任组长，严查周至县公安局丢失枪支背后可能涉嫌的渎职犯罪。经谈话取证，该院查出如下事实：1996年10月24日晚，周至县公安局户政科副科长张某在该县公安局办公大楼一楼户政科值班，晚上12点左右，张某关好门窗后到该办公楼三楼其宿舍休息，户政科在无人值班的情况下被盗，经现场勘查，发现丢失现金5000元，手枪三支，分别是枪号为1517257的"七七式"手枪一支，枪号为"17002936"和"19023426"的"六四式"手枪两支，子弹20余发。公安机关很快成立了"10·25"枪支丢失案件专案组。寻枪工作因查无结果而被暂时搁置。随即便陆续发生了四名公安民警被枪杀、一名重伤的系列重大案件。并且，丢失的"七七式"手枪至今仍下落不明。

检察机关认为，犯罪嫌疑人张某身为周至县公安局民警、户政科副科长，在值班期间擅离职守，没有尽到值班人员应尽的责任，致使户政科枪支被盗，造成严重后果，其行为涉嫌玩忽职守罪。7月25日，周至县检察院以涉嫌玩忽职守罪对张某决定逮捕。目前，此案仍在进一步查证之中。

提示2：一篇影评——《评〈寻枪〉：枪响之后的快乐余响》②

《寻枪》"寻"了一个多钟头之后，终于听到了发自肺腑的枪声，枪响过后，所有的抑郁和紧张一扫而光，晴天丽日，光线充足，戏里戏外的人全都解放了：姜文带着刺眼致命的枪伤，兴高采烈地走近镜头；观影的群众，无不面含春风、通体舒泰，个别余兴未了的，还要饶舌地说上几句通片采用的贵州某地

---

① 张继英等：《被盗手枪连续作案牵出9年前渎职丢枪案》，载新浪网（http://news.sina.com.cn/c/l/2006-08-02/094010606061.shtml），访问日期：2024年4月12日。

② 任田：《评〈寻枪〉：枪响之后的快乐余响》，载新浪网（http://ent.sinna.cn/m/m/2002-05-20/84059.html），访问日期：2024年9月25日。

方言。

有个记者说,姜文在《寻枪》里演的那个叫马山的警察,因为把枪丢了,从头至尾都像个即将被阉割的紧张狂,他说得狠了点,但解释到位。**在中国,警察丢了枪是大事,最少也要背上严重警告;万一出上点什么事(像马山的局长说的"如果是职业枪手,一枪打中两个,就是六条人命"),起码判个玩忽职守罪**。因此我们理解马山在丢枪之后对于立功所得5000块奖金无动于衷的反应,这笔钱等于是歪打正着买断了他下半生的警察生涯,如果他找不到枪的话,他就和街口卖麻辣粉的刘结巴毫无区别,甚至更没有尊严。所以,他恐惧。

一个人最恐惧的时候,往往是真正的恐惧来临前夜;当你避之不及的东西终于与你面对面了,就算是死亡,甚至超出了死亡意义的东西,那时候,倒没什么可怕了。所以一部以一个人的牺牲来结尾的电影,能取得商业喜剧的效果,得益于淡化死亡本身公式化的沉重,和对之前恐惧紧张心理的深刻描述。姜文曾说,《寻枪》之前的电影或者角色,令他走不出来,烦躁非常。通过拍《寻枪》,自己才逐渐地快乐起来。

现在来回想一下通片贯穿的摇晃镜头、喘息声、斥责声、纷乱的笑语、漆黑的矿洞、狭窄的胡同、雾蒙蒙的山麓以及乱七八糟"辣妹子辣"的歌声和女演员白墙一样的脸,这就是沸腾真实的生活本身,马山在暴怒的几天中强化记忆了这一切,这是他几十年浸淫其中却浑然不觉的生活。通片,只有两个镜头让人心头一静,也是马山心态的写照:一个是初恋情人李小萌的死,死于第一颗子弹,白衣素裹、长发飘散,死得很完美,暗合她在马山心湖投下的最后倩影;另一个就是马山自己的死,死于第二颗子弹,由于已经向妻子儿子做了小小的表达,他死得后顾无忧、通体舒泰。此时枪里还剩一颗子弹,它已经失去了素有的威力,在马山兴奋犹有眷恋的眼神中,化作一团齑粉。《寻枪》在枪膛里打出第三颗子弹的时候,超越了生活本身。

高兴,这是看完电影以后最大的感觉。

提示3:

《中华人民共和国刑法》

第三百九十七条 (滥用职权罪)(玩忽职守罪)国家机关工作人员滥用职权或者玩忽职守,致使公共财产、国家和人民利益遭受了重大损失的,处三年以下有期徒刑或者拘役;情节特别严重的,处三年以上七年以下有期徒刑。本法另有规定的,依照规定。

国家机关工作人员徇私舞弊,犯前款罪的,处五年以下有期徒刑或者拘役;情节特别严重的,处五年以上十年以下有期徒刑。本法另有规定的,依照规定。

问题二:看完以上几个提示材料,请问马山是否涉嫌玩忽职守罪？理由是什么？

问题三:局长说马山的这一个行为是"犯罪",局长指涉的可能是什么罪名？

【法条提示】

《中华人民共和国刑法》

第一百二十九条 （丢失枪支不报罪）依法配备公务用枪的人员,丢失枪支不及时报告,造成严重后果的,处三年以下有期徒刑或者拘役。

《中华人民共和国枪支管理法》

第三条第1款 国家严格管制枪支。禁止任何单位或者个人违反法律规定持有、制造（包括变造、装配）、买卖、运输、出租、出借枪支。

第四条 国务院公安部门主管全国的枪支管理工作。县级以上地方各级人民政府公安机关主管本行政区域内的枪支管理工作。上级人民政府公安机关监督下级人民政府公安机关的枪支管理工作。

第五条第1、2款 公安机关、国家安全机关、监狱、劳动教养机关的人民警察,人民法院的司法警察,人民检察院的司法警察和担负案件侦查任务的检察人员,海关的缉私人员,在依法履行职责时确有必要使用枪支的,可以配备公务用枪。

国家重要的军工、金融、仓储、科研等单位的专职守护、押运人员在执行守护、押运任务时确有必要使用枪支的,可以配备公务用枪。

第二十二条 禁止制造、销售仿真枪。

第二十三条 配备、配置枪支的**单位和个人必须妥善保管枪支,确保枪支安全**。

配备、配置枪支的单位,必须明确枪支管理责任,指定专人负责,应当有牢固的专用保管设施,枪支、弹药应当分开存放。对交由个人使用的枪支,必须建立严格的枪支登记、交接、检查、保养等管理制度,使用完毕,及时收回。

配备、配置给个人使用的枪支,必须采取有效措施,严防被盗、被抢、丢失或者发生其他事故。

第二十五条 配备、配置枪支的单位和个人必须遵守下列规定:

（一）携带枪支必须同时携带持枪证件,未携带持枪证件的,由公安机关扣留枪支;

（二）不得在禁止携带枪支的区域、场所携带枪支;

（三）**枪支被盗、被抢或者丢失的,立即报告公安机关。**

第二十八条 国家对枪支实行查验制度。持有枪支的单位和个人,应当在公安机关指定的时间、地点接受查验。公安机关在查验时,必须严格审查持枪单位和个人是否符合本法规定的条件,检查枪支状况及使用情况;对违反使用枪支、不符合持枪条件或者枪支应当报废的,必须收缴枪支和持枪证件。拒不接受查验的,枪支和持枪证件由公安机关收缴。

第四十四条第 1 款 违反本法规定,有下列行为之一的,由公安机关对个人或者单位负有直接责任的主管人员和其他直接责任人员处警告或者十五日以下拘留;构成犯罪的,依法追究刑事责任:

（一）未按照规定的技术标准制造民用枪支的;

（二）在禁止携带枪支的区域、场所携带枪支的;

（三）不上缴报废枪支的;

（四）**枪支被盗、被抢或者丢失,不及时报告的;**

（五）制造、销售仿真枪的。

第四十六条 本法所称枪支,是指以火药或者压缩气体等为动力,利用管状器具发射金属弹丸或者其他物质,足以致人伤亡或者丧失知觉的各种枪支。

结合电影中的情节,用刑法学原理分析丢失枪支不报罪的犯罪构成以及争议问题,最后分析马山是否构成丢失枪支不报罪?

二、"不是丢,是不见了"情节与问题提示

《寻枪》是在用心地讲故事。台词上根本没有多余的时间分配给废话,必须一句是一句。那些重复了两遍的话,都是别有用心的。还是比如在偷枪嫌疑人的谜底还没有揭开时,马山两次遇到街头卖羊肉粉的"刘结巴",于是同一句台词,重复了两遍,马山奇怪地问刘结巴:"你怎么不结巴了?""你怎么又不结巴了?"刘结巴:"结,结,结巴的,我,我是看到你才不结巴的。"——他就是偷枪人,所以看到枪主才会紧张,一紧张反而不结巴了。怕观众没有印象,所以相似的情节重复一遍。而类似的重复的台词还有马山查访枪支时常说的："我的枪不见了"，这一句台词反复出现，而对方却总是说："哪样，你把枪搞丢了？"在派出所，当马山说："不是丢，是不见了"，所长拍案而起："'不见'就是'丢了'！"这一冲突的情节因为所长的发怒而充分地暴露出来。那么马山的"不是丢，是不见了"这一句在外人看来逃避责任的搞笑话语，是否在法律上真的没有实质意义呢？仔细思考之后，也许这里别有洞天，所以我就将这句话作为标题。

问题与提示

问题一：你认为马山反复重申的"不是丢，是不见了"的意识中，"丢"与"不见"到底有什么差异？而其他人以及所长意识中的"'不见'就是'丢了'"是在什么意义上说的？为什么马山和其他人在同一事实上使用了不同的词？在该事实上，马山的"区分意识"或者所长的"等同意识"之间的分歧对马山丢失枪支不报罪的责任认定是否会产生实质的影响？这一问题在电影中是否有答案？在刑法理论界或者实务界，对丢失枪支不报罪的解释中是否也存在类似于马山与所长之间关于"丢"与"不见"的争议？你是如何理解丢失枪支不报罪中的"丢失"与"不及时报告"的？

问题二：根据以上材料，用简洁的语言归纳出关于"丢失枪支"的分歧观点。你是如何看待这些分歧的？这些分歧观点是否与"丢"和"不见"之间的区分或者等同有关系？

三、"向空椅子报告"情节与问题提示

警察马山一觉醒来，发现自己的手枪不见了，四处寻找还是找不到，于是到派出所准备报告，派出所只有一个女干警在值班，他紧张兮兮地对着所长办公室里的空椅子喃喃低语："所长，我的枪不见了，我一定把它找回来。"

当我看到这把空椅子的时候，除了对电影中马山的那种焦虑情绪有切身体会之外，我无意识地想到了自己"法律问题"的寻找意识，似乎刑法学界关于丢失枪支不报罪的"向谁报告"就像电影中的空椅子一样，还是一个空缺，很少人谈及。于是乎，我就将这个场景取名为"向空椅子报告"。

问题与提示

在丢失枪支不报罪中，配备公务用枪的人员丢失公务用枪之后有"及时报告的义务"，如果该丢枪人履行了"及时报告"的义务，那么就不构成丢失枪支不报罪。马山去派出所准备报告，所长不在办公室，只有一个女干警值班，他没有告诉女干警枪支丢了。请问，本罪对报告的对象是否丢枪人的上

级领导有无特殊要求？如果有要求，会产生什么问题？例如在此前提下，假设本案中马山向平级或者下级的女干警报告了，但没有向所长报告，是否认定为"及时报告"？如果对报告对象没有要求，那么是否也会产生问题？例如在此前提下，假设是派出所所长丢枪了，及时向本所说明丢枪的情况的，但为了保证刚刚得到的先进荣誉，没有向局长报告，能否认定为"及时报告"？另外，马山丢枪了，假设为了保住刚刚得到的先进荣誉，所长知道情况后，没有向上级报告，如果发生了严重后果，所长是否该负丢失枪支不报罪的刑事责任或者其他犯罪的刑事责任？二者是否构成丢失枪支不报罪的共犯？"报告"的对象是"公安机关"，还是公安机关的领导个人，还是公安机关中负责管理枪支的人员？

四、"坐飞机都到美国了"情节与问题提示

马山从所长办公室出来，继续去找其他人打听线索，仍然一无所获。下午在派出所所长的追问下，马山才承认"枪丢了"，此时离马山最后看到手枪已经有二十个小时。其中局长那广为流传的话**坐飞机都到美国了**，令人记忆犹新。因此我就借用局长的这句话作为该场景的标题。

> 问题与提示

（1）在本镜头中，马山不是主动交代，而是被领导有所察觉、怀疑，询问后才被动承认的，能否认定为"报告"？

（2）联系"情节二"中所涉及的问题，如果在刑法上承认"丢枪"和"枪不见了"之间的实质区别，即"丢枪的"可能构成丢失枪支不报罪；枪"不见"的，绝对不构成丢失枪支不报罪。在此前提下，马山始终只承认"枪不见了"，不承认"枪丢了"，那么这能否认定为"报告"？

（3）另外，假设丢枪的人没有及时发现丢枪的事实，而是被领导及时发现其丢枪了（比如发现其枪套是空的），丢枪的人没有否认或者掩盖的，能否认定为"及时报告"？

（4）局长："最后什么时候看到手枪的？"马山："婚礼以前。"局长："我问你好多个小时。"马山："二十个小时"。问题：在刑法上"不及时报告"是否有个确定的时间，比如二十个小时、二十四个小时等？在本片中，如果认定马山丢失枪支"不及时报告"，那么起算点是什么时候："婚礼以前最后看到手枪时"？"婚礼后枪被盗时"？"第二天早上起来发现枪套是空的之时"？"打开枪库发现还是空的之时"？"向空椅子报告之时"？"路遇局长、所长通知其下午开会之时"？"开会时"？你确定某个时间起算点的理由是什么？

（5）局长："二十个小时?! 坐汽车都到省城了,坐火车到北京了,坐飞机都到美国了,美国的事情我不管! 枪要是流到了北京,你给党和国家带来多大的危害!"问题:枪支流通中所使用的不同速度的交通工具对"不及时报告"的认定有无影响？"危害结果的发生快慢"对"不及时报告"的认定有无影响？你认为认定"不及时报告"的因素有哪些？

（6）综合你对上述问题的回答,你如何给"不及时报告"一个简明的定义？

（7）"给党和国家带来了多大的危害"是刑法上的"造成严重后果"的通俗形象的表达,那么局长区分美国、北京、省城,是否意味着"枪支的流落地"本身决定或者影响着危害结果的有无以及严重程度？"给党和国家带来的危害"（危害后果）是一种丢失枪支给民众或者政府心理上造成的恐惧感、不安感？还是一种物质性的损害结果比如犯罪人用枪实施犯罪,或者持枪人走火造成了伤亡损毁等结果？如果尚没有犯罪,或者尚没有造成枪支走火事故,那么其他人用各种非法手段（盗窃、抢夺、抢劫等）获取枪支的行为或者捡拾枪支而非法持有枪支行为①,能否认定为本罪的"危害后果"？如果非法获取枪支,非法持有枪支的人属于黑社会组织成员、恐怖组织成员或者其他犯罪集团的成员,能否认定为本罪的"危害后果"？曾经有前科,非法持有枪支的,能否认定为本罪的"危害结果"。换言之,枪支流落在什么样的人手中,是否会影响到"严重后果"的认定？

（8）能否从"二十个小时?! 坐汽车都到省城了,坐火车到北京了,坐飞机都到美国了,美国的事情我不管! 枪要是流到了北京,你给党和国家带来多大的危害!"这句话中体会"丢失枪支不报罪"的立法意图是什么？提示：是为了规制"丢失枪支"还是为了规制"不及时报告"？"丢失枪支"是一种行为还是失控状态？另外,局长的这句话是否表明行为人的"不及时报告行为"和"危害结果的发生"必须具有刑法上的因果关系？提示:局长的这句话里面其实包含着双层意思：第一,丢枪人是否及时报告,"可能"会影响到危害结果的发生;丢枪人是否及时报告,是"可能"但"不必然"会影响到危害结果的发生,危害结果的发生与否并不受到丢枪人是否及时报告的决定。往往是被在丢枪人的控制之外的第三人的行为决定,比如第三人持枪后采取什么样的交通方式流窜,在什么时候作案,或者在什么时候擦枪走火造成事故等不确定的因素。

---

① 根据《刑法》第127、128条的规定,这些行为构成盗窃、抢夺、抢劫枪支、弹药罪,非法持有枪支、弹药罪。

(9)"枪里面还有三颗子弹就是三条人命啊！如果遇到职业杀手一枪两个，就是六条人命……"问题：假如依法配备武器装备的人丢失的不是枪支，而是子弹，甚至是手雷等爆炸物，不及时报告造成严重后果的能否解释为丢失枪支不报罪？能否将子弹解释为枪支的一部分？如果可以，那么这是扩大解释还是类推解释？能否将手雷等爆炸物等武器解释为枪支？如果可以，那么这是扩大解释还是类推解释？做出上述解释，是否违反罪刑法定原则？提示资料：我国《枪支管理法》第46条规定：本法所称枪支，是指以火药或者压缩气体等为动力，利用管状器具发射金属弹丸或者其他物质，足以致人伤亡或者丧失知觉的各种枪支。如果不能作出上述解释，那么能否直接肯定该行为无罪？是否还需找法，看是否可能符合其他犯罪构成，比如（故意）以危险方法危害公共安全罪、过失以危险方法危害公共安全罪或者滥用职权罪、玩忽职守罪等？如果得出肯定结论，那么这种处理方法有没有违反罪刑法定原则的嫌疑？这种解释思路是否有将故意、过失以危险方法危害公共安全罪或者滥用职权罪、玩忽职守罪变成新的"口袋罪"的危险？以此类推，那么故意、过失以危险方法危害公共安全罪或者滥用职权罪、玩忽职守罪和丢失枪支不报罪是什么样的关系？比如如果行为人丢失枪支后及时报告了，但仍然造成了严重后果的，虽然不构成丢失枪支不报罪，那么能否构成过失以危险方法危害公共安全罪或者玩忽职守罪？行为人丢失枪支后，没有造成严重后果的，但不及时报告，虽然不构成丢失枪支不报罪，能否构成"以危险方法危害公共安全罪"或者其他故意犯罪？你们觉得这样解释是否合理？是否存在问题？比如这样解释，是否会造成没有履行法定及时报告义务且造成严重后果的只能以法定刑轻的丢失枪支不报罪处理，而履行了及时报告的义务，或者没有造成严重后果的，则要以法定刑重的犯罪来处理？

(10)联系电影《寻枪》的整个情节，你认为从马山丢失枪支（枪支被盗），到马山不及时报告，再到李小萌被该枪杀死，到最后马山找到枪支，自己也被枪打死的整个过程，结合总论关于犯罪故意与犯罪过失的理论知识，谈谈你对马山主观心理活动的分析，以及谈谈你对丢失枪支不报罪主观方面的看法。本罪是故意犯罪？过失犯罪？还是"丢失枪支行为"可以是故意、过失甚至是意外事件，对"不及时报告"是故意，对"严重后果"是过失，也不排除是间接故意？"严重后果"是客观的超过要素还是决定本罪是故意还是过失的犯罪构成的结果要件？马山是否构成丢失枪支不报罪？什么时候开始成立本罪？

五、"谁是最可疑的人"情节与问题提示

在《寻枪》电影中，若不是从这个严肃的角度出发看问题，那么电影中的每个人物，无论是主角还是配角，都有可爱又可笑的一面，从给观众欢笑的角度而言，都是最可爱的人。当然电影中出现的每一个可爱的人，哪怕是一闪而过的群众演员，都免不了"偷枪"的嫌疑。[①]"要说偷枪的动机，每个人都有！"于是乎，在寻枪过程中，"谁是最可爱的人"也就转换为"谁是最可疑的人"。当李小萌被手枪打死以后，所长拘留了马山，他变成了杀人嫌疑最大的人。于是我们将这一场景取名为"谁是最可疑的人"。

因为李小萌是被"六四式"手枪子弹打死的，马山的手枪的去向还没有一点线索，而马山又不能十分肯定地说明案发当晚自己的行踪，于是马山因"杀人嫌疑"而被刑事拘留了。当看到这里时，我的"寻法"意识又起作用了，问题随之出现。

问题与提示

（1）丢失枪支不报罪的立案侦查应该从什么时间开始？是丢枪时？不及时报告时？危害结果发生时？

（2）如果马山能够准确地记得并有确实的证据表明自己不具有作案的时间，排除了马山的杀人嫌疑之后，那么"命案"的发生能否成为拘留马山的法律上的理由呢？换言之，丢失枪支不报罪中"造成严重的后果"在本罪的犯罪构成中起到什么样的作用？严重的后果是"客观的处罚条件""客观的超过要素"，还是其他？在刑事诉讼中起到什么作用？

六、"小偷快跑"情节与问题提示

（一）电影情节

《寻枪》中爆笑的经典情景不少，如果非要评一个最佳，恐怕非马山追小偷的这场戏莫属。这段场景是导演陆川个人比较满意的。但是据一些网友说，《寻枪》中的那些经典镜头，都是有出处的，都是抄袭来的！"追小偷"那场，是德国的《罗拉快跑》；结尾，枪终于失而复得，姜文的灵魂悲喜交集的表情，是日本的《盗信情缘》；回忆喜宴的情景，忽然出现了一张铺着红布的桌子，是美国的《落水狗》。甚至于整个故事都是抄袭黑泽明的电影——1949年拍的《野良犬》，那也是个警察丢枪、寻枪的故事。但"从法律的意义上讲，《寻枪》不能说是部抄袭之作"[②]，甚至可能相互之间并没有沟通借鉴却形

[①] 事实上，结尾也是令人预料不及的，偷枪的人居然是全片没有露几个镜头的，一个卖羊肉粉的不起眼的小角色。

[②] 《文艺界激烈讨论:寻枪是否模仿黑泽明名作》，载胶东在线，访问日期:2024年9月25日。

成英雄所见略同之效果，况且人类涉及的主题，以及手法能有多少变种啊！不能因为主题相似，手法相似，就认为是抄袭。著名导演昆汀·塔伦蒂诺就说过：大师不是用来致敬的，他们的手法是供后人来"偷"的。甚至可以说，天才和天才都是相似的，相互"抄袭"的。如果一个人的作品没有什么意义，想被偷都不行。因此我在这里将马山追小偷的经典桥段取名为"小偷快跑"，就是以"小偷"之手法，向《罗拉快跑》致敬，也许"小偷快跑"就有了双关之意。

下面是"小偷快跑"的场景：

"抓小偷！"只听见女失主的一声呼叫，小偷抢了皮包，骑单车逃跑，镜头被清理得非常干净，甚至失主都没有进入镜头，一辆女式自行车优雅地滑到马山胯下，然后，一场追逐赛，在欢快轻松的音乐中开始了。一条大道，弧线优美，无人无车，空出了绝对干净的视域。蓝天、青山、绿野、牛群、美丽的油菜田，追小偷追得多么抒情，一直追出五十里开外。这与其说是在追逃，倒不如说是猫抓住老鼠后的一场嬉戏。马山满面春风，哼着歌曲，时而和小偷并排，时而冲在前面，时而跟在后面。

马山不停地挥手，为小偷鼓气加油："跑嘛，继续跑，跑！"

小偷满脸通红，百思不得其解："大哥，你到底要咋样嘛？"

马山："跑嘛，继续跑，跑！"

小偷："大哥，你放了我好不好，不要追了，你追也追到了嘛。"

马山："继续跑啊。"

小偷（告饶了，将包递给马山）："我把包包给你，可不可以嘛？"

马山（扔了回去）："你帮我先拿着。"

小偷："大哥，你到底要咋样嘛？"

马山："累不累？"

小偷："累，快累死了。"

小偷干脆下车，推着自行车，跟在马山后面跑，和马山聊起天来。

马山："你还偷过哪样东西？"

小偷："没有，包包都是第一次偷。"

马山："偷过枪没得？"

"枪?",小偷一下子紧张起来,撒腿就往小路上跑。慌忙中摔倒在地上,突然从腰间拔出手枪,指着马山气喘吁吁地问:"你怎么知道我偷枪?"

"这是我的枪!"马山瞪圆了眼睛,把自行车一扔,逼了过去。

"这不是你的枪,这是我偷的枪。"小偷爬起来往后退。

马山:"你就是偷了老子的枪。"

小偷:"你神经病啊,你,滚开,滚!"

马山:"把枪给我!"

小偷:"站住!我杀过人的,我真的杀过人,你不要逼我!我是歹徒!"

马山:"给老子枪!"

小偷哭丧着脸哀求着:"大哥没有路了,不要逼我,我,我真的杀人了,我真的开枪了,一!二!三……"

小偷面对步步逼近的马山,闭着眼睛扣动了扳机,砰!一声枪响。

马山一愣,摸着正在冒黑烟的肚皮,一脸失望,歇斯底里地喊出一句最悲怆的话:"怎么是假枪呢?怎么是假枪呢?怎么是假枪呢?"

马山铐住小偷,把玩琢磨着假枪,叨唠着:"像,太像了,确确实实是像。"

小偷推着两辆自行车跟在马山后面追问:"大哥,我有个问题,你咋就不累呢?我以前专门练过单车,一般的人绝对追不上我。"

马山:"听到我的歌没有?歌一唱就不累了。"

小偷:"你的意思,我唱着歌跑,你就追不上了?"

马山:"我的歌你不会唱,你的歌我不感兴趣。"

小偷:"那你的歌是咋唱的嘛?"

马山:"搞哪样?你还想继续跑?"

小偷:"我不敢了,我只是想知道你到底累不累嘛?"

马山:"因为你偷了包包,我没有偷包包。"

小偷:"我以前偷包包的时候怎么就不累呢?"

马山:"我就晓得,你是个惯犯。"

马山不累,他的枪不见了,被偷了,压抑和愧疚,搞得他要死,抓小偷使他畅快,每个毛孔都畅快,好久没这么畅快了,他可不想这么快停止。

问题与提示

(1)小偷是否构成犯罪?如果构成犯罪,构成何罪?该适用哪一条文定罪量刑?

法条提示:

《中华人民共和国刑法》

第六十五条第 1 款 (一般累犯)被判处有期徒刑以上刑罚的犯罪分子,刑罚执行完毕或者赦免以后,在五年以内再犯应当判处有期徒刑以上刑罚之罪的,是累犯,应当从重处罚,但是过失犯罪和不满十八周岁的人犯罪除外。

第一百二十七条第 1 款 (盗窃、抢夺枪支、弹药、爆炸物、危险物质罪)盗窃、抢夺枪支、弹药、爆炸物的,或者盗窃、抢夺毒害性、放射性、传染病病原体等物质,危害公共安全的处三年以上十年以下有期徒刑;情节严重的,处十年以上有期徒刑、无期徒刑或者死刑。

第一百二十八条第 1 款 (非法持有、私藏枪支、弹药罪)违反枪支管理规定,非法持有、私藏枪支、弹药的,处三年以下有期徒刑、拘役或者管制;情节严重的,处三年以上七年以下有期徒刑。

第二百三十二条 (故意杀人罪)故意杀人的,处死刑、无期徒刑或者十年以上有期徒刑;情节较轻的,处三年以上十年以下有期徒刑。

第二百六十三条 (抢劫罪)以暴力、胁迫或者其他方法抢劫公私财物的,处三年以上十年以下有期徒刑,并处罚金;有下列情形之一的,处十年以上有期徒刑、无期徒刑或者死刑,并处罚金或者没收财产:

(一)入户抢劫的;

(二)在公共交通工具上抢劫的;

(三)抢劫银行或者其他金融机构的;

(四)多次抢劫或者抢劫数额巨大的;

(五)抢劫致人重伤、死亡的;

（六）冒充军警人员抢劫的；

（七）持枪抢劫的；

（八）抢劫军用物资或者抢险、救灾、救济物资的。

　　第二百六十四条　（盗窃罪）盗窃公私财物，数额较大的，或者多次盗窃、入户盗窃……

　　第二百六十七条　（抢夺罪）抢夺公私财物，数额较大的，或者多次抢夺的……

（抢劫罪）携带凶器抢夺的，依照本法第二百六十三条的规定定罪处罚。

　　第二百六十九条　（抢劫罪）犯盗窃、诈骗、抢夺罪，为窝藏赃物、抗拒抓捕或者毁灭罪证而当场使用暴力或者以暴力相威胁的，依照本法第二百六十三条的规定定罪处罚。

（2）在本片中如果小偷采取秘密窃取的方式取得他人包包，假设这个包包以及包里的财物数额较小，不考虑后面的情景，那么该行为是否构成盗窃罪？

（3）小偷秘密窃取的财物数额较小，后来小偷说："我以前偷包包的时候怎么就不累呢？"那么这一句话是否会影响到小偷罪与非罪的认定？

（4）"我以前偷包包的时候怎么就不累呢？"小偷是否构成累犯，小偷要构成累犯，需要满足哪些条件？

（5）片中小偷说："这不是你的枪，这是我偷的枪"，假设该枪支是真枪，那么小偷的偷枪行为构成盗窃枪支罪。问题是小偷将枪支携带在身上，那么小偷构成盗窃枪支罪外，是否还构成非法持有枪支罪？如果小偷盗窃枪支后并不将枪支携带在身上，而是藏在家中，是否构成私藏枪支罪？如何区分非法持有枪支罪和私藏枪支罪？

（6）片中小偷说："这不是你的枪，这是我偷的枪"，事实上后来小偷开枪，发现该"枪"是假枪。那么小偷的盗假枪的行为是否构成盗窃枪支罪？为什么？

（7）如果小偷盗窃他人的包包，打开包包一看，发现里面有一支手枪（真枪），于是将枪支非法占为己有。请问，小偷是构成盗窃罪，还是盗窃枪支罪？还是将盗窃罪与盗窃枪支罪数罪并罚？另外他将取得的枪支携带或者藏在身上，那么该行为是否还独立构成非法持有枪支罪？

（8）如果小偷盗窃他人的包包，打开包包一看，发现里面有一支手枪，于是将枪支非法占为己有。事实上后来小偷开枪,发现该"枪"是假枪。请问,小偷是构成盗窃罪,还是盗窃枪支罪?还是将盗窃罪与盗窃枪支罪数罪并罚?另外他将取得的枪支携带或者藏在身上,那么该行为是否还独立构成非法持有枪支罪?另外,单纯的持有仿真枪的行为是犯罪行为,违法行为,还是合法行为?生产销售仿真枪是犯罪行为,违法行为,还是合法行为?

(9)如果在本片小偷是采取公然夺取的方式取得他人的包包,不考虑后面的情节,假设包包以及包包里的数额较小,是否构成抢夺罪?

(10)小偷采取公然夺取的方式取得他人的包包,取得财物的数额较小,但小偷腰间藏有一把手枪(小偷不知道是假枪),请问小偷是否构成抢劫罪?如果构成抢劫罪,那么是否符合持枪抢劫的加重情节?抢劫罪的八种法定情节是否存在未遂?如果符合持枪抢劫的法定加重情节,那么是否因为枪在事实上是假枪而成立持枪抢劫的未遂?

(11)小偷采取公然夺取的方式取得他人的包包,取得财物的数额较小,但小偷腰间藏有一把手枪(假设小偷也知道是假枪),请问小偷是否构成抢劫罪?如果构成抢劫罪,那么是否符合"持枪抢劫"的加重情节?

(12)小偷采取公然夺取的方式取得他人的包包,取得财物的数额较小,但小偷腰间藏有一把手枪(假设是真枪),请问小偷是否构成抢劫罪?如果构成抢劫罪,那么是否符合"持枪抢劫"的加重情节?

(13)在本片中,小偷采取盗窃或者抢夺的方式取得少量财物后逃跑,马山一直追击到五十里开外,小偷先是持枪威胁,后来开枪射击马山,请问,小偷的行为是否符合(事后)抢劫罪?说明理由。提示一:你如何理解事后抢劫罪中的"犯盗窃罪、抢夺罪"?有无数额上的要求?是否必须构成盗窃罪、抢夺罪?有无犯罪的预备、未遂、既遂等形态上的限制要求?盗窃罪、抢夺罪是否包含盗窃、抢夺枪支的行为?提示二:小偷在五十里之外向追上他的马山开枪是否为"当场"使用暴力?提示三:本片中小偷使用暴力是否是"为窝藏赃物、抗拒抓捕或者毁灭罪证"?提示四:如果当场使用暴力的行为不是为了本次盗窃罪或者抢夺罪而是为了其他某次盗窃抢夺犯罪的窝藏赃物、抗拒抓捕或者毁灭罪证,那么是否成立事后抢劫?注意本片中小偷对马山开枪,并不是因为本次盗窃罪(或者抢夺罪)而引起的,而是因为另外的盗窃枪支罪的行为而引起的。

(14)如果小偷的上述行为构成(事后)抢劫罪,那么开枪射击马山的行为是否独立成立故意杀人罪?如果成立故意杀人罪,是什么犯罪形态?是否要与抢劫罪数罪并罚?如果上述行为不构成(事后)抢劫罪,那么小偷的上述行为是否构成其他的犯罪?说明理由。

(15)2016年岁尾之际,被告人赵春华在街道上摆设射击摊位进行营利活动。经鉴定,摆摊使用的九支枪形物中的六支为能正常发射以压缩气体为动力的"枪支"。一审法院以非法持有枪支罪判处赵春华有期徒刑三年六个月。二审法院改判有期徒刑三年,缓刑三年。尽管案情简单,但是经媒体报道后该案受到了社会各界的关注,成为一起引发街谈巷议的焦点案件。阅读陈兴良、劳东燕、江溯、车浩等发表的《赵春华非法持有枪支案的教义学分析》《法条主义与刑法解释中的实质判断——以赵春华持枪案为例的分析》《规范性构成要件要素的故意及错误——以赵春华非法持有枪支案为例》《非法持有枪支罪的构成要件》四篇论文[①],他们分别从哪些不一样的视角,对非法持有枪支罪作出了独特的分析?他们论文的问题的提出、论证的结构对你有什么启发?你若要写同主题的论文,还有什么新的视角?

七、"捡枪与还枪"情节与问题提示

在电影的尾声,捡枪人终于现身。为引出枪支,马山伪装成周小刚外出,在火车站台,马山背后中枪倒地。杀人者原来是卖羊肉粉的刘结巴,他一直在找机会想杀死周小刚,因为周小刚开假酒厂,他家人因喝假酒厂生产的假酒死亡。刘结巴告诉马山,马山在妹妹的婚礼上喝得烂醉如泥,在被众人送回家时,手枪滑落在周小刚的车上,刘结巴趁机捡走。在这一场戏中,可以说马山与刘结巴的对话像绕口令一样,始终是围绕着"捡枪"与"还枪"几个关键词来争辩的:是"捡"还是"偷",是"还"还是"不还",是"马上还"还是"等会儿还",是"绝对不还"还是"一定还"?于是我将这个场景取名为"捡枪与还枪"。

马山:"你什么时候偷的我的枪?"

刘结巴:"我没有偷,你喝醉了嘛,你喝得烂醉,我捡的你的枪,我捡你的枪。"

刘结巴发现打错了人,很是懊恼:"我要打死周小刚,你是好人,我不打你。"

受重伤的马山要求刘结巴还枪:"把我的枪还来。"

---

① 北大冠衡刑事法治沙龙系列活动第三期,邀请了陈兴良、梁根林、李世阳、江溯、刘卫东、劳东燕等,做了"从气枪案谈非法持枪罪"专题讲座。《华东政法大学学报》2017年第6期特邀陈兴良教授组织策划专题,对赵春华案进行刑法学理上的深度分析。

刘结巴:"不还,我绝对不还,我要打死周小刚。"

刘结巴准备用枪中剩余的一颗子弹继续去杀周小刚。受重伤的马山继续向刘结巴索要枪支:"还来,把我的枪还来。"

刘结巴:"我马上就还枪给你,我马上就回来……我要打死他,现在就去打!20分钟,我就回来还枪给你。"

我们不要轻易地放过"还"与"不还"问题,不要仅仅当作一个绕口令来欣赏。实际上,在刘结巴的这些话中,隐含着一些重大的刑法问题。

问题与提示

(1)刘结巴"捡枪"的行为是否构成犯罪?构成何罪?

【法条提示】

《中华人民共和国刑法》

第一百二十七条第1款　(盗窃、抢夺枪支、弹药、爆炸物、危险物质罪)盗窃、抢夺枪支、弹药、爆炸物的,或者盗窃、抢夺毒害性、放射性、传染病病原体等物质,危害公共安全的处三年以上十年以下有期徒刑;情节严重的,处十年以上有期徒刑、无期徒刑或者死刑。

第一百二十八条第1款　(非法持有、私藏枪支、弹药罪)违反枪支管理规定,非法持有、私藏枪支、弹药的,处……

第二百七十条　(侵占罪)将代为保管的他人财物非法占为己有,数额较大,拒不退还的,处……

将他人的遗忘物或者埋藏物非法占为己有,数额较大,拒不交出的,依照前款的规定处罚。

本条罪,告诉的才处理。

(2)马山喝醉酒,枪支滑落在他人车中,该枪支是遗忘物还是遗失物还是他人占有之物?如何区分遗忘物与遗失物?如何区分盗窃(枪支)罪与侵占罪?如何区分遗忘物与他人占有物?本片中,如果捡枪人刘结巴不告诉马山在何时何地捡的枪,马山就无法记起枪支在什么地方什么时间丢失的,由此你认为刑法区分遗忘物与遗失物,将遗忘物占为己有的构成侵占罪,将遗失物占为己有的不构成犯罪,这种区分有无合理性?

(3)片中,刘结巴捡枪时如果就有这样的想法:只要杀死了周小刚,我就把枪还给马山。那么这个意识是否会影响到刘结巴捡枪行为的法律性质的认定？盗窃罪是否包含盗用行为？不具有非法占有目的，以"盗用目的"而取财的是否构成盗窃罪？

（4）如何理解和认定侵占罪中的"拒不交出"的规定，假设刘结巴的捡枪的行为是一种将他人的遗忘物非法占为己有的行为（如刘结巴不是在周小刚的车内，或不是在他人建筑物或者他人私人空间中捡到枪，而是在公共道路上捡到马山滑落掉的枪支），你认为刘结巴在打死周小刚之前"绝对不还"枪支的行为能否认定为"拒不交出"？只要打死了周小刚，就把枪马上还给马山，这是否能说明刘结巴还是有"还枪"的意识，主观上不具有侵占的意识？

八、"三枪两命"情节与问题提示

在电影中，丢失的枪支中的三颗子弹都打出去了，先后杀死了李小萌和马山二人。黑衣人去杀周小刚，当黑衣人向周小刚开枪时，周小刚将身边的李小萌推向身前，李小萌被打死，周小刚趁机跳窗逃走。在电影的尾声，黑衣人终于露出真面貌。马山为引出凶手，伪装成周小刚，黑衣人从背后开枪击中马山，马山中枪倒地，原来凶手是卖羊肉粉的刘结巴，他一直在找机会想杀死开假酒厂害死他家人的周小刚。枪里还剩下最后一颗子弹。刘结巴想继续去杀周小刚，重伤的马山用假枪吓唬刘结巴，要求他还枪，刘结巴慌忙中开枪，又击中了马山，马山被打死。①

问题与提示

（1）刘结巴开第一枪的行为是构成故意杀人罪的既遂？还是故意杀人罪未遂和过失致人死亡罪的想象竞合，从一重，以故意杀人罪未遂处理？开第二枪、第三枪的行为，怎么定性？故意杀人罪未遂？故意杀人罪既遂？开第一枪的行为和开第二枪的行为在性质上是否相同？二者在刑法理论中属于什么样的认识错误？

（2）周小刚的行为是否构成紧急避险？避险过当，还是其他犯罪行为？

【法条提示】

《中华人民共和国刑法》

第二百三十二条 （故意杀人罪）故意杀人的，处死刑、无期徒刑或者

---

① 《寻枪》的结尾，马山身中两枪，马山用最后的力气将刘结巴铐住，闻讯的特警随即赶来，将马山和刘结巴围住。此时电影变得无声了，马山从地上站起来，在无声的世界里，朝着观众走着，然后是彻底地开怀大笑，夸张的笑容将一切的压抑和苦闷消融。其实这是以所谓的"灵魂出窍"的艺术手法表现马山的死亡之意义：用生命寻找到丢失的枪支之后的快乐。

十年以上有期徒刑;情节较轻的,处三年以上十年以下有期徒刑。

第二百三十三条 （过失致人死亡罪）过失致人死亡的,处三年以上七年以下有期徒刑;情节较轻的,处三年以下有期徒刑。本法另有规定的,依照规定。

第二十三条第1款 （犯罪未遂）已经着手实行犯罪,由于犯罪分子意志以外的原因而未得逞的,是犯罪未遂。

第二十一条第1、2款 （紧急避险）为了使国家、公共利益、本人或者他人的人身、财产和其他权利免受正在发生的危险,不得已采取的紧急避险行为,造成损害的,不负刑事责任。

紧急避险超过必要限度造成不应有的损害的,应当负刑事责任,但是应当减轻或者免除处罚。

九、"都是假酒惹的祸"情节与问题提示

电影中,周小刚办假酒厂,是导致假酒被害人家属刘结巴偷枪、报复杀人的原因,可以说寻枪的整个故事,都是因假酒惹出来的故事。

问题与提示

（1）如何理解或认定法条中的"销售金额"？"销售金额"怎么计算？如何按照销售金额并处或者单处罚金？

（2）如果只生产有毒有害食品,尚未销售出去的行为是否构成犯罪？如果不成立犯罪,那么本罪中"生产"之词是否就是多余的,应该删除掉？如果成立犯罪,那么该生产行为是否独立成立"生产有毒、有害食品罪"且为既遂？

（3）本罪是否为行为上的选择罪名？如果不存在"生产有毒、有害食品罪",而只能成立"生产、销售有毒、有害食品罪",那么已经生产出有毒有害的食品的行为是成立"生产、销售有毒、有害食品罪"的未遂犯,还是既遂犯？

【法条提示】

第二十二条第1款 （犯罪预备）为了犯罪,准备工具、制造条件的,是犯罪预备。

第一百四十四条 （**生产、销售有毒、有害食品罪**）生产、销售的食品中掺入有毒、有害的非食品原料的,或者销售明知掺有有毒、有害的非食品原料的食品的,处五年以下有期徒刑或者拘役,并处罚金;对人体健康造成严重危害的或者有其他严重情节的,处五年以上十年以下有期徒刑,并处罚金;致人死亡或者有其他特别严重情节的,依照本法第一百四十一条的规定处罚。(处十年以上有期徒刑、无期徒刑或者死刑,并处销售金额百分之五十以上二倍以下罚金或者没收财产。)

也许我们会对刘结巴的这种私人报复持强烈的谴责态度,然而刑法在有关生产销售伪劣产品犯罪的规定上是否合理也值得我们思考。正如《寻枪》中所言,"警察办案是要讲证据的,周小刚办假酒厂,导致他人死亡,还真的很难查证"。在我国的刑事司法实践中,实际上能够掌握证据的更多的是那些尚未销售出去的伪劣产品,已经销售出去的,无论是具体的数额也好,产生的严重后果也好,很难查证,因此,在我国现阶段假冒伪劣产品真正进入刑事司法程序的很少。但被害人的朴素或者原始的公正观念促使其采取了极端的犯罪手段来报复。因此刑法对有关犯罪的规定是否合理,不仅仅关系到司法实践的操作问题,也关系到法律秩序的稳定问题。

第六节 学生课堂作业点评

看《寻枪》有感[①]

《寻枪》给我感触最深的就是马探长的尽职尽责和刘结巴的冲动、不理智。

马探长丢失枪支后十分焦虑,连命都豁出去了。马山捉拿小偷的镜头有点可笑,也有点扣人心弦。小偷问他为什么不累,问他为什么能够追到他,以前从来没有人追上过,因为他在自行车方面有过训练。我想马山能追上他是因为心里有个希望在支撑着他——枪可能在小偷身上,当小偷拿出"枪"时,我既高兴又替他担忧。小偷用枪指着他要挟他退后,我的心也紧张了起来。看到马探长安然无恙,只是衣服被烧了个大洞,我心里的石头总算放下来。谁知道马山竟然失望地大叫:"怎么是假的呢?怎么是假的呢!太像了,太像了。"他可曾想过,要是枪是真的,他早就没有命了。可知,他完全不要命了。在上级的高压下,他决定假冒周小刚去把犯人引出来。行动前他去了爱人和孩子的学校,且给他们留下了礼物。他想那也许是最后的礼物了,可以想象他当时的不舍和沉重。当他挨了刘结巴一枪倒在铁轨边时,为了阻止刘结巴去他家杀周小刚和把枪拿到手,他用假枪指着刘结巴,迫使他

[①] 米青艳,法 0509 班,学号 0504000953。

再次向自己开枪。当他捉住刘结巴时却说:"没子弹了,你不能再去杀人了,所长,犯人和枪都找到了,我完成任务了。"然后闭上了眼睛。我的眼泪不由自主地流下来,如果每个刑事工作人员都像他一样敬业,那该多好啊!

刘结巴的家人、朋友死于周小刚假酒厂的假酒,这对他的打击很大,周小刚确实罪大恶极,我对刘结巴也很同情。但他完全可以用合法的手段让周小刚得到应有的惩罚,如果他这样,就不会有这种悲剧了,李小萌和马山就不会成为牺牲品了,等待自己的也就不会是刑罚了。现实中这种悲剧不少,主要原因就是不够理智。这种行为是道德的吗?我不这样认为。那些为非作歹的人是应该受到惩罚,但这种惩罚只能由国家来执行,被害人以及被害人家属要做的就是要积极配合,提供证据,那些出于报复而实施的行为是对社会秩序的一种藐视,是对公共安全的一种威胁,也是对加害者人身的一种侵害。因为别人的违法行为而采取违法行为加以报复,手段甚至还恶劣些,这跟加害者有什么区别呢?"己所不欲勿施于人。"那些实施报复的人由于仇恨失去了理智,往往不择手段,给无辜的第三人带来伤害,对于那些第三者,他们不也是加害者吗?

刘结巴面对李小萌的死依然执迷不悟,不达目的不罢休;对于马探长倒在铁轨边也没有想到要送医院。这可是两个无辜的人啊,他自己也说了马探长是好人,这跟周小刚有什么区别!他有没有想过别人也有亲人?别人的亲人会怎么想?这不是把痛苦强加在别人身上吗?所以,当遇到不法侵害应该诉诸法律,不应该擅自采取措施。对于这种行为一定要严惩。

老师点评

(1)从语言和内容上来看,这完全是自己原创的,从这个角度来看,哪怕开始显得比较朴实,但我相信这就好像爱因斯坦做出来的小板凳一样,第一个,第二个,第三个,哪怕都是不精致的,但却一个比一个要完善。只要坚持原创,就会在创作中学到老师教不了的东西,就会有进步。我们鼓励原创,反对抄袭。这不仅仅是一个学习态度问题,更是一个做人的态度问题。

(2)当然本文也有一些不足的地方,比如一篇文章最好只围绕一个主题展开,而本文似乎要说两个主题,且两个主题之间缺乏内在联系。另外,本文过于就事论事,没有深入地挖掘电影的可能意义,未能给人眼前一亮的感觉。因此还有进一步修改的必要。

第七节　教学中出现的问题小结

　　这是一部非常精彩的电影,除了包含很多刑法问题,实际上也隐含着更深的主题。但是在教学过程中,却出现了一些问题。

　　一是学生虽然认为这非常好看,但却没有深入地思考电影元素背后探讨的主旨或者思想,没有和电影进行一种真正的交流与对话,仅仅是满足于视觉上的愉悦。因此学生基本上没有交上来比较优秀的习作,似乎对电影除了说"好看"以外没有什么其他话值得说。如何引导学生对文本,无论是电影文本还是法律文本,进行深入的思考,还是一个比较艰巨的任务。

　　二是学生似乎还局限在刑法的传统思维中。从本次教学中交上来的习作来看,甚至还处于一种大话套话的话语模式中,上面的那一篇习作还算是稍稍好一点的文章,也仍然有这样的痕迹。如何打开学生的思维,如何激发起学生对问题的发现力,如何在熟知中发现问题,如何在表面不同的事物之间建立起联系,找到它们之间的内在关系,也非一朝一夕所能达到。但是只要有了一个好的开头,坚持下去,总会有或多或少的效果。

　　有一个非常有意思的现象,那就是似乎学生最开始还不适应这种教学模式,比较适应应试教育的模式,比如有的学生提出的问题让我啼笑皆非:"老师,这门课到底怎么考试啊?""出什么题型啊?""打分高不?这门选修课会不会有不及格?"

　　曾经有一个女同学,课间找到我,对我说:"老师,我能不能不交作业啊?"因为我的确说过,我不强迫学生给我交作业,但我鼓励同学们写出自己的东西和我交流。但是有很多学生误以为我是说着好玩的,心里害怕真的不交作业会影响他们的成绩,于是有极少数学生每次都交"作业",但根本就是应付了事,从网上直接复制他人的文章、影评,签上自己的名字交给我。我并不想看到这样的"作业",浪费他的纸张,也浪费我的精力。这个问我可不可以不交作业的女同学和"交作业"的同学相比,我还更喜欢前者。第一,至少她是非常真诚的,不存在欺骗。第二,她开始不想"交作业",也不见得她不认真学习,也许只是不习惯或者痛恨"写作业"而已。因此这个同学也许是误会了我的要求,还不太明白我要求交的不是"作业"而是自己想写的东西。于是我笑着对那个同学说:"当然可以不交作业,我也可以少点批改作业的工作量,不过如果你不想写点什么,不去思考什么,你上这门课就没有意义了。所以问问自己一个问题,这是否对得起你自己呢?"

后来，我收到了这个同学写的一份特别的习作，题目为《无题》。

《无题》

老师，我是谢静红，就是上次跟你讨价还价，想不交影片观后感的学生，不过，那已经是过去的想法了，在邓正来和范忠信老师的讲座上，我都看到了你，对生活充满了积极态度，回来后，我想了很久，想到你在课堂上结合自己给我们讲的忠告和希望，想到你课下所做的实际行动，确实给了我不少启迪。

记得我的一个同学，我读高三时，他是我们那一届的复读生，今年暑假，他还在参加高考，据说他每年总以不超过十分的分数落榜，而他每年考完后，还总是理由十足，一会儿说阅卷老师在作文上少给了他五分，一会儿又说英语老师给他多扣了两三分，自始至终他就是不承认自己就真差那两三分，复读并没有给他带来学业上的进步，按他的话说每年阅卷老师总要多扣他几分，致使他落榜，这是我身边活生生的例子。

还在书本上看过这样的一则故事，听说国外有一匹名马，在它的比赛生涯中，为主人赢得过一百万美元的奖金，它真正参加赛跑的时间加起来还不到一小时，但马主出售它时，开价却比跟它一同赛跑的马高出一百倍还不止！其实每次比赛中它比跑在第二的马只快一个鼻子，裁判者都无法判断，直到两匹马跑到终点线时，看了马鼻的差距才能裁定谁是第一。

举以上两个例子，是想说，扩展到每个领域，只需一个马鼻，便能把赢家和输家分别出来，赢之所以能赢得这些微小的距离，往往不是因为天才、资源、背景或者运气，而是必须领先的态度。

这种必须领先的态度，不是我们想去具有就轻而易举地能具有的态度，它需要我们在背后一步一个脚印踏踏实实地打基础，所谓必须，我的理解就是排除客观意外情况下的那种胜券在握。

我的行为，已是过去，已成历史，刑事案例演习课我没有逃过，但作业都没有交，这是折扣，是一个小小的马鼻的差距，时间长了，预示的就是彻底的失败，我想我现在反省悔过还是来得及的，谢谢老师。

法 03043231 谢静红
2005.10.28

老师点评

（1）"播下一种思想,收获一种行为;播下一种行为,收获一种习惯;播下一种习惯,收获一种性格;播下一种性格,收获一种命运。"这是一份优秀的习作,为自己的人生播下良种,丰收只是迟早的事情。

（2）学习不仅仅是学习书本知识,更重要的是学会发现问题,包括发现自身的问题,学会一种正确处理事情的态度。而该同学做到了这一点。

（3）顺便说一句,这位同学的习作手写稿中的字体,也是相当地好看。

【本课基础法律知识】

1. 丢失枪支不报罪的概念及其特征。

2. 抢劫罪的概念及其特征。

3. 盗窃罪的概念及其特征。

4. 盗窃枪支罪的概念及其特征。

5. 侵占罪的概念及其特征。

6. 滥用职权罪、玩忽职守罪的概念及其特征。

7. 以危险方法危害公共安全罪的概念及其特征。

8. 生产、销售伪劣商品罪;生产销售有毒、有害食品罪的概念及其特征。

9. 故意杀人罪的概念及其特征。

10. 非法持有、私藏枪支、弹药、爆炸物罪的概念与特征。

【本课重点法律问题思考】

1. 如何理解丢失枪支不报罪的"丢失","不及时报告""造成严重后果"以及本罪的主观罪过形式?

2. 如何理解事后抢劫(转化型抢劫)的条件?

3. 如何理解携带凶器抢夺?

4. 如何区分盗窃罪与侵占罪、盗窃枪支罪?

5. 如何理解生产销售伪劣商品罪一章中规定的"销售金额"?

6.如何区分非法持有枪支罪与私藏枪支罪？

7.累犯与惯犯有何区别？

【本课素质训练】

发现问题的能力

第七章 "一半魔鬼一半天使"的人性复杂问题

——电影《天下无贼》

第一节 教学过程设计梗概及《天下无贼》电影简介

一、教学过程设计

教学目标

(1)试着引导学生根据所学的刑法理论知识,学着从电影中找出可能隐含的犯罪学、刑法问题,掌握提出问题的方法;(2)对电影中所涉及的犯罪学、刑法问题进行讨论;(3)试着引导学生写影评与学术论文。

使用的教学素材

电影《天下无贼》。

教学课时

4课时

教学手段

电教

教学步骤

第一步,观看电影《天下无贼》(2课时)。

第二步,要求写影评与学术论文;要求学生寻找并思考《天下无贼》中包含的刑法问题(2课时)。

第三步,对影评与学术论文进行修改完善。

二、《天下无贼》电影简介

《天下无贼》(2004)

电影梗概

男贼王薄和女贼王丽是一对扒窃搭档,也是一对浪迹天涯的亡命恋人。但王丽怀了王薄的孩子,王丽决定收手赎罪,两人产生分歧。两人在火车站遇到在拉萨打工挣了一笔钱准备回老家盖房子娶媳妇的农村娃子傻根。傻根不相信天下有贼,王丽被他的单纯打动,决定暗中保护不使他的辛苦钱失窃,王薄却寻思找合适机会下手,但最终因为"夫妻情深"归入了王丽的阵营。不料傻根的钱早被以黎叔为头目的另一著名扒窃团伙盯上,于是王薄、王丽和黎叔团伙之间围绕傻根书包里的钞票展开了一系列强强斗争。

作者评级 ★★★★★

简评

虽然导演冯小刚根本就不是刻意在拍法律片,甚至有人认为他的一些电影中的情节在法律逻辑上存在漏洞,但我们的看法恰恰相反,我们认为从法律的角度来看,他的一些电影都有我们法律人值得思考的东西隐含于其中。如《没完没了》可以简化为一个讨债的故事,而《天下无贼》可以简化为小偷的故事,若从刑事法的角度来看,他的这两部贺岁片隐含许多的刑事法律问题,我们在这两部优秀好看的电影中犹豫了良久,难以取舍,最后我们还是舍弃了《没完没了》,选择了《天下无贼》作为代表。

第二节 电影情节与犯罪学视角的解读与反思

(一)"贼"与"父母"身份冲突的情节

《天下无贼》的几大主要人物都是贼。

在这个社会,贼的身份是边缘化的。王薄一再对王丽说:"你就一母狼,我就一公狼,这辈子是改不了啦。""想做好人,下辈子啦。""你是贼,做一万件好事也是贼,这辈子也翻不了案。"在王薄看来,"贼"的身份是改变不了的事实,在高原小庙前那些让人眼花缭乱的扒窃手法,似乎是他夸张得意

第七章 "一半魔鬼一半天使"的人性复杂问题

的表演,在一次次偷窃得手后,他总会露出笑容,是对自己"手艺"的欣赏,更是对身份的自我认同。他以为生活会一直这样下去,等待下一次的表演。对他来说,"贼"就是要认真地完成每一次的表演。得手,是他作为"贼"的价值所在。故他不会因为傻根的"对人不设防""善良"而放弃窃取傻根带的"六万块钱"。他可以去模糊一切的道德正义,他有最简单的理由:"别忘了你是什么人",是贼。

但王丽知道自己怀孕之后,就在"贼"与"母亲"这两个身份的认同之间产生了激烈的冲突。她开始在内心追寻"母亲"这一身份,在佛前跪倒,是那样的虔诚。王薄一次次对她"贼"的身份的提醒,加深了她内心的痛苦。她尝试丢掉"贼"的身份,于是和王薄翻脸,表示"不想再做(贼)",企图完成对"贼"身份的否定。但她无法一个人去承受孩子的重量,她需要这个男人的爱,还是选择跟着王薄一起上了火车。

在火车上,她对于王薄偷"老师"(便衣警察)的钱包,并没有表示异议。这个时候,她还没有完成对自己身份的彻底否定。但在火车上偶遇傻根,在这个天真的弟弟身上,她感受到从自己身上散发出来的母性,在对傻根无微不至的关怀中,一步步明确了"母亲"的身份。王丽无微不至地照顾傻根,王薄因此产生了醋意,这是一个男人本能的反应。这对恋人交织着不同的身份认同,其中有误解,但在王丽说出她怀孕后,误解消失了。王薄也开始了对"父亲"身份的寻找。王薄为了保护傻根的六万块钱,与黎叔斗智斗勇,也是维护一个"贼"的尊严。在他看来,"贼"与"父亲"的身份并不冲突,这是他不同于王丽的地方。王薄最后付出了生命,保住了傻根的六万块血汗钱,表现出他作为男人的勇气、责任和尊严,证明他有资格去当一个父亲。

问题与提示

(1)电影中王薄一再对王丽说:"你就一母狼,我就一公狼,这辈子是改不了啦。""想做好人,下辈子啦。""你是贼,做一万件好事也是贼,这辈子也翻不了案。"在王薄看来,"贼"的身份是改变不了的事实,作者将这一现象称为身份确定。问题:从犯罪学的角度来看,王薄和王丽天生就是贼吗?犯罪人天生就是犯罪人吗?你是否同意意大利著名的犯罪学家龙勃罗梭所提出的"天生犯罪人"的观点?如果犯罪人是天生的,那么又该如何处理这些"天生犯罪人"?如果犯罪人不是天生的,那么犯罪人是如何成为犯罪人的?犯罪的原因有哪些因素?文章中提到的"身份确定"和犯罪学上的"标签理论"①有什么关系?试用标签理论分析王薄的上述话语。另外你是如何看待标签理论的?标签理论的解释有效范围是什么?换言之,标签理论有什么问题?标签理论的价值何在?标签理论能解释什么,不能解释什么?

(2)电影中王薄不仅仅相信自己一旦为贼,终身为贼,而且下辈子还是贼。甚至于他作贼,也许不仅仅是为了生计糊口,不是把贼当作职业,而是要让被偷的人明白这个世界是一个到处都是贼的世界。所以在电影中当王丽说要保护傻根时,王薄气愤地打了王丽一耳光说:"他凭什么不设防啊?他凭什么不能受到伤害?凭什么?是因为他单纯啊?他傻?你为什么要让他傻到底?生活要求他必须要聪明起来。作为一个人,你不让他知道生活的真相,那就是欺骗。什么叫大恶?欺骗就是大恶。"在王薄的潜意识中,似乎"可怜之人必有可恨之处",世界上"之所以有骗子,是因为有傻子",这似乎倒成了他实施盗窃、诈骗的理由。在电影中盗贼之所以选择傻根下手,似乎也与傻根的这种不设防的傻到底的傻气有关。而电影开头刘总裁的被骗,也与刘总裁的好色有关。反过来看,电影似乎也表达出一种"凡可恨之人必有可爱之处"的意味,应当说,《天下无贼》电影之所以好看,并不是因为导演使用了他一贯的冯式幽默的电影手法让人发笑,而是因为电影触动了观众心灵中的某种东西,引起了某种或者共鸣或者反思性的东西,毕竟单纯的让人发笑的或者愉悦的东西往往是短暂易逝的。

那么这种东西到底是什么呢?不管观众是否明确地意识到,笔者以为这种东西说白了就是"人性"。人性最基本的特征就是复杂性、多面性。"人性"超越了简单的或者善或者恶的二元道德评价。按照马克思的观点:"凡是人所具有的,我也具有。"每个人,无论是犯罪人还是被害人,无论是"恶人"还是"善人",都首先是一个活生生的"人",然后才是被贴上或"善"或

---

① 标签理论的代表人物是美国社会学家贝克尔和莱默特。标签是人们对自我形象的界定,自我形象是通过与他人互动而产生的,而他人的标签则是一个重要的因素。标签理论认为,犯罪是社会互动的产物,而个人被有意义的他人——如教师、亲戚、警察等贴上标签,描述为偏差行为者或犯罪者,他就逐渐自我修正,而成为偏差行为者或犯罪者。标签理论认为我们每个人都曾是初级的偏差行为者,毕竟"人非圣贤,孰能无过",只是多数人皆幸运地未被贴上标签而已。至于那少数不幸被贴上标签者,即是所谓的次级偏差行为者,才发生种种后果。标签理论认为传统犯罪学家想要深入探究犯罪者的背景以便找出犯罪的原因是不切实际的。相反地,偏差行为的原因便是公开地贴上标签以及由此所带来的种种效果。被贴上标签之人,不论其为犯罪者、毒瘾者、妓女或笨学生,马上以此标签作为他"最有力的身份"(master status),并且取代了他所有的其他角色(例如二十岁的撞球高手,两个孩子的妈妈等)。被贴上标签之人,只能生活在标签的阴影里,终致产生"自行应验的预言"(self-fulfilling prophecy),走上不归路。关于标签理论的评价,参见[英]韦恩·莫里森:《理论犯罪学——从现代到后现代》,刘仁文等译,法律出版社 2004 年版。

第七章 "一半魔鬼一半天使"的人性复杂问题

"恶",或"害人"或"被害"的标签,而不是传统的电影或者观念中,首先是并且仅仅是或者"善"或者"恶"的脸谱的、刻板的分类、定义和标记。就以《天下无贼》中的各路盗贼与强盗来分析,首先,从外形来看:刘德华、刘若英扮演的盗贼王薄、王丽那是典型的帅哥靓女,魅力十足。按照电影中王薄的台词,那就是:"贼会把字刻在脸上吗?看着我,我像贼吗?你看她(王丽),她像不像贼?我越看她越像好人。"而葛优、范伟等扮演的黎叔等盗窃、抢劫团伙,虽然谈不上外形俊俏,谈不上"越看越像好人",但也无法从他们的脸上判断他们就是龌龊的坏人。相反一直被傻根老乡当作坏人提防的刀疤脸却实际上是一个正在追击盗贼的警察。其次,在电影中,无论哪一路"犯罪人",或多或少都具有人性。按照黎叔自己的台词(他对王薄的评价)来说:"有狼的味,还串出点人味",不管这种"人味"是什么,有多少。例如王薄想"切"傻根的钱,在盗窃的技术上完全没有问题,但他并没有亲自对傻根的钱下手,而是"借鸡下蛋",女贼偷了傻根的钱,王薄从女贼身上"拿到"钱。王薄对王丽说:"我哪有偷他的钱?是人家偷了他的钱,我偷了人家的钱。"在事实上,因为有黎叔等盗窃团伙的存在,就算王薄不拿这钱,傻根也会失去钱:"就算把钱还回去,他也不可能带回家。""借鸡下蛋"的行为在刑法规范的性质上也许并没有本质的区别①,但在事实上却有着差异,从王薄的这个行为来看,即使要让傻根知道生活的真相(天下有贼),让他明白"防人之心不可无",但王薄的"借鸡下蛋",也的确体现了"害人之心不可有",至少王薄认为他的行为没有害傻根,相反是"让他重生"。其次,除了王薄本身对傻根没有坏心,也有对王丽的爱心在里面,照顾王丽的心理感受,这种爱是真切的,谁说盗贼就不能有爱情或者亲情或者友情或者责任?这种"爱"也是主导《天下无贼》的一条主线。对王丽的爱,对尚未出生的孩子的爱与责任使得王薄最后以自己的生命来成全王丽想要保护傻根"天下无贼"世界观的愿望。而王薄的这个选择哪怕并不是以放弃自己的"一辈子是贼"的"盗贼世界观"为前提,哪怕他的这个选择的动机并不是见义勇为、大公无私,而是出于所谓的"狭隘的""私心的"考虑,但他的这个行为却是更人性的,更真实的,也是更令人感动的。每个人都有其"人性的优点"与"人性的缺点"。我们不能认为唯有优点与善才是人性的东西,也不能认为唯有缺点与恶才是人性的东西,人性是善与恶的混合态。人,每个人,都像是硬币的正反两面,一半是天使,一半是魔鬼,对电影中的盗窃团伙或者抢劫团伙的成员而言也是如此。以黎叔这个人物为例,他的一言一行,举手投足的神态仪表不仅仅正常,而且显示出一种具有独特魅力的文化人气质,显示出一种才气,哪怕这是"偏才"。即使他是盗窃头目,也并不意味着

---

① 后文会对该行为的规范性质进行刑法学的分析。

他就是绝对的恶,绝对的缺德,比如他教训手下:"杀人那是强盗干的事",这也不乏是一种"次道德"。在犯罪过程中,犯罪人可以犯更重的罪逃避司法机关的侦查,但犯罪人基于一些良心或者其他心理动因而不犯这样的重罪,这应该在道德上甚至法律上给予一定程度的承认。我们总不能为了强化某种道德观,在立法上或者司法上承认促使或者鼓励犯罪人犯更重的罪是一种"德行"吧?这本是一个浅显的道理,但却往往被人忽视,即使有人提出"次道德"的问题,也会遭到很多人的反对,认为"次道德"概念盛行只能使得坏人永远是坏人,使得不合法的变得合法,不道德的变得高尚。① 这些论点明显犯了概念置换的逻辑错误,却受到很多没有经过严格逻辑论证的人的非理性的支持与信仰。就是在法学界,也不乏这样的普遍的现象,例如在有些刑法学者看来,犯罪学、法社会学的很多观点只是在为犯罪以及犯罪人作辩护,是在提倡"犯罪有理",是在美化犯罪,因此,在我国,犯罪学并没有受到刑法学界的普遍认可,至少可以说犯罪学并不发达,这与刑法学界潜意识中或多或少对犯罪学存在排斥心理有一定关系。

从某种意义上来看,传统戏曲或者电影的这种人为的脸谱化、戏剧化在人们的观念中深深地留下了"龙生龙,凤生凤,老鼠的儿子会打洞"的"宿命论"印象,是对"犯罪发生的原因""犯罪的责任"过于简单的、粗暴的处理,而这种不符合事物客观规律与客观真实世界的处理,也许具有一定的意识形态的功能,却在实质上影响了对犯罪规律的认识以及对犯罪的预防与控制的效果,甚至在某种程度上陷入了"自己反对自己"的恶性循环,原本为了预防、控制犯罪的手段(比如"严打"刑事政策)成为了"制造犯罪"的手段,从而在本质上伤害了国家、群众的实际利益,也因为这种脸谱化的观念根深蒂固,国家和群众被制造出来虚幻的影像与印象遮掩,对此没有意识。在笔者看来,这种脸谱化的观念之毒害性无异于一种慢性却致命的"癌症"。从社会科学的角度来看,法学或者刑法学如果失去了事实性的犯罪学的根基,而完全被优先且唯一的规范(刑法)学所统治,那么这种研究哪怕再精细,也无异于患上了先天性的绝症,就像王薄讽刺傻根的那句台词:"你看谁都不像贼,你看谁都像菩萨,我看你这双眼长着也没有用了,趁早把它抠出来吧。"这绝非笔者

---

① 所谓次道德,又称为亚道德,是一种介于道德与非道德之间的一种行为,通俗地说就是"盗亦有道"。站在法律角度看,就是指违法犯罪行为人在犯罪活动中所表现出的人性的一面或向善的心理。诸如受贿是违法的,捐赠又是道德的;嫖娼是违法的,举报卖淫嫖娼又是道德的;偷盗是违法的,还回证件是道德的;等等。两者的融合,往往构成了我们所说的次道德。显然,用次道德的眼光来评价人的行为,往往会出现奇怪的一幕,即不合法的变成合法的,不道德的行为高尚起来了。这种尴尬的结局,尽管说明了道德的多层性特征,但不管如何,道德的底线抑或是评价标准是相对稳定的。参见孙勇:《"次道德"与无底线作恶》,载人民网(http://theory.people.com.cn/n/2013/0308/c107503-20716450.html),访问日期:2024 年 9 月 25 日。

第七章 "一半魔鬼一半天使"的人性复杂问题

危言耸听,自损自己的职业形象。著名的犯罪学家弗兰克·坦南鲍姆在《犯罪与社会》教科书中将这种现象称为"罪恶的戏剧化":"第一个罪恶的戏剧化是……一个全新的和至今并不存在的环境在他面前突然出现了:因此,制造犯罪的过程,是一个标记、定义、确认、分离、描述、强调、制造意识的和自我意识的过程;他成为了刺激、建议、强调、唤起他们被抱怨的性格的途径。"①

电影中,王薄并不以身为窃贼为耻,而是以此为荣。在一次次偷窃得手后,他总会露出笑容,是对自己"手艺"的欣赏,是他作为"贼"的价值所在。似乎这印证了海子的一句诗歌:"高尚是高尚者的座右铭,卑鄙是卑鄙者的通行证。"

我一直疑惑王薄是一个什么样的贼?是怎么开始作贼的?电影中或许有些暗示,却没有给出更多的背景与细节,《天下无贼》小说中,王薄和王丽都是大学毕业,王薄是学美术的,王丽是学建筑设计的,二人原本都是有工作的,他们都爱好旅游,在旅游途中认识后就辞掉工作并成为搭档,当初王薄就是因为没钱旅游才作贼的。但这两人作贼并不以敛财为目的。

最令人费解的是小说中描写的一个情节:王薄有时还寄些钱给希望工程。某省希望工程办公室收到一万元捐款,署名"星月",登报寻找叫"星月"的好心人。他俩看到后大笑,说咱们也成好心人了。② 在电影中,也有类似的"玩笑",当王薄将刘总的宝马车"搞"到手开出小区门口时,小区保安敬了个礼,王薄将车倒了回来,很严肃地大声训斥保安:"开好车就可以不问,开好车就可以随便出入,开好车就一定是好人吗?"

我们不要将王薄的这种"异常"行为视为一个不真实的小说虚构情节,或者认为即使这样的事情存在也只是极其个别的现象,或者是依附于王薄这个"异常盗贼"的特立独行个性而产生的一个玩笑,或者只是王薄仇富心理的反映。的确,王薄作为一个盗贼,他并不认同任何的盗窃组织。但我们不能因此认为王薄的这些行为是罕见的,背后反映了某种犯罪人的共性。比如在电影中,黎叔想把盗窃技术高超的王薄也收纳到他的犯罪组织中来,他一本正经地对手下说:"二十一世纪最贵的是什么?人才!"在火车顶上斗胆的那场戏中,王薄赢了黎叔的手下干将。黎叔用诈使得王薄眼看要摔下火车,黎叔一把拉住王薄,他的手下都叫嚣着放手任其摔死,身背一条命案的黎叔却教训手下说:"杀人那是强盗干的事。输了手艺杀人,那传出去才折了我的面子呢。"一伙人在火车上抢劫,黎叔对用枪指着他的抢劫犯说:"我

---

① [英]韦恩·莫里森:《理论犯罪学——从现代到后现代》,刘仁文等译,法律出版社2004年版,第300页。
② 参见赵本夫:《天下无贼》,人民文学出版社2004年版。

最烦你们这些打劫的,一点技术含量都没有。"在这些情节背后,存在某种严肃的意义以及反映犯罪共性的某些东西。

(3)根据以上对王薄作贼的相关背景的描述,盗贼(王薄)将被害目标设定为腐败的官员或者是暴富的商人、老板,并认为这是一个以恶制恶的行为,或者认为这是一个对不公平的财富分配制度进行重新分配,是以恶的手段达到善与公平的目的过程,或者他们认为去盗窃其他人,并不是为了满足自己的财富欲望,并不是为个人敛财,而只是一种技巧的炫耀、一种乐趣所在、自我价值所在,或者认为这是在让这些人受到生活教训,让这些不设防的傻子知道社会的真相等。请问犯罪人的这些观念在犯罪的持续过程中起什么作用?能否用犯罪学上的"亚文化理论"①"攻击理论"②"犯罪情景理论"③"理性选择理论"④"中和理论"⑤"归因

---

① 亚文化又称集体文化或副文化,指与主流文化相对应的那些非主流的、局部的文化现象,指在主文化或综合文化的背景下属于某一区域或某个集体所特有的观念和生活方式。犯罪学上的亚文化理论又称文化越轨理论、犯罪亚文化群理论,认为一个人是同他周围地位相当的人一起成长发展的,这些人同属一个社会集团,他们对社会价值准则的看法是相似的,形成特有的价值体系。他们因其在社会上的身份、地位常被否定或贬低,造成其心理的挫折及适应困难,于是形成其群体内部的共同认可和对主流社会的共同抵制。在这种亚文化体系中,对外界他人实施的犯罪行为和越轨行为会得到亚文化圈内人的尊敬、尊重或者产生自我满足、自我实现感。

② 该理论认为,人的侵犯行为是因为个体遭受挫折而引起的,侵犯是挫折的一种后果,攻击永远是挫折的一种后果。侵犯行为的发生以挫折的存在为先决条件。挫折的存在也总是要导致某些形式的攻击行为;受的挫折越大,攻击的强度就越大。

③ 该理论的重点是从犯罪原因的理解转移到对犯罪情景的理解,将犯罪当作在特定物理环境中发生的事件,认为犯罪人是根据环境的机会和情景抑制因素选择什么时候进行犯罪的,因此预防犯罪也应该从这些环境的设计和管理出发,达到减少犯罪的目的。

④ 理性选择犯罪学思想的产生直接受贝卡里亚的古典犯罪学、费尔巴哈的"心理强制说"的影响,但现代的理性选择犯罪学思想强调实用性,其理论绝不停留在抽象的理性人这个思辨层面上。例如,理性选择犯罪学思想的"环境(情景)选择理论"认为犯罪行为发生的可能性可以通过改变特定社会环境(情景)的特征来降低,而且在这一点上非常注重该措施在现实社会中的可操作性。同时也更为实用地、实际地承认人的理性的有限性,认为大多数犯罪都是以手段——目的的权衡思考为中介,但因为人理性的局限,避免不了在客观上会出现在外在的观察者看来似乎是"鼠目寸光""非理性"的选择。正所谓"旁观者清,当局者迷",但当局者的不系统、不完整、不周到、不长远的选择,实际上也还是一种有限理性下的选择,还是符合理性选择模式的。毕竟"人非圣贤,孰能无过",人做事后诸葛亮是容易的,做情景中的诸葛亮则难上加难。

⑤ 中和理论也称为中和技术理论,和批判亚文化理论不同,在中和理论看来,社会中有着普遍的共同的价值观,各个社会阶层大都承认占主流地位的社会规范,并且也愿意去遵守这种规范。大多数犯罪人准备进行犯罪活动时,就会受到他们所信奉的传统的价值观和态度的阻抑和排拒,但为了顺利实施犯罪行为,他们学会了一些抵消或中和其行为的犯罪性质,将其合理化的技巧。中和技术包括以下五项技能:否认责任,将自己视为环境的产物——少年犯罪人宁可认为自己是行为客体,而不愿承认是行为主体;否认损害,不认为自己的行为对社会或他人造成损害,只是恶作剧或者理所应当;否认受害人,认为对方是有罪的,是应该受到报复和惩罚的;呼唤更高的忠诚,犯罪行为因为个人对小集团忠诚和顺从而变得"正当";谴责那些谴责者,反对反对者,他们认为所有谴责和反对自己的人都是伪君子,是戴假面具的恶人。参见[英]韦恩·莫里森:《理论犯罪学——从现代到后现代》,刘仁文等译,法律出版社2004年版,第306—307页。

理论"①等理论来分析王薄、黎叔等人的这些行为?

(4)在电影中傻根说:"从十五岁跟着俺村的人……"在小说《天下无贼》原著中,傻根自小由村里人拉扯大,一切都不用操心,连年龄也由村干部给记着。他说:"在俺们乡里,路上的牛粪,画上个圈,牛粪就是俺的了,谁也不会动。"他从十五岁跟着同村的人去外面打工,在他照看的工地上时常有狼,狼和傻根很熟,"在荒原上连狼都不会伤害人,难道人反而会害人?"无论在他的家乡,还是在他打工的地方,都没有贼。于是傻根就固执地相信"天下无贼"。同村人送傻根上火车,一再告诫他要小心防贼,傻根很烦他们的嘀咕,他干脆高声喊道:"我六万块钱又不是偷的,是我在高原上干五年挣来的,光明正大,看谁敢偷我。你们谁是贼啊,站出来给我老乡看看。"这一喊,人群中的贼与其他人都停下来吃惊地望着傻根,小说是如此描述的:几十个人面面相觑,没人搭理。有人笑笑,把脸转向一旁去。傻根得意地回头说,咋样?你看没有贼吧?人家笑话你呢,快回去吧。这时傻根有些怜悯那个民工了。要说呢,他也是一番好意,又是副村长派来的。可是村里人啥时学得这么小心眼?咱们村上人向来不这样的,谁也不提防谁,全村几十户人家就没有买锁的。这好,出来几年都变了,到处防贼,自己吓唬自己……这个从沙漠走出来的傻小子,居然固执地认为世界上没有贼!就像大沙漠一样固执。那一瞬间,王丽突然有点感动。在小说的另外一处,作者也写了"固执",王薄与王丽去大沙漠旅游,吃了很多苦头,也没有什么好看的,但王薄被大沙漠震住了,这是他自己都没有想到的。"他真是弄不明白,这单调得不能再单调的大沙漠何以如此震撼人的心魄?但后来他突然明白了,大沙漠的全部魅力就是固执,固执地构筑沙丘,固执地重复自己,无论狂风、沙暴还是岁月,都无法改变它。"

(5)傻根固执地相信天下无贼,王薄固执地认为自己一辈子是贼。那么人的"固执"的观点是如何形成的?按照王薄的看法:"他凭什么不设防啊?他凭什么不能受到伤害?凭什么?是因为他单纯啊?他傻?你为什么要让他傻到底?生活要求他必须要聪明起来。作为一个人,你不让他知道生活的真相,那就是欺骗。什么叫大恶?欺骗就是大恶。"你是如何看待王薄的这个

---

① 在社会心理学中有一个概念叫归因理论,人在每时每刻都会为自己的行为找一种理由,凡是成功的事情,都容易归为自己的内在努力,凡是失败的挫折,都容易归于外部环境或者他人或者命运弄人。人是一个天生的归因动物,或者说每个人都是朴素的心理学家,从事着这个归因活动。归因理论最大的特点在于考察思路不是从动机到行为,而是从事情的结果到归因,然后在这种归因的支配下继续进行后续行为。犯罪人也一样,例如犯罪人在实施犯罪行为时所使用的"中和技术"实际上也是一个归因的过程。例如中和技术中的"否认责任"就是犯罪人对自己的行为进行的外部归因。并且这种归因会促使其进一步实施类似的后续行为。

观点的？如果以马克思的真理观①来看,我们能否认为傻根的固执的世界观是虚幻的,而王薄的世界观才是真实的,是真理？如果要你选择,你是选择傻根那样看待世界,还是选择王薄那样看待世界？为什么同样是人,有的人作贼,有的人光明正大地赚钱甚至相信天下无贼？如何从犯罪学的角度对该现象进行解释？试用犯罪学上的"差别交往理论"②对王薄与傻根的现象进行解释。

第三节 电影情节中的刑法规范学问题

一、"情色圈套"情节与问题提示

（一）电影情节

刘总以学习外语为名,聘请漂亮的王丽为家庭教师。刘总醉翁之意不在酒,趁老婆上班之际,支开了保姆,开始对王丽动手动脚,将王丽按倒在床上,王丽半推半就,欲擒故纵。

王丽：你不是说不碰我的吗？你坏,我可是你教师。

刘总：是,我知道,可是实在是太喜欢你了。

王丽：你是不是对每个女人都这么说呀？

刘总：快点,这不能怪我,要怪只能怪你长得太有魅力了。

王丽：别折磨我,哈哈,放开我,你疯了,你把我衣服给撕乱了。轻点,你就不怕被你老婆发现呀你。

刘总：她不在家。

王薄将这一切都拍了下来,并在恰当时候出现。吓了刘总一身冷汗。王薄与刘总开始"交谈"。

王薄：Don't worry, take it easy, 咱们谈谈吧。

---

① 马克思主义认为：真理是标志主观与客观相符合的哲学范畴,是人们对客观事物及其规律的正确认识。简言之,真理就是对客观世界的正确反映。

② 这一理论认为：(1)犯罪行为是由学习得来的。(2)犯罪行为是通过与他人交往的过程而学得的。(3)犯罪行为主要是在与个人关系密切的群体中学习到的。(4)犯罪行为的学习内容包括犯罪方法技巧、动机、态度、理由等。(5)在犯罪动机和内驱力的形成方面,主要是从人际接触中获得错误观念,即犯罪比不犯罪有利,使违法心理战胜守法心理。(6)犯罪学习的结果随接触频率、时间长短、顺序、强度的不同而异。在犯罪多发区,由于同犯罪分子接触机会多,因此犯罪行为多是必然的。

第七章 "一半魔鬼一半天使"的人性复杂问题

王丽:别怕,他身上没有带凶器,就一个摄像机,清楚吗?看看。

王薄:哦,特别清楚,刘大总裁,你对我的女朋友这么无礼,你深深地伤害了我,you hurt my heart。

刘总:我……

王丽:唉,我刚教了你,快想想。

刘总:You to……我真不知道你们是两口子,我真给你们俩道歉。You should sorry to me.

王薄:你讲什么?我应该向你道歉?

王丽:说错了,你应该说:I am so sorry。

刘总:I am so sorry.

王薄:But only sorry is not enough.

王丽:呵呵,听懂了吗?

刘总:听懂了,仅仅道歉是不够的。

王丽:对。

刘总:那你要我怎么着啊?

王薄:从艺术片的角度来讲,没错,这段录像真的不值什么钱,但是,从写实的纪录片来讲,无论它的清晰度,还是它反映出来的内容,足够震撼你老婆脆弱的神经哦。

王丽:你应该把它买下来。

刘总:你们这是敲诈。

王丽:哦,别气别气哦。

王薄:敲诈,对,是敲诈,呵呵。

刘总:你们到底要什么啊,我这儿又没有现金。

王丽:来嘛,嗯,人家就想要那台车嘛。

王薄:本人因欠王薄先生、王丽小姐人民币100万元,经双方友好协商,同意用宝马汽车一部以物抵债。决不反悔,来来来,按个手印,按一下。

王薄扯着刘总的手,要他按手印,刘总不愿意,拉扯中将印泥碰落在地。王丽扇了刘总一耳光。

王薄：你给我站住，你打人，不像话，哎哟，哎哟，红到这个程度啦。痛吧，哦。

就这样，王薄开走了刘总的宝马车。

(二) 问题与提示

(1) 这个电影情节中的案件事实很清楚，本案中，王丽与王薄事先串通，设计好圈套，由王丽勾引刘总，由王薄趁机拍摄，果然好色的刘总中了圈套。然而王薄与王丽的行为在刑法上该怎么定性，却是一个疑难问题。按照电影中的说法，似乎有两种模棱两可的答案，第一个答案是被害人刘总自己的说法："这是敲诈。"第二个答案是片中警察的说法："其实我早就可以抓你们，就你们两人合伙诈骗人家宝马车那事，就够重判。"

敲诈勒索罪与诈骗罪都有"诈"，那么敲诈勒索罪与诈骗罪的关键区别是什么？两罪中"诈"的涵义是否相同？王薄这些事先设计圈套的行为是否符合诈骗罪中的虚构事实或者隐瞒真相的欺诈行为的要素？诈骗罪的完整的客观行为结构与敲诈勒索罪的行为结构有什么不同？那么本案到底是敲诈勒索罪还是诈骗罪还是无罪？是否存在某一行为同时符合敲诈勒索罪与诈骗罪两个犯罪构成？换言之，是否存在敲诈勒索罪与诈骗罪的想象竞合犯？

刑法理论一般认为，敲诈勒索罪中的"诈"和诈骗罪中的"诈"有区别，敲诈勒索罪中的"诈"并非诈骗之意。在敲诈勒索的案件中，有的可能包含欺诈的成分，但这并不是本罪的构成要件。例如甲给乙的父亲写信，谎称乙打了自己，必须在三日内赔偿自己三万元，否则就杀死乙。甲虚构的事实具有欺骗性，但他并不是靠欺骗方法蒙蔽了乙的父亲，使其自愿交付三万元，而是靠杀乙相威胁，企图迫使其父交钱，应认定为敲诈勒索罪。二者根本的区别在于：行为人是采用虚构事实或者隐瞒真相的方法使被害人受蒙骗而自愿地交付财物，还是用威胁或者要挟的方法，迫使被害人因恐惧而交付财物。[①]

换言之，在存在"诈"的情况下，二者的主要区别在于：行为人是因受骗而自愿交付财物，还是因为"诈"所虚构的事实给被害人造成心理恐惧而被迫交付财物。然而情况并非我们想象得那么简单。2005年司法考试有这样一个案例：

---

① 参见王作富主编：《刑法分则实务研究（下）》（第2版），中国方正出版社2003年版，第1342页。

第七章 "一半魔鬼一半天使"的人性复杂问题

乙与丙因某事发生口角,甲知此事后,找到乙,谎称自己受丙所托带口信给乙,如果乙不拿出 2000 元给丙,丙将派人来打乙。乙害怕被打,就托甲将 2000 元带给丙。甲将钱占为己有。对甲的行为应当如何处理?(卷二第 19 题)

A.按诈骗罪处理

B.按敲诈勒索罪处理

C.按侵占罪处理

D.按抢劫罪处理

[答案]A

[详解]本题主要考查诈骗罪的认定。甲非法占有了乙的 2000 元钱,属于一种典型的财产犯罪。但是,到底认定为何种财产犯罪,应按照非法获取他人财物的手段定罪。首先可以排除 C 项、D 项。其次,甲的行为究竟定诈骗罪还是定敲诈勒索罪,关键在于乙是受到欺骗交付财物还是因受到勒索交付财物。本题中,从主观上说,确实受到来自丙的威胁,为此而交付财物,似乎符合敲诈勒索罪的特征。但要注意的是,这种来自丙的威胁并不是现实存在的,而是甲虚构的结果。就是说,乙感受到的来自丙的威胁本身是被甲欺骗的结果。因此,乙从表面上看是因被丙勒索而交付财物,实质上则是被甲欺骗而交付财物。综上分析,本题应选 A 项。本题易误选 B 项。甲谎称如果乙不拿出 2000 元给丙,丙将派人来打乙,乙害怕被打就托甲将 2000 元带给丙的行为,容易理解为敲诈勒索行为。单从乙主观上讲,确实是被敲诈而交付 2000 元财物。但对甲来讲,则是诈骗获取的。故在定罪时,应以被告人行为为依据而不是以被害人的感受为依据。

也有人这样解析本题:甲的行为是定诈骗罪还是定敲诈勒索罪,关键在于乙是受到欺骗交付财物还是受到勒索而交付财物。从乙的主观上来说,确实受到来自甲的威胁,为此而交付财物,似乎符合敲诈勒索罪的特征。但必须注意,这种来自甲的威胁本身就是被甲欺骗的结果。就此而言,乙从表面上看是因为被丙勒索而交付财物,实质上则是因为被甲欺骗而交付财物。对于这种题目考试过程中可考虑按照下列原则处理:其一,从形式上要看行为人是以自己或同伙将要加害被害人为要挟取得被害人财物,还是虚构与行为人并非同伙的第三人将要加害被害人的信息,并且同时以中间人自居取得财物。如果是前者则构成敲诈勒索罪,如果是后者则构成诈骗罪。换言之,在本题这种案情中,区别敲诈勒索罪和诈骗罪的关键是行为人对被害人所称的威胁、要挟将由哪一方实施，如果声称将由行为人自己或其同伙实施，从而取得财物，则构成敲诈勒索罪；如果行为人声称的威胁、要挟将由与行为人并非同伙实施而取得财物，则构成诈骗罪；其二，从实质上要看行为人是通过欺骗使他人基于错误认识而"自愿"交付财物，还是通过直接威胁、要挟被害人以迫使其违心地交付财物。

本案中，显然甲虚构了"丙将派人来打乙"的事实，这是有"诈"，但被害人交付财产是因为受到恐吓，心里产生恐惧而被迫交付财物，不是自愿交付财物，照这个标准，本案应该定敲诈勒索罪。我们再看 2007 年司法考试的一道同类题目：

关于敲诈勒索罪的判断，下列哪些选项是正确的？（卷二第 63 题）

A.甲将王某杀害后，又以王某被绑架为由，向其亲属索要钱财。甲除构成故意杀人罪外，还构成敲诈勒索罪与诈骗罪的想象竞合犯

B.饭店老板乙以可乐兑水冒充洋酒销售，向实际消费数十元的李某索要数千元。李某不从，乙召集店员对其进行殴打，致其被迫将钱交给乙。乙的行为构成抢劫罪而非敲诈勒索罪

C.职员丙被公司辞退，要求公司支付 10 万元补偿费，否则会将所掌握的公司商业秘密出卖给其他公司使用。丙的行为构成敲诈勒索罪

D.丁为谋取不正当利益送给国家工作人员刘某 10 万元。获取不正当利益后，丁以告发相要挟，要求刘某返还 10 万元。刘某担心被告发，便还给丁 10 万元。对丁的行为应以行贿罪与敲诈勒索罪实行并罚

【答案】ABCD

【逐项解析】本题考查的考点有：恐惧心理与认识错误的竞合，敲诈勒索罪与抢劫罪的区分，敲诈勒索罪与行使正当权利的区分。A 项，敲诈勒索行为的基本过程是：行为人实行恐吓威胁→对方产生恐惧心理→对方基于恐惧心理交付财物→行为人取得财物。诈骗行为的基本过程是：行为人实施欺诈行为→对方产生认识错误→对方基于认识错误自愿处分财物→行为人取得财物。如果行为人的行为同时具有恐吓和欺诈的性质，被害人既产生恐惧心理又陷入认识错误，就构成敲诈勒索罪和诈骗罪的竞合。A 项中，甲已将王某杀害，仍谎称绑架，既有恐吓又有诈骗，构成敲诈勒索罪和诈骗罪的竞合。B 项，敲诈勒索罪和抢劫罪的关

键区别在于:抢劫罪只能是当场以暴力侵害相威胁,而且,如果不满足行为人的要求,威胁内容(暴力)便当场实现;敲诈勒索罪的威胁方法基本上没有限制,如果不满足行为人的要求,暴力威胁的内容只能在将来的某个时间实现(非暴力威胁内容,如揭发隐私,则可以当场实现);抢劫罪中的暴力达到了足以抑制他人反抗的程度,敲诈勒索罪的暴力则只能是没有达到足以抑制他人反抗的轻微暴力。B项中,乙构成抢劫罪。C项,敲诈勒索罪与行使权利的区别在于:如果行使的权利具有正当性,同时行使的手段具有相当性,就属于行使正当权利而非敲诈勒索。C项中,丙要求的补偿费不具有正当性,行使的手段也不具有相当性,因此不属于行使正当权利,而属于敲诈勒索。D项,丁将10万元行贿于刘某,10万元就属于不法给付物。丁没有权利要求返还,因此行使的权利不具有正当性,不属于行使正当权利,属于敲诈勒索。

(2)实际上,在有"诈"的案件中,刑法学界关于如何区分敲诈勒索罪和诈骗罪,我们已经看到了两种答案(分别构成敲诈勒索罪或者诈骗罪)四种解释(对于构成诈骗罪有三种解释)。第一种答案与第二种答案之间的分歧在哪里?为什么在司法考试中,对这样的案件更倾向于第二种答案?敲诈勒索罪与诈骗罪在成立犯罪的数额上的不同以及在法定刑轻重上的差异[①]是否是影响这种不同答案倾向的重要因素?你认为哪一种标准更为合理?在第二种答案的三种解释中,哪一种解释比较合理?本片中的王薄的案情事实是否与上述案例有所不同?该用什么样的解释标准来分析本片中王薄的行为构成敲诈勒索罪还是诈骗罪?

(3)在本案中,王丽当场采用暴力,打了刘总一巴掌,并当场取得了刘总的价值上百万的宝马汽车,请问这是否构成抢劫罪?敲诈勒索罪中的威胁行为是否包含当场采用暴力并当场取财?如果敲诈勒索罪可以包含这样的情况,那么如何区分抢劫罪与敲诈勒索罪?

(4)在本案中,王丽等强迫刘总买下录像带,是否构成强迫交易罪?强

[①] 根据《刑法》第274条的规定,犯敲诈勒索罪的,处3年以下有期徒刑、拘役或者管制,并处或单处罚金;数额巨大或者有其他严重情节的,处3年以上10年以下有期徒刑,并处罚金。根据最高人民法院《关于敲诈勒索罪数额认定标准问题的规定》(已失效),敲诈勒索公私财物"数额较大",以1000元至3000元为起点;"数额巨大",以1万元至3万元为起点。根据《刑法》第266条的规定,犯诈骗罪的,处3年以下有期徒刑、拘役或者管制,并处或者单处罚金;数额巨大或者有其他严重情节的,处3年以上10年以下有期徒刑,并处罚金;数额特别巨大或者有其他特别严重情节的,处10年以上有期徒刑或者无期徒刑,并处罚金或者没收财产。最高人民法院《关于审理诈骗案件具体应用法律的若干问题的解释》(已失效),诈骗罪的"数额较大",以2000元为起点,"数额巨大"一般以3万元为起点,"数额特别巨大"一般以20万元为起点。

迫交易罪与抢劫罪的区别是什么?

(5)王薄强迫刘总在100万元的欠条上按手印,并用宝马车以物抵债。请问,欠条能否成为财产犯罪的对象?采取暴力手段强迫他人写欠条的行为该如何定性?

(6)在本案中,假设其他案情不变,但王薄不要车子而是要现金100万元。刘总被逼无奈,只好给老婆打电话,说被人控制了,刘总的老婆很是着急,往王薄提供的银行卡上存了100万元。① 那么在这个假设的案件中,王薄的行为是构成绑架罪还是构成索取非法债务的非法拘禁罪②还是抢劫罪?你是如何理解绑架罪中"绑架"行为的?绑架是否一定要"捆绑"人质,达到剥夺其自由的程度,又如何区别剥夺人身自由与限制人身自由?绑架罪是否一定要"架走"人质,使人质离开其原来生活或者工作的场所?如何区分绑架罪和抢劫罪?能否以是否存在对人质安危担忧的第三方为标准来区分绑架罪与抢劫罪?换言之,是否只要存在对人质安危担忧的第三方,就一定构成绑架罪,而不能构成抢劫罪?③ 抢劫罪的暴力手段行为是否可以包含控制

---

① 绑架罪中的索取财物,只能是向被绑架人以外的第三者索要财物,否则就谈不上将被绑架人作为"人质"了。例如刑法学界曾经讨论过这样的一个案子:A殴打并捆绑B,准备向其父亲C提出勒索财物的要求。B担心父亲C承受不了过分刺激,就主动提出给C打电话,A同意。B对C说:"我自己下午在外面打架,把他人打成重伤,需要付医药费,你尽快将10万元替我存入我的银行卡中,过几天我回来还给你。"C果然如此行事。A得到B的银行卡及其密码后取款,然后释放B。陈兴良认为不存在对被绑架者的人身安危担忧的第三人,因此是向被绑架者本人索要财物,定抢劫罪。但我们倾向于认为这是绑架罪既遂。绑架罪是行为犯,只要以勒索财物为目的而控制他人的行为完成,即使还没有向设想中的第三人索要财物,也是绑架罪的既遂。另外根据2005年最高人民法院《关于审理抢劫、抢夺刑事案件适用法律若干问题的意见》的规定,绑架罪是侵害他人人身自由权利的犯罪,其与抢劫罪的区别在于:第一,主观方面不尽相同。抢劫中,行为人一般出于非法占有他人财物的故意实施抢劫行为;绑架罪中,行为人既可能为勒索他人财物而实施绑架行为,也可能出于其他非经济目的实施绑架行为。第二,行为手段不尽相同。抢劫罪表现为行为人劫取财物一般应在同一时间、同一地点,具有"当场性";绑架罪表现为行为人以杀害、伤害等方式向被绑架人的亲属或其他人或单位发出威胁,索取赎金或提出其他非法要求,劫取财物一般不具有"当场性"。绑架过程中又当场劫取被害人随身携带的财物的,同时触犯绑架罪和抢劫罪两罪名,应择一重罪定罪处罚。当然本案有不同,似乎窃取的不属于被害人随身携带的财物。

② 最高人民法院《关于对为索取法律不予保护的债务非法拘禁他人行为如何定罪问题的解释》指出,行为人为索取高利贷、赌债等法律不予保护的债务,非法扣押、拘禁他人的,依照非法拘禁罪定罪处罚。司法实践中也出现了这样的处理:只要行为人与被害人之间存在债务,不管是否为合法债务,不管是双方承认的债务还是行为人单方面主张的债务,也不管行为人对被害人人身自由的剥夺程度,均认定为非法拘禁罪。

③ 例如:甲于某日深夜在大街上趁无人之机拦截乙,用刀架在乙的脖子上,要乙交出所有财物,乙声称未随身携带任何值钱的东西,甲搜身发现乙确实身无分文,但不愿善罢甘休,令乙带路,将乙劫持到其暂时居住地准备搜刮财物。不料,乙的同居男友丙在乙的住处。甲对丙实施威胁,丙见甲用刀对着乙,乙随时有人身危险,被迫向甲交出了一定数额的金钱。甲构成绑架罪还是抢劫罪?

第七章 "一半魔鬼一半天使"的人性复杂问题

人质的绑架行为?

二、"傻根被骗"情节与问题

(一) 电影情节

傻根从厕所出来,看见王薄眼圈湿润。不知道发生了什么事情。

傻根:怎么了,大哥。

王薄:你大姐……她得了绝症。

傻根:绝症是什么病。

王薄:就是眼看着她咽气,没办法呀。

傻根:没办法就不管了?

王薄:我这次就是要带她去北京治病,可是,可是我钱不够。

傻根:那你需要多少钱。

王薄:很多很多,我一辈子都赚不了那么多钱,是你大哥没用,我想把自己给卖了。我告诉你,不可以给她知道。你要答应我。

傻根:呜……

王薄:男子汉不能哭,呜……

傻根:大哥,这五千块钱拿给大姐治病。

王薄:你不娶媳妇啦?

傻根:我算了算,……电视机就先不买了。

王薄:你的心我领啦,你的钱,大哥不能要你的。

傻根:你不要说了,是我和大姐有缘,这五千块钱你一定拿着,不要嫌少。

傻根把钱塞到王薄的口袋里,忧伤地回到车厢里去。碰见王丽也不打招呼,王丽看出傻根的情绪不对。

王丽:搞什么鬼啊,这孩子刚才还好好的。

王薄拿出那五千块钱说:可不是我偷的,是你那个傻弟弟硬要塞给我,我不要都不行。

王丽:他为什么给你钱。

王薄：我说你得了绝症。

王丽：太缺德了，你。

王薄：唉，你不要以为我想骗他五千块钱，我就想试试他是真傻还是假傻，看来他还真是傻。

王丽一把抢回钱说：这弟弟我是认定了，谁想动我弟弟，就得先过我这一关。

（二）问题

（1）王薄假称王丽得了绝症没有钱治病，傻根听到大姐得了这样的病，拿出了五千块钱硬塞给王薄。那么在本场景中，王薄以虚构事实的方法获得他人的同情，他人因此而主动给钱，是否构成诈骗罪？

（2）在本片中如果成立诈骗罪，那么王薄的行为是既遂还是未遂？

（3）王薄说自己就是想试试傻根是真傻还是假傻，那么他的这个说法是否会影响到罪与非罪？换言之，诈骗罪是否目的犯，是否要求行为人必须有非法占有的目的才构成犯罪？本案中王薄是否具有非法占有的目的？

三、"小偷搏斗"情节与问题提示

（一）电影情节

黎叔派手下的女贼去盗窃傻根的钱，女贼在车厢里扔了一个焰火，引起车厢里一片混乱。傻根冲出去灭火，在混乱中，女贼趁机掉包傻根的钱并很快溜进厕所化装成孕妇，将钱藏在怀里。不料螳螂捕蝉，黄雀在后，王薄在厕所附近等着她，一把将女贼的假发扯掉说："这么快就怀上了，你属什么的，给你做个剖腹产。"于是二人在狭小的空间里使出浑身解数斗起法来，最后还是王薄技高一筹，用微型刀片划开大衣，拿到了钱。

（二）问题与提示

（1）按照王薄自己的说法："我哪有偷他（傻根）的钱？是人家偷了他的钱，我偷了人家的钱。"王薄的这句话能否得到刑法规范学的理论支持？在财产犯罪中，抢劫罪、盗窃罪等犯罪的保护客体除了财产所有权，是否还包含占有，甚至是民法上的非法占有？在民法上女贼偷了傻根的钱，那么其他贼明知道钱是女贼偷的，这是否意味着女贼对该财物的非法占有就不受刑法保护？如果非法占有也是刑法中的保护客体，那么民法不予以保护的非法占

第七章 "一半魔鬼一半天使"的人性复杂问题

有,刑法上却要给予保护的实质理由是什么?

(2)王薄的这种"黑吃黑"的行为如果构成犯罪,在盗窃罪、抢夺罪、抢劫罪三个罪名中,王薄的行为符合哪个犯罪构成? 提示:在女贼明知的情况下,女贼在盗窃的技法上输给王薄,只能眼睁睁地看着王薄拿走钱。那么王薄从女贼身上拿走钱,符合盗窃罪的犯罪构成吗? 如果说王薄的行为不符合传统盗窃中的秘密窃取行为方式,那么王薄的行为是否符合刑法理论上的"公开盗窃"①的方式? 如果不符合"公开盗窃"的方式,那么显然就无法定为盗窃罪。

(3)王薄的行为是否符合抢夺罪或抢劫罪的犯罪构成? 在片中,我们看到王薄与女贼分别持有锋利的微型刀片,围绕着女贼怀中的六万元钱展开的斗法,令人眼花缭乱,惊心动魄。但有一点可以肯定,二者手上的刀片虽然在眼睛、喉咙、手腕等要害部位之上划来划去,却只是为取六万元钱这个目标而采用的围魏救赵、声东击西的技法而已,并不想伤人一分一毫,分寸拿捏得当。因此将王薄的这些动作视为抢劫罪中的暴力手段或者以暴力相威胁的手段似乎并不太妥当,毕竟虽然王薄的这些动作在自然意义上来看似乎具有很高的危险性,但他的这些动作并不是为了压制女贼的反抗或者威胁使其不敢反抗。如果缺乏抢劫罪中的暴力等手段行为,自然也就无法构成抢劫罪。那么王薄的行为是否符合抢夺罪的犯罪构成? 这也是值得研究的。按照刑法学的通说:抢夺罪是指以不法所有为目的,乘人不备,公然夺取数额较大的公私财物的行为。按照这个定义,抢夺行为除具有公然性(与盗窃罪相区别)与对人身的非故意暴力性(与抢劫罪相区别)这两个特征②以外,实际上还要求具有"乘人不备"的第三特性,即被害人可以当场发觉但通常来不及抗拒的特征。然而在本片中,我们却无法说王薄的行为是趁女贼不备或者令女贼来不及抗拒。相反双方恰恰都是心知肚明地斗气斗法好一阵子,最后王薄才拿到钱。所以,如果抢夺罪必须要以"乘人不备"为要件,那么王薄的行

---

① 张明楷教授认为:盗窃罪中的窃取是指使用非暴力胁迫手段(平和手段),违反财物占有人的意志,将财物转移为自己或第三者(包括单位)占有。首先,窃取行为虽然通常是具有秘密性,其原本含义也是秘密窃取,但是,如果将盗窃限定为秘密窃取,则必然存在处罚上的空隙,造成不公正现象。所以,国外刑法理论与司法实践均不要求秘密窃取,事实上完全存在公开盗窃的情况。本书也认为,盗窃行为并不限于秘密窃取。例如,甲与乙共谋盗窃乙所在工厂的旧铝缸体。某星期日,甲与乙开车到工厂,因大门已锁上,乙叫值班员丙开门,甲乙开车进去装旧铝缸体时,丙说:"这是我的班,你们不能装,领导知道会扣我的奖金。"乙说:"没事,都是旧的。"丙表示:"反正我也认识你们,你们爱装不装。明天跟领导汇报。"甲乙运走了价值2000余元的旧铝缸体。丙事后向领导作了汇报。对甲乙的行为宜认定为盗窃罪。参见张明楷:《刑法学》(第二版),法律出版社2003年版,第768页。

② 参见齐文远主编:《刑法学》,北京大学出版社2007年版,第556页。

为就不构成抢夺罪。如果抢夺罪没有必要以"乘人不备"为要件，那么王薄的行为就可以构成抢夺罪。我们倾向于后者，因为刑法条文中对抢夺罪的规定并没有"乘人不备"这个要件，虽然说刑法没有规定不等于不要求这一要件，但如果要对某些犯罪的要件进行添加必须有合理的理由。而在抢夺罪中添加"乘人不备"的要件，完全没有必要，相反会导致不合理的现象。在司法实践中也发生过类似的例子，某个妇女看到迎面走来一个男子斜着眼睛盯着她的包，这个妇女警惕性很高，有所防备，紧紧抓住手中的包，这名男子冲过来夺包，因为力气比妇女大，还是把包抢走了。像这样的案子，定抢劫太牵强，定抢夺则有"乘人不备"要件的阻碍，但公然夺取的社会危害性似乎要比"乘人不备"公然夺取的行为严重些。如果以无罪来处理，显失公平。

（4）如果王薄的上述行为可以定性为抢夺行为，那么还有一个问题值得研究，那就是是否可以适用《刑法》第267条第2款规定的携带凶器抢夺的，以抢劫罪定罪处罚。首先，王薄携带的微型刀片能否认定为本法条规定的"凶器"。张明楷教授明确排斥微型刀片为凶器，他认为所谓凶器，是指在性质上或者用法上，足以杀伤他人的器物。凶器必须是用于杀伤他人的物品，与犯罪工具不是等同概念，故仅具有毁坏物品的特性而不具有杀伤他人机能的物品，不属于凶器。例如，行为人为了盗窃财物而携带的用于划破他人衣服口袋、手提包的微型刀片，就不宜称为凶器。然而在《天下无贼》的电影中，我们却看到盗贼手中的微型刀片以及小抓钩等微型盗窃工具的巨大杀伤力，王薄最后就死在黎叔的不起眼的小抓钩上。可见，我们并不能因为某个物品太大或者太小而绝对地否认这些通常不被视为"凶器"的东西，其可能被用于行凶杀人从而属于"用法上的凶器"。因此，判断一个物品是否为用法上的凶器，除该物品的物理外形、物品用于杀伤他人的概率、日常被携带的可能性等因素以外，还应当考虑使用或者企图使用它的人的差异性。比如绣花针在常人手中很难被认定为凶器，但对专门练飞针功夫的人而言，飞针可能比一把钢刀的杀伤力还要大。如果他携带绣花针去抢夺，该绣花针可以被认定为凶器，从而可以适用该款的规定。

四、"道上规矩"电影情节与问题提示

（一）电影情节

黎叔是一个组织极其严密的盗窃团伙的头目，权力极大，下面有老二、四眼、小叶等骨干成员。但这个组织人心并不齐，尤其是通过自己的身体成为黎叔身边的红人的小叶与为黎叔打天下的老二之间冲突不断。老二对黎叔也是表面尊敬，暗地里拉拢兄弟另立山头，黎叔发现这趟火车人物不少，风险很大,因此交待手下"这趟车不打猎"。但老二和四眼私下对傻根动手,被王薄破坏。不听老大的话,就是坏了道上的规矩,这种"有组织,无纪律"的行为按照规矩是要切手指的。老二也懂这个道理,所以对老大黎叔发了一通牢骚之后把手指放在剪刀上,等待老大动手。黎叔考虑到"人心散了,队伍不好带,断了他的手指容易,但失了人心,我就成了孤家寡人",所以放过了老二。后来在老二的怂恿下,四眼和王薄再次斗法,还是输了,黎叔不能不杀鸡给猴看,将四眼的中指折断。

(二)问题与提示

(1)犯罪团伙是犯罪学上的概念,在刑法上使用的概念是犯罪集团。那么黎叔的这个盗窃团伙是否是犯罪集团,犯罪集团需要具备哪些特征?如果黎叔领导的这个盗窃团伙符合犯罪集团的特征,那么在这个犯罪集团中,哪些人是主犯?哪些人是从犯?哪些人是首要分子?首要分子与主犯的关系是什么?黎叔的犯罪团伙与黑社会性质的组织有何区别?

(2)如果电影中的盗窃团伙是犯罪集团,那么老二、四眼背着黎叔,对傻根实施的盗窃犯罪,黎叔要负刑事责任吗?犯罪集团的首要分子必须对犯罪集团成员所犯的所有罪行负刑事责任吗?犯罪集团的首要分子负刑事责任的范围是什么?

(3)老二、四眼自知犯了"帮规",该受到断指的惩罚,那么老二与四眼的这种自愿受罚,在刑法上是否符合"被害人承诺"的条件?

五、"范伟打劫"电影情节与问题提示

(一)电影情节

电影中劫匪甲(范伟饰)在火车上打劫的情节令人啼笑皆非。

劫匪乙:打劫,嘘……

劫匪甲:打打打打……劫。

黎叔:我最烦你们这些打劫的,一点技术含量都没有。

劫匪乙:都坐好啦,打劫知道吗?

劫匪甲:各种卡,快主动啊……IC、IP、IQ 卡,通通告诉我密码。

王薄:报告打劫的,没有 IQ 卡。

劫匪甲:怎么没有?

王薄：我有IQ，你没有。

劫匪甲：把你的给我我我我不就有了吗。

王薄：给你你你你也用用用不了。

劫匪甲：把密码给我，我我就就就就能用。

王薄：没有密码，IQ是智商。

劫匪甲：智商是什么东西，拿来。

(二) 问题与提示

(1) 提示：根据《刑法》第196条第3款的规定，盗窃信用卡并使用的，依照《刑法》第264条关于盗窃罪的规定定罪处罚。根据1997年最高人民法院的司法解释：盗窃信用卡并使用的，盗窃数额根据行为人盗窃信用卡后使用的数额认定。盗窃了他人真实有效的信用卡但并不使用的行为，目前还难以成立盗窃罪。因为如果不使用信用卡，就无法确认数额，信用卡本身的价值低微，除非盗窃信用卡的数量累计达到盗窃罪的数额标准。这一法律的规定一般认为是不能类型化的拟制性规定。这就产生了一个问题，在司法实践中抢夺、抢劫信用卡的行为该如何处理？如在本片中，劫匪抢劫信用卡并使用(在银行)的，是定抢劫罪还是定信用卡诈骗罪？还是以抢劫罪与信用卡诈骗罪数罪并罚？[1] 抢劫信用卡并使用(在自动取款机上)，是定抢劫罪还是盗窃罪，还是以抢劫罪与盗窃罪数罪并罚？

(2) 对该问题，张明楷教授认为：如果仅抢劫信用卡并使用的，应认定为信用卡诈骗罪；如果抢劫信用卡的同时抢劫了其他财物，并使用抢劫所得的信用卡的，应将抢劫罪与信用卡诈骗罪实行并罚。[2] 也有人提出其他观点，抢劫信用卡的案件，当场使用的，定抢劫罪。日后使用的，如果在自动取款机(不是人，不能被骗)上使用的，还构成盗窃罪，和抢劫罪数罪并罚。如果在银行使用的，构成信用卡诈骗罪，和抢劫罪数罪并罚。你认为哪种观点更合理？理由是什么？

---

[1] 2005年最高人民法院《关于审理抢劫、抢夺刑事案件适用法律若干问题的意见》中规定：抢劫信用卡后使用、消费的，其实际使用、消费的数额为抢劫数额；抢劫信用卡后未实际使用、消费的，不计数额，根据情节轻重量刑。所抢信用卡数额巨大，但未实际使用、消费或者实际使用、消费的数额未达到巨大标准的，不适用"抢劫数额巨大"的法定刑。这个司法解释似乎是沿袭了《刑法》第196条第3款的逻辑。但《刑法》第196条第3款是拟制规定，能否扩大适用到抢夺、抢劫信用卡并使用的情况，值得研究。

[2] 参见张明楷：《刑法学》(第二版)，法律出版社2003年版，第635页。

第七章 "一半魔鬼一半天使"的人性复杂问题

【本课基础法律知识】

1."天生犯罪人"的概念。

2.标签理论、亚文化理论、犯罪情景理论、攻击理论、理性选择理论、中和理论、归因理论、差别交往理论的概念及其内容。

3."人性"的概念。

4.次道德的概念。

5.敲诈勒索罪、诈骗罪、抢劫罪、抢夺罪、盗窃罪、强迫交易罪、绑架罪、非法拘禁罪、信用卡诈骗罪的概念及其特征。

6."拟制规定"的概念。

7.犯罪团伙、犯罪集团、黑社会性质组织的概念。

8."被害人承诺"的概念。

【本课重点法律问题思考】

1.人为什么会犯罪?有的人为什么不会犯罪?

2.犯罪学上的标签理论、亚文化理论、犯罪情景理论、攻击理论、理性选择理论、中和理论、归因理论、差别交往理论等诸多对犯罪原因的解释的有效性或者条件分别是什么?

3.刑法学与犯罪学的学科关系是什么样的?犯罪学的批判功能是什么?

4.人性是什么样的?

5.在具有虚构事实的诈骗的前提下,敲诈勒索罪与诈骗罪之间的微妙界限在哪里?

6.财产犯罪的"财产"是否包含欠条等财产利益?财产犯罪的保护客体是什么?

7.抢劫罪与强迫交易罪的区别何在?

8.如何区分绑架罪、非法拘禁罪、抢劫罪?

9.如何区分盗窃罪、抢夺罪、抢劫罪?

10."公开盗窃"是否是对盗窃罪的"秘密窃取"要件的修正?

11.抢夺罪是否以"乘人不备"为构成要件？

12.如何认定携带凶器抢夺中的"凶器"？

13.犯罪集团中的首要分子负刑事责任的范围是什么？

14.盗窃、抢夺、抢劫信用卡的案件该如何定性？

第八章 影视作品中的盗窃罪问题解析

——电影《我叫刘跃进》《小武》《盗梦空间》

涉及的国产影视作品(18部)

《天下无贼》·《水浒传》·《小武》·《寻枪》·《封神榜》·《手机》·《新金瓶梅》·《三国演义》·《宝贝计划》·《倔强的萝卜》·《奇迹世界》·《绿草地》·《我叫刘跃进》·《疯狂的石头》·《卡拉是条狗》·《十七岁的单车》·《满城尽带黄金甲》·《秋菊打官司》

涉及的国外影视作品(4部)

《盗梦空间》·《特洛伊》·《上帝也疯狂》·《偷自行车的人》

第一节 从"小偷"的名称谈起

(一)"小偷"与"盗窃"

刑法上的"盗窃",在日常用语中就是"偷""偷东西""小偷小摸""顺手牵羊""扒窃"。用电影《天下无贼》中的行话、黑话来说,就是"切""圈羊"。具体的盗窃行为也有"专业术语"称呼,如挖洞叫"开桃园",上房叫"翻高岭",夜间盗窃称为"掐灯花"等。

盗窃犯雅称"梁上君子",但民众则多称之为"小偷""小的"。为什么盗窃犯被称为"小偷""小的"?这大概与小偷的祖师爷有关吧。"盗窃职业界"拜《水浒传》中的"鼓上蚤"时迁为祖师爷。有意思的是:在《水浒传》的排名中,鼓上蚤时迁尽管在梁山建立过程中,可谓立下了头等功劳[1],但在一百单

---

[1] 时迁上梁山后,被派去东京盗得徐宁的宝甲,将徐宁骗上梁山,打破呼延灼的铁锁连环马,立了天大的功劳,他的这一盗,那是一箭三雕,不仅收了徐宁、呼延灼等多位猛将,打胜了与朝廷的第一场交战,梁山从此立住了脚跟。在后面的很多战斗中,时迁也是屡立奇功。别人干不了的事,只有他能干。

八将的排名中,时迁却被排在了倒数第二位,排在倒数第一的是另一个盗马贼段景住,两小偷均排在叛徒白胜之后,同列英雄榜最后三席。照说"义字当先"的江湖,最恨的是叛徒,却不料贼哪怕居功至首,居然连叛徒都不如,小偷的地位之低下,由此可见一斑。

其实盗窃犯之所以是"小偷""小的",并不是说他们只偷体型小的东西。有的小偷也偷体型很大的东西,比如俄罗斯就有一个搞笑的小偷把马戏团的大象偷了,结果大象体型太大,太张扬,没人敢接货,一直没能"销"出去,这个笨贼很郁闷,只好又偷偷地送回去,结果被逮个正着。可见他们被称为"小偷""小的"不是因为他们只偷体积小的东西,不偷体积大的东西,而是有其他原因。有什么原因呢?其实仔细想想,原来并非所有"偷东西"的人都叫"小偷",小偷在老百姓心中其实是一个没有身份的"小人",真正有身份的人偷东西,那就不叫"小偷",例如鲁迅小说《孔乙己》中的孔乙己,很看重"书生"的身份,所以他说了一句话:"窃书不为偷。"其实那是他迂腐,国家并不认可"书生"为正式的"身份",所以在法律上"老师"或者其他"读书人"窃书的,也是"小偷",构成盗窃罪。只有国家工作人员偷东西的行为才不叫"偷""盗",而叫"贪",所以这类有身份的人偷东西在法律上也就不叫"盗窃犯"。古代将这类人称为"盗竽"(即盗之首),以示与"小偷"的区别。之所以称他们为"盗竽"是因为他们"财货有余"(参见《老子·南七章》),"盗竽"与那些整天愁吃愁穿、求温饱的"小偷"截然不同。"盗竽"在现代社会则叫"贪污犯",老百姓称之为"贪官""官盗"。在刑法上,有国家工作人员身份的人偷了与之有联系的东西,通常就要以贪污罪而不是盗窃罪处理。当然如果这类人偷了价值最大的东西——国家政权,那就连"犯罪"也不是了,中国古人常说:"成者为王,败者为寇","窃钩者诛,窃国者诸侯"。所以"小偷"与"大偷"之间的区别,或者"盗窃罪"与"贪污罪"行为上的区别不在于被偷东西物理体积上的大小,也不在于是不是采用了"秘密窃取"的行为方式,而在于有无职权与身份以及是否利用了职权与身份之便。所以小偷基本上指那些没有正当职业或者地位低下的底层人群中偷东西的人。

当然"小偷"与"大偷"之间在行为上还是有所差别的。比如"小偷"的行为和那些"强盗""抢劫犯"的打家劫舍行为相比,小偷的技术含量显然要比抢劫的技术含量高一些,小偷多少要懂一些心理学、物理学、气象学、服装设计学、建筑学等杂科知识,所以《小武》电影中,小偷小武对自己的女朋友说:他是"搞技术活"的。再如《天下无贼》中,就有一出"强盗碰上贼爷爷"的好戏。由范伟等扮演的一伙抢劫犯抢劫列车上的乘客:"各种卡,快主动啊。IC、IP、IQ 卡,通通告诉我密码。"这伙抢劫犯就被盗窃团伙的头目黎叔骂了一句："我最烦你们这些打劫的,一点技术含量都没有。"但与"大偷"的行为相比,"小偷"的技术活就只能算是小巫见大巫。小偷小摸基本上还只是属于有点手艺的体力活,而大偷基本上属于脑力劳动。当然,小偷有时候也会沾点有名无实的官气,例如如果贪官伙同无官职、无身份的小偷偷东西,只要贪官利用了官职之便,那么法院最后审判的结果是:"小偷"也以"贪污罪"的共犯定罪,而不定"盗窃罪"。例如建国以来最大的银行金库被盗案中,库管员马向景利用自己掌控的钥匙和密码,勾结社会上的小偷,盗窃了邯郸农业银行金库近5100万元现金,最后所有的涉案人员都以贪污罪的共犯处理,原因就在于本案中具有国家工作人员身份的马向景盗窃金库时利用了官职身份之便(利用了手中的钥匙和掌控的密码),如果本案中具有国家工作人员身份的马向景没有利用手中的钥匙和掌控的密码,而是用直接撬门等方式盗窃金库的,就只能以盗窃罪的共犯处理。

刑法知识小贴士

刑法上的盗窃罪是一个非身份犯,任何人都可能犯该罪。而有国家工作人员身份的人偷了与之有关的东西,则不构成盗窃罪,而以贪污罪定罪,因此贪污罪是一个身份犯。一般的平民老百姓无法单独犯贪污罪。除非没有身份的小偷与有身份的贪官共同利用了贪官的身份便利作案,那么没有身份的小偷才可以定贪污罪。

(二)"小偷"与"强盗"

中国农村老百姓也称盗窃犯为"强盗",将"抢劫犯"称为"抢犯"。其实在法律专业术语中"强盗"不是指盗窃犯,而是指"抢劫犯",例如日本刑法中的强盗罪、强盗强奸罪,中国台湾地区"刑法"中的"盗匪罪"等。"强盗罪""盗匪罪"大体上等同于我们刑法规定的抢劫罪。其实老百姓的这种看似混淆的称呼也并非全无道理,即使在法律上,盗窃罪与抢劫罪也并非我们想象中那么好区分,甚至二者之间还可以相互转化。例如《寻枪》电影中,就有导演借用德国经典电影《罗拉快跑》的一个桥段,上演了一出"小偷快跑"的精彩好戏。

一个小偷偷了一个女士的包,被发现后小偷骑自行车逃跑,正好便衣警察马山(姜文饰演)在附近寻找他丢失枪支的线索,他也骑上该女士的一辆女式自行车去追赶小偷,一直追出50公里以外,也不放手。小偷没见过这阵势,跑不过警察马山。马山满面春风,哼着歌曲,时而和小偷并排,时而冲在小偷的前面,时而跟在后面。还不停地挥手,为小偷鼓气加油:"跑嘛,继续跑,跑!"小偷苦苦哀求放过他,马山也不急于抓捕该小偷。这与其说是在追

139

逃,倒不如说是猫抓住老鼠后的一场嬉戏游戏。小偷百思不得其解,干脆下车,推着自行车,跟在马山后面跑,和马山聊起天来并对马山放松了警惕,马山突然问小偷:"偷过枪没得?"

小偷一听到"枪",神经一下子紧张起来,扔掉自行车,撒腿就往一条小路上跑。马山追了过去。小偷慌忙中摔倒在地上,突然从腰间拔出一支"六四式"手枪,面对步步紧逼的马山,闭着眼睛扣动了扳机。

那么在该案中,小偷的行为在刑法上怎么定罪呢?盗窃罪?杀人罪?抢劫罪?实际上小偷的行为构成转化型抢劫罪,即由先前的盗窃罪转化为抢劫罪。根据我国《刑法》第269条的规定,犯盗窃、诈骗、抢夺罪,为窝藏赃物、抗拒抓捕或者毁灭罪证而当场使用暴力或者以暴力相威胁的,依照《刑法》第263条关于抢劫罪的规定定罪处罚。这种情况在理论上也称为事后抢劫或准抢劫,或者转化型抢劫,但不管理论上怎么称呼,最后都定抢劫罪。换言之,盗窃犯也是可以转化为抢劫犯的。反过来,抢劫犯也可能转化为盗窃犯,比如以抢劫的故意进入民宅,以为主人在家,但主人正好有事出去,于是入室的"抢劫犯"就趁家里没人而拿走贵重物品,该行为一般以盗窃罪的既遂犯处理,而不以抢劫罪的预备犯处理。所以,民间将"盗窃犯"称为"强盗",在某些场合也是成立的。

刑法知识小贴士

在特殊情况下,"盗窃犯"也可以转化为"抢劫犯","抢劫犯"也可以转化为盗窃犯。

第二节 什么东西可被偷?

(一)有形与无形的东西

刑法上的盗窃罪的对象必须是财物,也就是老百姓常说的"东西",比如钱包、麻脑壳(人民币的俗称)、手机、电视机等没有生命的东西。当然"东西"也包括有生命的动物,比如老百姓饲养的猪狗马牛羊。当然,盗窃这些有形的东西时,由于有的有形的东西比较特殊,比如枪支、弹药、爆炸物、危险物质(例如能够大规模毒杀伤人的毒鼠强等)、尸体、古文化遗址、古墓、古人类化石、古脊椎动物化石、国有档案、濒危野生动物、重点保护植物、矿源、林木、毒品、毒品原植物种子等,中国刑法均规定为单独的罪名,比如盗窃枪支罪、盗窃尸体罪、非法采矿罪,盗伐林木罪、非法持有毒品罪,等等。盗窃这类物品的,就不再定普通的盗窃罪。

第八章　影视作品中的盗窃罪问题解析

这些有形的东西都可以被偷,没有问题。关键是无形的东西,能不能被偷? 在德国就曾经围绕电能不能被偷的问题进行过长期的讨论,这是因为德国法律中的财物特指有形的物体。所以偷电,不能构成盗窃罪,只能以无罪处理。后来德国修改了刑法,将电等无形物明确规定为盗窃罪的对象后才解决了这一问题。在我国,没有法律明文将财物限定为有形物,在老百姓的理解中,无形物也可能是"东西",所以电等无形物也是可以被偷的,偷电的人(俗称"电老鼠"),刑法也是要管的。"电"属于无色无味无形的"东西",那么阳光、空气算不算东西? 能不能被偷呢? 阳光、空气以及闪电等在自然意义上算是东西,但这些东西是任何人都可以自由共享的自然的东西,你怎么用都不算偷。比如老百姓在房顶上安了一个太阳能热水器,用的就是阳光,这不算偷东西。但是这也不能绝对化,比如老百姓看见他人房顶安了一个太阳能热水器,没有经过主人的同意而偷用的,则属于盗窃行为。再比如将医院里的氧气瓶搬回自己家中吸氧,即使吸完氧后将氧气瓶退回去,"吸氧"的行为也是盗窃行为。所以电、光、空气等是不是属于偷的对象,关键看这些无形的能源是不是经过他人的加工管理。如果是自然的,就不存在偷的问题,如果是经过他人加工了的,则是被偷的对象。同理,依附在动物身上无形的力也是可能被偷的,前提是该动物之力是有人管理的。如果一个人有本事在山上抓了一头老虎,强迫老虎为其耕地,或者像《封神榜》电视剧中的申公豹那样,把老虎当做坐骑或者交通工具使用,这不算偷。① 但如果农民甲趁着月色把农民乙养的一头耕牛牵出去,在自家田里耕地,然后又偷偷地将牛还回去,这种行为就有可能构成盗窃罪,虽然牛作为有形物并没有被盗窃,但牛所附带的无形的牵引力可以用钱来衡量,被盗用后也可能构成盗窃罪。

另外,社会上有一些"聪明人"想方设法通过各种方式"免费打电话"——偷别人的电话费。偷电话费的行为也是"偷东西",其偷的就是老百姓已经预交了的钱或者电信公司可能要向老百姓收的钱。电话费也就成为可被偷的"东西",刑法自然也要管偷电话费的行为。② 除了电话费,上网的费用这种无形的东西也是可能被盗的东西。③

---

① 老虎等动物是野生的,但国家也保护这些珍贵的野生动物,因此该行为可能构成非法猎捕珍贵野生动物罪。
② 根据《刑法》第265条的规定,以牟利为目的,盗接他人通信线路、复制他人电信码号或者明知是盗接、复制的电信设备、设施而使用的,依照盗窃罪定罪处罚。
③ 根据2000年最高人民法院《关于审理扰乱电信市场管理秩序案件具体应用法律若干问题的解释》的规定,盗用他人公共信息网络上网账号、密码上网,造成他人电信资费损失数额较大的,依照《刑法》第264条的规定,以盗窃罪定罪处罚。

那么人的思想这种无形的东西能不能成为盗窃的对象？《盗梦空间》就展现了这种可能性。在电影《盗梦空间》中，柯布（莱昂纳多饰）是一位技术熟练的"小偷"，拥有的是一种令人望尘莫及的罕见能力，那就是能够进入人们的梦境里，偷走他们埋藏在潜意识深处的值钱的信息和秘密。虽然《盗梦空间》只是一部科幻片，却提出了非常现实的、重要的问题，那就是无形的思想、意识、潜意识、信息等在事实层面也可能被盗。如何在法律上处理盗窃无形的思想、意识、潜意识、信息等行为，则是一个难题。随着社会的转型，全球化社会在很大意义上就是信息社会，很多价值不再以有形的实物形式为载体而存在，而是以虚拟的、无形的信息为载体而存在。信息所附带的社会财物的价值已经呈几何级数的方式增长，例如有的人获取了股市内幕信息，只要在电脑上轻轻地按几个键，就可以获取数千万元、数亿元的资产。

但如果以传统的盗窃罪来处理这些盗窃信息的行为，存在法律上的障碍。主要原因是无形的信息与有形的物质载体之间是分离的，而不是一体的。信息当然是具有一定物质载体的，比如电脑、纸张、头脑、磁卡。但是盗窃信息却不一定要盗窃该物质载体，而且即使盗窃信息时也盗窃了该信息的物质载体，但是往往该物质载体的价值却极其低微，例如一张纸虽不值钱，但是如果不把这些盗窃信息的行为作为犯罪处理，那么显然违反了法律的公平公正。所以刑法必须对这些盗窃信息的行为做出反应。那么我国刑法如何管理这些盗窃信息的行为呢？我国《刑法》大体上有以下几个罪名或者相关规定可以适用。一是《刑法》第162条之1规定的隐匿、销毁会计凭证、会计账簿、财务会计报告罪。这一罪名实际上包含了盗窃会计凭证、会计账簿、财务会计报告的行为。二是《刑法》第196条规定的盗窃信用卡并使用的，按照盗窃罪处理的规定。第210条规定的盗窃增值税专用发票或者用于骗取出口退税、抵扣税款的其他发票的，以盗窃罪处理的规定，以及《刑法》第287条规定的利用计算机实施的盗窃等犯罪活动，按盗窃罪处理的规定。三是《刑法》第180条规定的内幕交易罪、泄露内幕信息罪中，非法获取证券、期货交易内幕信息的行为就包含了盗窃这些信息的行为。四是《刑法》第111条、第282条规定的为境外窃取国家秘密、情报罪，非法获取国家秘密罪中，包含了盗窃有经济价值的国家秘密、情报的信息的行为。五是《刑法》第280条规定的盗窃国家机关公文、证件、印章罪，第329条规定的窃取国有档案罪。六是《刑法》第213条、第216条、第217条、第219条规定的假冒注册商标罪、假冒专利罪、侵犯著作权罪、侵犯商业秘密罪中，包含了盗用、盗窃他人注册商标、专利、商业秘密的行为，以及剽窃他人著作或其他作品中的思想、信息的行为。七是《刑法修正案（七）》新增加的"非法获取公民个人信息罪"罪名，包含了盗窃公民个人信息的行为。

第八章 影视作品中的盗窃罪问题解析

刑法知识小贴士

盗窃罪的对象,既包括有形的东西(例如没有生命的财物,有生命的动植物),也包括无形的东西(例如他人加工管理的电能、热能、牛马等的牵引力以及电话费、上网费等)。盗窃特殊类型的有形物品的,不成立普通的盗窃罪,以刑法规定的特殊罪名处理。盗窃无形的信息,既可能以普通的盗窃罪处理,也可能以刑法规定的特殊罪名处理。

(二)人是不是盗窃的对象?

老百姓常说的"偷人"是"通奸""戴绿帽子"的俗称。老百姓常言的"偷人"所偷的对象与其说是"人",不如说所偷的是"情""性"。由于"偷人"偷的不是具有财物价值意义上的"东西",所以在现代社会就不属于盗窃罪的范畴。

即使在现代社会不会像古代那样因为"偷人"而发生战争,但也会经常发生因为"偷人"而伤人、杀人。刑法之所以不把"偷人"行为作为犯罪处理,这是因为"偷人"行为本身是以双方自愿为前提条件,即使这种自愿发生性关系是违反道德的,甚至是违反婚姻法中的夫妻之间的性忠诚义务,但一般情况下并不足以构成犯罪。只有在少数例外情况,法律才可以管,比如"偷人"而导致婚姻破裂,那么离婚诉讼中偷人者就属于过错方,在财产、利益分割方面,法院必然会偏向没有过错的一方。另外,"偷人"行为在特定情况下也可能会触犯刑法。例如明知道他人有配偶,而长期与他人"偷人",以至于周围的老百姓以为"偷人"的双方是"夫妻",那么就可能犯"重婚罪"或者"破坏军婚罪"。另外老百姓或者"偷人"行为的"受伤者"也应当合理合法地处理"偷人"行为,不能采取过激的方式"捉奸"。例如以破门而入的方式去"捉奸",就有可能犯"非法侵入住宅罪"。将偷人者游街或者将"捉奸在床"的照片散发到人群中或放在网上,就有可能犯侮辱罪或者传播淫秽物品罪,将偷人者拘禁起来或者殴打致伤致死的,则可能犯非法拘禁罪、故意伤害罪、故意杀人罪。

当然,如果说俗语中的"偷人"因为偷的是不具有财物价值的性或者情,所以不构成盗窃罪,那么以人为对象的盗窃行为也不构成盗窃罪吗?比如电影《宝贝计划》中,人字拖、包租公和百达通组成的"爆窃三人组"合伙将城中首富的唯一孙儿偷走,把该婴儿当做一棵摇钱树,准备转手卖给黑帮老大。事实上,类似于这种盗窃婴幼儿的现象并不仅仅发生在电影中,现在社会上也出现了很多盗窃婴幼儿的行为,有很多医院就出现过多起冒充医护人员抱走婴幼儿的案件。这种实实在在偷人的行为,在法律上该怎么定性呢?

尽管婴儿在黑市上是有价格的,比如在有的地方,男婴一般可卖4万元左右,女婴可卖1万元左右。但是在法律上,人并不是商品,人不是可买卖的东西,所以盗窃婴儿的行为在刑法上不构成盗窃罪。但这种行为不构成盗窃罪,并不意味着无罪。在刑法上,应当根据偷盗婴儿的不同目的或者后续行为来分别定罪。例如,如果偷盗婴儿是为了出卖的,就定拐卖儿童罪;如果是为了向有关的人勒索财物的或者提出其他不法要求的,就定绑架罪;如果偷盗婴儿是为了自己或者他人收养的,或者出于报复、吓唬婴儿的家属等其他目的,使得婴儿脱离了父母亲属或者医院、孤儿院等看护的范围,则定拐骗儿童罪或者非法拘禁罪。如果偷盗了婴儿并使其在街上乞讨或者作为乞讨的工具的,则除了构成拐骗儿童罪以外,还构成组织乞讨罪,两罪并罚。如果故意将偷盗来的婴儿打伤打残而去乞讨的,则还构成故意伤害罪,三罪并罚。以上之罪名,一般而言都比盗窃1~4万元的财物处罚要重,所以刑法不把偷盗婴儿的行为规定为盗窃罪,反而有利于打击这种犯罪,有利于实现保护儿童及其家属的亲情之目的。

值得注意的是,虽然人作为整体在法律上不是盗窃的对象,但人的身体的一部分则可能属于盗窃罪的对象。人之毛发指甲受之于父母,属于身体的一部分,但人之毛发指甲又有特殊性,可以脱离身体而具有一定的经济价值。所以偷取他人的头发、指甲,也有可能构成盗窃罪。

人们可能会笑话,盗窃行为要构成犯罪,一般而言要求数额较大,按照司法解释的最低标准,也至少是1000元,区区头发、指甲能值多少钱?其实不然,比如我国著名舞蹈家杨丽萍,其长长的指甲可谓无价之宝。事实上,很多著名的歌星、影星、球星的眉毛、头发等都是非常值钱的。有一些人就专靠身体的某一部位赚钱,比如手模就靠一双漂亮的手吃饭。所以人身上的头发、指甲之类的东西也可能非常值钱,完全可能成为被盗窃的对象。窃取了这些东西,由于连轻微伤都算不上,显然难以构成故意伤害罪,但可能构成盗窃罪。

同上理,如果是抽取他人身上的血液而予以买卖的(抽取人身体中的少量血液,并不会影响身体健康),同样可以构成盗窃罪。当然如果偷血过量,导致他人轻伤、重伤乃至死亡的,则构成故意伤害罪或故意杀人罪。同理,如果偷偷切割他人身上的其他器官予以买卖的,比如人的肾脏、心脏、肝脏,则构成故意伤害罪、故意杀人罪。由于偷偷窃取器官的行为与故意伤害行为或故意杀人行为重合,只有一个行为,所以在法律上盗窃行为就不需要单独评价,只需要按照重罪定罪判刑即可。至于后面的非法买卖器官的行为,我国刑法尚没有非法买卖器官罪这一罪名,难以单独成立犯罪,值得注意

第八章 影视作品中的盗窃罪问题解析

的是,我国立法机关已经注意到当前非法买卖器官行为的常发性与严重的社会危害性,《刑法修正案(八)》将"组织他人出卖器官"的行为增设为犯罪行为。以上都是以人的活体为对象的盗窃行为的法律定性。如果盗窃的对象是死人的器官,则属于刑法上的另外一个罪名——盗窃、侮辱尸体罪。

刑法知识小贴士

"偷人"不属于盗窃,一般属于道德评价的范围,但在极其特殊的情况下,也可能属于民法乃至于刑法的管辖范围。偷盗婴儿的行为,不构成盗窃罪,但可以构成拐卖儿童罪、绑架罪、拐骗儿童罪或者非法拘禁罪。偷盗身体上可分离的头发、指甲也可能构成盗窃罪。偷盗人体中的少量血液的,没有造成轻伤以上的伤害的,也可能构成盗窃罪。偷盗人体上的血液或者偷盗人身体上的其他器官而造成伤害或者死亡的,构成故意伤害罪、故意杀人罪,不再单独定盗窃罪。偷盗死人的器官,则构成盗窃、侮辱尸体罪。

(三)欠条、存折等本身没有价值的财产凭证是否为盗窃罪的对象?

欠条、借条、存折能不能成为盗窃罪等财产犯罪的对象?值得讨论。例如《倔强的萝卜》电影中,就有这样一个情节,老罗(黄渤饰)的战友兼朋友老赵是个房地产开发商,怂恿老罗集资建房。老罗的乡里乡亲凑了40万元给老罗,不料老赵建的房变成了烂尾楼。乡亲追老罗讨债,老罗追老赵讨债,老赵没钱就耍赖皮。有一天老罗拿着欠条再次找老赵,老赵请老罗喝酒。老罗喝醉了,趴在桌子上不省人事。老赵从老罗手里偷了欠条,撕烂,丢进火锅里。老罗将老赵告到法庭,却因拿不出欠条凭据,法院判决老罗败诉。① 那么老赵偷欠条的行为是否构成盗窃罪?

在现实生活中的确出现很多偷欠条而耍赖不还债的案例。例如,张三到熟人李四开的油漆代理销售店要了2万元的货,出具欠条一张。后来张三主动过来,要求兼职销售油漆,一天张三趁店主李四不在,将一家具厂欠李四的货款欠条和部分收到货物的收条偷走后,到家具厂索要了6000元的欠款,家具厂的人让他在欠条上签字证明已经付了这些钱。店主李四发现欠条丢了后,马上怀疑是张三偷的,但张三不承认。店主李四找到家具厂,得知张三已经要回6000元,李四找到张三,张三拒不归还欠条和要回的货款。那么张三是否构成盗窃罪?

---

① 电影没有交代清楚老罗是败诉还是胜诉,笔者在此是假定老赵在法庭审判中否认借了40万元或者虽然承认借了40万元但谎称已经还了40万元。由于谁主张谁举证的法律规定,老罗拿不出欠条,也没有证据证明是老赵偷了欠条的话,那么法院就只能判他败诉。

可能有人认为欠条本身只是一张纸,不是财物,没有价值。所以不构成盗窃罪。但是根据有关的司法解释,偷欠条的行为本身就有可能构成盗窃罪。根据1998年《最高人民法院关于审理盗窃案件具体应用法律若干问题的解释》的规定,记名的有价支付凭证、有价证券、有价票证,如果票面价值已定并能即时兑现的,如活期存折、已到期的定期存折和已填上金额的支票,以及不需证明手续即可提取货物的提货单等,按票面数额和案发时应得的利息或者可提货物的价值计算。如果票面价值未定,但已经兑现的,按实际兑现的财物价值计算;尚未兑现的,可作为定罪量刑的情节。不能即时兑现的记名有价支付凭证、有价证券、有价票证或者能即时兑现的有价支付凭证、有价证券、有价票证已被销毁、丢弃,而失主可以通过挂失、补领、补办手续等方式避免实际损失的,票面数额不作为定罪量刑的标准,但可作为定罪量刑的情节。不少学者依据该司法解释认为欠条是一种有价值证券或债权凭证①,如果按照最高人民法院的这个观点,那么盗窃欠条似乎也直接构成盗窃罪。

但有学者认为该观点并不合理。他们认为小偷偷欠条的行为本身不构成犯罪,只有在偷了欠条并有后续的兑现行为时,才构成盗窃罪。理由是:欠条只是一种欠款的证明,不等于财物本身,失去欠条也不等于就失去了欠条上的借贷关系,例如欠钱的人承认该借贷关系(比如重新写一张欠条)或者事实上还了钱。这就像存折(工本费大概10元)只是一种记载财产数额的凭证,存折丢失了或者被他人盗了,仍可以去银行补办。财产凭证并不等于该财产本身,所以偷欠条等财产凭证的行为本身不构成犯罪。只有偷了欠条并通过某些方式实施了欠条兑换的行为,使得债主遭受了财产上的重大损失,才构成盗窃罪(或者诈骗罪)。②

再如下文的案例,个体户李某从他人手中购买了一批货物后,欠下他人15万元货款,并于当时出具了一张欠条,言明在两个月内付清。2005年2月28日,李某突然接到一个电话,对方说想和他做一笔两全其美的"生意"。原来,对方是一名小偷,刚偷盗得手,发现赃物中有一张欠条,便按欠条中留下的电话打了过来,称只要李某愿意按欠条中的欠款数额给付百分之二十,即3万元,就可以将欠条交给李某。李某考虑到如果拿到欠条,他人便没有证据向其索债,自然就可以赖掉该债务,便欣然同意了小偷提出的条件,并于当

---

① 陈兴良:《盗窃罪研究》,载陈兴良主编:《刑事法判解》(第1卷),法律出版社1999年版,第16—17页。董玉庭:《窃取借条行为之定性》,载《河北法学》2004年第7期。
② 有少数学者可能认为该案不定盗窃罪,而定诈骗罪,因为盗窃欠条不构成盗窃罪,而利用该欠条兑换的行为,实际上是一种虚构事实,隐瞒真相,骗取财物的诈骗行为。但不管是法院认定为盗窃罪还是诈骗罪,老百姓并不关心这些专业术语的争议,他们关心的是自己的财产是否得到了刑法的保护,"小偷"是否得到了应有的惩罚。

日下午与小偷"成交"。谁知,仅过了一个星期便东窗事发。

该案需要讨论两个问题:小偷偷欠条是否构成盗窃罪;李某是否构成盗窃罪。本案中第一个问题大体上与第一个案例相同,由于小偷窃取了欠条以后,又实施了后续的使得债主丧失财产的兑换行为,就构成盗窃罪(或者诈骗罪)。① 当然,本案中小偷的这种后续行为是与李某共同完成的,属于盗窃的共同犯罪。对于第二个问题,有人可能认为欠条不是李某偷的,虽然他通过赖账获取了不当的财物,但缺乏盗窃行为,所以李某不构成盗窃罪。但实际上李某也构成盗窃罪(诈骗罪),原因是小偷盗得欠条,并不是盗窃行为的终结。欠条本身不是财物,而只是兑换或取得财物的一纸凭证,小偷取得欠条并不等于取得了钱,所以盗窃欠条并利用欠条兑换或者通过其他方式取得财物的行为组成了一个完整的盗窃行为(或者诈骗行为)。例如本案中如果没有李某的赖账行为,小偷手上的欠条也就成了一张废纸。所以李某的赖账行为是该盗窃(或诈骗)行为中的核心行为。当然,如果李某不知道欠条已被偷而赖债就缺乏盗窃的故意,有的人认为这当属民事纠纷,不构成犯罪,但笔者认为即使不构成盗窃罪,其行为也属于刑法规定的隐瞒事实真相骗取财物的诈骗罪。

因此,《倔强的萝卜》电影中的那个案例,既有偷欠条的行为,也有通过赖账而取得财物的行为,笔者认为完全可以构成盗窃罪(或诈骗罪)。反过来看,如果先有偷欠条的行为,但并不否认借了钱,或者重新写一个欠条或者事实上还了钱,老赵偷欠条的行为也就不构成盗窃罪(或诈骗罪)。

刑法知识小贴士

司法部门认为欠条、存折等本身没有价值的财产凭证也是盗窃罪的对象。但学者对此有不同的看法,认为欠条、存折等本身没有价值,只有利用该凭证采取了兑换行为时,才成立盗窃罪(或诈骗罪)。

(四)网络虚拟世界的东西能否被盗的问题

随着网络时代的到来,有很多人离不开网络,甚至变成了"网虫",在网络虚拟社区中"结婚""养娃""种菜""偷菜"……网络虚拟的东西对这些网虫而言极具价值,例如网络聊天工具 QQ 号可以买卖,QQ 上也有虚拟 QQ "金币",有了这些 QQ 金币就可以进行网络中的各种虚拟买卖,例如为自己的 QQ 头像购买漂亮的衣服,装点漂亮的 QQ 房间等,这些 QQ 金币除了可以

---

① 同样,也有学者认为本案的行为人应当定为诈骗罪。

在网络游戏中赚取,主要通过电信充值来换取。游戏开发商也因此而大赚了一笔,甚至成为资金雄厚的上市公司。再如风靡全世界的 3D《传奇》游戏中,个人的装备也可以进行现金交易,只有具备高级别的装备才能在《传奇》游戏中战胜别人。有的高级别的游戏装备在现实中的买卖价格可高达几万元人民币。有的人就以买卖这些装备赚钱,所以虚拟游戏中的装备也就变成了他人觊觎的对象。有的人就通过不正当的手段窃取、骗取这些虚拟游戏中的装备,这是最近几年出现的新现象。窃取、骗取这些网络虚拟的装备,是否构成盗窃罪、诈骗罪?刑法必须对此予以回应。

例如宁浩导演的 28 分钟的电影《奇迹世界》就讲述了一个以《传奇》游戏为线索的故事。三儿(黄渤饰演)是一个小偷、骗子。三儿去网吧上网玩《传奇》游戏,其实是想拿回藏在网吧椅子下的骗来的手机。《传奇》游戏中的一个"熟悉的陌生人"突然对他说:"报警、杀人了。"三儿不以为然,调侃那人:"我怕警察。"然后取出座位下的手机,将卡折断抛掉。游戏中的那个人再次说话:"地址是和平区蓝花莲 19 号。"三儿笑着回话:"你挣到的那套紫装备点到 +12 的行头已经很久了吧?都是老同志了,我就是一个骗子,我信你不?拜拜。"他起身准备关电脑,结果那人很急地回话:"送给你。报警,sos! sos! sos!"然后真的把那套装备立马送给了三儿在游戏中的角色。三儿不敢相信自己的眼睛,喃喃自语:"傻子。"对方则继续连打几个"sos!"。三儿问旁边的一个上网玩《传奇》游戏的美女:"哎,姐姐,你看这装备,是你你会送人吗?"美女瞟了一眼,不屑地说:"给人啦,脑子有病,+12 的黄金套装,值好几万呢!"三儿这才意识到对方似乎不是在开玩笑,或许是真的遇到麻烦了。他想报警,但骗来的那部手机没了电话卡。三儿走出网吧,看到一个戴眼镜的男子正在打电话,问他借电话报警,男子不干,三儿一把抢过来。此时一直暗中跟踪他的警察冲过来抓个现行,三儿告诉警察抢电话是为了报警。这警察打死也不相信。三儿趁警察不备,一路狂奔,甚至玩命地跳楼、跳水逃跑,警察紧追不舍。最后警察抓住了他,警察不解三儿会为犯了这点事而不顾自己的生命,所以有点相信三儿真的是想借电话报警,铐着他回到网吧查证,但电脑中这会儿却没有呼救,搞得三儿好像真的只是在编造谎言骗警察,电脑没关三儿就被警察带走。旁边上网的那个美女看到三儿被铐走,好奇地坐到三儿的位置上,对那套可卖几万元的黄金装备非常感兴趣。此时对方又呼救三儿报警,美女于是报警了。原来这真是一桩命案,一个女网友和另一男网友在网上虚拟结婚,并见面。那男网友见该女网友非常漂亮,强行要"结婚",女网友不同意,男网友一怒之下杀死该女网友的室友,将女网友捆起来。女网友趁杀人犯洗血衣时不注意,在网上向三儿发出求救。最后警察接到报警一举抓住该杀人犯,解救了女网友。

第八章　影视作品中的盗窃罪问题解析

问题是如果三儿旁边上网的美女见财起意,利用三儿未下线的游戏账号,将三儿《传奇》游戏角色身上的那套装备转移给自己,那么该行为是否构成盗窃罪?笔者认为这完全可以构成盗窃罪。虚拟网络中的这些装备,虽然只是一些无形的电子信息码,但对玩游戏的网虫而言具有非常高的经济价值,事实上这些虚拟的东西也可以用现实的货币买卖和衡量。因此也属于财物,可被盗窃。

我国司法中也的确遇到过类似的案件。例如,2005年11月份,金三(化名)等人先后在辽宁省海城市成立了3个工作室,雇用多人为其从事窃取他人QQ号码的工作。金三向各工作室提供"大马""小马""木马"等软件程序,用上述软件窃取了他人大量的QQ账号和密码。金三以盗取1个QQ号5分钱的标准计算,发放各工作室人员的工资。其间,常四(化名)等人最高领取了人民币7000元的工资。金三等人把盗取的QQ账号和密码销售给于五(化名),于五为此先后支付了6万余元人民币。于五又请人将这些QQ账号里携带的Q币集中到指定的QQ账号里,再将这些被盗Q币转卖给他人。检察机关以盗窃罪对金三等起诉。深圳南山区法院审理认为,依照法律规定,盗窃罪的犯罪对象是"公私财物"。但在我国的相关法律均未将QQ号码、Q币等纳入刑法保护的财产之列。QQ号码和Q币不属于刑法意义上的保护对象。因此,法院认为公诉机关对被告人金三等人提出盗窃罪的指控,指控罪名所涉犯罪对象与法律规定不符,判决不构成盗窃罪,改判为侵犯通信自由罪,犯罪人分别被判处6个月至1年不等的有期徒刑。法院的理由是:随着互联网的日益普及,QQ因其在通信功能上所具备的方便快捷的技术特征,被越来越多的用户所接受,已成为目前国内流行的网络通信方式。根据我国《关于维护互联网安全的决定》第四条第(二)项规定,非法截获、篡改、删除他人电子邮件或者其他数据资料,侵犯公民通信自由和通信秘密的,依照刑法有关规定追究刑事责任。

但笔者认为法院的这一判决并不合理,诸如QQ号、QQ金币,网络游戏中的装备等这些可以用金钱交换或者衡量的东西属于虚拟财产,完全包含在公私财物的范畴,可以成为盗窃罪的对象。后来,2007年,浙江丽水法院就以盗窃罪重判了同类型的盗窃QQ号和QQ金币案。此判例对于今后严厉打击虚拟财产犯罪具有标本意义。

刑法知识小贴士

网络虚拟世界中的诸如QQ号、QQ金币,各种游戏中的装备等虚拟的东西,也可以成为盗窃罪的对象,盗窃这些虚拟的东西,也可以构成盗窃罪。

第三节 偷一个乒乓球、一个空汽水瓶也是盗窃罪吗？

在刑法中，一般而言，偷东西构成盗窃罪，东西必须值 1000 元以上。所以一般而言，偷一个乒乓球或者空汽水瓶子等不值钱的东西是不构成盗窃罪的。不过这并非绝对，在特定情况下，盗窃一个乒乓球或者空汽水瓶也可能构成盗窃罪。当一个东西对多数人而言不具有经济价值，但对于特定的人而言却被视为具有极高的价值，乃至于无价之宝时，虽然此时该东西的客观价值与主观价值并不一致，但这种东西也应当受到法律的保护。

宁浩导演的《绿草地》就讲了一个类似的故事。在内蒙古大草原边境处生活的人们，从不关心生活应该怎样变化，但是生活依然悄悄地变化着。一颗原本平淡无奇的白色乒乓球，顺着水面漂到了蒙古孩子毕力格的面前。毕力格的奶奶告诉毕力格那是上天赐予的夜明珠，毕力格坚信奶奶的说法，叫上自己最好的两个朋友二锅头与达瓦去草原守了一夜。孩子们不但没有看到"夜明珠"发光，倒是回到家里挨了大人的打。不是夜明珠又是什么呢？孩子们去问草原上知道最多的喇嘛，依然得不到答案。孩子们始终将这个"神秘的光球"视为夜明珠之类的珍宝。他们在观看一部外国电影时，在银幕上看到一个类似于乒乓球的高尔夫球，于是小孩拿出夜明珠问放映员，放映员告诉毕力格那只是一个"乒乓球"，不是什么宝贝。毕力格因此受到了其他孩子的嘲笑，失望地把球丢进了老鼠洞里。后来达瓦的爸爸喝啤酒，中奖得了一台电视机。毕力格他们聚集在达瓦家看稀奇，他们立起了高高的天线，电视却只能收到断断续续的声音，没有图像。电视机里正在播放乒乓球赛，伴着乒乒乓乓的声音，解说员告诉大家，乒乓球是中国的国球。孩子们为此兴奋不已，到老鼠洞里找回了乒乓球，并且决定将"国宝"送还给"国家""北京"。孩子们背着家长出发了，以为一天就能到。天色渐晚，二锅头的摩托快没有油了，二锅头想不到"北京"那么远，掉头回家，毕力格和达瓦却不愿意放弃，骑着马继续向东走。二锅头往回走了很远，才发现三个人的粮食都在自己的摩托车上，他急忙掉转车头，想要叫回两个人。天色越来越暗，草原上漆黑一片。这时，一辆草原巡逻车远远经过，二锅头呼喊着追了过去，带着草原巡警找到了迷路后筋疲力尽几乎丧命的毕力格和达瓦。巡警在车上批评三个小孩的行为太危险太莽撞。三个小孩私下里嘀咕商量，既然警察是国家的人，就应该将神圣的"国宝"乒乓球交给警察，可是当毕力格将"国宝"几次递给开车的警察时，警察视而不见，还极其不耐烦地要他们"拿好坐稳"。三个小孩认为这是国家交给他们保管"国宝"的重大任务，很是兴奋，争着要第一个保管，毕力格不肯给其他二人。毕力格回家后，因为私下

"出逃"而遭到母亲的毒打,母亲逼迫他拿出乒乓球,扔在地上,一脚踩瘪。其他小朋友都想看他们三人保管的国宝,毕力格很内疚地拿出瘪球。达瓦看到弄坏的国宝,很生气,要求以后由自己保管,毕力格只答应由他暂时保管两天。第三天,毕力格问达瓦要"国宝",达瓦谎称已经换成了铁圈玩具,铁圈玩具可以归毕力格。毕力格不要这个玩具,非常生气,与达瓦打了一架。两家大人听说二人为争乒乓球而打架,非常生气,把二人叫到一起,逼达瓦交出乒乓球。为了恢复两家的和气与友谊关系,毕力格的父亲用刀切开乒乓球,交给他们,一人拿一半,彻底毁掉了"国宝"。二人对此事耿耿于怀,从此不再理对方。后来毕力格随姐姐去县城读书,在学校里听到乒乒乓乓的声音,毕力格循声打开一扇门,看到无数同龄人在练球,地上尽是乒乓球,一脸的困惑。

实际上这个电影故事通过小孩毕力格的内心世界告知我们的是主观价值与客观价值的背离性,这种背离性并不是因为小孩的知识上或阅历上的欠缺。"知识就是财富"也只能在某种程度上缩减主观价值与客观价值之间的鸿沟,人类并不会因为知识的增长、阅览的增加而消灭主观价值与客观价值的背离性。例如中国几亿人都在炒股,有炒股经验的人就知道一个上市公司的股票价格与该上市公司的实际价值并不统一。有的上市公司盈利高、发展潜力大,属于质优蓝筹股,但其股价就是趴在地板上不动,而有些上市公司面临倒闭、连连亏损,属于超级垃圾股,但其股价则有可能连续数个涨停板,在股价上"乌鸡变凤凰"。所以,写在毕力格幼稚的脸上的困惑其实也是整个人类在价值认定问题上的主观性困惑。大人的世界或者现代化、知识化的世界也同样是如此:任何物品的价值永远都只是满足特定人的需要的价值,因此必然带有一定的主观性。同样一件物品,对这个人来说是无价之宝,对另外一个人可能就是一文不值。这就好比一辆城市里的宝马车,对于山里人而言不如一头耕牛或者一双轻便的草鞋值钱。

其实《绿草地》电影故事几乎是1980年电影《上帝也疯狂》故事模式的中国化。电影《上帝也疯狂》讲的是一个"空瓶子"的故事。一个飞行员从飞机上随手丢了一个空可口可乐瓶子,落到了非洲荒漠中的一个与世隔绝的布希人原始部落。这是一个充满真善美的地方,他们不知道地球上还有其他人群存在,甚至没有见过石头,只有上帝赐给他们的沙漠、树木、动物、阳光、雨水……在他们眼中上帝赐予他们的一切东西都是好而有用的,他们从来不缺任何东西。这里没有犯罪与刑罚,没有暴力与法律,也没有任何所有权意识,没有任何的争端,也没有警察与老板可言。他们看到这一从天上掉下来的东西非常地奇怪,这东西看起来像水,却又比任何东西都要硬。这是他们见过的最美的东西,虽然最开始他们不理解上帝为何要交付给他们。慢慢地他们发现这个东西太有用了。小孩子发现该瓶子可以吹出"嘟嘟"的美妙音乐,男子发现瓶子可以用来绞绳子,妇女发现它可以用来捶东西……每天都有新发现。它被这群布希族人视为上帝赐给他们的最完美的、最珍贵的礼物。然而上帝太大意,只送来一个,但每个人都有急用。在他们心中,这是第一次有件东西只想独自占有而不愿分享。本来最不需要的却变成必要的,大人为了它而发生争吵,小孩子为了它而流血打架,生气、嫉妒、仇恨、自私、窥视等从来没有的情绪开始在人群中蔓延。布希人凯看到此,很是生上帝的气,"你把它拿回去,我们不需要,它只会惹祸"。他把瓶子扔向天空,瓶子落回来,凯更加生气了,再次用力扔出去,大喊:"你发疯了?拿回去!"瓶子再次落下来,砸在小女儿头上。凯想尽了办法,也没有能把这个不祥的东西藏住,他决定自己走到天边亲手还给上帝,于是他带着瓶子上路了……

可见,同样是一个瓶子,在同样的人眼中也会因为某些主观观念的瞬间变化,从最没有价值的东西变成最有价值的东西,又变成没有价值乃至负价值的东西。这一道理可以用中国民间广为流传的"财主与穷人"的故事来说明:几个星期连降暴雨,发了大洪水。财主和穷人同时跑到一棵大树下面。为了活命,二人争着往树上爬。财主力大,首先爬到了树顶上。财主背着两袋黄金,洋洋得意。穷人背着两袋野菜饼子,蜷缩在树杈上面。洪水迟迟不退,二人困在树上已经七天了。穷人饿了吃个菜饼子,喝口水,安然无恙。财主饿得不行了,就和穷人商量,想用两袋黄金换穷人两个菜饼。穷人不换,他说,你的黄金早晚是我的。果然,洪水十天后才退去。财主饿死了,穷人变成了富翁。

刑法在面临这种主观价值与客观价值的背离或者波动时,就会陷入困境,但又必须处理这些问题。

首先,主人主观上认为有价值但客观上没有价值的东西能否成为盗窃罪的对象?在理论上,一般人认为不值钱的东西(客观上价值低微),但如果东西的主人认为很珍贵(主观上价值较大),那么这种东西也应为盗窃罪中的财物,值得刑法的保护。只有一般人认为不值钱,主人也认为不值钱的东西,才不是刑法上的财物。[①] 不过这只是一种观念上的财物,如果发生了盗窃客观上无价值但主观上有价值的东西,要以盗窃罪处理,面临着法律技术上的障碍。我国刑法规定的盗窃罪,一般要求东西的数额较大,但东西的主观价值却无法用具体的金钱来衡量,例如以上两部电影中被个别人或者少数

[①] 参见张明楷:《刑法学》(第三版),法律出版社2007年版,第705页。

第八章 影视作品中的盗窃罪问题解析

群体认为很值钱的乒乓球或者汽水瓶到底值多少,却没有一个具体的数额可供司法者操作。所以一般情况下盗窃这种东西难以以盗窃罪来处理。但是我国刑法还规定"多次盗窃"也可以构成盗窃罪,多次盗窃构成盗窃罪并没有具体的数额要求,例如最高人民法院的司法解释将"多次盗窃"限定在"一年内入户盗窃或者在公共场所扒窃三次以上",并没有具体数额的要求。因此如果多次盗窃主观价值较大的东西,情节严重的,即使客观价值不大或者没有价值,也可能以盗窃罪处理。

其次,客观上价值较大但小偷却误认为价值不大的东西,小偷偷走该东西,是否构成盗窃罪?例如电影《我叫刘跃进》中,民工刘跃进在寻找自己被偷的钱包过程中,偷拿了房地产老板娘的一个包,里面并没有值钱的东西,他也不认为这个包值多少钱。实际上这个包是全球限量版的名贵包,值几万块以上。那么民工刘跃进认为包不值多少钱但仍然偷走该包的行为是否构成盗窃罪?

对此,有人可能认为刑法保护的是生活利益,因此只要非法的手段侵犯了客观上较大的利益,就应该构成犯罪。但是现代刑法,尤其是中国刑法向来把犯罪视为"最邪恶"的东西,这个"最邪恶"在刑法上必须同时满足两点:一是从客观方面来讲,必须侵犯了较大的生活利益(包括客观价值上较大与主观价值上较大),轻微的利益侵害行为,就不属于刑法要管的范畴,要么属于其他法律管,例如要构成盗窃罪,一般数额要达到 1000 元~3000 元以上。要么所有的法律都不管过于轻微的利益损害行为。二是小偷主观上必须对"东西价值数额较大"有认识,否则不构成盗窃罪。用刑法专业术语来讲,要构成犯罪必须"主客观要件相统一"。① 其实这很好理解,例如在农村,如果路人未经主人同意而摘取他人屋前屋后的果树上的一个两个桃子李子,或者路边种的一根两根黄瓜等,从法律上讲似乎也是"盗窃行为",但老百姓,无论是摘取者还是果树蔬菜的主人,从来不认为这是"偷东西",东西的主人不会去为这客观价值低微的一两个东西,以"有人偷了我家的东西"为理由去告官。但是如果有人大量地偷取,主人肯定会说"有人偷了我家的东西",摘取的人在主观上也会认为"自己在偷他人的东西",如果数额达到了 1000 元~3000 元以上,在刑法上就会构成盗窃罪,如果没有达到这个定罪的数额标准,公安机关可以处以罚款或者行政拘留 1~15 天。

---

① 上面笔者提到"多次盗窃主观价值较大的东西,则可能以盗窃罪处理",而不是必然以盗窃罪处理,原因是如果偷东西的人没有意识到该东西对主人的主观价值较大,即使是多次盗窃,也不能以盗窃罪处理。

在我国刑事审判中,就曾经遇到过几个类似的案件。一个是"偷狗案"。"偷狗案"发生在20世纪80年代初的"严打"时期,一个小偷潜入一豪华住宅行窃,没有找到值钱的东西,又不想空手而归,就顺手把一只小狗偷走,回家把狗煮着吃了。主人发现自己的狗不见了,报了案,原来这条狗是主人花50万元从国外买的一只宠物狗。法官面对这个案件,很为难,一方面法官觉得主人的确遭受了巨大的财产损失,应当要给予法律的保护。但如果对小偷定盗窃罪,在20世纪80年代的"严打"时期,盗窃50万元的东西,按照当时的刑法标准以及从严从快处理犯罪的"严打"政策,足够判他20次死刑了。但如果判小偷死刑,明显违背人之常情,难道人命都不抵一条宠物狗的狗命?所以法官绞尽脑汁找来找去,找到了几年前国务院"打狗办"的一个过时的文件,以"该狗没有办狗证,不受法律保护"为理由判小偷无罪。我们当然佩服法官的这种个体智慧,但这一理由毕竟在法理上站不住脚。其实我们只要运用上面提到的"主客观相统一"的刑法原理就可以解决该问题。另一个是"天价葡萄案"。2003年8月7日晚,在北京市打工的四名农民路过一个院子,看到院墙里面的葡萄长得晶莹剔透很是诱人,于是翻墙入院,"坐在葡萄架下,甩开膀子猛吃一气"。他们还"吃不了兜着走",吃饱后摘了一口袋葡萄带走。他们不知道自己闯下了大祸,原来这是北京一科研机构花40万元投资,历经10年培育出的新品种,他们的偷吃行为导致了整个科研链条的中断,使得科研机构遭受重大损失。经北京市物价局评估,涉案的23.5公斤葡萄的市场价值为11万元。四人很快被公安机关逮捕。最后在法学界刑法学者的反对声中,检察院作出了不起诉的决定,认为该案"情节显著轻微,危害不大,不构成犯罪"。其实本案真正无罪的理由不是"危害不大",而是因为几个民工主观上不知道这些葡萄的价值如此巨大。同样2006年天津也发生了一起"天价兰花案"。酒店的两个女服务员平时喜欢养点花草,2006年5月,两人收拾客房时,发现客房放了几棵嫩绿的小草,觉得小草不值什么钱,顺手从中捡起一把,一分为二,王小妹(化名)拿了3棵,刘小妹(化名)拿了2棵,回家种在花盆里。其实这几棵兰草每棵市场价值为5000元左右,公安机关以盗窃罪逮捕两人,检察院最后也作出了无罪的不起诉决定。

最后,如果小偷认为某东西价值数额巨大,但实际上"该东西"被掉了包,客观价值低微,那么这又如何处理。有多部电影都有类似的对象错误问题。例如《疯狂的石头》电影中,多个盗窃团伙都盯上了重庆某工艺品厂在拆除旧厂时发现的一块价值连城的翡翠。厂长的儿子谢小盟用一块仿真翡翠掉了包,把那颗真翡翠送给了菁菁。道哥等人将谢小盟和菁菁抓来,看到那颗翡翠,他们一致认为谢小盟是用假翡翠骗取女人心。他们决定用调包计,将菁菁的这枚"假翡翠"(实为真翡翠)去换展厅内的"真翡翠"(实为假

第八章　影视作品中的盗窃罪问题解析

翡翠)。《天下无贼》电影中,黎叔盗窃团伙盗取傻根的 6 万元时,其实该钱已被便衣警察提前"掉包"了,他们盗窃的只是一包"冥币"。

还有一种情况就是对被盗对象发生了认识错误,小偷想象的对象是一种东西,实际盗窃的是另外一种东西,这两种东西虽然都有较大价值,但东西的性质不一样。那么这种盗窃行为又如何处理?《寻枪》电影中,小偷盗窃了一支手枪,但后来小偷向追赶他的警察马山开枪,才发现自己偷的这把"枪"是假枪,根本打不死人。

以上两种情况涉及盗窃罪中的对象认识错误问题。根据刑法学通说中处理认识错误的主客观相统一原理,一般是以小偷主观所设想的东西来定罪,例如第一种情况,《疯狂的石头》与《天下无贼》中的道哥、黎叔意图盗窃数额巨大的财物,但因意志以外的原因,他们实际偷到的东西价值低微,他们的行为均构成盗窃罪,只不过属于盗窃罪的未遂形态,可以比照盗窃既遂从轻、减轻处罚。对于第二种情况,刑法理论也认为应该以盗窃枪支罪定罪,但因意志以外的原因,实际盗窃的是一把仿真枪(假枪),所以构成盗窃枪支罪的未遂。但是笔者认为对于第二种情况以盗窃枪支罪(未遂)处理并不合理。在我国,不像美国可以允许民众合法持有枪支。我国认为枪支是对公共安全具有极大威胁的东西,所以在刑法中将盗窃枪支罪设定为抽象的危险犯,不管枪支里是否有子弹,是否真的能威胁到公共安全,只要有盗窃枪支的行为,在法律上就推定具有了危害公共安全的性质,构成盗窃枪支罪。但问题是虽然小偷主观上是"想"偷枪,但实际偷的是一把假枪,以盗窃枪支罪处理,多少有点以主观意识来定罪的主观归罪的色彩。如果说没有子弹的枪支还有可能假设找到子弹从而危及公共安全,那么客观上的一把假枪,不管怎么假设也不会危及公共安全。此时盗窃假枪就不存在危害公共安全的性质,其侵犯的至多只能是一般的财产权。例如《寻枪》中,那个小偷一直以为自己盗窃的就是一把真枪,他举枪向警察马山开枪,却只喷出一股烟火。"即使行为人相信是手枪而扣动扳机,但事实上是完全不可能发射子弹的塑料玩具手枪时,就没有作为杀人未遂处罚的必要。"①因为此时客观上是完全没有危险性的行为,仅因为行为人的认识错误就作为犯罪处理的传统观点,必然不恰当地扩大刑法的处罚范围。因此从保护法益的角度出发,枪支也是有价格的,也是一种特殊的财物,笔者认为以普通的盗窃行为处理即可。

刑法知识小贴士

东西的主人基于情感等主观因素认为有较高价值的东西也值得用刑

---

① 张明楷:《刑法学》(第三版),法律出版社 2007 年版,第 299 页。

155

法来保护,不过由于其客观的数额难以确定,所以一般情况下盗窃这种东西难以以盗窃罪来处理。但是如果多次盗窃这种东西,情节严重的,也可能根据刑法规定的不要求具体数额的"多次盗窃"的规定,以盗窃罪处理;小偷误把价值巨大的东西当作价值不大的东西偷走,不能因为其客观经济价值巨大而定盗窃罪,应该无罪,当然公安机关有可能对这种违法行为处以罚款或者行政拘留1~15天。小偷误以为某东西价值非常大而盗窃,但实际上"该东西"客观价值低微,那么对小偷可以以盗窃罪(未遂)处理。但是如果小偷意图偷枪,但实际上盗窃的是假枪,我国刑法通说认为构成盗窃枪支罪(未遂)的观点并不合理。笔者认为按照盗窃一般财物的普通盗窃行为处理即可。

第四节 主人拿回"自己的东西"也是盗窃吗?

很多老百姓可能会认为,盗窃是偷"别人的东西",自己的东西不存在偷的问题。例如:电影《卡拉是条狗》中,工人老二(葛优饰)下岗的妻子去遛一条没有取得生存资格("养狗许可证")的杂种狗,狗被警察没收。如果在规定的时间内不为狗交纳一笔对这个家庭来说数目不小的钱(5000元)办狗证,狗就会被公安机关灭杀,永远从他们的家庭中消失。于是老二想了各种办法,企图把狗从派出所捞出来,他有一次就趁警察不注意,准备偷偷地将狗抱出来,如果老二真的成功抱走了狗,那么老二的行为是否构成盗窃罪?类似这样的案件在现实生活中也时有发生,比如2010年8月的一天晚上,芗城警方在市区例行检查时,张三(化名)驾驶一部微型小货车被拦下受检,因没有携带有效的行驶证,车被暂扣,寄存在市区一停车场。因这辆车是不久前张三从朋友手中购买来的,张三急于要运送货物,便找出另一套钥匙,偷偷跑到停车场,趁看管人员不注意,将已被暂扣的车擅自开走。第二天,公安人员经过调查,将张三传唤到派出所,张三对自己的行为供认不讳。

在刑法上,这种行为也属于盗窃行为,这是因为财物的所有权虽然属于自己,但被暂扣后,该财物就暂时属于公共财物。财产所有人将该财物偷走的,也构成盗窃罪。除了这种暂时扣押的情况以外,其他被相关机关单位合法管理、使用、运输中的东西,东西的主人也不能采取秘密的方式取回,否则就构成盗窃罪。我国《刑法》第91条第2款就明确规定:"在国家机关、国有公司、企业、集体企业和人民团体管理、使用或者运输中的私人财产,以公共财产论。"其实这也不难理解,比如老百姓将一笔钱存进银行,银行并不是取得了该笔存款的所有权,老百姓仍然是这笔钱的主人。但主人却不能从银行中将这笔钱偷出来,否则就构成盗窃罪,同理,火车、飞机上托运的财物,主人也不能采取偷的方式取回,否则就有可能构成盗窃罪。所以,自己的东西也存在偷的问题。若自己的东西被有关机关、单位依法暂扣、管理、使用、运输,那么就应通过合法的手续索回,切勿通过偷的形式取回,否则将会以盗窃罪处理。

《刑法》第91条第2款的以公共财产论的规定,限定于被国家机关、国有公司、企业、集体企业和人民团体管理、使用或者运输中的私人财产。那么除此之外,被其他非国家机关、非国有单位或者个人合法管理、使用、运输中的财产,主人能否偷地取回呢?例如电影《倔强的萝卜》中,老罗一直未能从私人老板老赵那里讨回那笔欠款。于是就想了各种办法,想从老赵那里拿回40万元。老罗在老赵公司里安装了监视器,终于发现老赵发了财,将40万元存进保险箱里(其实老赵将该40万元存进保险箱,就是想找机会还给老罗的)。老罗就约老赵去按摩,给老赵下了迷药,自己从窗户溜走,制造自己不在现场的假象,然后去老赵办公室,撬开保险柜,想取回40万元现金。结果是一波三折,打开保险柜,40万元现金不翼而飞,只有一张过期的二两粮票。老罗因此也坐了班房。电影没有交代是因为什么罪名而坐牢房的。老罗出来后,仍然倔强地要自己从老赵那里拿回40万元现金,还是采取挖洞撬墙的方式,从保险柜的后面打开保险柜,里面只有一尊关二爷的金雕塑,由于老罗只想拿回40万元现金,而该金雕塑的价值可能高于40万元且不像现金那样可等值予以分割,他愣在那里不知道怎么办,此时保险柜的前门也正好打开,老罗的儿子(已经成为老赵的女婿,公司的接班人)站在保险柜前门。父子二人面面相觑,哑口无言。老赵哈哈大笑地走出来,将装有40万元的现金的包放在保险柜里,告诉老罗别再挖洞了,钱还给他,老罗拿了保险柜里的40万元走了。那么老罗的这两次取钱的行为,是否构成盗窃罪?在电影中老罗因为第一次的行为而坐牢,我想法院判他有罪也是有正当理由的。这依赖于老罗与老赵的民事案件的判决,如果该判决的确是以老罗败诉告终,即法院以证据不足而判决老赵没有借老罗的40万元或者判决老罗已经还了40万元。那么在法律上老罗拿不出新的证据证明老赵确实没有还40万元欠款的话,老罗自己去老赵公司偷回40万元,当然成立盗窃罪。法律只能根据现有证据来认定事实,这种法律真实与客观真实是两回事,很多客观真实只有"天知地知,你知我知",用西方人的说法,有些案件的客观事实只有上帝知道,而上帝又不现身参与世俗的审判,所以没有证据证明的客观事实在法律上就只能推定为不存在,这是没有办法的事情。

问题是如果老赵无论在法庭上还是在私下里都自始至终承认欠老罗40

万元的事实,只是暂时没有现金可还的话①,那么老罗随后的两次偷偷拿钱的行为是否构成盗窃罪?笔者认为在特定条件下完全可能构成盗窃罪。原因是刑法不仅仅保护"自物权",也保护"他物权"。在现代社会中财物的所有权与财物的占有、使用权、收益权在很多情况下都是可以分离的。当主人占有、使用、处分自己的财物时,这种权利被称为自物权。当财物的主人之外的人合法占有、使用、收益该财物时,这种权利被称为他物权,即对他人的财物所享有的权利。所以东西的主人也不能随意地拿回已经借出去的东西,否则就有可能构成盗窃罪。举一个生活中常见的借贷例子,邻居张三家过几天就要娶媳妇办喜事,该村只有张三、李四有专为办喜事而备用的大蒸笼,但张三家的大蒸笼恰好前几天烧坏了,就向李四借大蒸笼,约定办完喜事就还给李四。到了办喜事的那天,四方客人都到齐了,不料张三、李四却因为其他事情而大吵一架。李四气不过,强行将借给张三的东西抢回去或者偷回去,那么该行为就属于抢劫行为或者盗窃行为,因为虽然东西属于李四(自物权),但张三在特定的期限内具有使用该东西的权利(他物权)。李四将该东西抢回或者偷回的行为,的确侵犯了张三的在特定的期限内具有的使用该东西的权利(他物权),这个时候对张三来说缺了这个大蒸笼,客人没饭吃,酒席就办不了。所以李四的行为不仅仅只是一个缺乏诚信的问题,而是会实实在在地导致"酒席办不了"的严重后果。所以,如果法律允许东西的主人可以随意随时地拿回借给别人的东西,那全社会就会乱了套。所以在借贷期限之内,主人未经借物人的事先同意或者事后认可而偷偷拿回东西的,完全可能构成盗窃罪。如果在期限之内,借物人事先同意了或者事后对主人偷拿的行为认可了,这可以算是借用人临时放弃了借用权,相当于变更了先前的约定、合同的期限内容。主人偷拿的行为就不作为盗窃行为处理了。

所以老罗偷取40万元的行为是否构成盗窃罪,就取决于两个特定的条件,第一个是该40万元的借款是否到期,第二个是老赵是否认可老罗偷拿40万元的行为。如果40万元的借款还没有到期且老赵也不允许老罗此时拿回40万元,那么老罗的两次行为因为侵犯了老赵的他物权,就构成了盗窃罪。在满足以上两个条件的前提下,我们假定老罗不仅仅有偷取40万元的行为,也的确取得了40万元,那么老罗的行为就构成盗窃罪的既遂。在电影中,老罗第一次盗窃时,阴差阳错,老赵刚好把40万元拿走了,保险柜里没有

---

① 在电影中,也有这样的合理假设的情节。电影中没有法院审判的过程及其判决内容,只是告知观众法院判决以后,老罗还是没有取得40万元现金。老罗再次找到老赵,愤怒地将两人的合影撕成两半,对老赵说:"啥也别说,还钱,少一分钱都不行。"老赵还是那副无可奈何的表情;"没钱,呵。"这可合理推定老赵并不否认,至少在私下里不否认欠老罗40万元,只是暂时没有钱还而已。

第八章 影视作品中的盗窃罪问题解析

一分钱,所以是盗窃罪的未遂,这没有疑问。有疑问的是老罗第二次行窃时从保险柜里取得了40万元,那么这是盗窃罪的既遂还是未遂?仍然是盗窃罪的未遂。因为老罗取得40万元现金不是老罗盗窃的行为所得,该40万元是老赵当面还给老罗而放在保险柜中让老罗自己拿的,所以这仍然属于盗窃未遂。在成立盗窃罪的前提下,老罗的两次行为在犯罪形态上都是盗窃罪的未遂,犯罪未遂同样是犯罪,只是根据刑法的规定,犯罪未遂可以比照既遂从轻或减轻处罚。

由此我们可以进一步引申一个问题,如果借贷协议或者合同已经到了明确约定或者合理推理的还款日期,那么老罗的两次行为是否还构成盗窃罪?比如在电影中,老罗的烂尾楼被一个香港大老板看中了,全部高价现金买下来。显然这一事实可以合理推定老罗有能力还40万元现金之时就是还钱日期。事实上电影中老赵将40万元存在保险柜中,就是准备随时还给老罗的,只是没有找到合适的时机还给老朋友。此时老罗偷偷从老赵办公室取钱的行为,是否构成盗窃罪?

这一问题的答案取决于老罗的行为是否是实现债权的行使权利的行为。比如老罗偷回了40万元现金后告知老赵,"我已经自己拿回了你欠我的40万元,你不用还钱了",那么偷回40万元现金的行为就是实现债权的行为,即使不当,但不构成盗窃罪。①但如果老罗偷回了40万元现金后并没有告知老赵已经拿回了40万元,而是继续追讨40万元,甚至老赵最后又还了40万元给老罗,那么老罗偷回了40万元现金的行为就不是实现债权的行使权利的行为,老罗继续追讨的行为意味着老赵还得还40万元现金,老罗与老赵的40万元的借贷关系并没有因为老罗已经拿回40万元现金而消除,因此,老罗的行为构成盗窃罪。②

当然,这里涉及另外两个问题就是老罗的盗窃罪的既遂标准是什么?盗窃的数额是多少?一般的盗窃罪的既遂是以被害人失去对财物的控制为标准,例如在电影中,除了老罗,还有另外两个盗贼也同时在打该40万元的主意。如果是这两个盗贼取得了40万元,大体上是以这两个盗贼拿着40万元走出该公司时为盗窃罪的既遂。而老罗的特殊性在于他是40万元现金的主

---

① 但要注意这种行使权利的行为虽然不构成盗窃罪,但有可能因为方式不当而触犯其他犯罪,比如非法侵入住宅罪或者故意毁坏财物罪。在电影中由于老罗是潜入老赵的公司,不是住宅,所以不构成非法侵入住宅罪。但如果假定老罗是潜入老赵的家中偷取40万元,则构成非法侵入住宅罪。在电影中老罗撬保险柜的行为,则可以构成故意毁坏财物罪。

② 老罗可能触犯的非法侵入住宅罪或者故意毁坏财物罪则属于盗窃罪的手段行为,被盗窃罪这一目的行为吸收了,以盗窃罪一罪处理即可,不再单独成立非法侵入住宅罪或者故意毁坏财物罪。

159

人，因此其盗窃罪的既遂怎么认定就存在难题。笔者认为，如果老罗从一开始就不打算取得40万元现金后告知老赵，那么其盗窃行为的既遂标准和另外的两个盗贼的盗窃行为的既遂没有区别。如果老罗行为时与行为成功后打算告知老赵，后来才临时改变了主意，不打算告知老赵，还继续向老赵追索40万元，笔者认为有两种方式可供选择：一是以向老赵追索时为既遂的标准。不过这会导致另外一个问题，那就是如果老赵又还了40万元，这40万元怎么算？毕竟从被害人老赵的角度来看，老赵真正的财产损失是40万元，而不是前后两次40万元之和。因此，笔者倾向于认为此种情况下的盗窃既遂，以真正导致被害人财产的损失时为标准，以此为标准也仍然符合"被害人失去财物的控制"这一标准。

但是这一特定情况的既遂标准，似乎与上文所谈的"如果40万元的借款还没有到期且老赵也不允许老罗此时拿回40万元"情况下，"以老罗取得了40万元为既遂标准"不一致。这的确是一个问题，需要给予合理解释。笔者的解释是后一种情况下老罗侵犯的不是40万元现金的所有权，而是依附在40万元现金之上的他物权（使用权或收益权），所以表面上后一种情况是"以老罗取得了40万元为既遂标准"，其实质是因为老罗取得了40万元之时，也就是老赵丧失了依附在该40万元现金上的使用、收益权之时，所以其财产损失不是该40万元现金，而是依附在该40万元现金上的使用利益与其他收益。由于失去了对40万元现金的控制也就失去了依附在该40万元现金上的使用利益与其他收益的控制，二者不可分，所以老罗的盗窃罪既遂就以老罗取得该40万元现金时为标准。这虽然说得通，但也还存在其他问题，比如老赵由于不知道该40万元已被盗窃或者知道被盗窃但不知道是老罗盗窃，最后他在老罗的追讨下或者主动自愿还给老罗40万元，老罗接受了该40万元，那么后面的40万元又怎么算呢？如果算在偷拿40万元时的盗窃罪上，似乎不合理，因为该盗窃罪已经既遂，既遂之后不能再追加40万元。如果认为后一40万元构成另外一个盗窃罪，也不合理，因为该40万元是老赵交给老罗的，不符合盗窃罪的秘密窃取的特征。其实老罗后一取得40万元现金的行为更符合隐瞒事实真相、骗取财物的诈骗罪的特征，以诈骗罪定罪更合适。换言之老罗此种情况下犯了两个罪，一是侵犯了老赵对第一个40万元现金的他物权（使用权、收益权）的盗窃罪，二是侵犯了老赵的第二个40万元现金的自物权（所有权）的诈骗罪，数罪并罚。但是此种情况下老罗取得后一笔40万元现金与借贷合同到期后老罗取得后一笔40万元的现金的行为完全相同，一个定诈骗罪，一个定盗窃罪，难以说服人。相同性质的行为

第八章 影视作品中的盗窃罪问题解析

要么统一定为盗窃罪,要么统一定为诈骗罪。①

笔者认为这有两种统一的处理方式可供选择:一是无论合同是否到期,只要老罗实施了偷取回40万元现金并且不告知老赵实情前提下,后来又取得40万元现金的,那么老罗的后面取得40万元现金的行为均成立诈骗罪。有所差别的是如果借贷合同还没有到期,那么前一偷取40万元现金的行为另外成立一个盗窃罪。如果借贷合同已经到期,那么前一偷取40万元现金的行为则不构成盗窃罪,或者视该行为为诈骗罪的预备行为或者手段行为。另一种方式是将老罗后面取得40万元现金的行为视为行使债权的行为,不成立诈骗罪,而前一偷取40万元现金的行为均统一定为盗窃罪,且是以该40万元现金为盗窃数额的盗窃既遂。笔者认为比较起来,第一种处理方式更合理些,因为第二种处理方式虽然大体上可行,但以第一次取得的40万元现金为既遂标准后,无法区分合同到期与没有到期的差异,没有体现出对他物权的保护。在这种疑难案件中,如何定罪常常发生争议,这很正常。但不管是定盗窃罪还是定诈骗罪,都是"犯罪行为"。②

主人拿回自己的财物是否构成盗窃罪的问题,还涉及另外一种特殊情况,即主人或者第三人在明知该财物处在他人非法占有的状态下,能否偷偷拿回该财物。例如,电影《我叫刘跃进》中,民工刘跃进是一建筑工地的厨子,他好不容易赚来的几千块钱,被一个脸上长着一大块青痣的小偷(人称青面兽)偷走,丢了几千块钱是小事,关键是包里面离婚证中还押着一张别人写给他的6万元的欠条。6年前他本有一个幸福美满的家庭,一场突如其来的变故,让贤惠的老婆给他戴了绿帽子,奸夫李更生写给刘跃进的一张欠条:如果刘跃进6年之内,不对他们的生活进行任何形式的捣乱,李更生就付给刘跃进6万块钱。拿着欠条,刘跃进作为全村最大的笑话离开了家乡去北京打工。眼见欠条期限就快到了,自己回家开个饭店的梦想就要实现,包却丢了。刘跃进一心要找回自己的包,有一次他发现了青面

---

① 根据《刑法》以及相关司法解释的规定,将某一行为认定为盗窃还是诈骗行为,在成立犯罪与否的标准上以及量刑上有一定差异。盗窃罪的定罪数额为1000元~3000元以上,数额巨大的标准为3万元~10万元以上,数额特别巨大的标准为30万元~50万元以上。个人犯诈骗罪定罪的数额为3000元以上,数额巨大的标准为3万元~10万元,数额特别巨大的标准为50万元以上。另外普通的诈骗罪最高法定刑为无期徒刑。而盗窃罪在符合特定条件下的最高法定刑为死刑。

② 日常生活中,老百姓常常分不清"违法行为"与"犯罪行为"。简单而言,二者的关系是"违法不一定犯罪,但犯罪一定违法",例如一次盗窃1000元~3000元以下的东西(各省的标准自定),属于违法行为,公安机关也会按照《治安管理处罚法》处理这样的违法行为,罚款或者拘留1~15天。一般情况下,一次盗窃1000元~3000元以上的东西,或者多次盗窃1000~3000元以下的东西,则是犯罪行为,要根据《刑法》来定罪量刑。

161

兽,于是一路跟踪。青面兽潜入一豪华别墅进行盗窃,盗窃到女主人瞿莉一名贵的限量版包包,当场被发现。青面兽提着包越墙逃跑,在墙外面蹲守青面兽的刘跃进大喊抓贼,一路狂追,青面兽跑不过,将包扔下逃走。刘跃进见四下无人,就将包拿回家,翻包一看,没有一分现金,里面的一些化妆品对刘跃进而言一文不值。但他万万没想到这个包却关系着几条人命,原来包里面有一个 u 盘,保存着房地产大老板严格(女主人瞿莉的老公)与政府官员贾主任等进行权钱交易、权色交易的录像,这都是女主人瞿莉安排严格的副手偷偷拍下来,以免自己在离婚时被老公严格空手扫出门。有好几波人都来找他要包。刘跃进担心引火上身,抵死不认拿了包。严格夫妻二人都非常害怕该铁证落在外人手上,出 10 万元找私家侦探,私家侦探找到了偷包的青面兽,出价 1 万元要青面兽将包再偷回来。青面兽觉得这一交易很划算,于是潜入刘跃进的工棚去盗窃该包。那么严格请人将包从刘跃进那里偷出来,是否构成盗窃罪?

  对此,老百姓可能认为,法律是不可能保护小偷对财物的非法占有的,所以其他人,尤其是财物的主人,从小偷那里偷取盗窃的东西,不会构成盗窃罪。其实刑法为了维护财产的稳定秩序,不仅保护财物的合法占有,也保护处于稳定状态的非法占有。如果因为财物的占有状态是非法的,就允许人们随意地取得该财物,那么整个社会的财产秩序就处于混乱之中。例如我们走在大街上,就可能会随时有人拍拍我们肩膀说:"你身上的衣服是伪劣品、仿冒名牌货,不受法律保护,我拿走了。"这显然很难被接受。因此,这种"黑吃黑"的行为,也构成盗窃罪。但是主人与其他的第三人在这一问题上还是有区别的。在电影《我叫刘跃进》中,严格夫妻毕竟是包的主人,因此,严格夫妻请人从刘跃进那里偷回包,并不构成盗窃罪。这是因为严格夫妻无论是亲自偷偷取回财物还是请人偷偷取回财物,都是恢复主人对财物的所有权的行为,这与"黑吃黑"的行为有本质区别。对于第三人"青面兽杨志"而言,则要分情况对待。如果他事先被告知取回包是为了还给严格夫妻,哪怕他收了 1 万元的报酬,他也只是严格夫妻恢复对包的所有权的帮助者,他偷包的行为就不构成盗窃罪。但如果他事先不知道自己取回包是为了还给主人,那么他从刘跃进那里偷包的行为就构成盗窃罪,这是因为虽然刘跃进对该包的占有是非法的,但青面兽并没有权利偷回该包,刘跃进对该包的稳定占有状态,哪怕是非法的占有,也需要保护,至少可以对抗东西的主人之外的第三人的盗窃行为。这也得到法律上的认可,例如最高人民法院《关于审理盗窃案件具体应用法律若干问题的解释》中就规定:盗窃违禁品,按盗窃罪处理的,不计数额,根据情节轻重量刑。该司法解释不仅仅承认处于非法占有状态的违禁品可以成为盗窃罪的对象,实际上所谓的"不计数额"指的是国家在法律上

第八章　影视作品中的盗窃罪问题解析

不承认该物品可以买卖,所以"不计数额"。而"情节轻重"提示的是法官可以根据"黑市"价格大小来定罪量刑。

　　实际上法律保护这种稳定状态的非法占有,不仅仅有法理上的根据,也有生活上的情理根据。例如摆小摊卖光碟的行为,其贩卖的光碟多是非正规渠道得来的,要么是盗版光碟,要么是淫秽光碟,属于违禁品,国家应当予以没收。但是非执法人员的其他公民却不能因为这些光碟属于违禁品或者处于非法占有状态,就可以随意地盗窃、抢劫,如果真实施了这样的行为,就会构成盗窃罪、抢劫罪。同样,高校绝大多数学生骑的自行车,几乎都是从非正规的二手自行车市场得来的,这些自行车大部分都是盗窃物品,从一个高校流到另一个高校,从一个学生手中流到另一个学生手中。但是如果一个学生从盗窃犯或者销赃者手中买了一辆自行车,那么他就对该自行车形成了稳定的非法占有状态,其他人即使知道这部自行车是赃车,也不能随意地盗窃、抢劫,否则就要以盗窃罪、抢劫罪处理。例如王小帅导演的《十七岁的单车》中,17岁的高中生小坚花了500元在二手市场买了一部变速自行车。这部自行车实际上就是一个小偷盗窃的另一个17岁的打工仔阿贵的自行车。阿贵因为丢了快递公司配给他的这辆自行车而丢了工作。他告诉老板一定会找回这部自行车,快递公司老板执拗不过,承诺如果他真能找回自行车,就可以继续让他送快递。阿贵跑遍全北京城,一辆一辆地找,在几乎绝望时,阿贵亲眼看到小坚骑着自己的自行车。阿贵趁小坚在公园里谈恋爱时,骑着自行车就跑,结果摔了一跤,小坚追上阿贵,在小坚的几个同学的帮助下打了"小偷"阿贵一顿。小坚人多势众,阿贵未能拿回自行车。阿贵一路跟踪小坚,将小坚藏在楼下的自行车骑回公司,要回了工作。但小坚和其同学又找到阿贵,为这车的归属问题又发生了争执与打斗。阿贵虽然在车上做了个小记号,但这个记号在旁人看来根本证明不了这自行车是阿贵的。况且小坚的确是花了500元从二手市场上买来的,阿贵要拿回自行车也可以,必须出500元。但阿贵拿不出500元,也不愿拿钱,始终坚持自行车就是自己的。最后二人达成协议,一人用一天。由此可见,不管小坚是否明知该车为赃车,但车是他花了500钱买的,"第三人阿贵"①盗窃该车,也是"小偷"。

　　当然如果主人从小偷那里偷偷取回财物后,隐瞒了已经取回了财物的事

---

①　在电影中车主人阿贵的确无法凭一个隐蔽的小划痕记号来证明该车就是自己的,所以他在小坚或者外人看来就属于"第三人"。只是后来阿贵宁可挨几顿打也不放开自行车,甚至死死抱着自行车嚎啕大哭,小坚与同学才明白这车的确就是阿贵丢的那辆自行车。

163

实而向小偷要求索赔的或者接受了"小偷的赔偿"[1],笔者认为这种隐瞒事实的索赔行为或者接受赔偿的行为构成诈骗罪。如果"索赔"成功或者接受了小偷的赔偿,则构成诈骗罪既遂。

> **刑法知识小贴士**
>
> 被相关机关单位暂扣或者合法管理、使用、运输中的东西,东西的主人也不能采取秘密的方式取回,否则就有可能构成盗窃罪;在借贷期限之内,主人未经借东西的人事先同意或者事后认可而偷偷拿回东西的,可能构成盗窃罪。如果另外有向借东西的人索赔或者接受赔偿的行为的,则构成诈骗罪,两罪并罚;如果借贷合同已经到期,东西的主人偷回东西,但并不另外向借东西的人索赔或者接受赔偿的,偷东西的行为可视为不当行使债权的行为,不构成盗窃罪,但这种不当行使债权的行为有可能成立非法侵入住宅罪。如果另外有向借东西的人索赔或者接受赔偿的行为的,则构成诈骗罪。刑法为了维护财产的稳定秩序,不仅保护财物的合法占有,也保护处于稳定状态的非法占有。第三人盗窃这种处于稳定的非法占有状态的东西,属于"黑吃黑"的行为,可以构成盗窃罪。但东西的主人"偷偷拿回"这种东西的行为,与"黑吃黑"的行为有本质区别。可视为主人恢复对财物的所有权的行为,不构成盗窃罪。但是如果主人从非法占有该财物的人那里偷偷取回财物后,隐瞒了已经取回了财物的事实,而向对方要求索赔的或者接受了"小偷的赔偿",这种行为则构成诈骗罪。

第五节　盗窃罪的非法占有目的的问题

有人可能会认为,只要未经东西的主人或者东西的管理人的许可而拿走财物的行为就是盗窃行为或者盗窃罪。其实要构成盗窃罪,除了主观上有故意心态,还需要有非法占有该财物的目的。

例如《上帝也疯狂》电影中就有这样的一个案件。布希人凯为了亲自将那个破坏部落和谐的不祥的瓶子交还给上帝而出发。一路上,凯碰见了各种各样的奇怪的"天使"(其他的现代文明人),凯与这些奇怪的"天使"相互听不懂彼此的语言,也不懂彼此的行为,于是发生了一系列有趣的故事。他在路上走了几天,很是饥饿,突然发现了一群又大又肥的奇怪动物(羊),他取

---

[1] 没有主动的索赔,小偷也可能赔偿,比如小偷是熟人或者朋友,也可能小偷会主动赔偿,这是其一。其二,如果小偷被抓获后审判,即使丢东西的主人不提起索赔的民事诉讼,法院也可能判决小偷赔偿损失。

第八章 影视作品中的盗窃罪问题解析

下背上的弓箭,在箭头上涂上麻醉毒药,悄悄接近羊群,射中一只羊,这一切都被山坡上的牧羊小孩看在眼里,大喊:"这是我家的羊。"凯则说:"等动物睡觉(麻醉)后,我们就一起吃它。"小孩跑开了,凯以为他是叫家人一起来分享他射杀的猎物。不一会儿,一阵奇怪的声音过后,小孩坐着一只长着四只圆脚的奇怪动物(汽车)过来,还带来一个戴帽子的大人(警察)。凯招呼他们一起坐下来分享猎物。但这个大人却贪心地将整只动物拿走,凯有一点点生气,觉得这人太不够意思,也不和警察计较,拿去了就拿去了,自己拿出弓箭准备再射一只羊。警察大声制止,凯听不懂,也不想再理他,突然晴天一声惊雷(警察鸣枪示警),把羊群吓跑,凯追了过去。接着又是一声"惊雷",凯两腿一麻,倒在地上,警察抓住他,告诉他"见到律师之前有权保持沉默,你现在的发言都将作为呈堂证供……"凯被以盗窃罪起诉。在法庭上,凯微笑地和那些穿着各种奇怪的蜘蛛网(衣服)、说着奇怪的天语的"天使"打招呼,没有"天使"理会他。法庭找了当地的一个曾经被布希人救过的人为凯做了翻译。凯向法庭陈述了自己射杀羊,而那个戴帽子的人把他射杀的猎物独吞抢走的事实。最后法庭判凯的盗窃罪成立,坐牢三个月。

其实凯并不构成盗窃罪,原因是他缺乏非法占有的目的。因为在凯的原始社会中,动物不属于任何人,有人射杀了动物也是全体人共享,包括外族人也可以"见者有份"。[①] 所以凯射杀他人喂养的羊,在外人看来是盗窃行为,但根据主客观相统一的刑法原理,由于凯的整个观念中没有私有观念,没有所有权的意识,在主观上也就不存在"非法占有的目的",所以不构成盗窃罪。

这个案例可能比较极端,毕竟这个世界上没有私有观念、所有权意识的原始部落几乎已经绝迹,即使存在这样的原始部落,也很难发生电影中的那种原始人进入现代人社区而导致的法律纠纷事件。但是在财产私有制的社区,同样会存在行为人是否具备"非法占有目的"的问题。例如《天下无贼》电影中就有这样两个故事情节。一个情节是便衣警察"刀疤脸"知道火车上的一些盗贼已经盯上傻根(王宝强饰)挎包里的6万块钱,所以趁着混乱局面,先下手为强,偷偷用冥币调换了傻根的6万块真钱。那么警察的行为是否构成盗窃罪?第二个情节是傻根一直不相信他身边有偷东西的贼,这让被傻根视为好人的盗贼王薄心里很不爽,有心要给傻根好好"上一课",让他知道生活的真相——贼字不会写在脸上,天下处处都是贼。不过王薄并没有亲

[①] 在笔者所在的家乡,恩施土家族地区,就仍然保留着类似的风俗习惯。如果小孩子跟着邻居去"赶山"(打猎),邻居围捕到一头麂子之后,小孩子即使没有任何的功劳,也可以因为见识了这个赶山的过程而分一小部分麂肉回家。这叫做"见者有份"。

自下手偷傻根的财物,而是等其他小偷偷了傻根的财物之后,他再从其他小偷身上窃回这笔钱。那么王薄采取"借鸡下蛋"的方式,从其他小偷身上偷走傻根的钱的行为,是否构成盗窃罪?笔者认为便衣警察"刀疤脸"的行为虽然是秘密取走傻根 6 万块钱的行为,但缺乏非法占有的目的,肯定不构成盗窃罪。至于王薄的行为,则要分情况来定,如果王薄事先就只是想教训教训傻根,从盗窃犯那里"借鸡下蛋"之后并不想私吞该 6 万块钱,而是将钱还给傻根,那么王薄即使没有傻根的指派,他从盗窃犯身上取回钱的行为也仍然是帮傻根恢复所有权的行为,在主观上并不具备非法占有的目的,所以不构成盗窃罪。但如果王薄从其他小偷手中取得傻根的 6 万块钱,并不是为了还给傻根,那么他的"黑吃黑"或者"借鸡下蛋"的行为就具备了非法占有的目的,构成盗窃罪。

我们还可以假设在《倔强的萝卜》电影中,老罗为了让老赵还 40 万元,而偷偷将老赵的一辆名贵轿车开走,告诉老赵还 40 万元现金后,就归还这辆轿车。那么老罗开走老赵的车的行为是否构成盗窃罪?笔者认为虽然老罗偷偷开走老赵的车的行为未经老赵许可,在手段上是不当的,但他主观上并不是要非法占有该辆汽车,而只是为了行使 40 万元债权的一种质押行为。所以缺乏非法占有的目的,偷走该汽车的行为也不构成盗窃罪。

我们可以举一个更为极端一点的例子,例如《天下无贼》电影的原版小说中,王薄与王丽并不时常作案,主要是因为爱好旅游而盗窃,一年也就二三次,够花了就住手。要动手就瞄住大钱,比如大老板、港商、厅级干部,后来也偷最容易腐败的处级干部。因为有一次在一座省城听人闲聊,说现在全中国最掌实权的就是处级干部,厅、局级干部其实只是原则领导,不管那么细。"县官不如现管",处级干部想腐败是很容易的。后来两人看报纸,专门研究反腐报道,果然发现揪出来不少处级干部。揪出来的厅局级干部就很少,科级以下也少。小说中就描写了一个情节:王薄有时还寄些钱给希望工程。某省希望工程办公室收到一万元捐款,署名"星月",登报寻找叫"星月"的好心人。他俩看到了大笑,说咱们也成好心人了。[①] 其实这一情节并非完全脱离现实的小说虚构,小说艺术的虚构高于生活但来源于生活。例如在汶川大地震中,媒体就报道了一则令人五味杂陈的消息:南京一个名叫徐超的老乞丐捐出乞讨来的 444.01 元,这让一些不捐或少捐的大款、高收入的人汗颜。那么在现实生活中肯定也存在这样的情况,一个小偷为了向汶川地震灾区捐款,而实施盗窃,但小偷因为其身份的特殊性是不会现身于媒体的。那么类

---

① 参见赵本夫:《天下无贼》,人民文学出版社 2004 年版。

似于"星月"的小偷为了向灾区或者贫困地区的他人捐款而盗窃的行为,在法律上同样具备了"非法占有目的",也构成盗窃罪,只不过其动机毕竟出于善意,法官可以在量刑时酌情从轻、减轻处罚。由此可见,出于善意的动机,如果其行为不当或者违法,仍然可能构成犯罪。用老百姓的话说,"好心也会办坏事"。

刑法知识小贴士

盗窃罪要求行为人必须具有非法占有的目的;虽然未经主人的同意而拿走主人的东西,但如果行为人因为风俗习惯的影响,根本没有私人占有的观念,也不构成盗窃罪;第三人虽然没有东西的主人的授意而替东西的主人从小偷手中偷偷取回财物,由于缺乏非法占有的目的,不构成盗窃罪;如果偷拿别人的东西是为了行使债权的,那么偷拿行为就是一种不当的质押行为,但因缺乏非法占有的目的,这种偷拿行为也不构成盗窃罪;为了向他人捐款等动机或者为了其他人非法占有财物而偷拿第三人的东西的,具备了非法占有的目的,也构成盗窃罪。

第六节 偷亲属的钱的问题

偷东西的行为,不仅仅发生在陌生人之间,也发生在熟人之间、朋友之间,还会发生在亲属之间乃至于家庭内部。例如《十七岁的单车》电影中,17岁的高中生小坚虽然生活在北京城里,但家境不好,父亲为了让小妹上重点中学一直在攒钱,没有兑现给小坚买一辆自行车的承诺。小坚就趁父亲不在家,偷了500元在二手市场买了一辆自行车。那么小坚偷自家的钱是否构成盗窃罪?

单从刑法条文对盗窃罪的规定来看,或许可以得出一个机械的形式解释的结论:只要财物不属于自己所有而盗窃的,达到了数额较大的标准,就构成盗窃罪,公安司法机关就必须依法以盗窃罪处理。如果以此标准来看小坚的行为,也构成盗窃罪。① 不过在解释刑法、适用刑法时,应该考虑"法不外乎人情"的法律精神。对于家庭内部以及亲属之间发生的盗窃行为,应当与发生在其他社会关系中的盗窃行为作出区分。例如1998年《最高人民法院关于审理盗窃案件具体应用法律若干问题的解释》(已失效)中就规定:"偷拿自己家的财物或者近亲属的财物,一般可不按犯罪处理;对确有追究刑事责任必要的,处罚时也应与在社会上作案的有所区别。"这一司法解释就是基于

---

① 笔者这里是假定北京市盗窃罪"数额较大"的标准按500元的最低线为起点。

家庭关系、亲属关系的特殊性而对盗窃作出的合理的解释。当然这一司法解释虽然比刑法的规定要具体些，但仍然需要作出进一步的解释。该司法解释并没有完全排除这种特殊类型的盗窃定盗窃罪的可能性，那么在什么样的情况下可以定盗窃罪？何为"确有追究刑事责任必要"？这仍然不明确，有很多问题需要解释。

首先，何为"近亲属"的问题。关于"近亲属"范围的解释，我国众多部门法对家庭成员或近亲属范围的规定与解释并不统一。例如按照我国《刑事诉讼法》第108条的规定，近亲属是指夫、妻、父、母、子、女、同胞兄弟姊妹。民法有关司法解释规定的近亲属范围要比《刑事诉讼法》规定的范围要大一些，包括配偶、父母、子女（包括养父母和养子女）、兄弟姐妹、祖父母、外祖父母、孙子女、外孙子女。行政诉讼法有关司法解释规定的近亲属范围则更为广泛，包括：配偶、父母、子女、兄弟姐妹、祖父母、外祖父母、孙子女、外孙子女和其他具有扶养、赡养关系的亲属。

笔者认为用《刑事诉讼法》中的近亲属的范围来解释亲属盗窃问题，显得过窄。虽然《刑事诉讼法》是适用《刑法》的程序法，但对刑法的解释应该根据法本身的精神、目的来进行整体性体系解释。况且即使是同一部法律，对相同的词语也可能作出不同的解释。例如《刑法》中规定的抢劫罪的暴力、胁迫手段与强奸罪的暴力、胁迫的内涵就不完全相同。所以如果非要为盗窃罪司法解释中的"近亲属"寻找法律依据，笔者认为应当依据民事法律、行政法律中规定的或者司法解释的"近亲属"的范围来适用。

其实笔者认为用民事法律以及行政法律中理解的近亲属的范围来解释亲属盗窃问题，仍然有点狭窄，不符合现代刑事法治的精神。其实每一部法律的精神与目的既有统一的一面，也有其独特性，例如《刑事诉讼法》中的近亲属条款往往与申诉权、现职司法人员的辩护人资格、临刑会见等特定事项相联系，其范围故而较窄；而《民法典》和《行政诉讼法》中的近亲属条款都为普通公民的基本权利而设，故其范围相对较宽。而刑法则属于最严峻、最严厉的法律，刑罚剥夺的是人的生命、自由等权利，因此刑法解释往往要讲究谦抑精神，尤其是对入罪性的解释要慎重，所以刑法规定了独特的罪刑法定原则。以保障犯罪人的人权、限制国家权力为核心精神的罪刑法定原则或者严格解释原则，排斥其他法律鼓励的类推解释，但不排斥有利于被告人的类推解释。所以刑法对一个词语的解释，并不必然要与其他法律的规定与解释保持同一性。因此笔者倾向于认为应该按照老百姓理解的近亲属的范围来解释盗窃罪司法解释中的近亲属更为合理。中国有句俗语："富不过三代，贫不出五服。"老百姓所说的"五服"这一近亲属的范围，除了包含以上法律所规定的近亲属,还可以包含女婿与岳父母之间的亲属关系,伯、叔、姑与侄之间的亲属关系,舅、姨与外甥之间的亲属关系,堂兄妹之间的亲属关系,表兄妹之间的亲属关系。中国人对亲情伦理关系十分重视,俗话常说:"家丑不可外扬。"发生在这些"没出五服"的近亲属关系之间的盗窃,与发生在法律明文规定的近亲属之间的盗窃在本质上并没有什么不同。如果一概定盗窃罪,可能会与社会的一般伦理、情理不符,有可能违反了法律维护的社会秩序,违反社会和谐的内在法律精神。

不过要注意的是,从目前我国的司法判例来看,我国刑事司法部门一般是按照刑事诉讼法中的近亲属的范围来处理类似的案件。例如 2005 年张生(化名)4 次潜入舅母家中,盗得大宗财物贱卖挥霍。海口法院判决张生的盗窃罪成立,理由就是被告人虽然与被害人是三代以内的旁系血亲,但不属于刑事诉讼法规定的近亲属范畴。2006 年章三(化名)偷拿"丈人老"(岳父)5 万多元的案件,法院判其盗窃罪成立的理由,也是岳父与女婿之间的关系不属于刑事诉讼法规定的近亲属范畴。

其次,在什么样的情况下对近亲属之间的盗窃确有必要追究刑事责任。

显然,存在上述各种不同范围的近亲属关系,只是可能出罪而不是必然出罪的条件。亲属盗窃是否构成犯罪,还要结合其他因素、条件来考虑是否确实有追究刑事责任的必要性。

决定追究刑事责任的必要性的影响因素,在笔者看来主要有两种:一是近亲属之间的实质关系如何,有近亲属的血缘关系或者法律关系,并不必然等于近亲属之间的关系很好。"兄弟阋墙""兄弟相煎""窝里斗"也并非稀奇之事。例如《满城尽带黄金甲》电影反映的就是太子、王后与父皇之间的生死斗争。曹植的那首流传千古的《七步诗》,也正是反映了兄弟之间也常常"相煎太急"的社会现实:"煮豆持作羹,漉菽以为汁。萁在釜下燃,豆在釜中泣。本是同根生,相煎何太急?"在中国,"国"与"家"的结构类似,乃至于"国家"一体,大国是一个大家庭,小家庭也是一个小国,二者无法截然分开,例如,中国传统儒家文化向来讲究、强调"修身、齐家、治国、平天下"。所以居住在不同规模、不同意义的"家庭"之下的"近亲属"之间为了争夺有限的资源、权力,往往会发生兄弟相残、亲属相犯的事实。所以如果近亲属之间平常的关系非常生疏或者恶劣,甚至连陌生人的关系都不如的话,那么这种亲属之间的盗窃与陌生人之间的盗窃并没有两样,入罪的必要性、可能性就极大。

二是被害亲属是否愿意将内部矛盾公开化,是否愿意告官。在笔者看来这一因素应当是亲属盗窃是否有必要入罪的关键因素。例如亲属之间平常有内斗、有矛盾的,在亲属盗窃行为发生后,被害人也可能基于"血浓于水""家丑不可外扬""亲属内部矛盾内部解决"等因素的考虑而不愿意将矛盾公开化、扩大化,不愿意告官。如果此时刑法强行介入,非要以盗窃罪定罪,以严峻的刑罚来处罚盗窃者,可能违背了被害人的意愿,甚至会使得被害人将来无法面对整个家族的鄙视、唾弃、仇视、怨恨,无法在具体的、现实的生活中继续正常地生活下去,处于被家族乃至其他人放逐的境地,如此,刑法不仅仅没有保护被害人的生活利益,相反刑法再一次严重侵害了被害人的生活利益。这就正像电影《秋菊打官司》所反映的那样:村长与秋菊的丈夫发生了纠纷,村长朝她丈夫裆下"要命"的地方踢了一脚,固执的秋菊为了讨个"说法"(要求村长道歉)而四处告官,最后当村长因涉嫌故意伤害而被警车带走时,秋菊却是一脸的困惑。另外一种情况就是虽然亲属之间平时的关系不错,但如果盗窃者屡次三番地进行盗窃,乃至于"引狼入室",勾结外人进行盗窃,或者盗窃者已经不限于小偷小摸,而是有什么就偷什么,将盗窃来的财物挥霍殆尽,用于吸毒、赌博,严重危及某一家庭或者整个家族的生存,家族内部已经无法处理这些"内部矛盾",那么被害人也可能希望更有威慑力和管教力的国家权力来介入。用老百姓的话来说,此时盗窃者已经变成了"忤逆不孝"的"劣种""败家子""不肖子孙",那么被害人告官得到家族内部和外部社会民众的舆论支持时,将该盗窃行为入罪也就属于情理之中的事情。所以,亲属盗窃要不要入罪,其决定性的因素是被害人通过利害均衡的考量而做出的愿意告官或者不愿意告官的选择。

这正如有刑法学者对《秋菊打官司》的法律文化的解读那样:对于时下普通老百姓在自己的权益受到侵害时不愿诉讼而宁可采用其他非正式的方式来解决纠纷,即人们通常说的"私了"现象,我们不能简单地断言是因为中国没有法制或法治传统,所以中国人不懂得运用法律手段来保护自己的权利,而应从中国社会是"熟人社会"这样一种社会结构及其对人们处世方式的影响上来认识和评价。客观地分析这种"私了"或当事人自行调解解决纠纷的做法在价值上并非一概都是负面的,在某些情况下也有着积极的意义。具体到亲告罪,由于被害人与加害人大多系邻居、同事,甚至相互间有亲属关系,故当自己的权益受到侵害但损害尚不是非常严重时,被害人出于保护自己切身利益的考虑常常不希望司法机关主动去干预,因为若司法强行干预有可能会使他们在享受法律保护的同时付出很大的代价。例如他们可能因加害人被判刑而受到亲属、邻居或同事的指责长期抬不起头或者可能因为担心犯罪人出狱后报复自己而终日惶恐不安。这并非危言耸听。电影《秋菊打官司》里的情节充分反映了"熟人社会"的这一现实情况。在电影中,打人的村长被抓走了,秋菊在得到了"说法"(实际上法律所给的"说法"并不是她所要

第八章 影视作品中的盗窃罪问题解析

的)的同时却付出了沉重的代价:家人的不理解,邻居的谴责;至于村长回来以后会怎么样,电影中虽没有明说,但从这位村长被抓走前的种种表现看,秋菊以后的处境是可想而知的。因此,看完电影后,可能有不少人对秋菊这场官司打得值不值表示疑问。这就说明,在"熟人社会"里,司法介入不一定是对被害人的最好保护。特别是当被害人权衡利害得失后,不愿将纠纷诉诸法律时,司法机关的主动干预不仅违背了被害人的意愿,而且很有可能使被害人的更大利益受到损害。而采用亲告罪制度,将起诉的权利赋予被害人并允许他们采取其他适当的方式解决纠纷,在被害人要求司法保护时方进行干预,则既可以保障被害人的合法权益,又有利于社会关系的稳定,实为处理熟人社会某些刑事纠纷的一个明智之举措。①

虽然我国刑法没有将"亲属盗窃"设置为亲告罪,但在程序上"亲属盗窃"却完全可以采用"不告不理"的自诉程序,《刑事诉讼法》及其司法解释中的自诉案件范围并不限于《刑法》明确规定的5个亲告罪:侮辱罪、诽谤罪、暴力干涉婚姻自由罪、虐待罪、侵占罪,也包含属于刑法分则第四章、第五章规定的,对被告人可能判处三年有期徒刑以下刑罚的案件,盗窃罪就属于《刑法》第五章的罪名。根据《刑事诉讼法》的规定,人民法院对自诉案件,可以进行调解;自诉人在宣告判决前,可以同被告人自行和解或者撤回自诉。这实际上就是充分尊重、考虑了被害人在刑事诉讼中的主体地位,不仅在实质上有利于更充分地保障被害人的合法权益,也有利于缩小刑罚的适用面,防止不必要的适用刑罚,从而贯彻刑法的谦抑性原则。这也符合现代刑法只是"最后一道防线""最后手段"的法律特性。

所以,根据以上的分析,诸如夫妻之间的相盗行为要不要以犯罪来处理的问题,也就迎刃而解。从形式上来看,夫妻关系只要在法律上还没有解除,其财产就属于共同财产,似乎不存在成立盗窃罪的问题。但是我们也应该从实质的角度来解释该问题。夫妻关系属于亲属关系的一种,夫妻关系同样存在不同的形态。如果形式上的夫妻关系尚未解除,但夫妻二人已经水火不容,比如离婚官司已经进入一审或者二审程序,二人早已经分居、分家,除了有争议的或者待分割的共同财产,夫妻二人各自有独立的财产。如果此时夫妻相盗,一方强烈要求处以盗窃罪,那么夫妻相盗的行为也可以以盗窃罪处理。有的国家对此就有明确的规定,例如法国刑法就规定"盗窃配偶之财物,不得引起刑事追究,但夫妻已分居或者允许分别居住之情况除外"。因此,夫妻之间相盗,同样存在成立盗窃罪的可能性,也应该执行刑事司法解释

---

① 参见齐文远:《"亲告罪"的立法价值初探——论修改刑法时应适当扩大"亲告罪"的适用范围》,载《法学研究》1997年第1期。

中规定的"一般可不按犯罪处理;对确有追究刑事责任必要的,处罚时也应与在社会上作案的有所区别"的处罚原则。

> **刑法知识小贴士**
>
> 从目前我国的司法判例来看,我国刑事司法部门一般是按照刑诉法中的狭义近亲属来处理亲属相盗的案件。笔者认为这一做法并不合理,应该扩大近亲属的范围。偷拿自己家的财物或者近亲属的财物,一般可不按犯罪处理。如果近亲属之间的关系非常生疏或者恶劣,被害人也要求处理盗窃者,那么就可以以盗窃罪处理。

第七节 "拾金而昧"是否构成盗窃罪的问题

"拾金不昧"一直是中国文化提倡的一种高尚道德。从小我们就是唱着"我在马路边捡到一分钱,把它交到警察叔叔手里面,叔叔拿着钱,对我把头点,我高兴地说了声,叔叔,再见!"的童谣长大的。"一分钱"价值太低微,交与不交都不涉及法律问题。问题是如果捡到了数额较大或者巨大的财物,交了是高尚的道德行为,那么不交到底是不道德的行为还是犯罪行为?这的确需要讨论。老百姓可能会认为,凡是捡到东西不交的,大不了就是受到社会道德的谴责,与法律尤其是刑法没有关系。这一观念不能说完全错误,一般情况下,捡到他人的东西没有上交的不构成犯罪。但也可能存在观念上的偏差,事实上,在特定场合下,"捡东西"也可能构成盗窃罪或者侵占罪。

例如电影《寻枪》中卖羊肉粉的刘结巴参加了警察马山的妹妹的婚礼,马山喝得烂醉如泥,被人送上酒厂厂长周小刚的轿车,手枪滑落在周小刚的车座上,刘结巴从周小刚的车中趁机捡走该枪。那么刘结巴在周小刚车中"捡枪"的行为就是盗窃行为,因为对象特殊,构成刑法上规定的"盗窃枪支罪"。再如电影《我叫刘跃进》中,民工刘跃进一路追赶小偷"青面兽","青面兽"跑不过,将其盗窃的女式名贵坤包扔在路边逃走。刘跃进见四下无人,就将马路边的包捡回家藏起来。那么刘跃进"在马路边捡包"的行为也是盗窃行为,构成盗窃罪。①

那么在什么样的特定场合下,捡拾他人落下的财物据为己有可以构成盗窃罪?第一,在有明确的私人管理或者公共管理的封闭区域内,捡拾他人遗

---

① 有人也可能认为构成"侵占罪",下文将分析盗窃罪与侵占罪的区别。

忘或者遗失的东西,构成盗窃罪。这种情况之所以构成盗窃罪,是因为虽然东西的主人丧失了对东西的占有状态,但该东西却并非处于无主占有状态,而是自然地转移为该封闭区域的管理者所占有。例如电影《寻枪》中警察马山在车上丢了枪,该枪就属于车主周小刚所管理。刘结巴从该车中"捡枪"就属于盗窃行为。同样,在出租车中、在酒店的客房中、在他人的家中、在有人管理的其他建筑物中捡到第三人落下的东西,都属于盗窃行为。第二,在无明确的管理人的公共场所,比如车站、飞机场、马路边、建筑工地、公共教室、广场、公园里、空地等捡拾处于"他人观念上占有"状态的东西,且行为人对此是明知的,也是盗窃罪。这里的观念上的占有,是指东西的主人不在现场,但他并没有遗忘或者遗失该物,而是在观念上仍然占有着该物。例如很多人将自行车停在路边或者建筑物前,然后离开办事,那么主人虽然没有现实地看着或者把持着该自行车,其也仍然处于主人的占有状态之下。如果有人明知该自行车处于他人观念上的占有状态而"捡走"的,也构成盗窃罪。所以法律上的占有与物理上、生活上的持有是两回事。在日常生活中东西与主人在时间与空间上分离的占有是常态,没有人能够随时随地地在物理上紧紧握住所有的财产。如果将法律上的占有解释为物理上的持有,那就会出大问题,比如只要主人不在家,那么小偷入室盗窃的,都无法用盗窃罪处理了。这就是民工刘跃进"在马路边捡包"的行为也是盗窃罪的根本原因。"青面兽"为了逃跑而扔下包,这个包并不是遗忘物或者遗失物,"青面兽"也不是放弃了对该包的占有,而是相反,他还是在观念上占有着该物,如果不是追赶他的刘跃进捡走,"青面兽"还会拿走该包。所以刘跃进在明知"青面兽"没有放弃对该包的观念上的占有的前提下捡走该包,就构成了盗窃罪。

值得注意的是,即使是捡到处于无人占有状态下的遗忘物,不构成盗窃罪,也可能构成刑法中规定的另外一个犯罪——侵占罪。鉴于盗窃罪与侵占罪区分不仅仅是刑法理论上的难题,很多司法实践者也经常搞不清,更不用说老百姓了。所以我们将盗窃罪与侵占罪的区别问题,放在侵占罪一章中专门论述。

刑法知识小贴士

一般情况下,捡到他人的东西没有上交的不构成犯罪,但在特定场合下,"捡东西"也可能构成盗窃罪或者侵占罪。一是在有明确的私人管理或者公共管理的封闭区域内,捡拾他人遗忘或者遗失的东西,构成盗窃罪。二是在无明确的管理人的公共场所,比如车站、飞机场、马路边、建筑工地、公共教室、广场、公园里、空地等捡拾处于"他人观念上占有"状态的东西,且行为人对此是明知的,也是盗窃行为。

第八节　对社会观念中"小偷"的反思

从中国的过去与现在的社会观念来看，如果非要搞个民众最痛恨犯罪排行榜，那么无疑排在首位的不是杀人罪、抢劫罪、强奸罪、贪污罪、受贿罪，而是盗窃罪。自古以来，小偷就是最被人瞧不起的，在道德上也是受谴责最重的。例如电影《十七岁的单车》中，几个高中生抓住"偷车"的阿贵，不容其辩解，就是一顿拳脚，其实这是中国社会对小偷的真实反应，人们对待小偷就像对待过街的老鼠——"人人喊打"。

其实老百姓的这一先入为主的观点遮蔽了两个明显的事实：(1) 虽然同是干坏事，盗窃却并不是最邪恶、最无耻、危害最严重的犯罪。一方面，社会上很多小偷奉行着"盗亦有道"的"职业规范"，这比杀人、抢劫、强奸等暴力犯罪，以及那些贪污受贿、金融诈骗等犯罪多少要更讲"道德"一些。在某种意义上看，小偷身上的人性要比其他类型的犯罪人多一些。例如"小武"每次盗窃他人的钱包后，只要不暴露自己的行为与身份，他都尽量将钱包中的身份证或者其他证件塞在信箱中，被害人可以去公安局、派出所找到这些证件。现在有些小偷也会做出类似的行为，盗窃了手机等财物后，如果被害人发短信要求其返还其中一些重要的证件之类的东西，他们也会通过一些方式归还失主。小偷有时候还会出于对被害人的同情而全部返回财物。另一方面，小偷若非迫不得已，是不会轻易地使用暴力伤害被害人的人身或者生命。如果被发现，小偷的第一反应多是逃跑，而不是使用暴力乃至杀人灭口。用《天下无贼》中盗窃团伙头目"黎叔"的一句话说："杀人那是强盗干的事。"(2) 小偷也是社会底层人群的一部分。固然有些小偷的确是好吃懒做、不劳而获的人，但多数小偷却往往是社会政治、经济结构与制度失衡的牺牲品或者产物。多数小偷如果受到了好的教育、有基本的社会福利保障或者有一份正式的工作，他们就不会走小偷之路，没有多少人真的愿意做小偷。例如被称为现代刑法发源地的意大利，就拍过一部非常出名的新现实主义代表作电影《偷自行车的人》(《十七岁的单车》就是向该经典电影致敬)。该电影故事背景是第二次世界大战前后的罗马，在百废待兴之际，男主角好不容易才找到一份张贴海报的工作，不料第一天上班便被人偷了他工作必需的脚踏车，于是跟他的小孩子踏破铁鞋到处找车，最后无可奈何地下手偷别人的车，却被逮个正着。实际上即使不得已走上"小偷"之路的人，真正靠偷而能发家致富的可能性很小。绝大多数"小偷"都是和电影《小武》中的那个"小武"一样，仍然处于社会的最底层，能够像小武曾经的"战友"小勇那样"一夜暴富"，成功地转型为企业家、纳税大户的概率非常小。多数小偷其实和守法

第八章　影视作品中的盗窃罪问题解析

公民一样,感受着生活的酸甜苦辣。

　　笔者之所以要对社会民众关于"小偷"的道德价值观念进行反思,并非为小偷开脱,也并非认为"小偷有理",或者认为小偷不应该受到法律的惩罚,而是希望国家法律以及社会民众能够理性地、公平地对待"小偷"(盗窃犯)。

　　首先,从法律上看,我国刑事立法以及刑事司法实践对盗窃犯的刑罚处罚规定得过重。例如有学者就曾经统计过,我国在1997年之前判处死刑的盗窃犯占所有死刑数量的40%以上。在1997年之前的"严打"时期,盗窃一辆摩托车、一只狗就足以从重从快判处死刑。虽然1997年修改《刑法》时,对盗窃罪判死刑限制在"盗窃金融机构,数额特别巨大的;盗窃珍贵文物,情节严重的"这两种特定的情节,但当时盗窃罪还没有废除死刑。2010年《刑法修正案(八)草案》中准备废除包括盗窃罪在内的13个纯财产犯、经济犯罪名的死刑,但仍然有人反对废除盗窃罪的死刑,他们认为虽然当今盗窃罪的死刑用得少,但不代表就应该废除。"现今盗窃犯罪频发,盗窃的金额越来越大,动辄几百万元、上千万元。死刑虽不能从根本上遏制住整个盗窃犯罪,但对有效阻止严重盗窃犯罪的发展势头具有积极作用。"[1]笔者认为,若要论废除死刑,盗窃罪应该排在第一;另外从罪刑均衡的角度看,盗窃行为的社会危害性往往要小于贪污受贿等犯罪行为,但我国无论是刑法的规定还是具体的司法裁量,都没有体现出罪刑均衡,对盗窃的处罚严厉程度远远要超过这些犯罪。例如,盗窃罪虽然原则上要求数额较大才构成犯罪,而贪污受贿罪等虽然在刑法规定上没有要求数额,但司法解释中确定的立案标准是5000元,远远高于盗窃罪数额较大(1000~V3000元)的立案标准。其实在司法实践中,贪污受贿等犯罪的立案或者其他处罚标准早已远远超过司法解释与法律规定的现有数额标准。我们经常可以看到很多贪污挪用了几百万元、上千万元的"官盗""贪官",其处罚也可能就是有期徒刑。而类似于许霆"盗窃"超过10万元的行为,法院一审就判处无期徒刑以上的刑罚。

　　其次,社会民众往往用不当的手段来对待盗窃犯。例如社会民众抓住小偷之后,有时会对小偷进行殴打,或者将小偷关起来或者捆着小偷游街或者采取其他侮辱方式,以发泄心中对小偷的仇恨,其实这些手段都是对小偷应当得到保护与尊重的人权的侵犯。出于对小偷的仇恨,现在几乎在全国各地都有民众自发组织起来的"反扒联盟"[2],这些民间组织往往也会采取一些极

---

[1] 《要取消的13种死刑罪名中盗窃罪有争议》,载《成都商报》2010年8月27日,第4版。
[2] 与"反扒联盟"雨后春笋般地在全国各地自发成立的热闹相比,奇怪的是民间很少有"反抢联盟"。北海曾经有网友呼吁成立一个"反抢联盟",但响应者寥寥。参见许海鸥:《发"英雄帖"倡导"天下无贼""反抢英雄"论为阶下囚》,载广西新闻网,访问日期:2024年9月25日。

175

端的手段对付小偷。

在笔者看来,这些不当手段如果情节严重的,也可以构成故意伤害罪、非法拘禁罪、侮辱罪等犯罪。这并不是说民众不能制止盗窃行为或者扭送小偷到公安司法机关。而是提醒民众"小偷也是人",不能采取不当的、违法的乃至犯罪的手段对待小偷。武汉、大连、南京等地都发生过多起反扒联盟成员因不当反扒而被刑事拘留或者被判刑的案件。例如南京反扒志愿者小张(化名)将小偷打成重伤就被刑拘。2007年3月21日,小张通过网络联系了王某等七人,于3月24日下午赶至中央门南站寻找扒手,当发现疑似扒手的高某等人后,在没有取得证据的情况下,小张等人用随身携带的铁棍将高某打伤。大连几个反扒成员因为将一个路人误认为是小偷而将其打昏,多名反扒人员被判决拘役6个月至有期徒刑3年不等的刑罚。

固然这些反扒志愿者的精神是可嘉的,但是在法律的面前,小偷也有其基本作为人的权利而不容侵犯。作为民间的反扒志愿者以及其他民众,首先得懂法守法。当民众发现扒手在实施盗窃时,最先做的应该是制止和报警,而不是简单地发泄自己对扒手的不满和仇恨心理,甚至施暴。民众必须学会运用法律武器合理合法地对付扒手。民众务必掌握扒手作案的证据之后再出手,如果没有证据证明而抓到的人,在法律上就不是"扒手""小偷"(盗窃犯)。另外,除非小偷用暴力攻击被害人或者扭送人,否则被害人以及民众不得对"小偷"使用暴力,也不得将小偷拘禁起来或者采取其他不当手段侮辱小偷。例如2008年年底,南京溧水县城一家公司连续三次被偷,被盗走电脑及手机。该公司老板带领手下员工将小偷抓住,并让小偷带着他去同伙处找回失物。搜寻未果,他竟私设公堂将小偷非法拘禁了整整6天,并对其动用"私刑"。最后法院宣判被盗的三名受害人非法拘禁罪成立,三人分别被判处有期徒刑1年、8个月以及7个月。因此如果民众忽视了小偷本身也有合法权利,"反扒"行为一旦超越适度界限,"反扒英雄"或者"被害人"就有可能变成"违法者""犯罪者"。

刑法知识小贴士

社会民众或者被害人在"反扒"过程中,如果对小偷不当地使用了暴力行为、非法拘禁行为、侮辱行为,情节严重的,有可能够构成故意伤害罪、故意杀人罪、非法拘禁罪、侮辱罪。

学术论文成果示例篇
经典电影、文学中的刑事法理分析

◎ 第九章　形式与实质的刑法解释论的立场选择
◎ 第十章　负有照护职责人员性侵罪的规范目的新解
◎ 第十一章　"救援酷刑"合法化问题
◎ 第十二章　程序正义与实体正义的纠缠
◎ 第十三章　我国防卫过当学说的反思
◎ 第十四章　人工智能能否成为"犯罪主体"的问题
◎ 第十五章　人性的弱点与刑法中的期待可能性
◎ 第十六章　刑事冤案的产生与防控
◎ 第十七章　中国熟人社会与求刑权反思

第九章　形式与实质的刑法解释论的立场选择

——电影《通天塔》与小说《小王子》

第一节　《通天塔》电影简介

《通天塔》（Babel,2006）

在摩洛哥、墨西哥和日本发生了三个故事。

理查德和妻子苏珊因为婚姻危机，决定前往摩洛哥旅行。在旅途中，苏珊在旅行车里遭遇枪击，为了医治苏珊，一车美国游客不得不在摩洛哥的小村庄滞留。而警方也将此次事件定性为恐怖袭击，展开了调查。然而，事件的真相却惊人的简单。

理查德夫妇的滞留影响到了家里的孩子们。家里来自墨西哥的保姆为了参加儿子的婚礼，只能让她的侄子开车带着她和孩子们一同前往。然而，当他们从墨西哥返回美国时，在边境上，他们遇到了麻烦，警方怀疑她绑架了美国儿童。事情发展开始不受控制。

在日本，聋哑少女千惠子孤寂地生活在无声的世界中，母亲的自杀使她和父亲的沟通越发困难。由于残疾，她也难以获得异性的关注，性格逐渐变得叛逆。于是，她尝试用自己的方式和世界沟通交流。

第二节　形式解释与实质解释的概念在法理学中的缺位

在刑法学领域，就解释目标而言，主观说与客观说虽然存在争论，"形式解释论"与"实质解释论"却被更频繁地使用，形成了两种对立的解释立场或者思路。刑法学多数基本问题的争议大多是围绕形式解释与实质解释展开的。大陆法系国家，在犯罪论上存在形式犯罪论与实质犯罪论的根本对立,与此相对应,在刑法的解释上形成形式解释论与实质解释论两种基本学派。从罪刑法定原则的要求和保障人权的要求出发,形式犯罪论承认构成要件的独立机能,以社会的一般观念为基础,将构成要件类型化。形式犯罪论者主张形式解释论,"在构成要件的解释上,在对处罚的必要性或合理性的实质进行判断之前,应当从具有通常的判断能力的一般人是否能够得出该种结论的角度出发,进行形式判断"。与此相反,实质犯罪论者主张实质解释论。他们认为,形式犯罪论所强调的犯罪类型的内容不明确,因此无法有效实现保障人权或保护国民利益的目标。实质犯罪论者认为,刑法规范不仅是行为规范,更应当是以法官为中心,导入实质当罚性判断的裁判规范。因此在刑法特别是构成要件的解释上,应进行实质性解释。①

在我国刑法学中,近些年也开始对形式解释论与实质解释论展开讨论。例如,张明楷教授是实质解释论的主要倡导者,根据他的观点:在刑法学研究中,形式解释与实质解释在不同场合可能具有不同含义。就犯罪构成要件的解释而言,形式解释意味着仅仅根据法条的文字表述解释构成要件,而不问经过解释所形成的构成要件是否说明犯罪的实质;实质解释意味着仅仅将值得科处刑罚的行为解释为符合构成要件的行为。即使在罪刑法定原则之下,也应当以犯罪的本质为依据,即通过应当负刑事责任程度的社会危害性去解释犯罪构成。②

然而,"形式解释论"与"实质解释论"的争议在法理学界还没有得到足够的关注。在法理学领域,我们更为熟悉的概念是法律解释学的主观说与客观说,却几乎看不到"形式的解释"与"实质的解释"这样的提法。最相近的提法是国外法理学界批判的概念法学、注释法学以及分析实证主义法学常常使用的"形式主义""法条主义"等术语。③可以说,人人都在批判对方的理论或者解释方法是"法律形式主义"的,人人都可能被贴上"法律形式主义"的标签,"形式主义"无论是在日常生活中还是在学术界都已成为一个带有贬义的标签,因此,被批判者也常常唯恐避之不及。与此同时,也许是鉴于学者们无法确定法律形式主义的具体内容与范围,无法清晰划分"形式主义"与"实质主义"之间的界限,因此在法理学界,即使批判他人的观点是"法律形式主义"的,也几乎没有人把自己的观点称为"法律实质主义",而是习惯用"法律现实主义""价值法学"等字眼。"法律形式主义"只是一个随时可以贴

---

① 以上内容参见[日]大谷实:《刑法总论》,黎宏译,法律出版社,2003年,第73页。
② 参见张明楷:《刑法的基本立场》,中国法制出版社2002年版,第128页。张明楷:《刑法学研究中的十关论》,载《政法论坛》2006年第2期。
③ 参见张志铭:《法律解释操作分析》,中国政法大学出版社1999年版,第52页。

第九章 形式与实质的刑法解释论的立场选择

在他人身上的贬义的标签,因此"法律形式主义"在法理学领域就被悬置虚化了,似乎"法律形式主义"与相对应的"法律实质主义"在法理学上并不能成为一对有效的、合法的分析范畴。[①] 同样,这反映在解释学上就是形式解释与实质解释这两个概念在法理学上的缺位。因此,从现有的状况看,形式解释论与实质解释论的争论的确局限在刑法学领域,并且和刑法中的独有的罪刑法定原则以及犯罪成立理论紧密相关。

于是,部门法和法理学在该问题的研究上呈现出一个少见的"倒置现象":刑法学领域对形式解释论或者实质解释论的研究要比法理学领域稍稍走在了前面。[②] 由此产生了一个基本的疑问:难道是因为刑法文本的特殊性决定了"形式解释论"或者"实质解释论"只能局限在刑法解释学的领域,不能成为法哲学或者法律解释学的一般问题?对该问题,笔者倾向于认为形式解释论与实质解释论可以也应当成为法理学研究的问题。

第一,从抽象层面来看,"形式"与"实质"在哲学上就是一个古老的对立概念,必然会在法理学上有所反映,形式思维与实质思维也必然会反映到对法律的解释上。事实上,在法理学界存在的所谓批判"形式主义"的法律解释立场或者方法的运动,虽然不能直接等同于"形式解释论"和"实质解释论"的问题,但这个批判运动是对形式解释论与实质解释论之争的歪曲的反映,至少包含了形式解释论与实质解释论的部分问题。

第二,即使因为刑法文本的特殊性决定了一些问题的特殊性,也并不必然意味着"特殊性问题"不能成为法理学问题。首先,人们对属于部门法的特殊问题的法理性的认识有一个过程。属于部门法的问题完全可能因认识的加深而转化为法理学的研究内容,如法理学上的法解释学问题就是从部门法领域发起的,正如梁慧星教授所言:"关于法律解释适用的方法论,本属于民法学的内容之一,但本世纪以来,法学方法论日益受到重视,因此有从民法学脱离而成为独立研究领域的趋势。"[③]其次,存在因为部门法的特殊性而在法理上尤其重要的可能性。和其他部门法相比,刑法文本最独特的地方就在于刑法规定的罪刑法定原则,由此产生了一些特殊的解释问题:排斥类推适用,排斥习惯法,严格区分扩大解释与类推解释等。在其他

[①] 个别法理学者注意到这个现象,开始试图在法理学界为"法律形式主义"正名。参见孙笑侠:《中国传统法官的实质性思维》,载《浙江大学学报》2005年第4期;陈锐:《法理学中的法律形式主义》,载《西南政法大学学报》2004年第6期;柯岚:《法律方法中的形式主义与反形式主义》,载《法律科学》2007年第2期。

[②] 该"倒置现象"仅仅指关注时间上的迟早,并不意味着刑法学界对问题的认识比法理学界更为进步。

[③] 梁慧星:《民法总论》,法律出版社1996年版,第278页。

法律领域，比如民法领域，依习惯补充法律漏洞、类推适用，乃至于"不具有类似性"关系的"目的性扩展"解释等方法是一般的解释方法，甚至各国民法对这些法律漏洞的补充方法有明文规定。① 然而正是因为刑法禁止类推解释的特殊性，使得这个特殊性的问题已经成为法理学关注或者研究的对象。②

第三，最重要的是，从认识论层面上看，部门法学需要法理学对形式解释论与实质解释论的许多基本问题进行法理层面的论证和回应。比如什么是一般意义上的形式解释论与实质解释论？"形式解释论"和法律解释的主观说、历史解释论以及和概念法学、分析法学、法律实证主义等这些概念是什么关系？"实质解释论"和法律解释的客观说、目的解释论以及和法律现实主义、利益法学、自由法运动等概念是什么关系？这些问题并不是不言自明的东西，亟须法理学给予回应，否则部门法的学者可能就会想当然地预设一些没有经过法理学论证的前提。比如在刑法学领域，无论是实质解释论者还是形式解释论者，一些学者想当然地认为在"法解释学上，有形式的解释论与实质的解释论学说之争。……形式的解释论与实质的解释论反映在刑法上，就是形式的刑法解释论与实质的刑法解释论之争"③，"法律解释论关于法律解释的目标向来有主观解释论与客观解释论、形式的解释论与实质的解释论的学说之争。主观解释论……，因而亦称形式解释论。客观解释论……，因而又称为实质解释论"④。实际上，部门法学者的这些说法无法在法理学上找到理论根据。他们将解释学上的主观说直接等同于形式解释论，客观说等同于实质解释论。形式解释论、实质解释论在此变成了主观解释论、客观解释论的代名词而已，他们通过这种未经法理论证的概念置换，悄然完成了从法理学或者法哲学层面上的对刑法解释学中的形式解释论与实质解释论的"理论支持"。

鉴于形式解释论与实质解释论在法理学研究领域中尚处于一种缺位状态，法理学没有给部门法提供现成的材料、命题、结论或者比较成熟的论证思路，更谈不上达成共识。因此本文所使用的素材，绝大部分来源于我国刑法学界关于形式解释与实质解释的论战，而且将焦点集中在形式解释论与实质解释论的内部关系的问题上。至于本文提及的形式解释、实质解释与其他相关的法理学概念、范畴之间的外部关系等问题，虽然非常重要，但限于篇

---

① 参见梁慧星：《民法总论》，法律出版社1996年版，第281—285页。
② 参见[美]E·博登海默：《法理学——法律哲学与法律方法》，邓正来译，中国政法大学出版社1999年版，第495页。
③ 苏彩霞：《实质的刑法解释论之确立与展开》，载《法学研究》2007年第2期。
④ 梁根林：《罪刑法定视域中的刑法适用解释》，载《中国法学》2004年第3期。

幅,也只能是将这些问题提出来,暂且存而不论,以期抛砖引玉,引起法理学对相关问题的关注。

关于形式解释论与实质解释论之间的关系,在我国刑法学界的相关论战中形成了一些"共识性"的意见、结论,但实际上有些意见、结论并没有得到充分的验证,这些"共识性"的意见是如何变得可质疑的? 我们还得从一部美国电影——《通天塔》谈起。

第三节 对《通天塔》电影的语言学解读

一部虚构的外国电影如何与严肃的刑法问题扯在一起的? 这的确有点唐突,为了消除一些疑惑,笔者从方法论的角度,简单地说明以文艺作品为素材进行法学研究的可能性。首先,电影《通天塔》是促使笔者对实质解释等法学理论进行思考的一个偶然的动因。电影《通天塔》也被翻译为《巴别塔》,笔者偶然知道"巴别塔"一词来源于圣经故事,该词也被用在语言解释学、法律解释学领域。于是乎,这几个偶然因素相加,电影《通天塔》就和法律解释学有了一个外在的关联。其次,从学术意义上来看,仅仅有这个外在的关联是不够的。重要的不是什么东西引起了思考,重要的是思考了什么东西。如果找不到二者之间的内在的关系,那么将电影《通天塔》和法律解释扯在一起,就类似于"雨伞和缝纫机在手术台上一样"[1],这种古怪的相遇哪怕产生了所谓的"事物诗意般相遇的火花",但在讲究规范性的法学学术上是无意义的,甚至是负价值的,只能产生"某种挥之不去的难堪",增加"类似于异位移植的困惑和无序"[2]。因此,必须寻找到表面相异的事物之间的内在的相关性。事实上,在我们看来,虽然电影《通天塔》只是一部虚构的艺术品,但艺术和科学并不是泾渭分明的。[3] 各种艺术形式都具有一定的思想价值。"艺术作为自然与人的理想化,除了其形式价值之外,还应具备意境和精神内涵,心理和哲理情趣。"[4]"作家是用笔思想的"[5]一类人。"艺术作品就

---

[1] 法国诗人洛特雷阿蒙说"一把雨伞和一台缝纫机的偶然相遇产生美",这句话成为法国文学史上最有名的象征之一,是说最不相干的两个形象放在一起,会创造出新的象征意义。参见[捷克]米兰·昆德拉:《被背叛的遗嘱》,余中先译,上海译文出版社2003年版,第52页。
[2] [法]米歇尔·福柯:《词与物》,莫伟民译,上海三联书店2001年版,第1—5页。
[3] 在中国的传统教育观念中:艺术是求美,科学是求真,道德是求善。似乎越是科学的就越不艺术,越是艺术的就越不科学,因为艺术是极其不严谨的。这种观点值得反思。
[4] 参见[英]赫伯特·里德:《艺术的真谛》,王柯平译,中国人民大学出版社2004年版,第5页。
[5] 参见王蒙:《作家是用笔思想的》,载《读书杂志》1990年第1期。

是用最小的面积惊人地集中了最大量的思想。"①很多法学家也从文学艺术作品中吸收养分,如日本著名刑法学者西原春夫说:法律人不仅必须熟悉法律制度,还应该大量阅读小说或者其他文学作品,以便培养理解相互对立利益的持有者的心情、感情的能力。② 甚至于在美国有着一个影响不小的"法律与文学"流派,主张法律不过是另外一种应当予以解释和理解的故事,文学作品的解释方法可能有助于法律的解释。在我国的法理学界以朱苏力教授为代表的少数学者在这方面也进行了一些成功的探索与尝试。③

当然这些都只是证明了文学艺术作品的思想本性对法律问题的理解有所助益的可能性而不是必然性。能否实现从可能性到现实性的转化,尚依赖于个人的研究路径的选择是否正确。我们在探讨、解读电影《通天塔》的过程中,因为"通天塔"一词勾连了电影和法律解释两个领域,自然对电影《通天塔》的关注也就远远地超出了"电影无非就是给我们讲述一个故事"的意义,笔者获得了更多的东西,思想触动巨大。这种触动逐步地影响到我们对实质解释论、形式解释论原有的一些看法。电影《通天塔》和法律解释之间的内在关系也就逐步建构起来。

虽然这部电影获奖众多,但是面对这样一部电影,中国观众最初却分为截然相反的两派:以多数普通观众为基础的"不懂派"和以极少数专业影评人为代表的"看懂派"。很多中国观众在看完电影后十分失望:"没看懂""一头雾水""三条线索之间没有很好的衔接,显得很凌乱,不知道导演究竟要说什么""节奏拖拉,让人昏昏欲睡"。

普通观众对该电影的不理解是如何发生的?从电影元素来看,或许是因为《通天塔》缺乏商业大片的一切吸引观众眼球的元素。《通天塔》没有出彩的故事,没有跌宕的情节,没有敌我的冲突,没有诙谐的笑场,没有宏大的场面,没有绚丽的色彩,没有欢愉的音乐。每个人对事物的理解是和兴趣紧密联系在一起的④,当观众在电影中没有找到预期的感兴趣的东西,自然也就谈不上去思考更深的意义。最重要的是中国观众缺乏对电影的名字《通天塔》的背景理解。"通天塔"之名起源于《圣经·创世记》中记载的一则故事:最初,上帝创造人时赋予人的语言是统一的,于是人们商量造一座通天的巴

---

① [法]巴尔扎克:《论艺术家》,载伍蠡甫、胡经之主编:《西方文艺理论名著选编(中卷)》,北京大学出版社1986年版,第100页。

② 参见[日]西原春夫:《刑法的根基与哲学》,顾肖荣等译,法律出版社2004年版,第140—141页。

③ 参见苏力:《法律与文学——以中国传统戏曲为材料》,生活·读书·新知三联书店2006年版,第5—11页。

④ 参见[德]哈贝马斯:《认识与兴趣》,郭官义、李黎译,学林出版社1999年版,第201页。

第九章　形式与实质的刑法解释论的立场选择

别塔(The Tower of Babel),以此来传扬人的名字而不是上帝的名字,上帝用法术混乱了人们的语言,使人类之间的交流出现障碍,分歧、猜疑与争吵就此出现,由于从此无法用语言彼此沟通理解,巴别塔也就停工了。现代的语言解释学借用"巴别"(Babel)一词来表示语言"混乱"的特性。① 当观众没有这种西方人熟知的"通天塔"背景知识,电影《通天塔》就是一些无意义的、混乱的镜头的拼凑,在中国普通观众看来,《通天塔》的内容和"××塔"没有直接的关系,也就很难在观众心中建立起意义。

最初的"看懂派"主要是一些专业的影评人,在大量影评②中几乎都要提及圣经故事"巴别塔"。尽管具体表述上有差异,但他们都将电影《通天塔》的主题归结为"语言隔阂":人们因为语言的不同或者不通而无法相互理解,从而发生误会与冲突。他们通过网络等方式传播着这个主题,当观众有了这个前见之后,就像黑屋子里点燃了一根火柴,《通天塔》的那些琐碎的细节似乎一下子就明朗起来,凌乱变得有序,琐碎变得一体,沉闷变得深刻。反过来,电影中的一切材料、场景也都涌现出来佐证电影的这一主题。如理查德用英语和手势向摩洛哥司机求助送妻子去医院,但该司机还是绝尘而去的场景;日本聋哑女在学校的排球比赛中愤怒地向误判的裁判伸出中指的镜头等。并且电影中出现的贫富两个世界,三大洲和美国、摩洛哥、墨西哥、日本四个国家,英语、摩洛哥语、墨西哥语、日语、哑语五种语言等要素,也表征着该主题的普遍性存在。

在一段时间内,笔者也从来没有怀疑过这个共识性的解读结论。然而,有一次偶然浏览到一篇影评,发现该影评对电影情节的描述与电影文本的实际情况有点细微出入,该影评对墨西哥故事是这样描述的:墨西哥保姆等人"在路上由于语言不通以及种族差异的原因,而被警察误认为是绑架美国小孩的嫌犯而遭追捕……"③事实上,在电影中,墨西哥保姆以及其侄子和美国警察发生冲突时,他们使用的是流利的英语,而不是美国警察无法理解的墨西哥土语。于是有一连串的问题突然抓住了我:这是导演没有处理好的穿帮镜头? 还是解读者的一个小小的偶然的失误,或者必然的失误? 人们为什么会犯如此明显的错误? 在这个失误背后隐藏着什么问题? "语言不同或不通的障碍导致误会与冲突"真的就是《通天塔》想要表达的意义? 我们真的读懂了《通天塔》吗? ……于是笔者开始反思这个越来越流行和越来越熟

---

① 参见齐文远、周详:《"严打"方针的刑法学思考》,载《法学论坛》2002年第5期。
② 有一个专门的影评网页,大约有四百篇关于《通天塔》的影评,载 http://www.douban.com/subject/1498818/,访问日期:2024年4月15日。
③ 《我眼中的巴别塔》,载豆瓣电影网,访问日期:2024年9月25日。

185

知的"共识性主题"。其实人一旦开始反思或者开始发问的时候,同一事物的两面性就开始显露出来,新的意义也就有了生成的空间。的确,当我们开始提问的时候,其实就意味着某些新的东西开始显现出来。在哲学解释学中"承认问题对于一切有揭示事物意义的认识和谈话的优先性"。"问题的出现好像开启了被问东西的存在。"真正的"提问就是进行开放"①。可以说是问题的出现打开了对《通天塔》主题理解的其他视域和路径。

这个看似不起眼的"失误"产生了蝴蝶效应②,最终导致了对主题的颠覆性理解。西方俗话说:"丢失一个钉子,亡了一个帝国。"③一点点细微的出入使得我们开始反思那个所谓的共识性主题,原本支撑该主题的一些电影镜头所提供的信息、材料、情节突然之间有了相反解释的可能性。随着深入的考证,那个"共识性主题的意义"——语言不同或不通的障碍导致误会与冲突——变得千疮百孔,最终土崩瓦解。

首先,虽然《通天塔》有一些表现因为语言不通或者不同而产生隔膜的场景,但是人们忽视了更多的相反的场景。事实上,《通天塔》的诸多冲突场景中,人们使用的恰恰是同一种语言,在语言工具方面并不存在交流的障碍。

其次,进一步反思影评人士常提及的因为语言不通或者不同而产生隔膜的电影场景,我们惊奇地得出一个完全不同的结论:这些场景并不反映语言障碍导致冲突的问题。比如日本聋哑女孩在排球比赛中和裁判的冲突,恰恰是因为裁判从她的手势中读懂了她的哑语:"这个球明明出界了,虽然我是聋子,但我不是瞎子",所以裁判才红牌罚下她,于是出现了她愤怒地向裁判伸出中指的一幕。同样,电影中的一些曾被忽视了的细节实际上表明摩洛哥货车司机虽然不懂英语,但他其实明白了理查德所表达的"需要救助的意思",司机绝尘而去显然有其他原因。可见,在这些语言不通或者不同的场景中,语言障碍并不足以妨碍人们在当下情景中对意思的把握。甚至于在这些场景中,隔膜的产生、存在或者加深,恰恰是以双方都读懂了对方的语言所要表达的意思为基础。

于是我们可以得出一个结论:在绝大多数情况下,语言障碍并不是隔膜

---

① [德]汉斯-格奥尔格·加达默尔:《真理与方法》,洪汉鼎译,上海译文出版社1999年版,第466页。

② 亚洲一个蝴蝶轻轻拍拍翅膀,导致美洲几个月后出现龙卷风。"蝴蝶效应"最早由气象学家洛伦兹提出,它是混沌理论或者非线性理论的一个通俗表述,意指微小的误差随着不断推移造成了巨大的后果。

③ 西方民谣:"丢失一个钉子,坏了一只蹄铁;坏了一只蹄铁,折了一匹战马;折了一匹战马,伤了一位骑士;伤了一位骑士,输了一场战斗;输了一场战斗,亡了一个帝国。"

第九章 形式与实质的刑法解释论的立场选择

产生的真正原因。

也许是一些不为人知的顾虑,从一开始就预设的自我封闭、不愿交流的态度才是隔膜产生的真正原因。

真正的原因找到了,实际上也就预示了消除误解、消除隔膜的路径:双方是否愿意交流的态度决定隔膜是存在还是消除。以封闭的下意识态度收获的将是"隔膜",以宽容的下意识态度收获的将是理解。"我们把领会使自己成形的东西称为解释。领会在解释中并不成为别的东西,而是成为它自身"①。实际上,我们认为《通天塔》以"枪开头,以裸结尾"的结构,就暗示了从隔膜到理解的这种可能性路径。

"以枪开头"的寓意。枪在本片中起导火线的作用,这只是浅层的理解,实际上"枪"具有强烈的象征意义:"枪"代表着拒绝交流的强力态度。"枪"所追求的东西从来就不是获取理解。枪所指向的对象在身体上的被迫合作力度与对象在心理上的内在抗拒力度成正比。所以电影中凡是使用或者显示枪的场景,我们看到的都不是对方的理解,而只是内心的恐惧与抗拒。在影片中我们还看到更多"无形的枪":射人的眼神、喷火的话语、咄咄逼人的姿势,发达国家文化姿态上的傲慢……甚至于每个人物都抽象化为一支支随时擦枪走火的"猎枪"的符号。例如当理查德向货车司机求助时,也许是习惯了美国文化的强势,他的"姿态"给人一种咄咄逼人的感觉,完全像是一个歹徒在"持枪"(文化之枪)抢劫,从该角度看,我们就不难理解为什么货车司机完全明白理查德的求助意思,但还是扬长而去。这样的情节处处可见,如果愿意的话,完全可以把本片解读为一部没有硝烟的枪战片。"枪"始终贯穿在《通天塔》电影中,这恐怕也是笔者对《通天塔》又名《火线交错》的另类解释。

"以裸结尾"的寓意。"裸体"是《通天塔》最后的镜头,也是最令人费解的镜头:在黑夜中,在灯光照耀的阳台上,静静地,父亲和一丝不挂的女儿拥抱着。导演的这个结尾绝不是为了表现"父女的乱伦或者暧昧关系"②。当笔者看到这个唐突的场景的时候,没有引起任何的色情感、罪恶感、龌龊感,而是给人一种心灵的震撼和深思。裸体超越了色情意义,相反它想要表达的是一种爱,也许是"爱使我们失去对尘世的知觉,使我们心里充满了天

---

① [德]海德格尔:《存在与时间》,陈嘉映、王庆节合译,生活·读书·新知三联书店1999年版,第173页。
② 我们反对这种色情的意义的解读。

堂;因此爱使我们摆脱了一切的罪恶"①。"裸体"是日本故事的结尾,也是整部片子的结尾,实际上也是其他几个故事的结尾。摩洛哥男孩生命的失去,理查德妻子身体健康的失去,墨西哥妇女美国生活的失去,这些都和日本女孩的裸体有着相同的表征:"裸体"意味着某种形式(衣服)的"失去",失去尊严、生命、健康、财产、生活。在西方文化中,"裸体意谓本质"②。"裸体"具有打破闭锁的力量,它是不再回避、不再添加的显露,代表着一种隔膜的撕破、自我封闭的破茧、伪饰的退去、对世界的开放状态。也许只有经历某种形式之"裸"的人才能真正明白"理解他人,善待他人"的重要性。"裸体"将人置于一种没有任何东西可以再失去的境地,最坏的结果都已经降临和承受了,还有什么值得恐惧的?值得抱怨的?还有什么不能接受的?《通天塔》通过瞬间发生的、被动遭受的悲剧,将人置于一种对世界和他人不得不开放的境地,揭示了开放心态或者宽容心态在理解中的重要性。实际上这种苦难性、瞬间性和被动遭受性符合理解得以发生的一般规律。我们是"通过受苦而学习"的,"它们只有以像我们突然有一种想法的方式出现""每一个突然的想法都有一种问题的结构……提问更多的是被动的遭受,而不是主动的行动"。③ 裸体意识就是一种悲剧意识、问题意识。在悲剧中,"一向没有露面的事物,突然对立起来,结果它们相互启发,彼此理解了"④。因为悲剧通过苦难,尤其是精神上的苦难让人意识到问题,一直在回避思考的问题。问题意识就像是一盏灯,也许照亮不了整个世界,但却照亮了世界的某个角落、某个小小盲区,成为"漆黑的夜中一抹耀眼的光"⑤。"不仅是可见之物,而且也使可理解领域得以表现的光并不是太阳之光,而是精神之光,即奴斯(Nous)之光。"⑥这种问题意识之光使得理解成为可能。

这种理解的可能性出路在哪里?《通天塔》导演在故事的结尾,处理掉了语言,用悠长的音乐诉说着:"倾听,才是最好的出路"⑦。倾听在本质上也就是愿意交流的一种积极开放的态度。古哲人亚里士多德早有一个类似的

---

① [捷克]米兰·昆德拉:《不朽》,王振孙、郑克鲁译,上海译文出版社2003年版,第221页。
② [法]弗朗索瓦·于连:《本质或裸体》,拉尔夫·吉普森摄影,林志明、张婉真译,百花文艺出版社2007年版,第24页。
③ 参见[德]汉斯-格奥尔格·加达默尔:《真理与方法》,洪汉鼎译,上海译文出版社1999年版,第458、470页。
④ [德]弗里德里希·尼采:《看哪这人》,张念东、凌素心译,中央编译出版社2000年版,第51页。
⑤ 《通天塔》结尾的致谢词:"谨以此片献给我的孩子,那是漆黑夜中一抹耀眼的光。"
⑥ [德]汉斯-格奥尔格·加达默尔:《真理与方法》,洪汉鼎译,上海译文出版社1999年版,第616页。
⑦ 这是《通天塔》导演说的一句话。

洞见:"在理解中,倾听优于观看","谁想听取什么,谁就彻底是开放的。如果没有这样一种彼此的开放性,就不能有真正的人类联系"。①

这种因为一个小小的失误而引起共识性主题颠覆的过程,使笔者的思想产生了巨大的震动,真切地感受到"意见的可怕力量"和"人性的弱点"。正像柏拉图指出的那样:"意见具有巨大的力量,这种力量反对我们认识自己的无知。意见就是压制提问的东西,意见具有一种奇特的扩大知识的趋向"②。培根更是认为这是人的固有的错误习惯:人类智力还有一种独特的、永久的错误,就是它较易被正面的东西所激动,较难被反面的东西所激动;人类理解力一经采取了一种意见之后(不论是作为已经公认的意见而加以采取还是作为合于己意的意见而加以采取),便会牵引一切其他事物来支持、来强合于那个意见。纵然在另一面可以找到更多的和更可信的事例,它也或者把它们忽略了,蔑视了,或者借一点什么区分把它们撇开和排掉,竟将先入的判断持守到很深而有害的程度,为的是使原有结论的权威得以保持不受触犯。③

那么该震撼性的反思使得笔者自然联系到对张明楷教授提倡的实质解释论的某种反思。④

第四节 对实质解释论的几点反思

形式解释与实质解释是对法律文本的两种不同的解释方式和立场,有着各自的逻辑、立论甚至利益。这场学术争论活动也可以被视为一个活体的文本,按照"法律与文学"流派的观点,也可以被视为类似于一部《通天塔》电影故事来解读。

电影《通天塔》给我们的启示很多,但其中最大的启示就在于要对自己的意见、观点持有适度的自我怀疑,点燃问题意识之光,点燃划破观念盲区的nous之光。我们对电影《通天塔》的解读方式,自然地渗透到对这场学术争论的有关问题的解读中,不放过自我观点中可能存在的任何思维的盲区和问题。

从当前我国刑法学界来看,明确主张或者支持实质解释论的主要是以张

---

① [德]汉斯-格奥尔格·加达默尔:《真理与方法》,洪汉鼎译,上海译文出版社1999年版,第858、464页。
② [德]汉斯-格奥尔格·加达默尔:《真理与方法》,洪汉鼎译,上海译文出版社1999年版,第470页。
③ 参见[英]培根:《新工具》,许宝骙译,商务印书馆1984年版,第23页。
④ 本句是笔者为了衔接上下两部分的转承关系而添加。

明楷教授为代表的"中南学人"①。毫不讳言,笔者自视为实质解释论的坚持者,至少不是实质解释论的反对者②,却力图站在实质解释论的反面来反思"实质解释论者"提出的一些论点和论据,对实质解释论提出问题,揭示实质解释论者可能存在的观念误区。在这个批判过程中,由于张明楷教授是实质解释论的系统的阐述者,因此我们更多的是引用张明楷教授的观点、材料进行反思,因此这种批判、质疑显得非常具体化、尖锐化甚至个人化,但这种批判也是针对自我的一种批判。在这个反思过程中,尽管有一些提问最初从表面上看起来是可笑的,甚至有"抓小辫子"的嫌疑,但是我们相信"一种严格的经验检验总是要力图找到一种反驳,一个反例。……我们总是试图首先反驳最冒险的预测,'似乎最不可能的……结论',这就是说,我们总是在那种最概然的地方寻找那种最概然的反例"③。所以,通过这样一种"熟知非真知"的反思,我们把形式解释论与实质解释论真正的问题显露出来,哪怕我们不能给出即时的、满意的答案。

问题一:我国存在形式解释论者吗?

对于这个问题,实质解释论者可能会觉得可笑,因为在实质解释论者看来"形式的刑法解释论则随处可见"④,答案是明确的,甚至已经或明示或暗示我国刑法的形式解释论者包括哪些学者。然而我们发现在实质解释论与形式解释论的争论中,形式解释论者是否存在,还真是一个问题,这就像电影

---

① 这种实质解释的立场最早可以追溯到中南政法学院的老一辈刑法学者的观点,如曾宪信等老师很早提出的建立以社会危害性理论为中心的刑法学学科体系的观点。当前,明确提倡社会危害性理论、实质的犯罪概念、实质的罪刑法定原则、提倡或者坚持实质解释论的学者,主要是以张明楷教授为旗帜的有中南政法学院学术背景的一些学者,如刘艳红、苏彩霞、李立众、吴学斌等中南学人,当然也包括笔者在内。而明确主张形式的犯罪概念、形式的罪刑法定原则、提出"形式解释"概念的主要是以北京大学陈兴良教授为代表的极少数学者。客观地讲,我们国家并没有形成严格意义的刑法学派。但在学术观点上却呈现出以几所主要的大学为平台,且主要是围绕着少数几个有影响的中青年刑法学者的观点而分流的趋势,比如北师大、人大、武大主要是刑法通说的阵地。为了行文方便,在本文中我们不妨分别将其统称为"中南派""北大派""通说派",尽管这免不了有"扯皮皮,拉大旗"的嫌疑。而且这种分类标准是不周延的、不准确的。有些有影响的学者的观点并不能按这个标准划分,如周光权教授是实质解释论者,但并不具有中南政法学院的学术背景,当然因为他现在和张明楷教授同在清华大学,这也算是有共同的实质解释论立场的一个间接平台因素。再如李海东、冯亚东、刘树德等学者主张形式的犯罪概念、形式的解释,但无法归入"北大派"中。而北京大学的储槐植等学者则是维护社会危害性理论的,倾向于实质解释论。

② 参见齐文远、周详:《社会危害性与刑事违法性的关系新论》,载《中国法学》2003年第1期。在该文中提出了"以形式的解释论为前提的实质解释论"的论点。齐文远、周详:《论刑法解释的基本原则》,载《中国法学》2004年第2期。该文提出"实质性解释是刑法解释的核心"的命题。当然在上述文章中,对这些论点并没有充分展开论述。

③ [英]卡尔·波普尔:《猜想与反驳》,沈恩明缩编,浙江人民出版社1989年版,第91页。

④ 苏彩霞:《实质的刑法解释论之确立与展开》,载《法学研究》2007年第2期。

《通天塔》中,虽然有无数个冲突的场景,甚至有生死悲剧的冲突,但却无法找到我们熟悉的传统电影或者戏曲中的那种好人/坏人、英雄/懦夫、白脸/花脸的脸谱化设定。

首先来看看"中南派"认为的"明确提出形式解释论"的学者。在论及"形式解释论"时,实质解释论者都会提到阮齐林教授是明确主张形式解释论的学者。的确,阮齐林教授曾经提出:"罪刑法定原则的确立,还将导致刑法解释方法论的转变,即由重视实质的解释转向重视形式的解释。……犯罪的形式定义、法律特征及犯罪法定要件将成为首要的问题。"[1]这固然是白纸黑字的证明,但是笔者发现阮齐林教授实际上很快就纠正了这一立场。他在《绑架罪的法定刑对绑架罪认定的制约》一文中说:"脱离我国刑法对绑架罪处罚的特定模式,仅仅从法律形式上分析绑架罪的构成要件是不够的。"[2]在他的学术生涯自述中,明确说明:"这篇论文,其实涉及法律解释、适用的观念问题。刑法典修订后不久,我在《法学研究》编辑部组织的一个研讨会发言中曾提到新刑法提出的新课题之一就是罪刑法定原则对法律解释论的影响。那个发言认为罪刑法定原则将会要求解释论更加注重法律形式,显然是片面的。这种观点因此也遭到了学者的批评。我这种片面认识根源于把实质的解释论等同于不利于被告的解释。在类推背景下,很容易产生这样的警觉。但是这却是错觉。其实,实质的解释论既可能作不利于被告的解释也可能作有利于被告的解释。认为罪刑法定原则要求形式的解释论排斥实质的解释论显然是片面的。从司法实践的情况看,更为突出的问题倒是过分拘泥于法律形式的解释、适用,并且这种解释、适用往往导致显失公平合理的判决。因此,在上述关于绑架罪的论文中,就提出了实质解释论的必要性,也算是对自己以前片面认识的纠正。"

显然,当他很快纠正了自己的形式解释的立场,我们就不能把他当作形式解释论者。当然,实质解释论者也许会对此窃喜,连明确主张形式解释论的学者也很快改变立场,这一消解似乎恰恰是对实质解释论合理性的最好的证明。

第二类"形式解释论者"指向刑法的"通说派"。持通说的学者实在是太多,张明楷教授指出,几乎所有的刑法学教材以及刑法理论都认为,正当防卫、紧急避险等排除犯罪性的行为,形式上符合某种犯罪构成而实质上不具有社会危害性和刑事违法性。在某些情况下,犯罪构成却不能真正反映出犯

---

[1] 阮齐林:《新刑法提出的新课题》,载《法学研究》1997年第5期。
[2] 阮齐林:《绑架罪的法定刑对绑架罪认定的制约》,载《法学研究》2002年第2期。

罪的社会危害性。这便告诉人们,某些行为虽然符合犯罪构成,但不一定具有社会危害性,故犯罪构成只是形式的法律记述。正是受这种观点的支配,我国刑法理论对构成要件基本上采取了形式的解释论。[①] "我国刑法理论一直注重的是形式解释。"[②]

问题是"通说派"能否被视为形式解释论者? 恐怕不能就此下结论。首先,"通说派"从来没有提出,也不承认"形式解释"的概念。"中南派"将"通说派"归入形式解释论者,恐怕得不到"通说派"本身的认可。其次,和"中南派"相反,"北大派"通常将"通说派"视为实质解释论者而予以批判。我国刑法通说基本上是继承苏联刑法的基本理论,而以社会危害性理论为核心的刑法理论具有实质主义的特征。[③] 这是一个有趣的现象。"北大派"把"中南派"主张的社会危害性理论等观点归入我国刑法通说的范畴加以批判,而"中南派"则把"北大派"的形式的犯罪概念等观点归入"形式解释论"的刑法通说范畴加以批判。而被抛来抛去的"通说派"在该问题上又是沉默的、不表态的。孰是孰非? 恐怕一言难尽。可见,能否将"通说派"视为形式解释论者,尚需要认真考察。

既然明确主张形式解释论的学者已经自我纠正了,而第二类所谓的"形式解释论者"的归类是否能得到认可还是个悬而未决的问题。况且在该问题上,笔者倾向于认为"通说派"和实质解释论者的思维、观点更相近。[④] 这样看来,提出形式解释论者是否存在的问题是有意义的。假设我国不存在形式解释论者,那么这个结论对实质解释论者而言将是一个难以接受的事实。当然,如果说"中南派"对形式解释论者的定位完全没有道理,似乎也不太合适。毕竟和"通说派"的沉默不同,"北大派"对"中南派"主张的实质解释论有实实在在的主动反击,这个反击似乎又告诉我们实质解释论者的对手是存在的,不是想象出来的。如陈兴良教授就一贯坚持自己的"形式合理性优先"的主张,坚持形式的犯罪概念、形式的罪刑法定原则,反对实质的犯罪概念,反对具有实质主义法学特征的社会危害性理论,并认为在我国刑法学尚没有区分形式解释与实质解释的语境下,不宜提倡实质解释论。[⑤] 他在实行行为、因果关系等具体的刑法问题上也赞成"形式解释的理解"。[⑥] 那么能否据此而肯定"北大派"就是形式解释论者? 这同样需要谨慎对待。第一,"北

---

① 张明楷:《刑法的基本立场》,中国法制出版社 2002 年版,第 109 页。
② 张明楷:《刑法学研究中的十关系论》,载《政法论坛》2006 年第 2 期。
③ 参见陈兴良:《社会危害性理论:进一步的批判性清理》,载《中国法学》,2006 年第 4 期。
④ 这个问题比较复杂,在下文中,笔者将对此专门论述。
⑤ 参见陈兴良:《社会危害性理论:进一步的批判性清理》,载《中国法学》2006 年第 4 期。
⑥ 参见陈兴良、周光权:《刑法学的现代展开》,中国人民大学出版社 2006 年版,第 752 页。

大派"只是质疑"中南派"提倡的实质解释论,"破"不能等于"立"。第二,"北大派"还没有形成系统的形式解释论的刑法理论体系。作为"论"的"形式解释"与"对具体问题的形式解释的理解"还不是一回事。

因此,笔者认为,在2009年之前,还不存在典型的形式解释论者。当然"中南派"硬性将"北大派"视为形式解释论者,是不会遭到"北大派"的内心抗拒的,毕竟从某种意义上讲,建立形式解释论是"北大派"的一个学术方向。由于我国的形式解释论与实质解释论的争论在很多问题上尚且暧昧不清,为了便于对比二者的差异,从而理清形式解释论与实质解释论的相关问题,我们还是假定"北大派"是典型的形式解释论者,至少可以说是"正在形成中的形式解释论者"。

问题二:实质解释论者赞成的就是形式解释论者反对的吗?

从表面上看,这个问题的答案是不言而喻的,不称其为真正的问题。然而正像上文中《通天塔》电影给我们的启示中所言:人一旦开始反思或者开始发问的时候,同一事物的两面性就开始显露出来,某些新的东西开始显现出来。仔细考察当前我国实质解释论与形式解释论的争议,我们却发现实际上二者的差别也许并没有想象中,或者双方宣称得那样大。

首先看看实质解释论赞成什么。笔者将其归纳为如下几点:第一,实质解释论的"实质解释"的对象是"刑法规定的构成要件"。实质解释并未单纯根据行为的社会危害性认定犯罪,并不意味着将刑法没有规定的行为解释为犯罪。[1] 如果缺乏构成要件的规定,当然不可能将其解释为犯罪。这是一个实质解释论必须强调的前提。第二,实质解释论中的"实质"是指的犯罪的本质,也就是"应受刑罚惩罚的社会危害性",社会危害性是指行为对法益的侵犯性。刑事违法性的实质或者实质违法性是社会危害性(法益侵害性)。因此实质解释论实际上也可以转换为"用实质违法性为指导解释刑法所规定的犯罪构成要件"[2]。第三,实质解释论坚持在制定法与自然法(实质的正义观念)发生冲突的时候,优先选择自然法(实质的正义观念)。[3] 第四,实质解释论的目的是:只能将值得科处刑罚的行为解释为犯罪行为,换言之,实质解释是一种限制解释。[4] 实质解释论希望在正义观念指导下,在解释中用社会危害性(法益侵害性)的实质判断将不值得科处刑罚的行为排除在刑事违法性之外。第五,从效果或者功能上来看,实质解释论既坚持了罪刑法定原则

---

[1] 参见张明楷:《刑法的基本立场》,中国法制出版社2002年版,第110页。
[2] 张明楷:《刑法学》(第二版),法律出版社2003年版,第96—101页。
[3] 参见张明楷:《刑法学研究中的十关系论》,载《政法论坛》2006年第2期。
[4] 参见张明楷:《刑法的基本立场》,中国法制出版社2002年版,第117页。

的形式侧面、形式正义,也坚持了罪刑法定原则的实质侧面、实质正义。

其次,看看实质解释论反对什么。实质解释反对形式解释论的最重要的理由是"形式解释论充其量只是实现了形式正义,而并不意味着实质正义。换言之,如果将罪刑法定原则的内容仅概括为形式的侧面,必然是存在缺陷的,最基本表现是难以避免恶法亦法的现象,不能实现良法之治的要求。因为传统的形式侧面强调对刑法的绝对服从,只是限制了司法权,而没有限制立法权;如果不对立法权进行限制,就意味着容认不正义的刑法","形式的解释导致在构成要件之外寻找定罪的标准,从而违反罪刑法定原则的初衷;此外,形式的解释在许多情况下会扩大处罚范围"①。

笔者认为实质解释论者将形式解释论与实质解释论的争议限定在对犯罪构成要件的解释要不要实质标准的问题上,这固然没有错,但实质解释论者由此认为"形式解释论"不要实质的标准,不要实质正义②,那就是有问题的。例如,陈兴良教授认为实体正义、实质合理性是刑事法治文化的皈依。只不过他强调要通过程序正义、形式合理性来追求实体正义、实质合理性。③ 冯亚东教授对此也有明确的说法:"就进行解释或理解的方法论而言,既然存在对法律规范的理解,就自然产生在理解时所参照的标准或依据问题。而作为被理解的对象即规范本身,便当然不可能又反过来成为理解所依循的标准。规范不能以自身作为解释自身的依据,必须引入规范之外的因素才可能对规范进行理解。"④

再以实质解释论者经常举的关于形式解释论不合理的典型例子为例。实质解释论者举例说,刑法中规定的行贿罪、挪用公款罪没有数额上的限制,如果从字面上或者形式上来解释,挪用公款 1 元的行为,或者为了谋取不正当利益,给予国家工作人员 1 元现金的行为,也构成犯罪。这会导致许多危害轻微的挪用、行贿等行为乃至一般馈赠行为也构成犯罪;只有对刑法的规定做出实质的解释,使犯罪构成反映、说明实质的违法性,才能合理地限制处罚范围。⑤ 这似乎切中了"形式解释论"的要害,但实际上这只是一个虚构的例子,并非"形式解释论者"真正的结论。笔者至少还没有看到有哪一位"形式解释论者"认为上述的例子会构成挪用公款罪、行贿罪。例如,陈兴良

---

① 张明楷:《刑法学研究中的十关系论》,载《政法论坛》2006 年第 2 期。
② 参见苏彩霞:《实质的刑法解释论之确立与展开》,载《法学研究》2007 年第 2 期。
③ 参见陈兴良:《法治国的刑法文化——21 世纪刑法学研究展望》,载《人民检察》1999 年第 11 期。
④ 冯亚东:《刑法解释应体现法的精神》,载《法商研究》2003 年第 3 期。
⑤ 张明楷:《刑法的基本立场》,中国法制出版社 2002 年版,第 127 页。苏彩霞:《实质的刑法解释论之确立与展开》,载《法学研究》2007 年第 2 期。

第九章 形式与实质的刑法解释论的立场选择

教授认为"行贿罪的罪量要素,刑法未做规定。但这并不等于无论行贿数额大小,一概构成犯罪"①。同样,被视为形式解释论的刑法通说在认定行贿罪的时候也会将一般馈赠行为和行贿罪区别开来,将数额较小的一般违法行为与行贿罪区别开来。②

这类似于某些在前见的影响下的影评者,居然能够明显地违背电影情节,对情节进行篡改来符合自己的前见,并成功地蒙骗了自我。可以说实质解释论者无意识犯了如培根所说的"视而不见"的错误。有意思的是,连形式解释论者对实质解释论者所犯的这个明显的错误也是"视而不见",也许是不值得一提吧。自然,笔者若没有受《通天塔》电影的启示,也会和争论中的双方一样轻易地放过了它。

最后,在争论中实质解释论者有"跑题"或者"射偏靶子"的嫌疑,通过人为放大形式解释论的缺陷,而将形式解释论与实质解释论之间的真正差异给遗忘了。

遗忘也许是人的本性,"慢与记忆,快与遗忘有一个秘密联系……慢的程度与记忆的强度直接成正比;快的程度与遗忘的强度直接成正比"③。就像《通天塔》中的各种冲突场景中,争论的双方急于相互指责、质问、抱怨、揭短,从一个争论快速地转换到另一个争论,每个人都通过这种快速转换的方式,回避正视自身的问题,遗忘了彼此间的真正分歧,从而人为地放大了二者之间的某些差异。所以我们认为应当将二者争论的真正问题进行"还原"。我们一直坚信一个观点:对立思想的差异往往并不是彼此缺乏对方的什么样的思想成分,而在于对每种思想成分的分量,排序和配方上的差异。④ 同样的道理,实际上形式解释论与实质解释论在实质标准的问题上不是要不要的问题,而是一个在什么理论范畴内予以考虑,怎么来考虑的问题。换言之,二者争论的核心问题最后还原为一个犯罪成立模式之间的差别问题。比如在西方犯罪成立理论上,形式解释论者将实质标准(法益侵害或者规范违反)放在"违法性范畴"中讨论,而实质解释论则将实质标准提前到犯罪构成要件的范畴来讨论。如此看来,陈兴良教授的"形式解释论"大体上可以类

---

① 陈兴良:《规范刑法学》,中国政法大学出版社,2003 年,第 684 页。
② 参见高铭暄主编:《刑法学》,北京大学出版社,1989 年,第 715 页。赵秉志:《新刑法教程》,中国人民大学出版社,1997 年,第 795 页。
③ [捷克]米兰·昆德拉:《慢》,马振骋译,上海译文出版社 2003 年版,第 39 页。
④ 参见齐文远、周详:《对刑法中"主客观相统一原则"的反思》,载《法学研究》2002 年第 3 期。

比为大陆法系早期由贝林、麦耶等提倡的行为构成要件说。① 张明楷教授的实质解释论大体上可类比为大陆法系后来发展起来的违法类型说或者违法有责类型说。② 那么究竟什么样的犯罪成立模式比较科学合理，也就成为核心问题，这是中国刑法学的发展过程中无法绕过的。

问题三：实质解释论真的是一种限制解释吗？

乍一看，无论对实质解释论的定义还是对实质解释论的理论展开，实质解释论者都宣称是在罪刑法定原则的形式侧面的第一步限制解释的前提下，用罪刑法定原则的实质侧面对犯罪作出的第二步限制解释。③ 按这种说法，和形式的解释论相比，实质解释论这种"双限解释"肯定会比形式解释论的"单限解释"得出的犯罪圈小得多，这种结论应当是顺理成章的。这也是实质解释论反对形式解释论的最重要的理由。

然而事实真的是这样的吗？当我们较真去考证这个不成问题的问题的时候，发现情况并不简单。

第一，和上述"问题二"的发现有关，实质解释论者给我们造成了"形式解释论"对犯罪的解释是不需要实质判断的，从而"在很多情况下形式解释论会扩大处罚范围"的假象。从这个角度看，如果不是全部，那么也至少有很大部分所谓的"形式解释扩大了处罚范围"，或者"实质解释论的进一步限制解释的空间"是虚构出来的。其实反过来想想，如果说提倡实质解释论的真实目的以及实际效果真的是"出罪"的话，那么我相信以陈兴良教授为代表的形式解释论者会毫不犹豫地鼓掌欢迎，因为实质解释论似乎比形式解释论

---

① 陈兴良教授明确表示他是大陆法系递进式的犯罪构成理论体系的积极倡导者，即使我国刑法的规定没有改变，也可以直接采用大陆法系的犯罪构成理论体系（陈兴良：《犯罪构成：法与理之间的对应与紧张关系》，载《法商研究》2003年第3期）。并且在其主编的教材《刑法学》（复旦大学出版社2003年版）中，尝试直接采用这种犯罪构成理论体系。在《本体刑法学》（商务印书馆2001年版）一书中提出罪体与罪责的对合性的犯罪构成理论体系。在《规范刑法学》（中国政法大学出版社2003年版）一书中提出罪体—罪责—罪量的三分法的犯罪构成理论体系。其中"罪体"大体相当于客观的、形式的行为构成要件。这些犯罪构成理论和大陆法系早期的由贝林提出的犯罪成立模式比较接近，因此带有较强的形式解释论的色彩。

② 张明楷教授的实质解释论是以我国的形式与实质、主观与客观相统一的犯罪构成理论为前提的。在此区别的前提下，相似点是在构成要件范畴内讨论实质判断标准。

③ 对此的论述见张明楷：《刑法的基本立场》，中国法制出版社2002年版，第115—121页。刘艳红：《社会危害性理论之辩正》，载《中国法学》2002年第2期。刘艳红：《走向实质解释的刑法学——刑法方法论的发端、发展与发达》，载《中国法学》2006年第5期。苏彩霞、刘志伟：《混合的犯罪概念之提倡》，载《法学》2006年第3期。苏彩霞：《实质的刑法解释论之确立与展开》，载《法学研究》2007年第2期。储槐植、张永红：《善待社会危害性观念》，载《法学研究》2002年第3期。李立众、柯赛龙：《为现行犯罪概念辩护》，载《法律科学》1999年第2期。吴斌：《司法能动主义：司法实践超越法律形式主义》，载《广东行政学院学报》2006年第3期。

第九章 形式与实质的刑法解释论的立场选择

在保障犯罪人的人权的方向上走得更为深远。然而事实可能与此相反。

第二,抛开"虚构的限制解释空间"不论,认真考证实质解释论者和形式解释论者的解释结论,我们又发现了一个"怪现象":实际上在很多有争议的案件或者具体的理论争议问题上,与实质解释论宣称的限制解释论完全相反,实质解释论者的结论并不是限制解释,相反形式解释论者的结论倒更像是限制解释。例如,在对"冒充军警人员抢劫"这个抢劫罪的法定加重情节的解释上,张明楷教授虽然不肯定,但倾向于把"军警人员抢劫"也解释到该情节中去,"如果说'冒充'包括假冒与充当,其实质是使被害人得知行为人为军警人员,可以将军警人员的抢劫认定为'冒充军警人员抢劫'……"①但"形式解释论者"则认为这种解释显然超越了"冒充"一词可能具有的最大含义范围,甚至已经完全背离了"冒充"一词的应有含义,主张只能对军警人员公然抢劫作出有利于被告人的解释,不得适用该法定加重情节。②

在宋福祥案件中,妻子自杀,丈夫宋福祥见死不救,那么丈夫是否构成不作为的杀人罪?张明楷教授站在实质解释论的立场认为:我国婚姻法规定了夫妻之间具有相互扶养的义务,其中"扶养"既然包括一般生活上的相互照料,就更应该包括在一方的生命处于危险状态时予以救助,因此宋福祥的行为构成不作为的杀人罪。③ 但陈兴良教授站在形式解释论的立场认为:法律没有规定救助义务,如果通过"举轻以明重"的方法将其解释为扶养义务当然包含的内容,实际上是一种类推解释的方法,因而是不可取的,有违反罪刑法定原则之嫌。因此他主张宋福祥的行为无罪。④ 另外,在遗弃罪的对象是否包含家庭成员以外的人的问题上,对前有事实婚后有法律婚,先后甚至同时有事实婚等能否构成重婚罪等问题上二者均得出相反的结论。类似的例子我们还可以找到很多。的确"形式刑法解释论与实质刑法解释论的对立还表现在以犯罪构成要件的解释为中心的犯罪论领域的诸多问题上,如不真正不作为犯的作为义务来源、因果关系的判定、共犯与正犯的区分"⑤,但是我们真正去比较形式解释论者和实质解释论者实际的解释结果后,如果不是全部,至少也是绝大部分情况下,往往得出和实质解释论宣称的"限制解释"相反的结论。

洛特曼曾经说过:"思想不会包含在引语中,哪怕是精心选择的引语,而

---

① 张明楷:《刑法学》(第二版),法律出版社 2003 年版,第 758 页。
② 参见梁根林:《刑法适用解释规则论》,载《法学》2003 年第 12 期。
③ 参见陈兴良主编:《刑事法评论(3)》,中国政法大学出版社 1999 年版,第 264 页。
④ 参见陈兴良主编:《刑事法评论(3)》,中国政法大学出版社 1999 年版,第 219 页。
⑤ 苏彩霞:《实质的刑法解释论之确立与展开》,载《法学研究》2007 年第 2 期。

是由整个艺术结构表达出来的。"① 如果说对于艺术品的理解需要根据艺术的整个结构来理解,那么对一个学者思想的理解而言也是一样,我们也应该根据他的作品群所体现出来的整体思想结构来理解,而不能被某一处的论点所蒙蔽。通过对形式解释论与实质解释论者的整个解释体系的考证和比较,我们认为"实质解释论是一种限制解释"的论点是有问题的,需要重新考量。波普尔指出,"科学只能从问题开始。问题会突然发生,当我们的预期落空或我们的理论陷入困难、矛盾之中时,尤其是这样。这些问题可能发生于一种理论内部,也可能发生于两种不同的理论之间,还可能作为理论同观察冲突的结果而发生。而且,只有通过问题我们才会有意识地坚持一种理论,正是问题激励我们去学习,去发展我们的知识,去实验,去观察"②。

问题四:法律形式主义导致了纳粹主义的"恶法之治"吗?

张明楷教授认为罪刑法定原则仅有形式的侧面充其量只是实现了形式正义,而并不意味着实质正义。换言之,如果将罪刑法定原则的内容仅概括为形式的侧面,必然是存在缺陷的,最基本的表现是难以避免恶法亦法的现象,不能实现良法之治的要求。20世纪出现的法西斯"恶法之治"便是最明显的例证。以法的形式所推行的专制或者说以法的名义推行的暴政,法的普遍性导致一般人的利益受侵害的范围更广泛、程度更深远,因而完全可能比没有法的形式而推行的专制与暴政更残忍。并引用孟德斯鸠的话来说明法律形式主义的缺陷:"没有比在法律的借口之下和装出公正的姿态所做的事情更加残酷的暴政了,因为在这样的情况下,可以说,不幸的人们正是在他们自己得救的跳板上被溺死的。"③

其他实质解释论者对这一论据表示赞同,认为单纯注重法官的机械司法而忽视法官对个案正义的追求,虽然能够形式地保障人权,但却隐含了实质地侵犯人权的巨大危险。这一点就被20世纪30年代的纳粹德国所利用。纳粹德国推行的仍是形式的法治,法官只限于根据形式逻辑的三段论来决断案件,不但未能保障人权,反而成为纳粹主义者压制民主、推行恶法的工具,使当时的法官囿于"法律就是法律"而无法秉承自己的良知来对抗恶法。引用拉德布鲁赫等法学家的话来证明恶法之治的形式主义的、实证主义的根源:"由于相信'法律就是法律'已使德国法律界毫无自卫能力,来抵抗具有专横的、犯罪内容的法律。"④而其弟子考夫曼教授则更进一步指出,"事实

---

① [苏]洛特曼:《艺术文本的结构》,王坤译,中山大学出版社2003年版,第16页。
② [英]卡尔·波普尔:《猜想与反驳》,沈思明缩编,浙江人民出版社1989年版,第83页。
③ 张明楷:《刑法的基本立场》,中国法制出版社2002年版,第115—116页。
④ 苏彩霞:《实质的刑法解释论之确立与展开》,载《法学研究》2007年第2期。

第九章　形式与实质的刑法解释论的立场选择

上,我们由于不公正法律的罪恶行径已经永远地失去了我们的清白(对此,实证主义思想和自然法思想同样负有不可推卸的罪责),不能再有任何法哲学完全局限于形式而却忽略其内容,即听凭政治为所欲为"①。实质解释论者还引用了魏德士的法律的价值判断说来反驳"形式法律论"。魏德士认为"任何法律规范都包含了立法者的'利益评价',也就是'价值判断'。所以,法律适用就意味着在具体的案件中实现法定的价值判断。"因此这决定了对法律规范不可能仅作形式的理解与机械的适用,而必须对法律规范作实体的考察与解释。②

甚至为"法律形式主义"正名的法理学者似乎也认可实质解释论者的这个判断,认为法律形式主义并不是没有问题:法律形式主义不足以防止不公正,因为法律可以屈从于不道德的目的。富勒于1954年指出:"纳粹的独裁统治通过蓄意利用法律形式操纵权力,这方面是空前的。"③的确,这个看法几乎是中外法学界的一个"常识"。

但笔者仔细推敲,却发现这个法学"常识"或者"共识性"结论有问题。与此相联系的其他法理学问题也相继冒了出来,实质主义能阻碍法西斯专政的暴政吗?把法律当成统治的工具到底是实质主义的做法,还是形式主义的做法?为什么有那么多学者认为法西斯暴政是法律形式主义或者形式解释导致的?

第一,不能因为纳粹统治具有"法"的形式或者"以法的名义",就认为这是法的形式主义。并不是所有的有"法"这个名词的都是法律形式主义所认可的法形式。相反法律形式主义强调的"法"有着内在的逻辑规则和形式。比如"法"必须经过正当程序所产生,法与道德、政治、党派利益严格区分,法必须是事先公布的成文法,有禁止溯及既往等规则。但纳粹的"法"有的是通过胁迫等手段违反法定程序而制定出来的,或者制定出的"法"不符合形式规则,或者在适用中违背程序。富勒曾反复指出:在希特勒统治下的德国,"法制普遍、极端败坏"。纳粹党制定溯及既往的刑事法规,不公布法律,实行"秘密法",等等。更严重的是,他们在感到法律形式不方便时,就直接在街道上使用暴力。同时,法官为了自己的方便,或害怕招来"上面"的不悦,在审判中根本不顾法律,甚至不顾纳粹党人自己制定的法律。由此富勒强调:决不能把对既定权势的尊敬和忠于法律这二者混为一谈。"有人认为,严格遵守法律和制定一批残忍的、非人道的法律是可以结合的。事实上,这种观点不过是人们的一种根深蒂固的偏见的产物,即把服从既定权势

---

① 苏彩霞、刘志伟:《混合的犯罪概念之提倡》,载《法学》2006年第3期。
② 参见苏彩霞:《实质的刑法解释论之确立与展开》,载《法学研究》2007年第2期。
③ 孙笑侠:《中国传统法官的实质性思维》,载《浙江大学学报》2005年第4期。

和忠于法律混为一谈。那些残忍的、非人道的法律必然会严重地危害法律的内在道德,即法制原则。"①因此纳粹的"法"与法律形式主义的"法"是两回事。这就像我们不能认为"冒充军警人员抢劫"之罪应当包含军警人员抢劫一样。

　　第二,法律形式主义与"恶法之治"具有对抗性。"恶法"恰恰是以违背形式主义的方式而产生的。纳粹要么使用赤裸的武力威胁来立法,要么使用其他欺骗手段来进行"恶法之治",纳粹会常常觉得法律不方便,而要绕过法律,绕过法院,甚至经过纳粹改造过的"法",纳粹自己制定的"恶法",纳粹也还是觉得该"恶法"使用起来不方便而绕过"恶法",直接处决"危险分子"。可见"法",哪怕是"恶法"对于为所欲为的权力而言都是一个障碍,因此纳粹会想方设法地绕过形式主义法律的障碍。如魏德士所言:"那些重要的领导者和政府官员在该统治的任何阶段对法律的敌视"是"蔑视法律倾向的纳粹运动"。② 可见,即使在法西斯专政的恐怖时期,法的形式主义、形式的罪刑法定原则也还是在起着力不从心的反抗作用。这个事实本应该让我们清醒地认识到"反抗失败"与"赞同"的明显区别,但法律形式主义、实证主义、形式解释等却意外地被很多学者草率地、不公正地定性为恶法之治的罪魁祸首。最可怕的不是法律形式主义、形式的罪刑法定等成为纳粹统治下的"牺牲品",最可怕的是对它们的"二次伤害",它们不仅成为后来某些学者思想中的"牺牲品",也成为法官为自己的不光彩的过去而辩护的"救命草"。"不知是谁臆造了这个神话:纳粹时代的法学家对法律条文无比忠贞""实证主义的神话粉饰了整个法律界,那些本应为纳粹时期罪行负责者兴高采烈地拾起了这根救命稻草,法庭也乐意接受罪犯的自我开脱""这些歪曲历史的谎言意在为整个法律界开脱,并败坏民主派法学家的声誉"。③

　　第三,如果我们再仔细阅读体会实质解释论引用的孟德斯鸠、考夫曼等学者的同一句话,就会深刻体会到《通天塔》所揭示的"意见的可怕力量"和

---

① 沈宗灵:《现代西方法理学》,北京大学出版社1992年版,第58—64页。笔者认为富勒对实证主义法学的批判实际上是对实证主义的内在价值的证明,从表面上看,富勒反对实证主义法学将法和道德区分的观点,他提出的法与道德一致性的观点,却是和以往的自然法中的"道德"一词有巨大区别,传统自然法中的道德是指法律追求的外在法律的实体目标,传统自然法认为违反实体正义的制定法是不道德的,因而这个制定法就是无效的;而他所说的道德指法律的内在道德,指法律之所以为法律应该具备形式上、程序上的规则要求。换言之,富勒认为违反形式正义的制定法是不道德的,因而是无效的。运用在刑法领域,我们不妨这样说:只有坚持形式的罪刑法定原则的刑法才是刑法。然而,坚持形式合理性、坚持罪刑法定原则的形式侧面是实证主义法学、形式解释论的核心观点。所以表面上他是在对实证主义的"恶法亦法"进行批判,但实际上富勒强调的"法的内在道德",却和实证主义的内在精神有着异曲同工之妙。

② [德]魏德士:《法理学》,丁晓春、吴越译,法律出版社2005年版,第245—246页。

③ [德]英戈·穆勒:《恐怖的法官——纳粹时期的司法》,王勇译,中国政法大学出版社2000年版,第204—207页。

第九章 形式与实质的刑法解释论的立场选择

"人性固有的错误习惯"。"没有比在法律的借口之下和装出公正的姿态所做的事情更加残酷的暴政了……""事实上,我们由于不公正法律的罪恶行径已经永远地失去了我们的清白(对此,实证主义思想和自然法思想同样负有不可推卸的罪责)……"为什么实质解释论者偏偏从引语中只看到"法律的借口"或者"实证主义"的字眼,而忽略"公正""自然法思想"的字眼?为什么绝大多数人都得出这些话是批评法律形式主义、实证主义,从而赞扬法律实质主义、自然法的结论?若要为"恶法之治"负责,至少也是二者都要负责。同样,实质解释论者也不能断章取义地引用拉德布鲁赫的某一句话来证明他是反实证主义、反形式主义的。实际上在他同一本书中对该问题的看法表述得很清楚:"我们不同意诺德豪森发表的下述看法:'形式法学的考量'惯于使'清楚的事实构成变得模糊不清'。我们更愿意坚持这种观点:在12年弃绝法的安定性之后,更应该强化'形式法学的'考量……"①如果实质解释论者非要对这些明确的表达"视而不见",我们觉得再解释的话就多余了,还是静静地倾听吧,也许"倾听,才是最好的出路"。

第四,纳粹的"恶法之治"并不能过多地归责于法官是坚持形式解释论或者实质解释论的立场或者方法。一个明显的事实是,在纳粹德国时期,适用"恶法"的法官在内心当然是有价值判断的,在内心是有良知的,心中是有自然法的,他们之所以明知是"恶法"还要适用,并不是因为法官坚持"恶法亦法"的法律实证主义或者法律形式主义的思想,而是因为自身难保的处境。在那种极端恐怖的权力重压之下,法官提着自己的脑袋的情况下,他有再多的正义观念或者实质正义的判断,只要他不是一个想献身的英雄,那就是枉然。魏德士明确说:"从经验上看来,在极权主义中的法律秩序发生嬗变的时候,法院和法学的阻碍作用是微乎其微的。……方法论的手段既不能阻止,更不能消除极权主义的恶法制度。"②

第五,退一万步来说,如果非要找出一个"恶法之治"的替罪羊,我们倒觉得法律实质主义、实质解释更合适些。魏德士对纳粹法的评价中就有这种倾向性:"民族社会主义中法律秩序的嬗变主要是通过司法判决及其指引的法学研究而产生……根据占统治地位的新意识形态进行了转义解释(更好地说是'添加')。"纳粹的"具体秩序思想是一种工具,借助这个工具,就可以实现对现行法的抛弃(即反'实证主义',反'规范主义')。""'具体秩序思想'促成了研究事物或者制度的'本质'的闹剧。所谓'本质依据'其实是肤浅的

---

① [德]古斯塔夫·拉德布鲁赫:《法律智慧警句集》,舒国滢译,中国法制出版社2001年版,第177页。
② [德]魏德士:《法理学》,丁晓春、吴越译,法律出版社2005年版,第409页。

依据,其根本在于用花言巧语的伪装,将那些在意识形态上的,法律之外的,具体的价值判断混入现行法律秩序中。"①其中所谓的转义解释实际上就是添加了某种具体的实质内容的实质解释。

总之,法律形式主义或者形式解释并不是"恶法之治"的根源。

第五节 小王子的"帽子"与刑法学者的解释立场选择

前面五个问题,对实质解释论进行了不客气的反思和批判,那么按照逻辑结论,笔者似乎在立场上必然会站在了形式解释论的一边。且慢,笔者并没有过早地下这样的结论。笔者的结论是:根据当前我国的法治状况以及文化传统的特点,我们仍然"坚持"实质解释论的立场,但不宜"提倡"实质解释论,相反应支持"提倡"形式解释论。

这一结论基于如下的一个基本判断:从总体来看,"中南派"主张的实质解释论立场是自觉地顺应中国传统文化惯性的产物,而"北大派"反实质解释论的立场是一种企图彻底根除中国文化传统的惯性②,彻底反思中国传统文化的产物。从思维的特点来看,形式解释论与实质解释论的关系类似于《小王子》中的大人与小王子的关系,是一种惯性与反惯性的关系。《小王子》有这样一个故事:六岁的小王子看了一本名为《生命中的真实故事》的书,描写蟒蛇把捉到的动物整个吞了下去。于是他画了一幅画给大人看,问大人怕不怕。所有的大人都说这有什么好怕的,只是一顶帽子而已。

---

① [德]魏德士:《法理学》,丁晓春、吴越译,法律出版社 2005 年版,第 246—250 页。
② 惯性在物理学上是指任何物体都会持续保持其静止状态,或持续保持直线匀速运动状态,除非有某种外力强加于它,迫使其改变。在哲学上惯性基本上指的是与生命力、自由意志相对应的事物的特性或者决定论。参见[美]莉莎·克纳普:《根除惯性》,季广茂译,吉林人民出版社 2003 年版,第 7—13 页。

第九章 形式与实质的刑法解释论的立场选择

小王子急了,于是画了第二张画来解释。

大人们看完后还是无动于衷,小王子深感沮丧。"这些大人从来就不主动去了解任何事情;而对我们小孩子来说,老是要跟他们再三做出解释,实在是太累了。"①这个童话故事揭示了每个人都会受到传统文化思想观念的巨大的惯性的影响。"大人"实际上就是某种成熟的、惯常的文化观念、思维的代表。"人心不足蛇吞象"这个俗语表明在大人的观念中,"蛇吞象"在经验上是不可能的,是荒谬的。因而对"幼稚的小王子"的超乎惯常经验的想象力所发现的事实无动于衷。

基于上述的基本定位,我们认为当前我国不宜"提倡"实质解释论。

第一,中国传统文化的主流性质是实质主义的。张明楷教授认为"我国刑法理论对构成要件基本上采取了形式的解释论""我国刑法理论一直注重的是形式解释",若单纯地从该判断出发我们可以推测张明楷教授似乎认为我国的刑法文化理论是一种法律形式主义的理论。② 但与张明楷教授的这一潜台词相反,我们认为中国传统文化的特性是一种"实质主义"的③,中国

---

① [法]安东·德·圣艾修伯里:《小王子》,艾柯译,哈尔滨出版社2001年版,第11—12页。
② 值得注意的是,张明楷教授在《法益初论》(中国政法大学出版社2000年版)中承认中国传统的刑法文化是伦理化的文化,并对立法伦理主义、规范违反说持批判态度,从而提倡法益侵害说。如果说刑法通说派是一种形式主义法学派,那刑法通说派很难和传统法律文化的伦理主义挂上钩。我觉得这是张明楷教授在我国刑法文化特性的判断上的一个矛盾,这需要张明楷教授来回应。
③ 注意,此处的"实质主义"和西方哲学意义上的"实质主义"是相反的概念。西方的实质主义大体相当于中国人熟悉的形式主义、形而上学。而中国人所熟悉的"实质主义"是一种"实用理性",它在西方被称为"历史的观念","历史意识的发达是中国实用理性的重要内容和特征"。(李泽厚:《李泽厚学术文化随笔》,中国青年出版社1998年版,第71页。[英]柯林武德:《历史的观念》,何兆武、张文杰译,中国社会科学出版社1986年版,第48页。)

传统文化中形式主义的思想相对比较匮乏①。正如赵秉志等教授所言:"中国法律文化传统不是以形式主义理性为特征,而是以道德、法律不分的法律伦理主义闻名于世。"②"所谓的实质性思维,又称实质主义思维,指法官注重法律的内容、目的和结果,而轻视法律的形式、手段和过程,也表现为注重法律活动的意识形态,而轻视法律活动的技术形式,注重法律外的事实,而轻视法律内的逻辑。与其相对的是形式主义思维。"③

第二,"中南派"主张的实质解释论和中国传统文化的实质主义思维方式有内在的一致性。如在张明楷教授的学术观点中,始终有一个最基本的主线,那就是继承了曾宪信等老一辈刑法学者的实质主义思路,积极探索以社会危害性为核心建立中国特色的犯罪论体系。当然在不同的历史时期,这条主线有不同的表现形式。④ 而"社会危害性"实际上承载的就是中国传统文化中的本质主义、实质主义的内涵。即使将"社会危害性"概念的内涵用"法益"予以具体化,也没有脱离中国传统文化的基本轨道。这种根据时代的发展而对社会危害性概念的内涵所进行的适应性转换,虽然具体的表现形式不同,但和传统的实质主义思维在性质上具有一贯性。

第三,"中南派"主张的实质解释论是对中国传统法文化中的实质主义思维的一种继承和顺应。中国文化中从来不缺乏实质主义思维,中国文化中

---

① 也有学者认为中国文化的主流是形式主义的(俞吾金:《形式主义批判——对当代中国文化病症的反思之一》,载《探索与争鸣》2006年第8期)。笔者不同意俞吾金先生关于"中国人的形式和形式主义崇拜"的看法。他所说的"形式"或者"形式主义"只是一种表面现象,只是一种实质主义的特殊表现,中国人之所以热衷于搞"形式"、搞"形式主义",那恰是因为在这些人看来,从该"形式"中他要么可以避免很多麻烦,避免劳心劳力,要么是从该形式中能获取个人利益。因此该"形式"或者"形式主义"实际上是这些人"务实"的最极端的表现。该政治意义上的形式主义和哲学意义上的形式主义不是一回事。在哲学上,区分形式主义与实质主义应当从根据上而不是外在表现上,这就好比有"法制"不等于有"法治"一样。

② 赵秉志、田宏杰:《传承与超越:现代化视野中的中国刑法传统考察》,载《政法论坛》2001年第5期。

③ 孙笑侠:《中国传统法官的实质性思维》,载《浙江大学学报》2005年第4期。类似的判断另见[美]昂格尔:《现代社会中的法律》,吴玉章、周汉华译,中国政法大学出版社1994年版,第91页;辜鸿铭:《中国人的精神》,黄兴涛、宋小庆译,广西师范大学出版社2001年版,第54页;李泽厚:《中国现代思想史论》,东方出版社1987年版,第322页。

④ 例如在1987年,张明楷教授在《关于类推的几个问题》一文中主张类推制度可以扩大到主体的"类似"上。1991年出版的《犯罪论原理》一书实际上已经提出了实质解释的观点。2000年出版的《法益初论》一书中提倡用"法益"概念对"社会危害性"概念予以具体化、规范化的思路。2002年在《存疑时有利于被告》原则的适用界限》一文中提出:存疑时有利于被告原则不适用于法律有疑问,应当通过一般解释原则来消除法律疑问,不能一概做出有利于被告的解释。在2002年出版的《刑法的基本立场》一书中明确提倡"实质解释论",并进行了最为系统完整的阐述。后来的其他实质解释论者基本上未能超越在该书中所提及的立论思路和基本论据。2004年出版的《刑法分则的解释原理》一书则是实质解释论立场的具体应用。

第九章 形式与实质的刑法解释论的立场选择

实质主义思维是过剩的。因此我们认为所谓的"提倡"实质解释论的观点确实能得到司法实践部门的认可,可能也会得到越来越多的学者的认同,但从社会理论的批判现实的功能上看是不合时宜的。从反面来讲,我们倒觉得"形式解释论"应该大力"提倡",因为在中国文化中"形式主义思维"要素不能说完全没有,但确实太匮乏了,"缺什么,就补什么"。

当然,我们认为当前不宜提倡实质解释论,甚至应该提倡形式解释论,但这并不意味着我们要抛弃实质解释论的立场。我们仍然坚持实质解释论的立场。

第一,"文化是骨子里的东西"①,"墨守传统在科学发展中总具有必不可少的作用,我们的知识在质与量方面最重要的来源就是传统。我不认为我们总是能完全地摆脱传统的束缚。所谓摆脱,其实只是从一种传统转变到另一种传统"②。我们根本做不到文化上的剔骨换血,就像一个人的性格不可能完全变成另外一个人的性格一样。任何一个国家的法治建设,都不可能完全抛弃传统文化的根基而成为另外一种完全相反的文化,传统文化是人文社科研究的"根",民族思维方式的差异在事实上决定了我们不可能"生活在别处"。③

第二,实质解释论虽然根植于实质主义文化,但并非不加鉴别、不加批判地被动接受,实际上实质解释论在很多方面对传统文化也有所鉴别、改造和超越。

首先,实质解释论的刑法理论体系的建立,是用实际行动超越了中国传统文化中的神秘主义色彩。在中国文化中,"没有说出口的往往是重要的"④,所谓"道可道,非常道,名可名,非常名"。在中国的社会交往中,沉默、委婉是中国文化的一个显著的特点。但沉默方式潜入学术交流中,甚至成为主宰方式,那是有害的。如刑法通说多少也带有这种中国文化的神秘主义色彩,例如实践部门常常抱怨刑法理论中难以找到疑难案件的处理根据,从文字层面上看,在通说教材或者专著中看到的往往都是"形式的解释",但真要去咨询刑法通说的专家和学者,他们肯定会给出一个有实质标准或者实质理由的处理意见。至于这种实质理由或者根据是什么,是不是明确表达出

---

① 茅于轼:《中国人的道德前景》,暨南大学出版社2003年版,第65页。
② [英]伊姆雷·拉卡托斯、艾兰·马斯格雷夫:《批判与知识的增长》,周寄中译,华夏出版社1987年版,第2页。
③ 参见齐文远:《刑法学人学术品格的重塑》,载《法商研究》2003年第3期。
④ [英]理查德·D.刘易斯:《文化的冲突与共融》,关世杰主译,新华出版社2002年版,第8页。

来,以及实质理由或者根据是不是前后一致那是另外的问题。"非常有趣的一个事实是,人对潜在于文化中的这一套价值观念,可以是自觉的,但也往往并不自觉,有一些价值甚至根本不被意识到。这就是说,个人不必知道他据以判断人物或事物好坏的标准是什么,是怎样形成的,就可以用之去作判断。"①因此,在这一点上和张明楷教授的判断不同,笔者认为刑法"通说派"是实质主义者。"通说派"在表象上有形式解释的特征②,这方便于利用"形式解释"给自己的实质解释留下更大的自由解释空间,可以根据具体的需要,灵活地选择某些不可言说的实质标准。如果需要"出罪"的话,甚至于"坚持形式的罪刑法定"这样的理由也异化为某些具体案件的实质理由之一。

其次,实质解释论的建立,破除了传统文化的"以和为贵"的精神对学术交流的障碍,有利于倡导学派意识、问题意识。虽然实质解释论顺应了中国传统文化的实质主义思维,继承了中国传统文化中的实用理性;但是这种顺应是自觉的,而不是潜意识的;是理性的,而不是非理性的;是说理的,而不是神秘的,不可言说的。这有利于倡导学派意识、问题意识,对我国刑法学术的思想性沉淀、促进刑法问题的深入研究,起着重要的开拓性作用。这种学派意识"一举扔弃'和为贵'的传统思想,都证明中国实用理性这种为维护民族生存而适应环境、吸取外物的开放特征。实用理性是中华民族维护自己生存的一种精神和方法。"③如张明楷教授认为:我们不仅要就具体问题展开争论、进行学术批评,更要就具体问题背后的理论根基展开争论,并且,争论者要使自己的具体观点与理论根基、基本立场一致。学派之争不只是使刑法之争体系化、持久化,更重要的是促进学术自由和学术繁荣昌盛。④ 法学研究若没有学派,就会导致看似学术争论不断,从一个"热点"快速地转移到另一个"热点",在这种快速的转换中不仅仅遗忘了具体的问题,也遗忘了或者回避了对法律或刑法根基的拷问。事实上也证明,正是张明楷著书立说,大张旗鼓地提倡"学派意识",所以才会有陈兴良教授等"北大派"对实质解释论进行针锋相对的批判。实际上张明楷教授提倡的"学派意识"和陈兴良教授提倡的"片面的深刻"有异曲同工之妙。⑤

总之,实质解释论对传统法律文化进行有意识的扬弃,进行精确化、系

---

① 何新:《危机与反思》,国际文化出版公司1997年版,第30页。
② 这就导致了"通说派"在"社会危害性理论"和"犯罪构成理论"等基本问题上含混不清。因此"中南派"与"北大派"的论战中,双方都将"通说派"划归在对方的范畴予以批判。
③ 李泽厚:《中国现代思想史论》,东方出版社1987年版,第322页。
④ 参见张明楷:《学术之盛需要学派之争》,载《环球法律评论》2005年第1期。
⑤ 参见齐文远:《刑法学人学术品格的重塑》,载《法商研究》2003年第3期。

第九章 形式与实质的刑法解释论的立场选择

化的研究是一个必要的学术课题。尽管在这个过程中,刑法学理论越来越精确化、系统化,包含的问题甚至错误也越来越多,但是"一种理论愈是精确,愈易于遭到反驳,也就愈使人感到兴趣"①。如张明楷教授也赞同张五常提出来的"一种理论可能被推翻时才有价值"的高见。② "刑法是最精确的法学"③,从这个意义上看,一国的刑法是否具有可反驳的"精确性",乃是衡量刑法发展程度的标志。

作为一个某种意义上的实质解释论的坚持者,本文通过对实质解释论的反思,甚至支持"提倡"形式解释论,也许免不了有"胳膊肘朝外拐"的嫌疑,似乎是犯了"立场上的错误",但笔者相信这一反常的做法,是基于学术只能在争鸣中才能够深入发展的认识,对尚未确立起来的形式解释论而言,"这样它才不致潜力还未发挥殆尽就过早地失去效能"④。对实质解释论而言,这可以防止"当多数人仅迷信一种理想时,不宽容和残暴就会紧随而至"⑤。我们应该时刻反思自己的实质解释立场中所包含的问题与错误,真诚地"倾听"形式解释论者的批判意见,真正理解对方在主张什么,反对什么,对我们有什么意义。在学术研究中,唯有这种将最强大的对手当成知己⑥的态度,才能在学术争论中达成一种"不必立场一致却有着真正的理解",建成一座法律解释论的"通天塔"。

---

① [英]卡尔·波普尔:《猜想与反驳》,沈思明缩编,浙江人民出版社1989年版,第102页。
② 参见张明楷:《刑法的基本立场》,中国法制出版社2002年版,第4页。其实这并非张五常首先提出来的观点。波普尔早说过"一种不能用任何想象得到的事件反驳掉的理论是不科学的。不可反驳性不是(如人们时常设想的)一个理论的长处,而是它的短处。"([英]卡尔·波普尔:《猜想与反驳》,沈思明缩编,浙江人民出版社1989年版,第15页)
③ [德]克劳斯·罗克辛:《德国刑法学总论》,王世洲译,法律出版社2005年版,"译者序"第1页。
④ [英]伊姆雷·拉卡托斯、艾兰·马斯格雷夫:《批判与知识的增长》,周寄中译,华夏出版社1987年版。
⑤ [美]E.博登海默:《法理学法律哲学与法律方法》,邓正来译,中国政法大学出版社1999年版,第167页。尽管他这句话是针对西方的理性主义、逻辑实证主义、形式主义进行的批判性忠告,但在我国的当前的情景下,反而倒适用于对大一统的实质主义、伦理主义传统的批判。
⑥ 张艺谋导演的《英雄》电影中有这样的一幕:当荆轲为了天下统一而放弃刺杀暴君秦始皇时,秦始皇仰天长叹"没想到,知我者刺客也"。

第十章 负有照护职责人员性侵罪的规范目的新解

——电影《大卫·戈尔的一生》与《诗经》《阿Q正传》《十日谈》等文学作品

第一节 《大卫·戈尔的一生》电影简介

大卫·戈尔的一生(The Life of David Gale, 2003)

贝茜·布鲁姆是纽约某新闻杂志的知名记者,她接到了一个任务是去采访一名死刑犯大卫·戈尔。戈尔被指控强奸并谋杀了女同事康丝坦斯,并将于周五下午6点被处以死刑,那么布鲁姆将要采访并记录的就是戈尔人生最后的三天,而此前戈尔拒绝了一切采访。布鲁姆起初对这个任务很不以为意,但在和戈尔的接触过程中,她发现一切并非表面呈现得那么简单,于是布鲁姆决定用仅剩的三天寻找真相。戈尔本是一名哲学教授,也是美国死刑废除联盟的主要成员。他的一名女研究生凯琳因多门课程不及格,被学校开除。凯琳曾向他提出以身体换成绩的要求,被大卫婉言拒绝。在一次晚宴上被开除的凯琳再次主动勾引喝多了的戈尔老师,在卫生间二人发生了性关系。凯琳告戈尔强奸,后又撤诉。但戈尔因"强奸门"事件被学校开除。后来戈尔又被指控强奸并谋杀了死刑废除联盟的女同事康丝坦斯,因证据确凿,被判死刑。但女记者在三天的调查中发现,这桩铁证如山的强奸杀人案,实际上是一起错案,但大卫还是被执行了死刑。

第二节 刑法修正案的表面问题:两处年龄修订之间的"矛盾"

《刑法修正案(十一)》有两处修改,特别引人注目。一是对刑事责任年龄起点线的修改,将原来的14周岁降低到12周岁。二是对强奸罪的修改,新增加了第二百三十六条之一:"对已满十四周岁不满十六周岁的未成年女性负有监护、收养、看护、教育、医疗等特殊职责的人员,与该未成年女性发生性关系的,处三年以下有期徒刑;情节恶劣的,处三年以上十年以下有期徒刑。"从目前所有新闻媒体报道与学者的表态来看,对"负有照护职责人员性侵罪"的入刑,所有人都将本条立法理解为对我国法定性同意年龄的修改,即从原来的 14 周岁,修改为部分特殊情况下提升到 16 周岁。周光权教授对此解释说:"这次关于刑事责任年龄的修改,对于未成年人实施杀人、伤害行为的年龄的规定是往下降的,但是,对幼女作出性方面的自主决断的年龄的规定是往上升的。所以刑事责任年龄从 14 岁有限地降到 12 岁,性同意年龄从 14 岁有限地提高到 16 岁。"①单单从字面意义上看,本条规定似乎只能解释为:"特殊职责人员,与已满 14 周岁不满 16 周岁未成年女性发生性关系的,不论未成年人是否同意,都应追究刑事责任。"②

假如学者对本条规定的上述解释是准确的,那么该立法修改是否科学合理,以及两处"年龄线"的修改是否存在不可调和的矛盾? 这是一个必须追问的大问题。按照很多学者的理解,设定性同意年龄线与刑事责任年龄线的基本依据相同,均为一般人身心成熟度所决定的意思和行为能力。③ 因此,他们认为对两个年龄线的立法修改,应保持逻辑一致性或法律体系性:要降都降,要升都升。若一个降了,另一个反而升了,就会自相矛盾或"精神分裂"。④

无论是赞同还是批判该立法,上述学者都把本法条的立法目的确定为"性同意年龄的部分提高",客观上起到用刑罚堵截合意的"不伦之恋"的效果。例如罗翔教授在讲座中直白地说:"我们借鉴了滥用信任地位强奸罪的立法,……如果你对 14～16 岁这个区间的未成年女性负有监护、收养、看护、教育、医疗等特殊职责,只要你和她发生关系,你说我们两人相爱,我们在谈恋爱,对不起,这都不能够作为辩护理由。"⑤

---

① 周光权:《刑法修正案(十一)理解与适用》,载"刑事法评论"公众号,访问日期:2021 年 1 月 14 日。
② 周光权:《刑事立法进展与司法展望——〈刑法修正案(十一)〉总置评》,载《法学》2021 年第 1 期。
③ 参见赵军:《"自愿年龄线"与儿童性权利的冲突及协调》,载赵秉志主编:《刑法论丛》第 39 卷,法律出版社 2014 年版,第 571 页。
④ 付立庆、赵军、姚建龙、张力等教授对本条的立法修改持基本相同的批判立场。参见《姚建龙、付立庆、赵军、褚宸舸、冯卫国对谈"预防未成年人犯罪法修订中的重大争议问题"》,载"西刑漫记"公众号,访问日期:2020 年 11 月 28 日。张力:《性同意年龄应一概提高吗》,载《检察日报》2020 年 4 月 29 日,第 07 版。
⑤ 罗翔:《性侵犯罪中的同意问题》,载微信公众号"一席",访问日期:2021 年 1 月 4 日。

但是他们这种解释思路陷入一个认识误区:把本条的字面规定当作犯罪的完整构成要件要素。忽略了刑法中有些犯罪的构成要件要素的确立,还需要体系性论理解释,将法条没有明说但应该合理推出的隐性构成要素补齐。本文根据这一解释思路,提出一个全新观点:本罪的规范目的,不是"性同意年龄的部分提高",而是对"利用特殊职责关系进行性侵的禁止"。但因"利用特殊职责关系"的司法证明难度太高,立法者遂将本罪设定为一个立法上的推定规范,即只要确定了"特殊职责人员与已满14周岁不满16周岁的女性发生了性关系",就推定行为人同时具备了"利用特殊职责关系"这一隐性的构成要素。但辩护方可以提出"未实际利用特殊职责关系"的反证,如果证据确凿充分,就可以否定本罪的成立。这样在解释效果上,就为具有合意性爱关系或真实恋爱关系的特殊案件,留出合理出罪的空间。

这两种基本对立的解释思路[①],将会使司法界对"负有照护职责人员性侵罪"构成要件的解释以及对一些不伦之恋个案的定性产生重大分歧。因此,如何合理解释本法条,的确考验着中国学者的理论创造力与司法者的智慧。本文的主旨是从刑法教义学(刑法解释学)的基本角度出发,并借鉴社会学的相关结论与原理,去发现"负有照护职责人员性侵罪"入刑的真实规范目的与行为构成要素的完整内容,并论证本罪入刑的合理性。

第三节 "不伦之恋"的法律管控史略: 从《诗经》到《阿Q正传》

本文中的"不伦之恋",是指不受社会道德认可的单向求爱求性活动或双方合意的性爱关系。至于什么样的性爱活动与关系不受社会道德的认可,却因道德标准的模糊性而显得外延不清。幸好本条规定只涉及"特殊职责人员与未成年女性之间的性关系",将其纳入"不伦之恋"的道德评价范畴,不会有太大的争议。但对"不伦之恋"的道德否定评价并不等于在刑法上都要以犯罪处理,进行毫无例外的刑法堵截。

(一)"不伦之恋"的刑法管控变迁史略

相比其他主题,对于"涉性"主题的道德判断与法律处理,会因为性的隐

[①] 下文为了简便,将绝大多数学者的第一种解释思路与观点,简称为"年龄提高论",将笔者提出的新观点,简称为"立法推定论"。从逻辑上看,对本条的解释还存在第三种观点的可能性,即认为"职责利用要素"属于对本罪行为构成要件的当然内容,司法机关不能将该要素的证明责任转移给辩护方。

第十章　负有照护职责人员性侵罪的规范目的新解

秘特征、个体感受差异以及相关评价要素的综合性而变得尤为敏感与复杂,中国不同时代的刑律处理方式可谓大相径庭。

中国太古时代性比较开放,古史书载:昔太古尝无君矣,其民聚生群处,知母不知父,无亲戚、兄弟、夫妻、男女之别。① 诸如陈国国君与重臣一起利用职权之便,半公开与夏姬聚众淫乱,固然"即便是主张性自由的陈国人,也觉得事情有点过分"②,但当时的确谈不上犯罪。老百姓也不过编了一首诗歌《株林》,风传讽刺,一笑了之。③

但自孔子删诗书、正礼乐以来,历代政治的基本特征是"外儒内法",即要么直接将儒家伦理规范在立法层面入罪,要么在判案中引礼入法,把儒家经典与伦理规范作为判案的实质依据。故古代刑律对"不伦之恋"的管控相当严厉。有时候连夫妻的闺房之私也要管,几乎"凡涉性即不伦","张敞画眉"的公案就是典型。④

直到清末修订大清刑律,在"礼法之争"的激烈斗争中,现代"法理派"略占上风,中国从此开启了从传统伦理刑法观到现代法治刑法观的转向。以沈家本为代表的现代"法理派",力主"参酌各国法理""务期中外通行""与各国无大悬绝""兼采近世最新之学说"立法原则,因此在新刑律草案中删除了"无夫奸"等涉及传统礼教伦理的罪条。⑤ 但保留了"和奸有夫之妇"罪,因为当时多数西方国家尚有"通奸罪"。⑥ 沈家本删除无夫奸等罪条的核心理由是:"无夫之妇女犯奸,欧洲法律并无治罪之文。俄律'污人名节门',有十四岁以上,尚未及岁之女,为师保人等及仆役诱奸一条……非通常之和奸罪名也。近日学说家多主张不编入律内,此最为外人著眼之处。如必欲增入此层,恐此律必多指摘也。此事有关风化,当于教育上别筹办法,不必编入刑律之中。"⑦这里特意提到俄律中"为师保人等及仆役诱奸一条",就是如今的"负有照护职责人员性侵罪"。沈家本认为,当时其他西方国家对

---

① 《吕氏春秋·恃君览》。
② 易中天:《易中天中华史:青春志》,浙江文艺出版社2015年版,第47页。
③ 《诗经·株林》字面上写某几人一起骑马急匆匆到株林这地,去找一个名叫夏南(夏姬之子)的小孩玩。但实际上是以老百姓开玩笑的对话体方式,讽刺陈灵公与卿大夫孔宁等人一起"淫乎夏姬,驱驰而往,朝夕不休息焉"。(《毛诗序》)
④ 《汉书·赵尹韩张两王传》记载:张敞当大官时,善引《春秋》判案。但他在家中给妻子画眉,乱了为人夫君的儒家伦理法统,被有司举报弹劾。皇上审问他,对曰:"臣闻闺房之内,夫妇之私,有过于画眉者。"皇上惜其才干,没有按律治罪判刑,但从此也不再重用。
⑤ 张晋藩编:《中国法制史》,群众出版社1982年版,第346—348页。
⑥ 比如意大利在1961年、1969年才以违宪为由,废除通奸罪与姘居罪。参见《意大利刑法典》,黄风译,中国政法大学出版社1998年版,第158页。2020年6月,我国台湾地区终于也以"违宪"为由,废除了"通奸罪"。
⑦ 陈柳裕:《法制冰人——沈家本传》,浙江人民出版社2006年版,第214—215页。

俄律的本条规定争议很大,所以主张清律草案也随大流,不学俄律为妙。

此后的北洋政府、国民政府,基本上承继了沈家本的"刑法不必过度涉入性伦理性风化的领域"这一主流立法思想与司法理念,社会对性问题相对比较开放。比如鲁迅《阿Q正传》里的阿Q公开调戏小尼姑与吴妈,在民国时代已够不上罪条。

但若发生在建国后,法律的定性就迥然不同了。若在"严打"时期,还可能以流氓罪判处死刑。① 以历史的眼光看这些流氓罪判例,会发现当时大部分人并未觉得反常。司法人员也均持肯定态度,坚持认为:行为人假恋爱之名行玩弄、奸污妇女之实。故对那些乱搞两性关系的人,司法机关以流氓罪定罪量刑,这是完全正确的。② 在流氓罪的严厉管控下,司法部门必须对"个人爱情的真实性与含金量"进行实质审查,做出所谓"(真实)恋爱关系中的性越轨之错"与"借恋爱之名玩弄女性耍流氓"的区分。

直到1997年《刑法》修订,才将"流氓罪"这个口袋罪分解为多个具体罪名,其中几个涉性罪名的规定,基本上符合了罪刑法定原则的"明确性"与"当罚性"要求。立法者实际上将过去被判重刑的多数"性越轨行为"或"不伦之恋行为"予以非犯罪化。国家从此基本上退出了"动用刑法积极审查个人爱情活动之真伪"的历史舞台。

(二)"多数合意的不伦之恋无须中国刑法进行堵截"的共识

两百多年前贝卡里亚首先提出:犯罪的唯一标尺是"对社会的危害",而不是主观恶意、宗教罪孽或含混不清的社会道德观念等,并特别批评了国家对"通奸""自杀""同性恋"等无被害人的"不伦行为"之处罚是不公正且无效的。③ "道德与法律的相对分离"这一法治原则与思想,逐步得到多个国家的认同与采纳。自1997年《刑法》确立了罪刑法定原则之后,"多数合意的不伦之恋无须中国刑法进行堵截"的观点,也成为我国法学界法律界的一个基本共识。

---

① 建国初期我国法制不全,但对性的管制很严,政府可临时创造诸如"反革命偷窥青春罪"定罪处刑。1979年制定了《刑法》,像裸泳、跳贴面舞、偷窥、讲荤段子、对姑娘吹口哨、婚外恋等涉性的案子,就以流氓罪统一处理了。1983年严打期间,朱德之孙因与多名女性发生性关系以流氓罪判死刑,成为当时影响最大的案例。普通老百姓因此罪判死刑的案例也不少。参见曹正:《流氓罪与性自由——朱德之孙枪毙始末》,载《时代人物》2013年第9期。
② 参见王尧华:《浅析以恋爱为名奸污妇女的流氓罪》,载《法学评论》1985年第3期。钟仁伟:《略谈乱搞两性关系构成犯罪的认定问题》,载《法学评论》1985年第3期。
③ 参见[意]贝卡里亚:《论犯罪与刑罚》,黄风译,中国大百科全书出版社1993年版,第67—109页。

回到本罪入刑的解释问题,绝大多数"年龄提高论"解释者对"提高性同意年龄的立法"持反对意见。总体上看,他们从立法论上反对"提高性同意年龄"的理由,大概有两个层面:一是法教义学者基于现代法治理论所共享的"道德与法律应该相对区分开来""刑法不是社会道德的推动器"等大词话语;二是法社会学者根据社会调查而形成的"未成年人也有性表达、性交往、性行为的权利"之类的边缘话语。①

以上两个立法论角度的反对理由并不矛盾,二者可以共存。笔者也赞同由此得出的法治观结论:"多数合意的不伦之恋无须中国刑法进行堵截。"但这并不意味着笔者在刑法教义学层面也赞同"年龄提高论"的具体解释思路与解释结论。

第四节 "年龄提高论"面临的刑法教义学难题

刑法教义学(刑法解释学)的首要特征是要严格区分"立法论的思考与司法论的思考",刑法教义学属于司法论的思考。在"立法论的思考"中,法理的应然性标准优先于法条的实然性规定。② 其实在"司法论的思考"中,法理的应然标准仍然起有限的评价作用,但它所指向的对象不再是立法活动或立法条文,而是指向刑法解释者(适用者)的法律解释活动。在不超出既定法律条文规定的可能语义范围之内,凡是符合法理、情理并产生良好社会效果的解释就是好的法律解释,反之就是不好的法律解释。

从司法论的角度看,"年龄提高论"将本条的规定解释为"性同意年龄的部分提高",将面临着很多法理与情理上难以合理解决的难题。

(一)"性同意年龄的部分提高"之说存在语言逻辑问题

"性同意年龄的部分提高"或"部分提高性同意年龄"之说,最初大概来自全国人大代表朱列玉律师在2020年全国两会期间提交的关于修改"性同意年龄"的建议。该建议基本内容分三条:第1条,对一般情况,将未成年女性的性同意年龄一律由原先的14周岁提高至16周岁;第2条,对有监护、师生、管理等信赖关系的,女性的性同意年龄提高至18周岁;第3条,若未成年女性与男方年龄相差不超过5岁,女性的性同意年龄可以仍保持为14周岁。其中第2条的内容就属于很多学者习惯所言的"性同意

---

① 参见赵军:《"自愿年龄线"与儿童性权利的冲突及协调》,载赵秉志主编:《刑法论丛》第39卷,法律出版社2014年版,第578—579页。
② 参见陈兴良:《教义刑法学》,中国人民大学出版社2010年版,第3页。

年龄的部分提高"。

如果严格地从语言逻辑与法理上分析,"提高性同意年龄的提案"有三分之二的内容文不对题,名实不符。首先,第三条与建议名称名不符实。第三条所涉及的实质内容(一定年龄差内的少男少女恋爱关系不构成强奸罪),只是特殊个案中出罪的细则问题,应该归属于司法适用层面,它与立法层面上需要确立的"性同意年龄"线这个一般规则无关,无须立法来解决。本次立法者不采纳该条建议,而是将该问题留给司法者予以灵活处理,这的确显得更智慧更合理。其次,第二条建议内容,也名不符实。第一条建议的内容的确是"性同意年龄的提高"。但若将第二条建议也命名为"性同意年龄的提高"显然不对,无法与第一条建议相区分。若强名之为"性同意年龄的部分提高",其实也错,因为该说法在逻辑上、法理上根本说不通。

笔者认为"性同意年龄的部分提高"之说是错误的,具体理由如下:

(1)对于同一部刑法典而言,"性同意年龄"肯定只存在一条确定的标准线,而不能是"根据不同情况,确定出无数条线"。试问任何一个国家的刑法学者,"你们刑法典关于性同意年龄的规定是怎样的?"虽然他们国家早就有"负有照护职责人员性侵罪"的类似规定,但他们分别给出的答案,肯定都是一个以法定幼女年龄为标准的绝对确定的数:或18周岁,或16周岁,或14周岁……绝不可能是"分情况分罪名而定"。诸如"我国刑法中某某罪是14周岁、某某罪是16周岁、某某罪是18周岁、某某罪没有上限……"或者"某某情况是14周岁、某某情况是16周岁、某某情况是18周岁……"这种答案,在学术逻辑上是不可想象的。

(2)可能有人会拿我国《刑法》第17条"刑事责任年龄"的复杂阶梯式规定作为类比例子进行反驳,认为既然该年龄可以分为"绝对无刑事责任年龄阶段""部分负刑事责任年龄阶段""完全负刑事责任年龄阶段""限制刑事责任年龄阶段",那么性同意年龄同样也可以如此规定,如此命名,如此解释。

但这是想当然的错误类比。他们只看到了两处规定中"年龄"一词的相同性,而没有看到"刑事责任"与"性同意"两个限定用语的差别。二者在犯罪论体系中结构性或阶层性关系上存在的差别,决定了二者不同的法律规定形式。刑事责任年龄属于犯罪主体的范畴,其立法规定要解决的问题是多层面的:不仅仅要解决不同年龄要不要负刑事责任的定性问题,以及对哪部分犯罪负刑事责任的范围划界问题,还要解决负刑事责任的程度问题。因此"刑事责任年龄"的立法,在逻辑上必须进行复杂阶梯式的分类规定。而性同意年龄则属于"犯罪行为的对象"或者"被害人"范畴。性同意年龄的立法要解决的问题是如何合理地保护被害人(幼女)的性自主权或性利益的分配正义问题。在某些犯罪的行为主体与行为对象的结构关系中,被害人的身份、年龄特征、心理特征可能是影响该犯罪成立的要素之一。但在这些犯罪的构成条件中,以被害人的年龄来确定性自主权或性利益的存在与否时,只存在"有"与"无"的判断,其标准必须是绝对唯一的线。如果像刑事责任年龄那样,在同一犯罪中存在"对部分犯罪行为有,对部分犯罪行为无"或者还要判断"有多少程度",就犯罪成立而言,从逻辑上难以说通。

(3)在语言逻辑上,"提高"动词与"部分年龄(阶段)"名词无法搭配使用。例如所谓"部分负刑事责任年龄阶段"之"部分",本意并非修饰"年龄(阶段)",而是修饰该年龄阶段中"负刑事责任的犯罪行为之范围"。在语言逻辑上,"范围"有"部分大小"之别,却无"上下高低"之分。所以"……范围"只能与"扩大"与"缩小"动词搭配,无法与"提高""降低"动词搭配使用。诸如"刑事责任年龄阶段的部分提高""性同意年龄的部分提高"的说法,都是动名词搭配上的语法错误,在讲究精确性的法学学术话语体系中,就是不合逻辑的用语。

(二)"性同意年龄的部分提高"之说缺乏合理的实体依据

尽管某法典或修正案通过后,对某某法条为何如此这般规定,作为集体的立法者通常是沉默的,不会给出明确的答案。立法者可以保持沉默,甚至必须保持沉默,但刑法解释者则必须为自己假定的解释结论给出详细的论证理由与合理依据。这大概就是"制定法比立法者聪明",或"解释者比立法者聪明"命题的真实含义:即使有的问题立法者在制定刑法时没有想到,法官(或解释者)在遇到该问题时也大多能够在制定法上找到可以得出正义结论的根据,并且符合罪刑法定原则。[①]

当"年龄提高论"者假定立法者的意图是"性同意年龄的部分提高"时,就很难解释清楚一个问题:"为什么该女性碰到其他人都一切正常,但一碰到特殊职责人员,智商或性认知能力就突然消失了,性同意就无效了?"即使俗话所言的"恋爱中的人智商为零"真有生物学的依据,这也是普遍的

[①] 参见张明楷:《立法解释的疑问——以刑法立法解释为中心》,载《清华法学》2007年第1期。

生物规律,与个人碰上的是不是特殊职责人员无关。①周光权教授在解释他的"部分提高性同意年龄"观点时,对这个问题还真有一个解释说明,他说:

"此处立法上的主要考虑是:具有监护、收养等特殊职责的行为人**容易**针对被害人实施欺骗、利诱等行为,被害人虽非自愿,但也可能考虑到这种关系而忍气吞声、难以反抗或抵制,行为人的犯罪很**容易**得手,这对于未成年人的成长不利。因此,**立法上推定**处于特定监护等关系中的女性面对监护人或其他有特殊职责的人员时,对其性行为难以真正自主地进行决定。**如果对方利用监护等特殊关系**,即便没有强迫、诱惑该未成年女性,该原本被法律保护的自主决定权也受到了侵害"。②

但这个说明在逻辑上难以论证"部分提高性同意年龄"说的合理性。第一,"容易"实施某行为,不等于"必然会"实施某行为。第二,"如果对方利用监护等特殊关系……"是个假设,不等于"真利用了……"第三,"利用监护等特殊关系"这是一个行为上的要素,而不是主体上的特征要素。二者原本是两个不同阶层或不同范畴的要素,通常情况下需要分别独立判断,不能直接等同。第四,在该解释说明中,周光权教授不小心直接使用了"立法上推定"一词。的确,基于"特殊职责主体"与"利用特殊职责关系"二者之间的强联系性等因素的考虑,立法者将二者的规范要素关系设定为推定关系,即只要具有"特殊职责人员"这个身份要素,就推定该主体在行为上具备了"利用监护等特殊关系"这一要素,无须司法机关从正面去证明该行为要素的存在。但不要忘了推定规范是允许辩护方提出反证的。这恰好是笔者主张的核心观点。因此,笔者觉得周光权教授此处是不小心用了"立法推定论"的合理性理由,去试图解释"部分提高性同意年龄"说的不合理处,在逻辑上自然无法起到正面的论证作用,而是起到反证作用。

总之,立法者若决定修改女性的性同意年龄,其考量的决定因素是一般女性的平均性认知能力,而不可能是该年龄阶段女性遇上的性爱对象的特殊

---

① "神父骗奸的故事"就是典型案例:亚尔贝托神父看上一位爱慕虚荣、头脑简单的漂亮少妇,用一套宗教说辞欺骗她:"天使加百利爱上了你的惊天之美,想借凡人的身体与伊交合。"少妇乐开了花,多次自愿与"天使附体的"亚尔贝托神父发生性行为。还悄悄对自己的闺密夸耀:"天使"的那一手本领,比自己的丈夫高多了。这事风传出去,少妇的亲人抓奸,才戳破了神父利用教职关系骗奸的行为。作者卜伽丘将被骗奸的对象特别设定为成熟老练的"已婚的女性",而不是年少无知的"未成年女性",其实更符合人性。因为爱慕虚荣而被具有特殊职责的人员骗色,是人性的普遍性弱点。参见[意]卜伽丘:《十日谈》,方平、王科一译,上海译文出版社1988年版,第369—281页。

② 周光权:《刑事立法进展与司法展望——〈刑法修正案(十一)〉总置评》,载《法学》2021年第1期。

身份。这个特定的立法逻辑,决定了"年龄提高论"缺乏合理的实质依据。

(三)"年龄提高论"面临更多的法律体系解释矛盾问题

"年龄提高论"将立法目的确定为"性同意年龄的部分提高",还会面临更多巨细的法律体系解释的冲突或矛盾问题。

1. 导致本条中"未成年女性"与其他法条中"妇女""幼女"的解释冲突

在本条中已满14不满16周岁的"未成年女性",到底是刑法意义的"妇女"还是"幼女"?这个问题绝对不是毫无意义的词语称谓之争,而是直接关系到本罪构成要件的解释与法定刑适用条款的选择问题。

例如,该问题涉及本罪与原强奸罪法定刑的选择适用问题。根据规定,犯本罪的,"处三年以下有期徒刑;情节恶劣的,处三年以上十年以下有期徒刑。有前款行为,同时又构成本法第二百三十六条规定之罪的,依照处罚较重的规定定罪处罚"。如果按照"年龄提高论"的逻辑,本条中"未成年女性"也是"部分(特殊情形下的)幼女",为什么本条规定的性侵"(部分)幼女"的法定刑起点(六个月)反而比普通的强奸罪的规定(三年以上)轻得多?本罪肯定不能按照强奸罪中"奸淫不满十四周岁的幼女,以强奸论,从重处罚"的条款量刑,因为这里明确规定的幼女年龄是"不满十四周岁"。另外在本条的法定刑升格条件中,规定的是情节恶劣的,处3~10年有期徒刑。而强奸罪里法定刑升格条件也有一条规定"强奸妇女、奸淫幼女情节恶劣的,处十年以上有期徒刑、无期徒刑或者死刑",按"年龄提高论"之说,该如何处理这两条规定的适用关系?要不要把本条中"未成年女性"解释为"强奸妇女、奸淫幼女情节恶劣的"中的"幼女",从而选择适用10年以上的法定刑?立法者单独设立本罪的法定刑且法定刑很低的意义何在?

"年龄提高论"难以合理解释和解决这些难题。"性同意年龄的部分提高"之说或"部分情况下的幼女"之说,模棱两可、逻辑不清必然会导致定性与量刑的双重混乱。

2. 导致同类情况下与其他罪名解释逻辑上的冲突

他们把本罪的立法目的解释为"性同意年龄的部分提高",一定会遭遇同类情况下其他罪名解释逻辑上的冲突问题。

例如我国刑法中规定的破坏军婚罪、重婚罪、聚众淫乱罪、传播性病罪以及组织、引诱、容留、介绍卖淫罪等,实际上包含了处罚部分特殊情形下的合意性行为,或者以双方合意性行为的存在为前提。当行为人或参与人为14

周岁以上任何年龄的女性,哪怕女方自愿同意发生性行为,对男方或其中的部分女方,也要以相关罪名定罪处理。但学界从来没有人解释说:因为这些罪名的存在,而使得14周岁的性同意年龄变得"部分特殊情况下无限提高了"。

另外,在奸淫幼女犯罪问题上,2013年《关于依法惩治性侵害未成年人犯罪的意见》(已失效)中,有一个"两小无猜"法则的出罪规定:"已满14周岁不满16周岁的人偶尔与幼女发生性关系,情节轻微,未造成严重后果的,不认为是犯罪。"对这条司法规则,显然也没有学者解释说:这是对立法规定的14周岁性同意年龄(幼女年龄)"在特殊情况下的部分降低"。大家都认为这只是在承认法定年龄的前提下,司法者基于其他刑事政策或情理的考虑而做出的个案出罪。

显然无视其他罪名同类情况的解释逻辑,单单把本罪的入刑解释为"性同意年龄的部分提高",这在刑法解释学上是不妥的。

(四)"年龄提高论"导致出罪路径的全面堵塞

特殊职责人员与已满14周岁不满16周岁的未成年女性产生不伦之恋,当然可以在道德上予以谴责。但如果当事人彼此都承认是恋爱关系,甚至双方家长也都知道并认可了,此时司法机关对男方要不要做无罪化处理?很多学者认为以出罪处理为佳。[①] 我们将来一定会遇到类似的特殊个案。但"年龄提高论"者将本条理解为"对性自愿年龄线的部分提高"之后,就堵死了想在特殊个案中通过司法解释技术予以合理出罪的路径。

(1)几乎不可能采用"不知年龄"的出罪事由。本法条规定的"负有监护、收养、看护、教育、医疗等特殊职责的人员"基于职责关系,通常直接掌控着未成年女性的基本身份信息,很难像奸淫幼女案件中的陌生被告人那样,以"主观上确实不知对方的年龄"来出罪。

(2)几乎不可能采用"两小无猜"的法则出罪。从以往"两小无猜"司法法则中可以看出:男方作为未成年人的年龄最大不超过16周岁。司法实践中二者的年龄差通常还会控制在3—4岁的范围。"两小无猜"法则背后的情理,可用一句俗语来总结:"小孩不懂事,还可以原谅;大人也不懂事,就不可原谅了。"然而在本条中,基本上是成年的特殊职责人员对未成年女性,本身就失去了"两小无猜"法则适用的条件。

---

① 参见赵军:《"自愿年龄线"与儿童性权利的冲突及协调》,载赵秉志主编:《刑法论丛》(第39卷),法律出版社2014年版,第588页。

第五节 "立法推定论"的刑法教义学建构

笔者提倡将本条的立法意图确立为"'利用特殊职责关系'要素的推定",下面主要从刑法教义学的角度,对本文观点展开理论上的论证。

(一)本文观点与我国宪法规范相协调

我国《宪法》特别强调对未成年人,尤其是对未成年女性的特别保护。比如《宪法》第46条:"中华人民共和国公民有受教育的权利和义务。国家培养青年、少年、儿童在品德、智力、体质等方面全面发展。"第48条规定:"中华人民共和国妇女在政治的、经济的、文化的、社会的和家庭的生活等各方面享有同男子平等的权利。国家保护妇女的权利和利益,……"第49条规定:"婚姻、家庭、母亲和儿童受国家的保护。……禁止破坏婚姻自由,禁止虐待老人、妇女和儿童。"

宪法确立"男女平等"原则且强调对未成年女性的特别保护,其实是因为她们在政治、经济、文化、社会和家庭的现实生活中,常常处于事实上的弱势位置。表面上的一律形式平等,与客观现实不平等结合,反而可能加剧未成年女性这类弱势群体的不利位置,产生"强者恒强,弱者更弱"的马太效应。故有宪法学者说:"关注平等就是关注弱势群体问题。"[1]宪法强调"对弱势群体的差别保护",这是"法律面前人人平等"宪法原则的应有之义。马克思、恩格斯正是从现实条件出发,批评当时资产阶级法律以虚伪的形式平等掩盖事实的不平等,指出"法律上的平等就是在富人和穷人不平等的前提下的平等,即限制在目前主要的不平等的范围内的平等,简括地说,就是简直把不平等叫做平等"[2]。

尤其是恩格斯在《英国工人阶级状况》一书中,还特别提到了现实中处于弱势地位的群体被"性剥削"的严重社会问题。他考察了工人阶级的实际居住空间条件等状况,尖锐地指出:"这些白天黑夜都塞满了人的房子里的拥挤,不仅对居民的健康而且对他们的道德都又加了一重威胁。……我们看到过兄弟姊妹及男男女女的寄宿者和一家的父亲母亲同宿在一个房间里;由此就发生了许多使人一想到就会发抖的恶果。"[3]显然此处"发生了许多使人一想到就会发抖的恶果",特指工人阶级(低阶层人群)内部的"身边人"对处

---

[1] 张晓玲:《宪法与弱势群体的权利保障》,载《山东警察学院学报》2005年第3期。
[2] 《马克思恩格斯全集》(第2卷),人民出版社1957年版,第648页。
[3] 同上书,第321页。

于相对弱势的人,尤其是未成年女性的"性剥削"。① 同时这些弱势群体,还会面临权贵与富人阶层制度性的性剥削,所以恩格斯在《英国工人阶级状况》一书接着指出:工厂奴隶制也和任何别的奴隶制一样,甚至还要厉害些,是把初夜权给予主人的。在这方面厂主也是女工的身体和美貌的主宰。解雇的威胁十之八九足以摧毁女孩子的任何反抗。如果厂主够卑鄙的话,那么他的工厂同时也就是他的后宫。自由女工必须先给老板的,不但是初夜权,而且是每夜权。②

恩格斯的上述社会批判性结论,虽然针对的是当时英国资本主义社会弊端,但因现实权力不平等关系而滋生的性剥削现象,在每个不完美社会制度中都或多或少地存在,带有一定的普遍性或规律性。当初马克思、恩格斯的深刻批判,也促使资本主义国家做出制度上的反思与改良。当今的资本主义国家为了规制各种类型的"性剥削"现象,近些年在立法层面也做出了适当的调整,规定了一些性剥削型的具体罪名。③

显然,我国《刑法修正案(十一)》新增加的"负有照护职责人员性侵罪",不只是学习所谓西方发达国家的立法经验,也不是因"鲍某某性侵养女案"这一热点个案而进行的所谓"情绪性立法",该刑事立法在根本上是我国宪法强调的"对未成年女性的特别保护"以及"国家尊重并保障人权"宪法精神的制度落实。正是从这个宪法精神的角度出发,笔者主张"立法推定论",反对"年龄提高论"一刀切式解释可能对未成年女性性权益的实质伤害。

(二) 本文观点具备"推定规范"学理上的充分依据

在我国传统法理学教科书中,很少看见"推定规范"的概念。主要原因是大家所熟悉的推定,不过是一种司法活动中不常见的认定事实的具体方法,似乎还上升不到一般性法理的高度。但是后来部门法学者发现立法上也存在越来越多的推定现象,部门法学领域开始认真对待实体意义上的推定规

---

① 社会学中的"性剥削"概念内涵模糊,泛指一切不平等关系之下优势者对劣势者进行的所有性行为。不仅包括通奸、卖淫、性侵等,还包括合法婚姻内的性行为。如恩格斯指出:婚姻都是由当事人的阶级地位来决定的,总是权衡利害的婚姻,往往变为最粗俗的卖淫。妻子与娼妓的卖淫不同之处,只在于后者是一把一交易的计件工,前者是一次性永远出卖身体为奴。[德]恩格斯:《家庭、私有制和国家的起源》,人民出版社1999年版,第72—73页。
② 参见《马克思、恩格斯全集》(第2卷),人民出版社1957年版,第435、471页。
③ 相关立法,参见《德国刑法典》,徐久生、庄敬华译,中国法制出版社2000年版,第142页。《瑞士联邦刑法典》,徐久生、庄敬华译,中国方正出版社2004年版,第64页。《奥地利联邦共和国刑法典》,徐久生译,中国方正出版社2004年版,第84页。赵微:《俄罗斯联邦刑法》,法律出版社2003年版,第324页。《意大利刑法典》,黄风译,中国政法大学出版社1998年版,第172—173页。《丹麦刑事法典》,魏汉涛译,武汉大学出版社2011年版,第57页。

范的论题。在民法领域,"推定规范作为证明责任规范中的一种特殊且重要的类型,也是民法中实体规范的一种"①。早在十多年前,劳东燕教授就认为我国刑法领域存在44个实体意义上的"推定规范"。② 后来法理学者也开始在"法律论证"的范畴下,讨论"立法推定"或"推定规范"的概念、构成、分类等内容。③ 如今我国法学界不再有人否认"推定规范"的存在,存在分歧的是"推定规范"的范围大小等具体问题。

刑事立法机关若设立了一个推定规范,肯定是在某些规范要素上将原本由司法机关承担的证明责任转移到了被告方。④ 这与现代刑事法治中的"无罪推定原则"的确存在一定的冲突。虽然"基本原则之外必有例外",但这种例外也不能毫无制约地泛滥,以至于鸠占鹊巢,架空了原则。因此,在理论上也要对改变证明责任的刑事立法权进行严格限制,立法者"只有在满足相应的实体与程序标准时才允许适用将提出证据的责任或说服责任转移给被告人的刑事推定,后者构成排除合理怀疑规则的例外"⑤。本文将"负有照护职责人员性侵罪"的法条,理解为是一个立法上的"可反驳的推定规范"⑥,其法理依据如下:

1.在程序标准上,本罪以推定规范方式入刑满足了"难以证明的原则"的要求

"难以证明的原则"意味着禁止立法机关将那些控方容易(或并不难)证明的行为要素设定为推定规范的要素。"在控方容易证明相关事实的情况下就不应当设定推定规范,以避免因推定的存在而造成对被追诉方权利保障的不利。"⑦

在所有的犯罪行为类型中,受贿类犯罪与性侵类犯罪是最难以证明的两类,而性犯罪比受贿类犯罪更难以证明。这是因为受贿类犯罪至少还有贿赂赃物这个客观证据可查,但性犯罪,除非行为人使用了严重的暴力,造成了身体上的严重伤害,否则几乎没有所谓的客观证据能证明这是强奸还

---

① 钟维:《论民法中的推定规范》,载《东方法学》2015年第6期。
② 参见劳东燕:《认真对待刑事推定》,载《法学研究》2007年第2期。
③ 参见戴春勤等:《思维的艺术:推理与论证》,甘肃人民出版社2003年版,第196页。
④ 参见龙宗智:《推定的界限及适用》,载《法学研究》2008年第1期。
⑤ 参见劳东燕:《认真对待刑事推定》,载《法学研究》2007年第2期,第37页。
⑥ 所谓"不可反驳的推定",是一个伪概念,它既非事实认定的一种方法,其功能也不是对证明责任的转移,与推定规范的基本构造格格不入。将它直接归入一般性的"法律规则"或"法律拟制"范畴更准确。参见张家骥:《论推定规则及其适用》,载《重庆大学学报(社会科学版)》2014年第6期。
⑦ 张曙:《刑事推定的法规范特征与立法设想》,载《人民检察》2009年第7期。

是合奸。① 很多时候,现场勘查所取得的精斑等物证,都只能证明"发生了性行为",并不能证明"发生了性侵",更何况多数强奸案,连这些物证都很少留下来。但传统的强奸罪、强制猥亵罪,又都要求用证据证明"违反妇女的意志",采取的标准通常是"妇女不敢反抗,不能反抗,不知反抗"。其实司法实践中这个标准主要还是依赖于司法机关选择相信并采纳当事人哪一方的陈述或口供。所以司法实践中通奸者诬告强奸的成功率很大,被警方识破的可能性很小。若成功识破一例,就会变成社会大新闻。② 司法人员如何在排除合理怀疑的刑事诉讼规则内,证明性侵的事实确实发生与如何发生,自古以来就是刑事案件中的司法难题。③

非显性暴力的性侵案,尤其是带有合奸外观的"特殊职责人员性侵"案,又是所有性侵案中最难证明的。采取轻微暴力手段、威胁手段以及其他温和手段强奸的,已经属于双方各执一词不太容易证明的行为类型。而熟人之间,尤其是关系紧密的特殊职责人员与"被害人"之间发生了表面上看起来合意的性行为,被害人通常既没有反抗,没有留下伤痕,甚至口头上还有性同意的语言表达,行动上有顺从对方性行为的配合行为,这已经很难用一般的司法证据去证明这种性行为属于以威胁手段以及其他手段的强奸。也难以在单个性行为前后,用证据证明该行为"利用了特殊职责关系"。因为这种特殊职责关系下的性行为与日常生活的性行为,在外观上没有任何的差

---

① 《大卫·戈尔的一生》电影提供了一个案例:一名女性赤裸被绑,浑身伤痕,死在自己家中。警方勘查,从尸体内查出大卫的精液,邻居也证明当晚大卫就在该女子家借宿。铁证如山之下,法院对大卫判了死刑。但结局翻转,大卫被执行死刑后,大卫特意留下一盘"案发现场"的磁带,证明"强奸案"不过是该女性与大卫的通谋:二人以自愿之死来证明"司法机关办的铁案,也可能是一个错案"。

② 参见刘某等故意伤害案〔辽宁省阜新市中级人民法院(2020)辽09刑终129号〕。刘某、高某(女)系夫妻关系。某日,同村的李某注意到刘某又外出上班,就到他家去纠缠高某,与她强行发生了性关系。此时刘某突然回家,将李某捉住当场打成轻伤,捆起来报警控告他强奸(且有案发现场的一支录音笔的录音为铁证)。但彰武县人民法院却反判夫妻二人犯故意伤害罪(李某强奸行为未被起诉)。本案并非错案,真相乃是夫妻二人事前通谋好的合作演出,目的是以强奸罪的控告来阻断高某与李某一直存在的通奸。一个农妇怎么会突然想到事先准备一支录音笔,完整录下整个"强奸过程"作为铁证,这多少有一点反常。司法人员或许正是基于这一点内心怀疑,成功套出夫妻二人的真实口供。若非如此,本强奸案就铁证如山了。《偷情时丈夫拿着鞭子进屋捉奸,妻子却称被强奸!结果是……》,载搜狐网,访问日期:2024年9月25日。

③ 《创世记》里记载了一个女主人利用职责关系的强奸未遂案,就是典型。年轻的约瑟在埃及总理波提乏家做管家。女主人却暗暗瞧上了他。有一天,约瑟进屋里去办事,妇人就关门脱他的衣裳,要和他睡觉。约瑟不知所措,急忙跑到门外去。美人气急败坏,大喊"非礼啊"。叫来家里人说:"你们看!这个希伯来人到我这里来戏弄我,要与我同寝,我就大声喊叫。他听见我放声喊起来,就把衣裳丢在我这里,跑到外边去了。"总理回家后听说此事,判仆人约瑟罪名成立,关在监狱里。这并非总理故意偏袒自己的妻子,而是谁做法官,从证据上都只能这么判。参见周详:《有辩论,方有信》,载《检察日报》2018年7月5日。

第十章　负有照护职责人员性侵罪的规范目的新解

异,二者之间缺乏司法证据所要求的区分度。但我们又心知肚明,这种性关系事实上通常利用了或滥用了特殊职责关系,只是无法在司法上用证据证明二者之间具体的因果关系。①

从证据法学上看,这类似于"在司法上根本就没有单件的汽车碰瓷这回事"②。即使有路权的车辆驾驶人"明明"看见前面有车辆违规抢道,也"明明"可以踩刹车,却"故意"撞上去,造成一起交通事故。在交通安全相关法律规定上,却也只能从车辆的客观运行轨迹判断违规抢道的车辆负全责,而不是根据看不见的"主观想法"判有路权的车辆驾驶人负"碰瓷"的责任。即使后面的车辆驾驶人明确承认自己的"内心想法",也不能据此口供认定"碰瓷"违法行为的成立。道理很简单,法庭上他若突然翻供,司法就会很尴尬,因为目前人类还没有发明任何科学手段,可辨明他前后两个"内心想法"口供的真假。

相较于车辆碰瓷而言,司法人员在"特殊职责人员"强奸案中遭遇的司法证明难度会加大。一是该行为罕见所谓的团伙作案,从团伙方面找客观证据就丧失了事实基础。二是从个人的惯犯角度来找特殊职责人员性侵的证据,虽具有一定可行性,但性侵案并不存在车辆交通事故那样的大数据可查,案发之后其他被性侵者通常不愿站出来作证,故能够达到惯犯证明度的性侵案件数量太稀少。三是非严重暴力手段的性行为中的肉身相撞,通常不会像道路中的车辆相撞那样,留下什么轨迹或擦痕可查。即使有,也不能证明这就是性行为之外的"违反妇女意志的暴力",因为"强奸所具有的性的程度甚至可能正是其所具有的暴力程度"。③ 我国司法机关有时候为了套上强奸罪中"以暴力、胁迫或其他手段"的要素,会不得已把发生"性行为"的具体拍打动作当作强奸罪的"暴力手段"来认定,这是极其不当的。④ 虽然从语义上与生活常识来看,暴力的确可以包含轻微用力,但人类性行为必然包含自然运动力,我们并不能从自然力度较大的物理角度直接认定为法律规范评价

---

① 参见王某某强奸罪案〔四川省宣汉县人民法院(2017)川 1722 刑初 7 号〕。王某某作为语文老师,平常"对学生的学习和生活很关心",后来与某女生发生了性关系。同理,若一个老师平常用心备课以至于产生了招蜂引蝶的偶像效果。那么他"平常用心备课"的行为,是不是"利用了教育关系"? 这是司法证明上的难题。

② 邓子滨教授从取证的角度认为司法上"不存在碰瓷"。参见邓子滨:《中国实质刑法观批判》,法律出版社 2017 年版,第 235 页。但本文认为该论断最好限制在非团伙作案或非累犯的单一交通事故场景。碰瓷团伙,通常会留下他们碰瓷的策划、指挥、交流的电子证据。碰瓷的单一惯犯驾驶同一车辆短时间内过度频繁地发生"交通事故",可通过大数据在司法上推定他实施了"碰瓷"违法行为。

③ [美]博西格诺等:《法律之门》,邓子滨译,华夏出版社 2002 年版,第 260 页。

④ 参见蒲某梁某等强奸案〔甘肃省康县人民法院(2018)甘 1224 刑初 31 号〕。

意义上的"使用暴力"。① 正是因为这类案件中发生性关系的"强行"要素的证明难度实在是太大，若按照传统强奸罪的立法模式与司法证明的严格要求去办案，必然会不公正地放纵掉绝大多数"特殊职责人员性侵"行为。②

总之，性犯罪比受贿类犯罪更难以证明，"特殊职责人员性侵"又是所有性犯罪类型中证明难度最大的。因为证明难度问题，我国刑法中早就设立了巨额财产来源不明罪这个推定规范。那么如今"负有照护职责人员性侵罪"作为推定规范来入刑，举轻以明重，显然也满足了该程序性标准的要求。

2.在实体标准上，本罪以推定规范方式入刑满足了"实质合理性原则"与"相当的可罚性原则"的要求

（1）本罪以推定规范方式入刑满足了"实质合理性原则"的要求

"实质合理性原则"对立法者的核心要求是："从基础事实得出推定事实存在的结论要具有逻辑和经验上的强大联系，而不是任意性的推理。"③本条推定规范是从"特殊职责主体"推定出该主体有"利用职责关系"进行性侵（性剥削）的行为。这二者之间的强大关联，有事实基础吗？有！对此恩格斯早就说过："自古就有的淫游制（杂婚制）现在在资本主义商品生产的影响下变化越大，越适应于资本主义商品生产，越变为露骨的卖淫。"④女权主义法学家麦金农曾说："人类社会一切两性之间的性行为都是强奸。"⑤汉密尔顿也说："婚姻之于女人，不只是一种交易，实际上还是一种义务性的交易。"⑥他们说出一个普遍存在的社会事实：在权力极其不平等的现实关系之下，优势主体常常利用各种资源对女性进行性剥削，女性往往无法给出完全自主自由的性同意表示。但立法上要类型化一个罪名，则必须对普遍存在的性剥削社会事实材料进行筛选与构建，以满足法律规范对行为构成要件的特

---

① 优衣库事件，在法律上肯定不能将试衣间内的行为以"使用暴力"为由定强奸罪，至多因惊扰到室外的人而符合《治安管理处罚法》中的"扰乱公共秩序"。参见车浩：《评"优衣库"事件：试衣间啪啪啪是否违法，要看法律人脑洞有多大！》，载"中国法律评论"公众号（https://mp.weixin.qq.com/s/4sg9tYCqtynLQd5dUUzuxQ），访问日期：2020年12月31日。

② 笔者通过北大法宝查询司法案例，其中有强奸罪判例297597，涉及"利用教养关系"的强奸罪，有44份有罪判决书，但大多数案子法官都认定了特殊职责人员采取了暴力手段的事实。只有两起案件没有明显采取暴力。但这两起案件中，法官也还是习惯于把"性行为"本身按照暴力、威胁手段解释为"强行发生性行为"。参见代某某强奸案〔重庆市黔江区人民法院（2006）黔刑初字第2号〕；高某甲强奸罪案〔山西省太原市中级人民法院（2014）并刑终字第454号〕。

③ 张曙：《刑事推定的法规范特征与立法设想》，载《人民检察》2009年第7期，第53页。

④ [德]恩格斯：《家庭、私有制和国家的起源》，人民出版社1999年版，第76页。

⑤ 转引自罗翔：《刑法中的同意制度》，法律出版社2012年版，第27页。

⑥ [英]西塞莉·汉密尔顿：《婚姻如交易》，常培丽译，中信出版社2018年版，第18页。

定要求。① 对于本罪的入刑而言,立法者特别筛选了"特殊职责关系"这一主体上的关键要素。这种特殊职责关系,乃是一种因不对等地位而形成的特殊权力关系。

权力从来不局限在政治领域,而是一种无处不在的宰制与被宰制的社会结构关系现象。当一个主体 A 借用各种资源,采取暴力、威胁、利诱、奖励、说服等各种方式影响与制约主体 B 的行为,这种不对称的控制力或影响力就是权力。通俗地讲权力就是一个人所具有的"让别人做自己不想做的事情之能力"。B 对 A 存在无可逃避的依赖关系,是 A 对 B 能行使权力的基础。经典的权力相互依赖理论指出:"A 对 B 的权力大小,取决于 B 对 A 的依赖程度。"② 同时,权力也与特定的空间特征紧密相关。在无法逃避的特定的狭小生活空间(家庭、学校、医院、监管场所)里,未成年人与特殊职责人员之间,至少存在四重不对等的权力关系:

一是生活经验的匮乏者与丰富者之间的不对等。知识就是力量,知识就是权力。而经验是经过验证的活知识活权力,比抽象逻辑的力量更有控制力。特殊职责人员的各种社会生活经验的老练程度远超未成年人,足以随心所欲地控制、影响乳臭未干的未成年人。

二是权威关系的接受者与统治者之间的不对等。父亲与儿女、老师与学生、医生与患者等关系中,存在国家制度所赋予或认可的权威。"特殊职责"的背后就是"特定的权威",所谓"负有监护、收养、看护、教育、医疗等特殊职责",也就是国家普遍认可的特定权威。未成年人也在内心中内化这种权威关系,谁都是在家依赖父母,在学校依赖老师,在医院依赖医生。在什么样的权威关系之下听谁的话,这是天经地义的道理,可以说特殊职责人员的一句话,顶无关旁人的一万句。③

三是信任关系的遵守者与破坏者之间的不对等。未成年人在其成长过程中,其生存与发展必须依赖特殊职责人提供的知识、经济、教育等资源,所以会对掌控资源的特殊职责人形成信任依靠的亲密关系。陌生人之间常以礼仪保持身体的距离,尽量避免接触,形成贴身禁忌。非信任关系者之间的

---

① 各国法律大体上采取了三个剪裁与构建原则:婚内无强奸无卖淫嫖娼;卖淫嫖娼违法但不犯罪;恋爱(合意性行为)不违法。
② 韦庆旺:《问责条件下的权力效应研究》,天津科学技术出版社 2015 年版,第 5 页。
③ 参见高某强奸、猥亵儿童案〔安徽省高级人民法院(2017)皖刑更 200 号〕。小学老师高某对单独留校打扫卫生的一、二年级女学生,以"做游戏"为名,让她们脱掉裤子,躺在桌上并用布蒙住学生的眼睛,实施了奸淫。学生都不知道反抗,因为在学生心中,老师要求的事情都是对的,听老师的话,天经地义。

身体触摸,用中国儒家的曲语,那就是"非礼"。用现代西方直白语,那几乎就是"性交"的代名词:"身体接触是性行为的主要成分。"①但是正如车浩教授指出的那样:特殊职责人员因为他们的身份与职业需要,使他们"有权接触"未成年人的身体。他们的"社会角色确定他们不是性伙伴,所以这部分人的身体接触所受的限制较少"②。未成年人也认可特殊职责人员的身体接触,甚至为表达尊敬爱慕,拉近关系,还会主动进行身体接触。③ 只要场景与身体接触部位合适,就不会动不动以"性骚扰"为由来控诉。④ 但身体接触部位的合适程度是极其模糊的,其定义与掌控似乎总是在特殊职责人员那一方,他们在亲密关系的掩护下,不知不觉中就突破了身体触摸禁忌的模糊底线。⑤

四是性侵创伤的受害者与利用者之间的不对等。一旦造成了首次的性侵之事实,该性侵事实反过来会成为特殊职责人员进一步掌控被害人,成为继续性侵的理由。被害人如果在特定空间下无法逃避这种关系,通常就会在心理上合理化这种创伤,对特殊职责人员的性侵行为只能一再顺从,次数越多越无法表达出反抗。⑥ 有的被害人甚至会产生斯德哥尔摩综合征,对加害人的态度也会由内心的抗拒转为被动接受,乃至主动示爱求爱。⑦

在如此多重不对等的现实权力关系之下,如果特殊职责人员与"未成年女性"发生了性关系,立法就推定特殊职责人员"利用了特殊职责关系",这个推定关系无论是在司法经验层面,还是在立法逻辑层面上,都是一种基于普遍人性弱点而得出来的一种极高概率的强联系,而不是单单为了减少司法机关的证明难度与推卸证明责任而进行的随意关联。正如法学家孟德斯鸠

---

① [英]德斯蒙德·莫里斯:《裸猿》,刘文荣译,文汇出版社 2003 年版,第 69 页。
② 参见车浩:《"扒窃"入刑:贴身禁忌与行为人刑法》,载《中国法学》2013 年第 1 期。
③ 但有履行职责外观的身体接触,也不排除个人内心含有性的暧昧意思。某初中老师兼干爹的男主角,见 15 岁的干女儿玩闹地从高岩跳下,写道:"我用全身力量将她接住,好险啊!我紧紧地把她搂在怀里,狠狠地责备她:'你,不要命了!'"在另一处,他无意间阅尽一丰满妇女洗澡的春色,写道:"我心里痒痒的,恨不得把她搂在怀里。"参见碧辉:《墓棚》,中国文联出版社 2004 年版,第 109、153 页。都是"把她搂在怀里",一个未成年女性,一个成熟的妇女;一个实在,一个想象。性的意味:前者暧昧,后者明晰。
④ 如女生献吻校长,人们没朝坏处想,还给予正面评价。王军荣:《女生"献吻校长"是期待校长更亲切》,载中国青年网(http://pinglun.youth.cn/dxs/201406/t20140629_5433866.htm),访问日期:2020 年 12 月 31 日。
⑤ 参见李某强奸、猥亵儿童案〔安徽省宿州市中级人民法院(2017)皖 13 刑终 300 号〕。
⑥ 参见高某甲强奸罪案〔山西省太原市中级人民法院(2014)并刑终字第 454 号〕。
⑦ 林奕含在自传体小说《房思琪的初恋乐园》中揭示了这种病态关系。其在未成年时被某老师性侵后,不得不说服自己接受他的求爱:"老师爱我,我也爱老师,两情相悦下就不是强奸。我必须要爱老师,否则我太痛苦了。"2017 年她自杀身亡。警方宣布:因年代已久、缺少事证,故难以成案。

所言:"一切有权力的人都容易滥用权力,这是万古不易的一条经验。有权力的人们使用权力一直到遇到有界限的地方才休止。"①总之,本罪以推定规范的方式入刑,完全满足了"实质合理性原则"的要求。

(2)本罪以推定规范方式入刑满足了"相当的可罚性原则"的要求

"相当的可罚性原则"意味着:"立法者规定推定制度应当是针对那些对社会公共利益具有重大危险的犯罪。"②笔者认为该原则其实是罪刑法定主义中"处罚适正性"原则或"禁止处罚不当罚行为"原则的另一种表述,该原则从实体上对立法权进行限制,进而限制司法权。③ 虽然特殊职责人员性侵没有那么强的外在暴力特征,但实际上该类性侵造成的危害结果并不亚于,甚至综合考虑起来,要重于典型的暴力型强奸。

首先,从发生性行为时的行为样态来看,虽然特殊职责人员没有采取有形暴力手段,但实际上因为二者之间存在上述四重不平等的权力关系,所以特殊职责人员对未成年女性形成的心理辖制效果,可能比单纯的身体暴力来得更容易更有效。④ 如果传统强奸罪的手段可被称为"显性强制手段",那么特殊职责人员利用身份与职责关系的状态,则可被称为"隐性强制手段"。前者被害人不同意,至少还有肉眼可见的有形的对象(肢体暴力)可反抗,但后者则不知道要反抗什么,因为制造出隐性强制状态的似乎正是"父亲""老师"等这种抽象的职责身份符号,看不见也摸不着。正是这种隐性强制的特点,所以很多被害人明明内心不愿意,却或被动或"主动"被特殊职责人员侵害。我们立法者与司法者过去过于关注强奸罪中可见的暴力或强力,这是一个犯罪观念上的误区。事实上,从强奸罪的本质特征来看,传统强奸罪的法益也不是身体健康权,而是性自主权与心理健康。至于传统强奸行为中已经造成的严重身体伤害,本质上属于故意伤害罪(或故意杀人罪),与强奸罪本是想象竞合关系,只不过法律规定按照强奸罪的加重情节量刑而已。

其次,特殊职责人员性侵完毕后,对被害人造成的后续心理健康伤害程度比传统型强奸更大。有相关的社会学研究表明:熟人性侵比陌生人强奸对

---

① [法]孟德斯鸠:《论法的精神》(上册),张雁深译,商务印书馆1961年版,第154页。
② 张曙:《刑事推定的法规范特征与立法设想》,载《人民检察》2009年第7期,第53页。
③ 参见张明楷:《刑法学》(第五版),法律出版社2016年版,第37页。
④ 参见蒲某梁某等强奸案〔甘肃省康县人民法院(2018)甘1224刑初31号〕。本案中被告人蒲某等三人酒后到一家美发店去嫖娼,但被一个警察拦住,说是领导在里面洗头。三人到其他地方寻嫖未果,再次返回,产生冒充警察白嫖的念头。三人以嫖客的身份与"性工作者"朱某谈好价格,然后表明自己是警察,要对她进行查办,以此要求她为三人服务。对本案定强奸罪是有道理的,本案内含了"利用职责关系"这种性剥削型犯罪的基本特点:很多时候只要表明一种特定权威身份,就足以在弱势群体心中产生比有形暴力更有效的隐形控制力。

被害人一生的消极影响更大。因为熟人性侵瞬间毁掉的是一个人对身边人的信任,这种信任感的摧毁,其实就是摧毁作为群居社会人的内心精神支柱。信任就像空气,我们平常几乎不能感觉到它的作用;而当它一旦真的消失,人就会陷入致命的窒息状态。正如古德所言:"如果没有信任,我们认为理所当然的日常生活必将无法继续。"① 特殊职责人员在社会关系中是最应该保护未成年女性的人,却利用职责与信任对她进行性侵犯,未成年女性一定会产生被最亲者出卖和谁都不可信的严重心理阴影。这远比看得见的肉体打击更痛苦,足以让人心理崩溃。总之,性侵者与被害人之间的关系越是亲密、年龄差距越大,这种心理健康伤害就越重,持续性越强。②

最后,特殊职责人员的性侵,因为严重违反伦理道德,而大大减损了该行为的社会相当性。虽然"刑法不是道德的推动器"是刑事法治的共识,但社会伦理对刑法立法应当有一定的指引作用,这没有学者反对。③ 反伦理行为并不一定都是犯罪,但公众对于某种反伦理行为的反感程度越高,它被犯罪化的可能性就越高。"与未成年女性发生性关系"本身,就包含了或接近于"恋童禁忌",引起人们的强烈反感,社会相当性大大减损。

(三)"立法推定论"与刑法规范体系内的解释具有逻辑一致性

前文指出"年龄提高论"面临的刑法体系解释的冲突或矛盾问题。按照本文的观点,这些问题,都可以在刑法规范内得到具有逻辑一致性的体系性解释。

1. 本条中"未成年女性"属于刑法上的"妇女"而不是"幼女"

我国刑法规范中的"幼女"特指 14 周岁以下的女性。"妇女"则特指 14 周岁以上的女性。"妇女"包括了部分未成年女性,即"妇女"可以再细分为"18 周岁以下的未成年妇女"("14—16 周岁的未成年女性","16—18 周岁的未成年女性")与"18 周岁以上的成年妇女"。这一严格按照语言逻辑进行的分类与解释,不仅仅保持了刑法规范用语的统一性,在解释效果上也具有妥当性。

---

① 胡宝荣:《国外信任研究范式:一个理论述评》,载《学术论坛》2013 年第 12 期。
② 参见[美]理查德·A.波斯纳:《性与理性》,苏力译,中国政法大学出版社 2002 年版,第 526、534 页。
③ 参见孙万怀:《刑法修正的道德诉求》,载《东方法学》2021 年第 1 期。时延安:《刑法的伦理道德基础》,载《中国刑事法杂志》2019 年第 3 期。

2. 笔者观点能较好地处理本罪与强奸罪法定刑的选择适用难题

根据本条的规定，犯本罪的，"同时又构成本法第二百三十六条规定之罪的，依照处罚较重的规定定罪处罚"。笔者认为该规定的立法意义，其实是将有确凿证据能够充分证明特殊职责人员采取了暴力、胁迫或其他手段的性侵部分，按照普通强奸罪(重罪)处理。那些没有采取暴力、胁迫或其他手段的性侵部分①，以及虽然可能采取了这些显性手段，但因证据消失或其他原因而证明力不足的，就可以归入负有照护职责人员性侵罪(轻罪)来定罪量刑。② 当然，还有一种可能性需要讨论：特殊职责人员虽然未采取普通强奸的显性手段，但情节特别严重的，比如与"未成年女性"发生关系的数量实在是太多，按本罪处最高法定刑，似乎还显得罪刑不均衡，司法者可否按照普通强奸罪的规定定罪处罚？笔者倾向于持否定意见。

3. 笔者观点能与其他类似罪名规范的解释保持逻辑一致性

笔者观点坚持了"性同意年龄"与"幼女年龄"(14周岁)的同一性，符合体系解释的统一逻辑。首先，刑法上"性同意年龄"与"幼女年龄"本是共存的一条标准线。其次，在法律效果上意味着：在此线之下，女方的性同意表示在法律上绝对无效。但在特殊个案中行为人并不因此丧失出罪的其他合理理由，比如司法解释中"两小无猜"出罪法则与性同意年龄的法定标准线之间并不矛盾；同理，在此线之上女方的性同意表示在法律上有效，但这也不代表双方合意性行为在任何情况下都无罪，仍然可能因符合刑法明文规定的具体罪名入罪，比如重婚罪、破坏军婚罪、聚众淫乱罪等，这与性同意年龄的法定标准线之间也不存在矛盾。总之，如果不是直接对幼女年龄进行立法修改，那么立法上对具体罪名的修改就不是针对性同意年龄线做出的修改，而只是基于各种理由对罪名的某些构成要素的取舍。

---

① 日本刑法学者大体上也这么理解二罪之间的关系。他们认为《修改刑法草案》第301条第1款"利用地位奸淫被保护者"的"利用行为"尚未达至不能反抗之程度。若威胁已达不能反抗之程度，就归入刑法第177条的强奸罪。参见[日]大谷实：《刑法各论》，黎宏译，法律出版社2003年版，第88页。

② 鲍某某性侵"养女"案就是典型。"养女"韩某某虽多次报警，陈述鲍某某在她已满14周岁不满18周岁时多次采取暴力手段性侵，司法机关介入调查。但对几年前的事情，除了被害人的口供，现有证据无法证明鲍某某"采取了暴力、威胁或其他手段"，只能以强奸罪的证据不足做无罪处理。本罪入刑之后，就足以规范此类情况。当然司法机关查明，本案中韩某某虚报了年龄，户口年龄改小了4岁，与鲍某某首次发生关系时实际年龄已满18周岁。《最高人民检察院、公安部联合督导组通报鲍某某涉嫌性侵案调查情况》，载高检网（https://www.spp.gov.cn/spp/qwfb/202009/t20200917_480227.shtml），访问日期：2021年1月30日。

4. 笔者观点能合理地解释本罪设置较轻法定刑的原因

笔者在上文中指出，特殊职责人员性侵的实质危害上并不比典型的强奸罪更轻，甚至在一定程度上对被害人心理伤害的危害性更重。按照 2013 年《关于依法惩治性侵害未成年人犯罪的意见》第 21 条、第 25 条的规定，利用特殊职责关系性侵的，要按强奸罪从重从严处罚。但为什么立法者在本罪入刑时，反而独立规定了较轻的法定刑？按照本文的基本观点，可以对此进行合理的解释：特殊职责人员性侵的入刑，与巨额财产来源不明罪一样，都是推定的规范，在程序意义上，的确在某些行为要素上存在转移原本由国家司法机关担负的证明责任，这种推定规范显然在程序上对被告人不利。所以为了平衡被告人的人权保障，法定刑比照普通强奸罪适当降低，在实体上做出妥协是恰当的。

5. 笔者观点在本条学理解释上得到部分外国刑法学者的共鸣

各国立法对负有照护职责人员性侵罪是否需要规定"利用、滥用职责关系"这个要素，差异性不小，有的国家对此作出了明文规定，有的国家则省略了。德国刑法最典型，第 174 条第 a、b、c 款对负有教育培训、看管、监护职责的医生、司法人员、心理咨询人员的性侵，特别规定有"利用、滥用职权"的要素。但在第 174 条规定的"对被保护人的性行为"罪名中，反而省略了该要素，就与我国的"负有照护职责人员性侵罪"的规定一模一样了。但这种省略，是不是意味着第 174 条规定的犯罪根本不需要"利用、滥用职责关系"要素，从而堵截任何以此为由的出罪可能性？德国刑法学者会怎么解释，成为学理上的关键。

查阅相关德文资料，可惜多数资料里面的内容都只是解释"什么是教育、什么是培养、什么是从属关系"，没有论及该条立法是否存在违法性阻却事由。但是德国最权威的刑法注释书中，特别提到了这一点：

这些构成要件（第 174 条、第 174a 条、第 174b 条、第 180 条第 3 款）以"对被保护人的性侵害"为对象，其中，个人的性自主决定权十分重要……在这些条文所涉及的案例中，行为人是通过这样的方式来妨碍被保护人的性自我决定自由的，即他在与被保护人的关系中占据着突出的权威或者权力地位。一个问题是，尽管存在这种权威关系，但双方仍然可能发生性关系，可以肯定他们存在自由的性自主决定（"真正的爱情关系"）。在立法程序中，该问题被赋予了广阔的空间。如果人们考虑到，政府草案在使权威关系不受性影响这一方面，没有看到该条的保护目的，那么这一理由是可以理解的。其实,本条的任务应当是,预防被保护人在依赖性的压迫下决定其性行为。在有些构成要件中,滥用与依赖性绑定在一起的权威或者权力关系是其构成要件要素(第174第1款第2项,第174b条,第180第3款),立法文本已经将它们的目的说得很清楚了。①

仔细研读这一段话,该德国刑法学者的学理解释与本文主张的基本观点几乎完全一致。第一,该解释认为以上规定不是"性自愿年龄的所谓部分提高",反而认可这些被害人仍然存在"性自我决定权的自由"。第二,该解释特别指出这些法条的立法保护目的,是保护被害人的自我决定自由,不是要阻截反而是肯定"真正的爱情关系"。第三,该解释特别指出,即使像第174条没有特别写明"滥用或利用"要素,其实根据规范保护目的出发来解释,也应该理解为本条规定的行为构成要件隐含地包含该行为要件要素,即"在有些构成要件中,滥用与依赖性绑定在一起的权威或者权力关系是其构成要件要素"。第四,该解释也把所有类型的特殊职责人员性侵行为的构成要件解释为"被保护人在依赖性的压迫下决定其性行为""滥用与依赖性绑定在一起的权威或者权力关系"。这与本文所提出的在特定职责权力关系之下"隐性的强制"概念有异曲同工之妙。第五,我们根据以上解读,自然也可推出:如果特殊职责人员并没有实际利用特殊的职责关系,尤其是二者之间存在"真实的爱情关系"时,就应该例外地予以出罪。

6. 笔者观点为司法者处理特殊案例留下合理出罪的解释空间

如前文所述,"年龄提高论"基本上堵死了所有合理出罪的解释路径,这会导致某些特殊个案的不合理入罪。但笔者坚持本条规定乃是推定规范,而推定规范是允许反证或反驳的,这给特殊个案的合理出罪留下解释的空间。

第六节 司法者可以考虑出罪的几种特殊情况

"立法推定论"与"年龄提高论"在实质解释效果上的最大差别,就在于前者为司法者处理特殊案例留下出罪的合理解释空间,而后者则不赞同或客观上堵塞了合理出罪的理论空间。当然司法者到底需要对哪几种具体的特殊情况予以出罪,这可能存在争议。鉴于篇幅有限,本文只简要列举以下三种特殊情况供大家讨论或思考:

第一类,"特殊职责人员"确实没有利用特殊职责关系。二人的关系可

---

① Heinrich Laufhütte, in: StrafgesetzbuchLeipzigerKommentar, 11.Aufl., 2005, Vor §174, Rn. 5.

能是稳定的爱情关系,也可能是偶发的"一夜情",甚至是双方情不自禁发生了性关系后,女生才告诉男方,"其实你就是我的选课老师,我一直很喜欢你。可惜我长得不漂亮,你从来没有正眼注意过我"。若有证据证明行为人确实没有利用特殊职责关系,也就缺乏"利用特殊职责关系"这一隐形构成要素,不具有构成要件符合性,原则上不构成犯罪。① 尤其是当女方也真诚提出撤诉的要求后②,就更没有必要以犯罪处理了。

第二类,"特殊职责人员"虽然可能利用了特殊职责关系,但二人也确实存在真实的爱情关系。甚至"被害人"强烈表示:即使国家对自己的爱人予以处罚,也要等他出狱后与之结婚,笔者认为这种情况,应该尊重所谓"被害人"的意愿。③ 当她自己不认为是"被害人",此时国家完全没有必要强行按照法律的表面要素,非要认定强奸。司法者可以从违法性阻却或犯罪情节显著轻微的角度,解释为"本案无被害人,没有特定化的法益侵害产生,也就无罪"④。此时国家尊重女方,把这个判断权与定义权交给女方,功能是反向的出罪,这与国家为了入罪而对"私人间的爱情关系的真假"进行积极审查截然不同。

第三类,有证据确定"被害人"故意陷害男方,主动与"特殊职责人员"发生性关系的。这是女方特意利用本条刑法的规定达到自己的目的,笔者认为虽然没有必要对女方以诬告陷害罪追诉,但至少可以考虑从反向角度对男方的不当性行为予以出罪。因为在这种特殊情况下,女方并没有因被迫而失去什么性利益或性自主权,相反她是自主决定的性利益与报复目的得以实现的双重受益者,男方才是被设局陷害这个实质意义上的被害人。

---

① 我国某地曾有一个故事:一农妇背腊猪肉去某名医家,诚心感谢他治好了丈夫的大病。医生几番推辞,坚决不收此礼。若在春秋时代,二者的对话大约是如此。医者:"吾虽三月不知肉味,但医者讳不洁,无感于干脯。"妇人:"敝家无珍,栏唯有活猪一头,可替否?"医者:"非也。吾意在野麇尔,《诗经》有云:'野有死麇,白茅包之。有女怀春,吉士诱之。'"妇人会意:"敝女虽不如玉,仅此一次兮!"医者:"然。"妇人:"舒而脱脱兮!无感我帨兮!无使尨也吠。"云散雨停,一时事毕。妇负肉归,两不相联。本故事中,该医生其实并没有利用所谓的看护职责。如果对象是14—16周岁的女性,也不必以本罪处理。

② 这当然明显是对被告人不利的程序限制,但有个主要理由:"一夜情"中也有真实的性爱成分,但外人不可能从实体上查明与分别,只能从程序上解决问题,将性爱真实度的定义权以及是否继续追诉的"求刑权"(刑事法上没有"撤诉权"的概念)交给女方。这类似于不少国家将强奸罪规定为亲告罪。参见齐文远:《"亲告罪"的立法价值初探——论修改刑法时应适当扩大"亲告罪"的适用范围》,载《法学研究》1997年第1期。

③ 但笔者建议:存在血缘上的乱伦关系时不得以任何理由出罪。

④ 有国家对此有特别规定。比如《瑞士联邦刑法典》第188条第(2)款规定:"被害人与行为人结婚的,主管机关可免于追诉,免于移交法院或免于处罚。"《丹麦刑法典》第227条规定:"本法第216条至226条规定的情形中,如果已经发生性关系的人随后结婚,或者登记了伴侣关系,可以减轻或免除处罚。"

第十章　负有照护职责人员性侵罪的规范目的新解

虽然以上三类特殊情况，在司法实践中发生的概率很低，但只要有可能发生，就应该留出合理出罪的理论空间，其理论根据不妨采用基于人之常情的期待可能性原理。根据推定规范的法理，对于上述三类特殊情况，并非反对者所言的那样：被告方一提出辩解，诸如"我与她在谈恋爱，或她是主动的，或她在陷害我"，司法机关就必须认可。而是辩护方有责任证明这一点，而且证明难度非常大。另外，本文对于前两类特殊情况，也倾向于给出程序性的限制条件，即案件中的女方愿意证明且真诚地提出撤诉要求后，方可认可。故本文观点既可保证案件中百分之九十九以上的特殊职责人员无法逃罪，也让极个别特殊案例的处理能尊重女方的真实意愿与决定。法律上不能一刀切，打着"保护被害人性自决权"的父爱主义旗号，反而去实际损害女性的性自决权与性利益。[①]"立法推定论"正好可以双向均衡地达到保护女性真实的性自由权与性利益的规范目的。

总之，如果对本罪入刑的规范目的与构成要素没有解释错，那么给"情不自禁的爱情关系留下一丝出口"的本条立法，就是相当合理且科学的良法。对有真实爱情成分的不伦之恋，固然不可鼓励，还可用职业伦理规则去禁止。但超出比例原则动用刑罚，确实过分而且无效。[②]正如恩格斯所言，"对付通奸就像对付死亡一样，是没有任何药物可治的"[③]。若"爱情如

[①] 卜伽丘讲了类似的案例故事：一位富有的老法官，精通律法知识。娶的一位少妻，不幸被海盗掳走。海盗以闺房之乐待她，少妇如鱼得水，乐不思蜀。法官找到穷海盗交涉，希望领回爱妻，海盗答应绝不为难。但妻死活不肯跟丈夫回去，被法官的大道理劝恼了说："你再不走，那休怪我就高声喊起来，说你要强奸我了。"法官空手回去，气死了。少妇就与海盗正式结婚，终老一生。由此可见，爱的真假与合法婚姻形式无关，与法官的学识财富以及权威认定无关。企图用"父爱主义"的威权律法，代替女主判断爱情的真假，那真是把车儿套在马前——彻头彻尾地错了。参见[意]卜伽丘：《十日谈》，方平、王科一译，上海译文出版社1988年版，第214—223页。

[②] 古代文豪苏轼与12岁的西湖歌女王朝云一见倾心，收为苏轼夫人的丫鬟。苏轼利用教养关系之便，在她15岁时暗通款曲。但王朝云对苏轼不离不弃患难与共20年，是苏轼成群妻妾中最知心的爱人。苏轼为她写了诸如"欲把西湖比西子，淡妆浓抹总相宜"等千古名句。这种生生不离已是患难见爱情的明证，但生者对死者终身相守，才是世上最艰难的。当今湖北恩施州鹤峰县就有一则真实动人的师生恋故事。某初中张老师与该校15岁女生"梦仙"，先是结了干爹干女关系，在一起日久生情成了知心伴侣，但女方21岁时病死。老师思尔心切，在坟墓上修一木棚，决心与之相伴终身。如今四十年过去了，花甲老人还在坚持，常对人自述："每晚梦仙都出来，与自己共枕聊天。"他出版了《墓棚》自传，成为中国版《人鬼情未了》。当地各级政府多次出资为老人免费修缮"墓棚"之家，还有群众去该"梦仙寺"上香，成为本地小有名气的旅游文化景点。《诗经·大车》云："……岂不尔思？畏子不奔。榖则异室，死则同穴。"诗经中男女"榖则异室，死则同穴"，还只是驾大车私奔前发誓言说说而已，张老师却真蹈此言。刑法对爱情如此横一刀，我觉得真没有必要。

[③] [德]恩格斯：《家庭、私有制和国家的起源》，人民出版社1999年版，第72页。

死之坚强"①,也就没有任何刑罚可堵可防。甚至于刀山火海的堵截追击,只会反向增强异性之间的吸引力,如此"刑罚变成了一种刺激"②。

---

① 《圣经·雅歌》8 章 6 节。《雅歌》诗歌讲述了一个真实的爱情故事。所罗门王微服私访,打扮成流浪的牧羊人,偶遇一农家年轻女子,二人一见钟情。他没有利用任何权势,与她情不自禁发生了关系。最后突破世俗的重重阻碍,娶她回宫。但当初他父亲大卫王与拔示巴通奸一事,的确有利用权势关系之嫌。拔示巴是大卫王手下勇士乌利亚之妻,该勇士长期在外为王打仗。后院起火时,既有可能是拔示巴先爱上大卫王,所以白天洗澡故意让王看见,也有可能是王召她入宫后不得不从,或者王利用权势,与拔示巴主动勾引,二者兼而有之。总之拔示巴怀了孕。为了防止奸情暴露,大卫王利用权势设计谋杀了忠心耿耿的乌利亚。而乌利亚估计也早知道了妻子与王的奸情,所以默默顺着王的借刀杀人之计,勇敢战死沙场,成全了大卫王与拔示巴的不伦之爱情与后续合法结合的婚姻,生了一代贤王所罗门。本事件的刑事诉讼法理分析,参见邓子滨:《刑事诉讼原理》(修订版),北京大学出版社 2023 年版,"前言"第 4—10 页。

② 参见[意]贝卡里亚:《论犯罪与刑罚》,黄风译,北京大学出版社 2008 年版,第 92—93 页。

第十一章 "救援酷刑"合法化问题
——电影《变节:潜罪犯》《战略特勤组》

第一节 《变节:潜罪犯》《战略特勤组》电影简介

《变节:潜罪犯》(2012)

梁笑棠谋杀苏星柏罪名成立,被判处无期徒刑;梁笑棠在狱中结识大学教授霍天任,教授外表斯文,与世无争,却能利用心理陷阱收服穷凶极恶的"巨川"。其实教授是高智商的犯罪心理学家,擅长用冷读法,可以洞悉对方心理活动和秘密,于无形中掌控他人。神秘女子到狱中探望梁笑棠,原来,梁隶属比警队更高层次的保安局,入狱是再次执行卧底任务。当日,杀苏星柏另有其人,保安局副局长怀疑整件事跟潜藏在警队中的"黑警"组织有关,所以借机令梁笑棠入狱展开调查。一场敌友难分、正义与邪恶的生死对决在实力极不均衡的态势下火爆展开了。

在《变节:潜罪犯》电影开头,大学教授霍天任在给香港警队培训时,向警员提出一个"刑讯逼供"的难题:"假设警方捉到一个恐怖分子犯罪嫌疑人,知道他在一个人很多的地方放了一个定时炸弹。时间一分一秒地过去,他不承认自己是恐怖分子,死都不说炸弹的位置。现在想问大家:要不要对他使用酷刑,直到他说出炸弹的位置?这么做,你们认为是对还是不对?"多数警员举手表示赞同:"当然对,救人要紧。"霍天任评价说:"站在功利主义立场,一个罪犯的痛苦,能够换回几百名市民的生命,这种主张是没错的。……这只是犯了法,没有犯罪,他所做的事情百分之百正确。只是帮人嘛,对不对?不过我想听听没举手的反对意见。"高级警员卓景全说:"用酷刑是侵犯人权的。而且,如果那个人是无辜的,我们这么做,就是错上加错。"霍天任回复:"你的反驳很全面,的确,根据美国多年的反恐经验,他们得出的结论是:用严刑得来的情报,可信度非常低。"有警员接着举手说:"关乎这么多人的生命,就算只有百分之一的机会,我们也应该尝试。"霍天任说:"我们转换一下问题,如果要令疑犯说出炸弹的位置,唯一的办法就是严刑逼供他五岁的女儿,你们会不会这么做?"霍天任的理念是:必须这么做。霍天任对一个想通过读法律改变自己命运的罪犯说:"读法律干什么?这个世界上的法律,绝大多数都是制定者为自己的利益制定的。这个世界不应该是这个样子,也可以不是现在这个样子。黑并不一定是黑,白并不一定是白,历史上的每次革命,都是从犯法开始。"该理念得到绝大多数香港警员的赞同,包括最初反对刑讯逼供的卓景全,他最后也加入了庞大的"黑警"组织,该组织以非法手段追求正义目的为理念。霍天任就是"黑警"组织的领头军师。他想说服卧底警察梁笑棠也加入他们的"黑警"组织:"你知道一个人为什么要犯法?因为他通过合法的手段根本得不到合法利益,只能通过非法的手段拿回属于自己的东西。我们为什么要遵守别人定出来的不公平的法律呢?我觉得只要目的正确就可以了。(实体上)的公平正义是最重要的事情。"与"黑警"合作的金三角女毒贩头目也说:"我不管你怎么看我,但在我看来,罂粟花是世界上最美的花,因为它代表金三角人民的生计,可以救很多人的命。"

《战略特勤组》(Unthinkable,2010)

前美军特种部队炸弹专家杨格正走向一条危险之途。作为穆斯林,他不满美国对待阿拉伯国家的政策,于是策划发动恐怖袭击。他宣称在三个城市中分别安放了三颗小型核弹,美国本土危在旦夕。FBI反恐部门女探员海伦·布洛迪负责调查此案,却在紧要关头发现军方以及一个神秘部门介入其中。她的小队同极度危险的谈判专家亨利·汉弗莱斯受命审讯杨格。绰号"H"的亨利手段残忍严酷,加上政府高层的纵容,他愈加有恃无恐。海伦反感这样惨无人道的非法手段,她想尽各种办法争取杨格的信任,终于让他说出三颗核弹的暗藏地点。然而,一切并非如此简单,死亡与阴谋的狂潮随即袭来。在这场丧失人性的角力战中,注定没有胜利者。在惊心动魄的刑讯逼供过程中,海伦·布洛迪与亨利·汉弗莱斯的立场虽然对立,但也都有动摇的时刻。最后在要不要继续对杨格的两个幼小的孩子动用酷刑的问题上,海伦·布洛迪回归她的法律形式主义立场,宁可让可能存在的第四颗核弹爆炸,也坚决反对对犯罪嫌疑人的两个孩子动用酷刑。她的理由是:"我们是人,我们不能那么做,让核弹爆去吧。"

第二节 酷刑回归的学术思潮

酷刑严重侵犯人的尊严与权利,应当毫无例外地禁止。这一度是"二战"之后的国际社会,尤其是民主法治国达成的基本共识。但随着反恐形势越来越严峻,这一共识近些年似乎正在悄然改变,越来越多的法学学者开始赞同在一定条件下可以且应当实施酷刑,已然形成了一股酷刑回归的学术思潮。

2001年发生在美国本土的"9·11"恐怖袭击,是促使酷刑回归思潮得以形成的背景事件。美国布什政府在随后的"反恐战争"中,秘密制定了一系列的酷刑政策,允许军方对海外的恐怖活动嫌疑人实施酷刑,套取反恐情报,据说取得了极大的反恐效果。①虽然美国政府的酷刑政策被媒体曝光之后,立即遭到国际社会与人权组织的强烈谴责②,但在美国法学界与司法实务界,均有不少知名人士站出来,公开主张或论证对恐怖活动嫌疑人动用酷刑的合法性,前者以哈佛大学法学院著名的德肖维茨教授为典型代表,后者以美国联邦第七巡回上诉法院法官波斯纳为典型代表。将"嫌疑恐怖分子"作为酷刑禁止原则的例外之说,在英美法学学术界与司法实务界,目前虽然尚不能被称为主流观点,但其影响力确实与日俱增。

以德国为代表的大陆法系法治国家,也开始讨论酷刑的合法性问题。2002年德国发生一起绑架儿童案,绑架者卡夫根(一名在读的法律专业学生)被捕后拒不交代被绑架男孩的下落。救人心切的警察局长只能以实施刑讯相威胁,10分钟后卡夫根开口,交代了被杀男孩的尸体所在地。"本案引起了德国历史上从未如此公开地、在如此广泛的政治与公众参与下争论酷刑的许可性。"③虽然这只是一起普通的绑架案,但本案成为"二战"后德国最具争议的刑事案件并引起广泛的国际关注,显然也受到"反恐"时代大背景的影响,与人民对恐怖主义的恐惧心理有直接关系。以布鲁格为代表的不少法学家,也开始主张在"营救酷刑"这种极端例外情形下,警察施加酷刑具有正当性或合法性。④

---

① 尽管没有公开证据显示在寻找"基地"组织首领本·拉登的线索方面,酷刑起到过作用,但原美国布什政府的一些官员和法律顾问仍声称,正是由于酷刑才最终定位寻找到本·拉登,2011年将其击毙。参见龚刃韧:《"9·11事件"后美国政府的酷刑政策及其影响》,载《中国社会科学》2012年第8期。

② 《关塔纳摩之路》《反恐疑云》《酷刑报告》《X射线营地》等英美电影,形象生动地表现了美军在关塔纳摩等海外监狱的所作所为:任何"假设"对国民安全造成威胁的外裔公民,都会遭受秘密绑架,然后被带到隐蔽的海外监狱进行关押并遭受不同方式不同程度的刑讯逼供。

③ 哈姆认为本案因其特殊性,并不适合作为讨论酷刑的基础。参见[德]埃里克·希尔根多夫:《德国刑法学:从传统到现代》,江溯、黄笑岩等译,北京大学出版社2015年版,第295—296页。

④ 与美国学界讨论的"嫌疑恐怖分子的酷刑合法化"问题略有不同,德国由于有"二战"时纳粹极权统治下酷刑的惨痛历史教训,因此德国法学界关于"法治国中的酷刑许可性"问题的讨论,始终小心翼翼地限定于"为了获取信息以救助无辜的生命为目的"的"营救酷刑"这种极端例外情形。参见[德]埃里克·希尔根多夫:《德国刑法学:从传统到现代》,江溯、黄笑岩等译,北京大学出版社2015年版,第309页。

中国大陆受到酷刑回归学术思潮的影响，也有著名学者开始赞同营救酷刑具有合法性的观点。法理学界以苏力教授为代表，他对学界那种绝对禁止酷刑的法条主义、形式主义提出疑问，"废除刑讯逼供当然很对，但当面临恐怖分子大规模袭击之风险且唯有刑讯逼供可能避免这一风险时，又该如何？"①反问背后的答案就是：此时可以乃至必须刑讯逼供。显然苏力教授赞同波斯纳对恐怖分子可实施酷刑的观点。② 在刑法学界，以张明楷教授为代表，从行为功利主义的角度出发，批评了学界中规则功利主义者所持的"酷刑绝对禁止论"。张明楷教授也以前文提及的发生在德国的绑架案为例，提出我国同样应该承认营救酷刑这一特殊例外情形的合法性。③

考虑到反教条主义的实用理性与实质主义是中国文化骨子里的东西④，可以预见，"酷刑回归"运动从观念提倡到实践运行，在中国肯定比任何国家来得更容易，遇到的障碍更少且小，得到越来越多中国学者的认可，乃是大概率事件⑤。乃至于将来把营救酷刑作为禁止酷刑的例外，写入《反恐怖主义法》《刑事诉讼法》等相关法律，形成正式的人权克减制度，也是可能的。

但是笔者对营救酷刑合法化这一越来越强盛的学术观点，持谨慎的反对态度。

第三节　营救酷刑合法化的强点

德国作为法教义学的发源地，关于"营救酷刑"提出的正当化事由，学者们提出了各种各样的学说：正当防卫说、阻却违法的紧急避险说、阻却违法的义务冲突说、超法规的责任阻却事由说、免除责任的防卫过当说、警察法上超法规的阻却违法的紧急避险说。⑥ 如果我们暂且悬置德国三阶层犯罪论体系导致的学说之间的精密的差异性，那么在不同法系的国家可能得出的结论，大致可以划归两大类：正当防卫与紧急避险。

---

① ［美］理查德·波斯纳：《并非自杀契约：国家紧急状态时期的宪法》，苏力译，北京大学出版社2010年版，第5页。
② 参见苏力：《只是与写作相关》，载《中外法学》2015年第1期。
③ 参见张明楷：《行为功利主义违法观》，载《中国法学》2011年第5期。
④ 参见周详：《刑法形式解释论与实质解释论之争》，载《法学研究》2010年第3期。
⑤ 明确主张营救酷刑具有合法性的其他刑事法学者或法学青年学子已经有不少，参见董坤：《不得强迫自证其罪原则在我国的确立与完善》，载《国家检察官学院学报》2012年第2期；陈文昊：《反恐背景下的酷刑罪再构建》，载《时代法学》2016年第3期；胡睿超：《国际法视野下的紧急刑讯》，载《湖北警官学院学报》2013年第8期。
⑥ 参见王钢：《出于营救目的的酷刑与正当防卫——战后德国最具争议之刑法问题评析》，载《清华法学》2010年第2期。

第十一章 "救援酷刑"合法化问题

应该说,主张以正当防卫与紧急避险对营救酷刑予以合法化的观点,并非完全没有道理,相反,其背后有着深厚的行为功利主义哲学作为理论根据。而行为功利主义哲学的最强力量,就在于其判断方法及其具体的判断结论,能够得到绝大多数人的直觉赞同。因为行为功利主义的利益衡量原则,能够因地制宜灵活地应付规则的死板,符合人类本能中的利益最大化的取向。

每个人,无论中外,骨子里都是聪明灵活的行为功利主义者。除非有某种后天文化的熏陶、权威的认同或制度的约束而使人违背自然本性,开始固守某种反自然的理念、教条与规则,才会不考虑具体场景中利益得失衡量的结果。这种将"先定的规则是什么"而不是"具体的后果是什么"作为善恶判断与行为选择的标准,就是与行为功利主义立场相对的规则功利主义。然后站在行为功利主义者的角度观察,那种不计后果只固守规则的规则功利主义者,是不明智的、迂腐的、愚蠢的,乃至于在道德上是虚伪的。

中西当今法律制度与法律文化观念上的巨大差异,很可能在各民族文化形成的早期故事文本之中,就已经蕴含了。① 在中国,最典型的历史故事,就是宋襄公固守春秋时逐步衰落的战争规则,在交战时拒绝对敌军搞"半渡而击""未成列而鼓之"的突袭,也不准部下"擒老弱病兵""伤伤兵"。② 宋襄公对敌人讲仁义规则,结果自己大败,亡了国,自古至今成为国人口中"仁义之师"的笑柄。毛主席在《论持久战》名篇中对此有一句经典评语:"我们不是宋襄公,不要那种蠢猪式的仁义道德。"③这与刑讯逼供有什么关系吗?有的。莫言先生就讲了一个真实的故事:南方某著名晚报一个德高望重的老革命出身的总编辑,在自家报纸上写的一篇专栏文章《难忘的毙敌场面》,讲述了在战局紧迫之时,对几个国民党特务枪毙之前,进行刑讯逼供的过程,作者对该酷刑场面进行了生动而冷峻的描写。莫言的评论是:"可见,悲悯,是有条件的;悲悯,是一个极其复杂的问题,不是书生的臆想。"④可见,我们国人要的不是"愚蠢的仁义道德""墨守成规",而是"兵不厌诈""反经行权""圆熟老到",这种价值取向从内到外强化成为中国民族文化精神。⑤ 这种精神指导原则,不仅仅是残酷战争中的正确作战原则,也是中国人理解的弱肉强食适者生存的人生"丛林战场"的正确法则。这大概是中国人法治精神、契

---

① 参见邓子滨:《中西法律的初始差异与后续流变——读〈史记·五帝本纪〉和〈圣经·创世记〉札记》,载《读书》2015年第12期。
② 参见《左传·僖公二十二年》。
③ 《毛泽东选集》(第二卷),人民出版社1991年版,第491页。
④ 莫言:《捍卫长篇小说的尊严》,载《当代作家评论》2006年第1期。
⑤ 参见邓子滨:《中国实质刑法观批判》,法律出版社2009年版,第173—176页。

约精神、规则意识极其淡漠的根本原因。

其实,西方人骨子里(原始本性里)也是行为功利主义者,这与中国人没有什么不同。但西方的文化文明的精神导向,却一直在与这种强大的行为功利主义心理取向做斗争,所以才会有近现代西方法治文化的兴起。关于西方的行为功利主义与规则功利主义的这种剧烈冲突,最典型的早期文化隐喻故事就是我们熟知的亚当夏娃吃禁果。行为功利主义者德肖维茨对该法律故事就有经典评论。德肖维茨质疑上帝对人类始祖亚当随口所下的第一道法律规则。① 的确,既然在人看来,那园中上帝不准吃的禁果,其实"有百益而无一害"的巨大收益,为什么偏偏定下不准吃、不能吃的规矩?按有些行为功利主义学者的解读,《创世记》文本中似乎已经列出或暗示了人违反禁令吃禁果的四大好处:(1)"好作食物",意思是果子实用价值高,营养与口感都棒极了。(2)"也悦人的眼目",意思是该果子的美学欣赏价值高,色香味俱全。(3)"且是可喜爱的、能使人有智慧",这是人最看重的一点,吃了禁果能使人有上帝一般分别善恶的智慧,从此上帝欺骗、控制、奴役不了人。(4)事实证明,如故事中那条最聪明的古蛇事先"启蒙"夏娃的话一样,"你吃的日子,不一定死"。亚当夏娃吃了禁果的那日,他们果然没有死,还活了900多岁呢,够长寿的了。② 德肖维茨因此认为上帝的这条规则完全不合情理,不讲道理,违反了人类天性中的(行为)功利主义取向。③

可见,且不说聪明人,只要是个脑子正常的人,都会从人的行为功利主义天性出发,如亚当夏娃那样,坚决打破"有百害无一益"的规条,选择吃能使人"有百益无一害"的禁果。18世纪功利主义哲学创始人边沁所总结的"追求大多数人的幸福(益处)最大化"功利主义原则,说的就是这回事。如果一个人的行为选择,违反了行为功利主义的原则,在边沁等行为功利主义者看来,不仅仅是死板的问题,还是不道德的问题。

营救酷刑的场景,恰好符合了"追求大多数人的幸福(益处)最大化"的即时性判断。

---

① 《创世记》2章16—17节:耶和华神吩咐他说:"园中各样树上的果子,你可以随意吃。只是分别善恶树上的果子,你不可吃,因为你吃的日子必定死。"

② 在圣经文本中,虽然直接将那条古蛇视为能言善辩、诱惑人堕落的撒旦、魔鬼,但后来有不少文学家、思想家为"魔鬼精神""路西法精神"翻案,坚持认为圣经中的那条古蛇(魔鬼、撒旦)角色,才是真正对人好的人本主义者,是教导人运用聪明智慧,离经叛道,反经行权,勇敢反抗上帝这个专制暴君的思想启蒙者。参见南宫梅芳:《圣经中的女性:〈创世记〉的文本与潜文本》,社会科学文献出版社2012年版,第60—61页。李进超:《撒旦:丑恶的魔鬼与叛逆的英雄——从〈圣经〉到弥尔顿的〈失乐园〉》,载《天津大学学报》2010年第4期。

③ [美]艾伦·德肖维茨:《法律创世记》,林为正译,法律出版社2011年版,第34页。

第十一章 "救援酷刑"合法化问题

边沁为此设定了营救酷刑合法的特殊场景与严格条件,也对反营救酷刑合法化的规则功利主义者,提出了严厉的道德谴责:

"假设在一定情况下,当我们有充分理由相信有相当多的人正在遭受伤害,同时,某人有着同样充分的被逮捕并被定以重罪的嫌疑;且人们遭受不法暴力的伤害与合法酷刑的强烈程度相当。那么,为了将这数百无辜民众从折磨中拯救出来,对于一名有能力将正在进行或即将发生的暴行的地点予以供出的罪犯,是否可以通过施加同等或更高强度的酷刑,来获取营救的必要信息,还是对此犹豫不决?抛开是否明智的问题不谈,为救下一个该死的罪犯而舍弃一百个无辜生命,还有什么比这样歌颂人性中的盲目与粗野更为虚伪的呢?"①

的确,按照边沁的行为功利主义理论,我们应根据一个行为所产生的即时后果来判断它的道德价值,一个好的道德的行为应是追求社会总的利益、快乐和幸福的最大化。在定时炸弹场景下,虽然犯罪嫌疑人承受了酷刑,遭受了痛苦,但上百条无辜的生命就此获救,那是道德的;假如不对犯罪嫌疑人使用酷刑,那么上百条无辜的生命就会因此失去,那是不道德的。

为了将边沁提出的营救酷刑合法化的条件更加形象化,后续的行为功利主义者就不约而同地假设了一个符合该严格限制条件的"定时炸弹"案例。只有对被捕的恐怖分子动用酷刑才能救更多的人的生命之时,若有人反对运用酷刑,那简直就是不道德的。2001年8月11日,德肖维茨在《洛杉矶时报》上发表《是否可以通过酷刑达到正义》的文章,公开提出"定时炸弹"预设案件中允许使用酷刑的主张。因为在这种定时炸弹案件的预设中,将每个人的思维纳入是保护"一个恐怖分子的身体健康权",还是保护"上百个甚至上千个人的生命权"的选择题之中。

其实真正将人逼到死角的,还不是普通的炸弹预设案,而是核弹预设案。例如美国电影《战略特勤组》就预设了这样的案情:一个恐怖分子在美国不同城市埋了三颗自制的定时核弹,每颗核弹都足以导致1千万城市人口的大灭绝,司法人员面临着要不要通过各种酷刑让被捕的恐怖分子开口,说出三颗核弹的具体地址的问题。这是要在30000000:1生命权数量之间做选择。

此时若有人反对对一个恐怖分子(或相关人员)动用酷刑,任凭几千万人生命的大灭绝,就会被视为若不是傻子、疯子,那就是魔鬼。选择对极个别

---

① Jeremy Bentham, "Of Torture", Northern Ireland Legal Quarterly 24(3), 347(1973).转引自赵博扬:《以恶制恶:论反恐刑讯的合法化》,载《金陵法律评论》2016年第1期。

恐怖主义分子(或相关人员)动用酷刑,以保护绝大多数人的生命权,才是正义的,合乎道德的。有人常说:"定时炸弹案是一个由来已久的道德困境:一方面,是千万条无辜的生命;另一方面,是一个嫌疑犯的保持沉默的自由与人格尊严。"①

其实,这个说法是一个巨大的误解,至少在行为功利主义者看来,这哪是一个什么两难选择的困境问题,答案不是明摆着的吗,有什么困难? 正如以色列国安局对恐怖分子实施刑讯逼供,调查委员会对其合法性的说明报告中所言:

"决定性因素并不是危险的紧迫性,而是两种邪恶的严重性之间的比较——违反法律之恶对于即将发生之恶……比较这两种邪恶,必须依照根植于每一个正直、诚实之人心中的道德观念。坦率而言,我们是否应当选择:接受为了使嫌犯开口而对其扇耳光、威胁所带来之恶,从而借此避免即将发生的更大罪恶? 答案是不言自明的。"②

要反驳出于人类行为功利主义本性中的这一道德判断结论,倒是很难。

而如果行为功利主义在营救酷刑问题上的这一道德判断结论已然成立,要在刑法教义学上将营救酷刑解释为符合正当防卫或紧急避险的法定条件,则很容易。

比如学界赞成营救酷刑合法论的论证思路中,认为营救酷刑可以成立正当防卫的观点占多数。关于营救酷刑是否符合正当防卫的条件,在刑法教义学上可能存在的争议点,主要有两点:(1)是否存在前提条件——"正在进行的不法侵害"。(2)酷刑是否具有"防卫的必要性"③与"防卫限度恰当性"。然而行为功利主义所设计的定时炸弹场景,恰好就是为了解决这两个主要的争议点的疑问而设定的严格条件。在定时炸弹场景中,显然恐怖分子实施的爆炸罪的不法侵害行为并没有结束,不法侵害行为正在进行中,这没有任何疑问。至于恐怖分子已经处于警察的完全控制之下,对恐怖分子的爆炸罪的不法侵害行为,是解释为"作为"行为类型,还是解释为"不作为"行为类

---

① 李晓娟:《"定时炸弹困境"突围——兼对紧急酷刑理论之批判》,载《研究生法学》2012年第4期。

② 转引自赵博扬:《以恶制恶:论反恐刑讯的合法化》,载《金陵法律评论》2016年第1期。

③ "防卫必要性"可能有两种含义,一种是与紧急避险中的"迫不得已""没有其他方法"这个必要性条件相同。有的国家刑法规定正当防卫也必须具备这种"不得已"的必要性条件。另一种是限度条件中讨论的防卫手段激烈程度上的必要性:能用轻的手段,就没有必要用重的手段。

型,对"不法侵害行为正在进行"这个条件的认定,没有实质的影响。张明楷老师,对此给出了明确的结论:"在隔时犯的场合,即使客观行为已经实施终了,但只要结果还没有发生,就有可能进行正当防卫。例如对于已经安置了定时炸弹的人,可以通过防卫行为迫使其说出炸弹的准确位置或解除炸弹装置。对此也可以用另一原理说明。亦即,在作为方式的不法行为已经结束,但因此产生了作为义务,不作为方式的不法侵害正在进行时,也有正当防卫的余地。"①对于这一解释理由与结论,从刑法教义学的角度看,的确是成立的,目前还没有看到有人提出有力的反驳。关于第二个可能的争议点,在定时炸弹场景中,行为功利主义当然认为酷刑具有"防卫的必要性"与"防卫限度的恰当性"。即使反对营救酷刑合法论的学者,也不否认营救酷刑符合了"防卫的必要性条件"——迫不得已而采取,但对"防卫限度的条件"是否满足的问题则持保留意见。比如王钢就认为:酷刑严重侵犯了人的尊严,基于对防卫行为社会伦理限制而不能成立刑法中的正当防卫。②

尽管也有一部分论者"立足于纯粹的功利主义立场,认为警方为制止恐怖袭击对恐怖分子施加酷刑逼取必要信息(例如定时炸弹的下落)的行为也维护了更为重大的利益,足以通过紧急避险合法化"③。但这种针对恐怖分子身体本身而实施的营救酷刑,难以构成紧急避险,因为紧急避险一般要求针对危险源之外的无辜的第三人。

但是恰好是这一区别于正当防卫的对象条件,让我们看到,在营救酷刑的其他场景,实际上大有可能存在紧急避险的对象条件,即不是针对恐怖分子身体本身,而是为了套取关键信息而迫不得已对恐怖分子之外的第三人实施酷刑。比如针对偶然知道定时炸弹信息的无辜第三人,若拒不提供该信息④,或者与恐怖主义犯罪信息以及犯罪行为都无关但与恐怖分子有亲密关系的第三人,同样也有可能满足"营救酷刑"的各种严格条件,此时按照行为功利主义的法益衡量立场,大概还是可以成立紧急避险的。正如张明楷教授所言:"如果生命是等价的,那么就可以用牺牲生命的方法来保护等价

---

① 张明楷:《刑法学》(第五版),法律出版社2016年版,第203页。
② 参见王钢:《出于营救目的的酷刑与正当防卫——战后德国最具争议之刑法问题评析》,载《清华法学》2010年第2期。
③ 转引自王钢:《美国刑事立法与司法中的紧急避险——对功利主义模式的反思》,载《清华法学》2016年第2期。
④ 单单知悉恐怖主义信息而拒不配合有关部门工作的,在我们国家已经是一种违法行为。根据2015年生效的《反恐怖主义法》第91条第1款的明确规定,拒不配合有关部门开展反恐怖主义安全防范、情报信息、调查、应对处置工作的,由主管部门处2000元以下罚款;造成严重后果的,处5日以上15日以下拘留,可以并处1万元以下罚款。

243

的生命,尤其是可以用牺牲一个人生命的方法,保护多数人的生命。"①黎宏教授也持类似观点:"在是否能牺牲他人生命保全自己生命的问题上,从法益衡量说的立场出发,答案首先必须承认是能够或者说可以,但在具体应用上,考虑到什么是目的而不是手段的法的本质立场,对其适用应该严加限定。"②

比如 2010 年美国电影《战略特勤组》,给我们提供了这样一个虚构的经典案例故事:酷刑者 H 对恐怖分子杨格使用了各种酷刑手段,都没有得到三个定时核弹的地址信息。酷刑者 H 于是使出了最厉害的一招,将杨格的妻子与两个幼年子女带来,先当面杀死了他的妻子,然后对两个未成年子女实施酷刑,杨格终于忍不住了,一一招供。电影中官方秘密授权的酷刑者 H,可以说是一位最纯粹的行为功利主义者,自始至终都在坚持他的理念:不惜一切代价搞到炸弹的地点信息,甚至是灭绝人性的手法。

我的问题是:酷刑者 H 对与恐怖主义犯罪无关的杨格的妻子与两个未成年子女实施酷刑,真的能够成立紧急避险吗?如果你是那位酷刑者 H,你会为了得到救千万人的信息而不惜一切酷刑手段对恐怖分子的两个无辜幼童下手吗?我相信此时即使是纯粹的行为功利主义者,在给出"我们必须且应当这么做"的肯定答案之前,大概内心中也可能会"稍稍犹豫片刻"的。

人为什么在 30000000∶1 如此明显的功利计算结果之外,有时候还会"稍稍犹豫片刻"?或许恰恰就是人性中非计算性的良知部分在起作用。甚至有的人,比如电影中的那位反恐女探员海伦,最后还会作出与功利计算结果截然相反的痛苦决策,在关键时刻阻止了酷刑者 H 对两个幼童的酷刑:"你不能这么做!我们是他妈的人,核弹要爆就爆吧!我们不能这么做!"其实这位反恐女探员海伦,已经给出了规则功利主义者作出相反的痛苦抉择时,突出强调的一点:"我们他妈的是人"——人的尊严。

第四节 营救酷刑与"人"的消逝

人在本性之中,有趋利避害的本能倾向。行为功利主义者"将国家和法律的起源归结为人类追求最大快乐与幸福的本性。休谟认为,一切法律与政体的实力强大与否,完全由人们的趋利避害的性情所决定"③。然而行为功

---

① 张明楷:《刑法学》(第五版),法律出版社 2016 年版,第 221—222 页。
② 黎宏:《刑法学》,法律出版社 2012 年版,第 145 页。
③ 池海平、巢容华:《西方法学名著导读》,中国政法大学出版社 2014 年版,第 323 页。

利主义者的问题是把眼前可见的功利当做国家与法产生、存在、延续的唯一道德基础。马克思和恩格斯在《德意志意识形态》一书中批判了功利主义哲学的这个毛病:"把所有各式各样的人类的相互关系都归结为唯一的功利关系,看起来是愚蠢的。"①

事实上,如果单单讲趋利避害的功利衡量,恐怕人类还远远不如其他完全凭本能行事的动物更好地实践了功利主义原则。② 人虽然保留了动物的本能,但人之为人,恰好在于人作为主体具有超越动物本性的尊严部分,或者说人具有良知(超我)部分。"人有别于其他动物就在于人类拥有自主性,人可以自我选择、自我抉取,可以自我确定目标并且把自己作为目标来设定,而不是如同普通生物体那样简单服从自然律的支配。……人类凭借自主性和自我目的性这样一种主体身份而享有尊严。"③有学者指出:"像弗洛伊德一样,我把良知(他称之为超我)看作是存在于自我之外的心理力量。……像荣格,看作每个人心中的神圣火花。在某种意义上,他是上帝的声音,是关于法律和正义的观念和感情的内在根据。"④

没有了人的尊严,没有了人的良知,哪怕肉体的生命还在,但作为人的那个"人",也就消逝了。相反,一个人按照其真正的自由意志选择了自杀、选择了杀人而被处死刑,或选择了自我牺牲生命而救他人,尽管都丢了自己的性命,但仍然不失作为一个主体的人的尊严,甚至在牺牲自我生命拯救他人生命的情况下,乃是成就了一种作为人的最高尊严。所以在哲学界与法学界的通说一般认为:人的尊严高于自然的生命或生命权,在根本上成为人的法则或人权的根基。正如康德所言,"处死他(罪犯),但是决不能对他进行任何虐待,虐待是令人恶心和厌恶的,有损于人性。"⑤

"人的尊严权之所以高于人的生命权,是因为它构成了人与人之间一切行为规范的基础。"⑥再如在德国,无论是德国宪法的规定、司法判例还是通说的见解,"均主张人性尊严的不可权衡性:对人性尊严不适用比例原则,其所享有的绝对保护不能因为与任何利益的权衡而受到限制。即便是面对其

---

① 《马克思恩格斯全集》(第3卷),人民出版社1960年版,第479页。
② 一条饿狗没有学过"两点之间线段最短"的数学原理,也没有学过垃圾分类的复杂知识,但却可以凭本能与直觉,以最短的路线最快的速度达到最大的利益:直奔主题,抢先一口,咬住垃圾堆里的肉骨头。
③ 甘绍平:《尊严:一种不容情境权衡的价值》,载《中州学刊》2018年第1期。
④ [美]默里·斯坦因:《日性良知与月性良知:论道德、合法性和正义感的心理基础》,喻阳译,东方出版社1998年版,"序言"第16页。
⑤ 转引自时延安:《关于酷刑罪的比较研究及反思》,载《河南省政法管理干部学院学报》2004年第2期。
⑥ 甘绍平:《尊严:一种不容情境权衡的价值》,载《中州学刊》2018年第1期。

他宪法基本权利时也同样如此,因为人性尊严是所有其他基本权利的根基。这就意味着,任何干涉人性尊严的行为都不可能基于与其他利益的衡量而被合法化。更有学者认为,《德国宪法》第1条第1款所规定的人性尊严的不可侵犯性表明,对人性尊严的限制根本就是'禁忌'"①。

尽管学界在"人的尊严"到底包含哪些具体内容上无法达成完全的一致,但其核心内涵是清晰的:"每个人都因人的尊严而享有免除强制的自由之权利,每个人都不必因外在的压力而违背自身意愿来行事,'即便是其自身行为本身触及到法律共同体的边界的人,也拥有对这种尊严的需求'"②。我们也许无法准确界定还有哪些行为严重侵犯了人的尊严,但有一点却是无可置疑的:"对人的尊严权的最严重的侵害行为便是酷刑"③"施加体系化的并且有最大可能痛苦的酷刑,是可以被想象到的对人类尊严最严重的侵犯"④。因为和任何其他犯罪的运行机制不同,酷刑的运行机制,乃是用尽各种折磨人肉体与精神的方法,将痛苦最大化以摧毁人内心的自我意志,迫使人说出一句那个人内心坚决不想说的一句话。⑤从"否定人"的角度,酷刑是所有犯罪方法中的极致,因为"酷刑是无法被抵制的"⑥。这就是为什么诸多国际法,比如《公民权利和政治权利国际公约》《禁止酷刑公约》等,可能保留死刑存在的空间,却毫无例外地绝对禁止酷刑的缘由。因为"(现代文明社会中的)死刑在瞬间完成,预先不再附加任何酷刑,事后也不再对尸体采取更多的处置;处决只伤害身体,而非肉体(的尊严)"⑦。"酷刑是对个人权利和尊严的可耻而邪恶的践踏,是违反人类本性的罪孽。"⑧

没有人抽象地否认这一事实:酷刑严重侵犯人的尊严。但一定有人会在具体的情景中否认"酷刑严重侵犯人的尊严"。比如苏力教授说:"废除刑讯

---

① 王钢:《出于营救目的的酷刑与正当防卫——战后德国最具争议之刑法问题评析》,载《清华法学》2010年第2期。
② 甘绍平:《尊严:一种不容情境权衡的价值》,载《中州学刊》2018年第1期。
③ 甘绍平:《尊严:一种不容情境权衡的价值》,载《中州学刊》2018年第1期。
④ [德]埃里克·希尔根多夫:《德国刑法学:从传统到现代》,江溯、黄笑岩等译,北京大学出版社2015年版,第308页。
⑤ 从"人的尊严"被侵犯的严重程度来看,对被害人来说,侵犯性自主决定权的强奸还不是最可怕,最可怕的是被强奸时被逼"笑着喊他爸"(湖北某地一起涉嫌强奸的案件中出现的性虐待情景)。因为普通的强奸,被害人内心的不同意的自我意志仍然存在,甚至被害人还保留着无制止功能的推搡与哭泣等行为来表示这种内心的自由意志。但后者则近似于摧毁人内心的自我意志,直指人的尊严的酷刑虐待行为。
⑥ 参见[德]埃里克·希尔根多夫:《德国刑法学:从传统到现代》,江溯、黄笑岩等译,北京大学出版社2015年版,第308页。
⑦ [法]米歇尔·福柯:《规训与惩罚》,刘北成、杨远婴译,生活·读书·新知三联书店2007年版,第12页。
⑧ [美]Brian Innes:《人类酷刑史》,李晓东译,时代文艺出版社2000年版,第1页。

逼供当然很对,但当面临恐怖分子大规模袭击之风险且唯有刑讯逼供可能避免这一风险时,又该如何?"①从语义上分析,"废除刑讯逼供当然很对"这前半句是良心(超我)的规范判断,但重点是"但是……"后半句,乃是用(自我)功利的情景判断否定了良心(超我)的规范判断。行为功利主义者波斯纳对此的解释是:规则主义者无条件反对酷刑,其"真正理由是内心厌恶。作为一个因素,不能否认厌恶在道义上和法律上的意义,但不应当让它堵塞了对工具性考虑因素的考察"②。波斯纳所谓的"工具性考察",也就是把人当工具予以功利性衡量。在他们看来,"良知"作为一个人判断对错或表达价值观的抽象概念,"只是一个人对自己的行为的赞同或反对意见,仅仅它符合功利原则而言才有价值。"这种行为功利主义,若"走到极端,就意味着否定良知的存在"③。

而规则功利主义者,则将"不得侵犯人的尊严"作为一种绝对的价值规范予以坚守。正如《战略特勤组》电影中海伦拿出《美国宪法》,向上级官员杰克质疑对恐怖分子的酷刑:"杰克,嫌疑人正在被刑讯逼供,这是违反宪法的",上级官员杰克一句话回去:"海伦,如果那些炸弹爆炸了,宪法都他妈不存在了!"在定时炸弹困境中,这种对人的尊严与人权的"为了实现正义,哪怕天塌下来"的形式主义坚守,的确很容易被行为功利主义者批评为愚蠢,乃是将《权利法案》,将宪法所保护的个人权利或"人的体面感"(人的尊严),变成了一份自杀契约。④ 但"人可以被毁灭,但不能被打败"(海明威《老人与海》)才是"人"的声音。

而酷刑的机制就在于从内部心理打倒"人"。"酷刑不仅损害受刑之人作为人的自由和尊严,还扭曲了施刑人与观刑人的心理。"⑤所以,如果现实中真出现了《战略特勤组》电影中定时核弹的场景,在对一个恐怖分子(或两个幼童)实施酷刑与救千百万人生命(包括无数幼童)之间选择,我也会站在海伦一边说:"我们是他妈的人,核弹要爆就爆吧!我们不能这么做!"事实上,无论是美国电影《战略特勤组》还是香港电影《变节:潜罪犯》,其结局都

---

① [美]理查德·波斯纳:《并非自杀契约:国家紧急状态时期的宪法》,苏力译,北京大学出版社2010年版,第5页。
② [美]理查德·波斯纳:《并非自杀契约:国家紧急状态时期的宪法》,苏力译,北京大学出版社2010年版,第84页。
③ [美]默里·斯坦因:《日性良知与月性良知:论道德、合法性和正义感的心理基础》,喻阳译,东方出版社1998年版,"译者前言"第11—12页。
④ 参见[美]理查德·波斯纳:《并非自杀契约:国家紧急状态时期的宪法》,苏力译,北京大学出版社2010年版,扉页。
⑤ 吴天宁:《从〈在流放地〉透视酷刑下的扭曲人性》,载《时代文学(下半月)》2010年第12期。

暗示,虽然救援酷刑实施者的理念得到多数人的潜意识支持,但在法律理性上被定义为不法或者犯罪,是法治社会面临相似道德困境时的一个艰难选择。

第五节 "定时炸弹"情景与"定时诈弹"骗局

其实笔者反对酷刑的最根本的理由,还不是人性尊严的实体问题,而是一个以人类有限认知能力为基础的法律程序正义问题。因为在笔者看来,我们上文中讨论的"定时炸弹"情景,之所以能让民众相信"我们只能且必须对恐怖分子采取刑讯逼供的方法,才能避免可怕的结局——成百上千上万上亿的人死亡",必须有一个潜在的基本前提,那就是我们事先已经确信"这颗炸弹是真的",也"真的已经埋在某公共场所,随时会爆炸"。但其实这个足以让人产生恐怖心理的关键性事实的确信,在现实司法实践中根本就不可能存在。因为在揭开盖子查证之前,以刑讯逼供从恐怖分子口供得来的"炸弹(核弹)"的信息,还是一只"薛定谔的猫":真假不定。①

那种关键性事实信息的确信,只存在于"人是全知全能的上帝"这种人的虚构能力之中。② 行为功利主义者比较容易犯这样的同类错误,老设想现

---

① 尽管很多学者认为 2002 年德国发生的卡夫根绑架案因其特殊性并不适合作为讨论酷刑的基础,比如该案事后查明,在警察 D 刑讯逼供之前,被绑架的人质已经死亡。参见[德]埃里克·希尔根多夫:《德国刑法学:从传统到现代》,江溯、黄笑岩等译,北京大学出版社 2015 年版,第 295 页。所以很多人就对该案进行改造,比如假设人质还活着,或改为定时炸弹的案件,然后再讨论营救酷刑合法化问题。但实际上本案的所谓不适合讨论酷刑的特殊性因素——事先不确定某些关键事实信息——恰恰是所有所谓营救酷刑案件(无论是绑架案还是定时炸弹案)所面临的关键性事实不确定的问题。

② 《战略特勤组》中的所谓"定时核弹"场景,就很有意思。恐怖分子嫌疑人杨格专门将制造好的核弹录下视频,且故意让反恐方抓住他并获得该视频证据。一开始他坚持宣称有三颗真核弹。可是反恐方最开始对其刑讯逼供的目的,似乎就是希望从杨格的口中听到"这三颗核弹是空的,只是有心理威胁作用的假核弹"的消息。因为如果三颗核弹是真的,那爆炸的结局太悲惨了。在杨格受不了惨无人道的酷刑之时,他也真说出了这句话:"核弹是空的,是假的",所有在场的人员都长舒一口气。但杨格却拒绝交代"假核弹"的所在地,无法对该口供查证属实,只能继续刑讯逼供,他终于交代了一个"假核弹"的所在地,结果"假核弹"不在此地,但在此地却引爆了一颗真的普通炸弹,炸死 70 多个无辜的平民。在没有找到"核弹"的地址之前,核弹的真假,还是无法确定。于是只能把其老婆与两个孩子拉来,接着刑讯逼供,他终于交代了三颗真核弹的所在地,查证属实。留给司法人员最大的问题是:除了已经查证属实的这三颗真核弹,杨格还可能隐瞒着第四颗定时核弹存在的信息吗? 还要不要继续对其孩子刑讯逼供,让其交代有没有第四颗核弹?用主张刑讯逼供的司法人员的话说:"如此紧迫局势,只要还有 1% 的可能性,刑讯逼供就要进行下去。"对的,在司法实践中,正是如此:只要某种信息有 1% 的真实可能性,只要某人有 1% 的恐怖主义嫌疑,刑讯逼供一旦开始,就停不下来。

实中根本不可能存在的虚假案例来证明其观点的合理性。① "在认识问题上过分的自信与乐观,可能导致脱离实际以及过分运用司法手段侵犯人权。就像英国大法官奈特布鲁斯所说:'真理,与一切美好事物一样,可能被人欠考虑地热爱,过分强烈地追求——从而付出的代价可能太大。'"②

"作为刑事法学者,我发现法学教育对犯罪事实(怎么来的)缺乏关注,课堂和教科书中充满'给我真相,我就告诉你什么是正义'的自信,但却忽视了谁来取得真相以及如何'经审理查明'。"③建立在定时炸弹虚构案例基础上的所谓的营救酷刑合法化观点,就集中体现了忽视"犯罪事实到底怎么来的程序正义问题",我们总是习惯于从结果正义去逆推手段与程序的合法性。其实这是一个"目的证明手段正确"的巨大思维误区。尤其是在实质正义高于程序正义的中国,更容易接受酷刑回归的思潮。正如邓子滨研究员所言:

对于包含刑讯逼供的酷刑,国人多采取"抽象否定,具体肯定"的态度。如果笼统地问某人"刑讯逼供好不好",他一定说不好;如果告诉他有坏蛋绑架了一个孩子,不打就不能及时找到孩子,相信多数人会认为应该打。其中不乏法学工作者,他们坚持行为功利主义。具体到个案,人们痛骂呼格被刑讯,仅仅是因为"打错了",如果"打对了",人们就不会有什么异议。问题在于,刑讯逼供一旦开始,就不可能止步。④

所谓的"定时炸弹"情景,或许是波斯纳等学者为了打开禁止酷刑的口子,增加"为达目的不择手段"国家酷刑政策的民众可接受度,人为制造恐怖

---

① 比如在偶然防卫是否构成故意杀人罪的讨论中,行为功利主义者批评规则功利主义者主张偶然防卫者构成犯罪,不利于"法益保护",就虚构了一个现实中不可能存在的"偶然防卫"案例情况。在行为功利主义的设想中,"偶然防卫"有两种结局:一种结局是在偶然防卫者丙"遵守"法律规则不开枪射击甲的情况下,无辜的乙被杀害,甲被处以故意杀人罪。第二种结局是在丙"违反"法律规则开枪射击甲的情况下,无辜的乙不被杀害,正在故意杀人的甲遭受枪击,丙被处以故意杀人罪。的确从这两个结局对比看,"恐怕没有人会认为前者比后者更好。规则功利主义二元论违法观明显将一般性规则看得比人的生命还重要,宁可牺牲无辜者,也要捍卫规则,其结果只能是违背刑法的法益保护目的"。(张明楷:《行为功利主义违法观》,载《中国法学》2011 年第 5 期)然而这两种结局的对比是一个虚构的案例对比陷阱,所谓的第一种结局的情况,在偶然防卫案例中根本不可能存在。因为"甲正在瞄准乙,丙在完全不知情的情形下开枪将甲杀死,客观上制止了甲杀害乙的犯罪行为"的事实是铁定的,其中"偶然防卫者不可能知道自己正在偶然防卫"是偶然防卫案件的根本性事实。规则功利主义将偶然防卫行为认定为故意杀人罪并不会导致案件事实与结局的逆转:丙遵守法律规则不开枪,无辜的乙被杀死。如果真的发生了这种逆转,那么案件事实也就彻底改变,根本不再属于"偶然防卫"。参见周详:《规则功利主义违法观之提倡——刑法学派之争视角的展开》,载《清华法学》2013 年第 1 期。
② 龙宗智:《上帝怎样审判》,中国法制出版社 2000 年版,第 154 页。
③ 邓子滨:《刑事诉讼原理》(修订版),北京大学出版社 2023 年版,"自序"第 7 页。
④ 邓子滨:《冤案的偶然与必然》,载《中外法学》2015 年第 3 期。

气氛的一个"定时诈弹"骗局。这种实质主义思维用到极致，就会在不知不觉中滑向"为达目的不择手段"的国家恐怖主义或极权主义的泥潭。如果我们看清了酷刑回归思潮背后的两大原因，乃是"对 19 世纪自由个人主义的抛弃以及与此紧密相关的极权主义国家类型的盛行"①，那么笔者对营救酷刑合法化观点的否定与反思，就不是危言耸听。我相信一句话背后的逻辑：人类最大的邪恶，不是魔鬼行凶，而是有人扮作天使，以爱的名义作恶。程序正义固然不能保证百分之百的实体正义，但没有了程序正义，法治就什么也不是。

---

① ［德］埃里克·希尔根多夫：《德国刑法学：从传统到现代》，江溯、黄笑岩等译，北京大学出版社 2015 年版，第 300 页。

第十二章　程序正义与实体正义的纠缠
——《登徒子好色赋》《美人赋》与《水浒传》

第一节　《登徒子好色赋》《美人赋》古文选读

《登徒子好色赋》

宋玉

大夫登徒子侍于楚王,短宋玉曰:"玉为人体貌闲丽,口多微辞,又性好色。愿王勿与出入后宫。"

王以登徒子之言问宋玉。玉曰:"体貌闲丽,所受于天也;口多微辞,所学于师也;至于好色,臣无有也。"王曰:"子不好色,亦有说乎?有说则止,无说则退。"玉曰:"天下之佳人莫若楚国,楚国之丽者莫若臣里,臣里之美者莫若臣东家之子。东家之子,增之一分则太长,减之一分则太短;著粉则太白,施朱则太赤;眉如翠羽,肌如白雪;腰如束素,齿如含贝;嫣然一笑,惑阳城,迷下蔡。然此女登墙窥臣三年,至今未许也。登徒子则不然:其妻蓬头挛耳,龂唇历齿,旁行踽偻,又疥且痔。登徒子悦之,使有五子。王孰察之,谁为好色者矣。"

是时,秦章华大夫在侧,因进而称曰:"今夫宋玉盛称邻之女,以为美色,愚乱之邪;臣自以为守德,谓不如彼矣。且夫南楚穷巷之妾,焉足为大王言乎?若臣之陋,目所曾睹者,未敢云也。"王曰:"试为寡人说之。"大夫曰:"唯唯。臣少曾远游,周览九土,足历五都。出咸阳、熙邯郸,从容郑、卫、溱、洧之间。是时向春之末,迎夏之阳,鸧鹒喈喈,群女出桑。此郊之姝,华色含光,体美容冶,不待饰装。臣观其丽者,因称诗曰:'遵大路兮揽子祛'。赠以芳华辞甚妙。于是处子怳若有望而不来,忽若有来而不见。意密体疏,俯仰异观;含喜微笑,窃视流眄。复称诗曰:'寤春风兮发鲜荣,洁斋俟兮惠音声,赠我如此兮不如无生。'因迁延而辞避。盖徒以微辞相感动。精神相依凭;目欲其颜,心顾其义,扬《诗》守礼,终不过差,故足称也。"

于是楚王称善,宋玉遂不退。

《美人赋》

司马相如

司马相如,美丽闲都,游于梁王,梁王悦之。邹阳谮之于王曰:"相如美则美矣,然服色容冶,妖丽不忠,将欲媚辞取悦,游王后宫,王不察之乎?"

王问相如曰:"子好色乎?"相如曰:"臣不好色也。"王曰:"子不好色,何若孔墨乎?"相如曰:"古之避色,孔墨之徒,闻齐馈女而遐逝,望朝歌而回车。譬犹防火水中,避溺山隅。此乃未见其可欲,何以明不好色乎?若臣者,少长西土,鳏处独居,室宇辽廓,莫与为娱。臣之东邻,有一女子,云发丰艳,蛾眉皓齿,颜盛色茂,景曜光起。恒翘翘而西顾,欲留臣而共止。登垣而望臣,三年于兹矣,臣弃而不许。

窃慕大王之高义,命驾东来,途出郑、卫,道由桑中,朝发溱洧,暮宿上宫。上宫闲馆,寂寞云虚,门阁昼掩,暧若神居。臣排其户而造其室,芳香芬烈,黼帐高张。有女独处,婉然在床。奇葩逸丽,淑质艳光。睹臣迁延,微笑而言曰:'上客何国之公子?所从来无乃远乎?'遂设旨酒,进鸣琴。臣遂抚琴,为幽兰白雪之曲。女乃歌曰:'独处室兮廊无依,思佳人兮情伤悲。有美人兮来何迟?日既暮兮华色衰。敢托身兮长自思。'玉钗挂臣冠,罗袖拂臣衣。时日西夕,玄阴晦冥,流风惨冽,素雪飘零,闲房寂谧,不闻人声。于是寝具既陈,服玩珍奇,金鉔薰香,黼帐低垂。裀褥重陈,角枕横施。女乃驰其上服,表其亵衣。皓体呈露,弱骨丰肌。时来亲臣,柔滑如脂。臣乃脉定于内,心正于怀,信誓旦旦,秉志不回。翻然高举,与彼长辞。"

第二节 《刑事诉讼原理》一书中好看的文学故事

王人博老师在《你看我说》中说:"一本好书,一篇好文通常都带有木马病毒,会感染我们的心。"[1]

众所周知,如今出一本书容易,但一本好书要出版,并在逆淘汰的图书市场中幸存下来,比之以往显得愈加艰难。

好作品之大浪淘沙,就像容貌俊美的摩西之幸存,首先得用美貌感染几位默默贡献的收生婆(出版社编辑)的心,决心瞒天过海违反埃及法老王的

---

[1] 王人博:《你看我说:一个法学者的人间情味》,北京大学出版社2019年版,第254页。

盼咐,留存了那男婴的性命。① 小摩西还得用美貌感染自己母亲(作者)的心,横下心来藏他三个月,实在藏不住了,才狠心流放于河,任其命运漂泊。幸而小摩西的俊美,又感染了法老的美丽女儿(读者)的心,一看见他就心生爱怜,从漂泊在命运之河中的蒲草箱里,把他拉出来,爱不释手,收养在宫里,长大后成为影响人类文明历史的人物。仿佛历史总呈现出一种"美貌的二律背反":女人的美貌是祸害,害人害己,倾城倾国;男人的美貌是福气,感天动地,救己救国。

被木心誉为"精神世界的漂泊者"②的文学家昆德拉,在小说《生命中不能承受之轻》中,男主人公托马斯看着不期而遇、在床上熟睡的美女特丽莎,有一段心理描写,形象诠释了小摩西的精神文化意象:"他又一次感到特丽莎是个被放在树脂涂覆的草篮里顺水飘来的孩子。他怎么能让这个装着孩子的草篮顺流漂向狂暴汹涌的江涛?如果法老的女儿没有抓住那只载有小摩西婴儿逃离杀戮与波浪的筐子,世界上就不会有旧约圣经,就不会有我们今天所知的文明。多少古老的神话都始于营救一个弃儿的故事!"③

我初见《刑事诉讼原理》一书,就如同法老女儿看见俊男小摩西,托马斯看着美人特丽莎,心仿佛同样被好看所感染,中了木马病毒一样,自动挤占其他运行程序。干脆集中了数天时间,慢慢地细细地品读完,略记下一些乱花飘零的局部观感。

对本书的局部观感的拼凑,虽不成体系,但"局部,就是一堆漂流瓶,装着当事人的一得一见一赞一叹,被他陆续丢到海里……有人会捞起瓶子看看,或心许,或诧异,那一瞬所感知的亲切或陌生,就对得起那个局部了。因为,亲切或陌生,都不是麻木"④,而是一种被感染,虽是任性滋发,生野且敏感,却也不失真诚。

邓子滨作为一名刑法学者,出人意料突然跨界写了《刑事诉讼原理》,长篇大论刑事诉讼的理想、理论与实践。可见"学科之墙再高也挡不住思维的

---

① 《出埃及记》中,埃及法老见寄居于埃及的以色列人生养众多,就想各种巧计逼迫以色列人,除了强迫所有人为奴做苦工,还吩咐以色列妇女接生的几位收生婆:"她们临盆的时候,若是男婴,就把他杀了,若是女孩,就留她存活。"后又直接向埃及众民下命令,将以色列人的新生男婴丢进河流淹死。
② 木心:《精神世界的漂泊者》,载[捷克]米兰·昆德拉:《生命中不能承受之轻》,马洪涛译,时代文艺出版社2000年版,第239页。
③ [捷克]米兰·昆德拉:《生命中不能承受之轻》,马洪涛译,时代文艺出版社2000年版,第7页。
④ 陈丹青:《陌生的经验:陈丹青艺术讲稿》,广西师范大学出版社2015年版,"序一",第1页。

自由"①。不晓得当今法学界,尤其是被陌生客贸然侵入地界的刑事诉讼法学界,会做何种反应。吾以为无论是赞赏着接受,还是批判着拒绝,抑或两种反应兼具,都属正常学术生态反应。唯怕一种精神麻木式的反应:一头大象席地而坐,人们假装熟视无睹,侧身绕道而行,沉默不语。

跨界之作的艰难与风险,让我想起陈丹青在《陌生的经验》中讲的一个故事:1912 年,著名画家杜尚突然挑战传统,改用大家极其陌生的立体主义手法,画了《走下楼梯的裸女》,却被他当代的超现实主义同行拒绝了。杜尚说,这件事打醒了他,决定从此不再画画。一个画家不再画画,能干什么呢? 1917 年,他提个小便器送去展览,取名《泉》,1919 年,又在明信片的蒙娜丽莎脸上画了一道胡须。这两件恶心当时艺术界的"作品",半世纪之后,竟然也成了杜尚前卫艺术的标志,被现代艺术馆抢着展览收藏。②

似乎人类思想史,总是反复上演着"起初匠人所弃的石头,如今已成为头块房角石"的这类思维跨界悲剧故事。至少在我国学界能感受到一种比较顽固的学科规训潜规则:常常以超出专业和学科范围为由,形成画地为牢的攻守同盟,拒绝那些跨学科的思考、观察、写作、发表、出版。

的确一国之内,不应有陌生人不得入内的"寡民小国",不要形成鸡犬之声相闻但老死不相往来的城防篱笆。若以刑事一体化的角度观察,从刑法学到刑事诉讼法学的漫步,本属刑事法学领域内的正常行走,以他国学界观之,尚且谈不上典型意义上的学科跨界,却完全可能令"熟人社会"的学界惊诧惊恐,以至于形成排斥陌生客迁徙入内的潜规则奇观。

或许正是有某种潜在的担心,其师陈兴良教授在本书的序中指出:刑法和刑事诉讼法同属刑事法这一学术领域。在其他国家和地区,同时从事刑法和刑事诉讼法研究的学者,为数不少。这与陈兴良老师之前提出的建立学科之间一定高度的"专业槽"思想并不矛盾。③ 事实上,陈兴良教授可谓是国内罕见的提倡并实践学科学术包容性的学者。君不见在大部分法学刊物都无法容忍的另类文风或跨界写作的文章,总可以在其主编的《刑事法评论》中求得发表、留存一席之地,令人一见真容。想必如今声名鹊起的很多中青年学者们,在他们还是默默无闻之时,都曾受陈兴良老师海纳百川般的大度提携。

---

① 王人博:《你看我说:一个法学者的人间情味》,北京大学出版社 2019 年版,第 242 页。
② 参见陈丹青:《陌生的经验:陈丹青艺术讲稿》,广西师范大学出版社 2015 年版,第 324 页。
③ 参见邓子滨:《刑事诉讼原理》(修订版),北京大学出版社 2023 年版,"陈兴良先生序"第 1—4 页。

第十二章　程序正义与实体正义的纠缠

当然话说回来，就个体而言，如果缺乏特定专业理论知识与相关实践经验的长期积累而贸然跨界，那就好像不懂江湖规矩，却贸然跨界闯进水泊梁山，有被割了首级纳了"投名状"的风险。因此，哪怕是一体化刑事法大学科内部细分学科之间的"非典型跨界"，的确也有风险，写作需谨慎。

然而邓子滨不存在这个跨界写作"陌生的风险"问题，因为他"三载仰屋著书"①，沉思推敲，精心打磨，方成一剑。这在学界出书发文讲究多快省，争名利于朝市，乃至于剽窃造假成风的浮躁时代，能在理论积累上如此专心与耐心，三年方磨一剑之人，已属少之又少。尤其是他二十五载以来，以兼职律师身份亲手代理五十余起刑事案件，积累了丰富的实践经验，体味到诸多刑事诉讼的切肤之痛，对刑事诉讼界的表面规则与潜规则的熟稔与敏感程度，在刑事法学界恐怕难寻第二人。

虽说人类大部分知识的总结、积累、传播主要靠从书本习得间接经验，并不总是需要事必躬亲，但对法学知识而言，似乎没有亲临看守所或到法庭的现场走一遭，总觉纸上得来浅。就像观看米开朗基罗的"大卫雕塑"，只翻看过画册图片，就"不容易绕到他的背后，看人家屁股。这就是在现场能享受到的福利"②。

邓子滨多次亲临诉讼现场，全方位看见并触摸过刑事诉讼的曲线轮廓与凹凸细节，包括看见刑事诉讼的"屁股"，仿佛也闻见了一股臭味。③ 他还将"屁股"与"臭味"全盘写出来，让读者也看见，也闻见。至于将真实的现状写出来，是否有人讨厌，是否有人不闻不问，那不是最重要的。最重要的是："你看见，而且写出来，就是跨出一大步。"④

没有对比，就没有伤害。较之刑事诉讼直接经验丰富的邓子滨，我作为一个广义的刑事法高校老师，不过就是一个在岸边纸上谈兵比画了好多年，却从来没有下过水的游泳教练，对刑事诉讼的实践经验与相关理论知

---

① 邓子滨：《刑事诉讼原理》（修订版），北京大学出版社2023年版，"自序"第8页。
② 陈丹青：《陌生的经验：陈丹青艺术讲稿》，广西师范大学出版社2015年版，"序一"第2页。
③ 邓子滨讲述的一个办案小故事，令我印象极为深刻。他作为律师，去会见某在押犯罪嫌疑人，被一个年轻民警告知不能见，于是邓子滨拿出刑事诉讼法与相关司法解释汇编，与之沟通说："按照规定，现阶段律师可以见。"民警把刑事诉讼法册子扔回来，说："别跟我说这个，这个没用，上面要求的。"若非亲身遭受"这个没用"的这种羞辱性拒绝，你就不会知道"领导指令大于国家法"，不知道什么叫"律师会见难"。你若没看见书中对某些媒体报道过或他经历过的一些严重侵犯人权的案件描述——想必他已省略或删去过于冲击人心的细节——就不会知道，人性中的邪恶根本没有底线。参见邓子滨：《刑事诉讼原理》，北京大学出版社2023年版，第32、211页。
④ 陈丹青：《陌生的经验：陈丹青艺术讲稿》，广西师范大学出版社2015年版，第242页。

255

识,可谓极度陌生。①

若本属陌生,却强以为熟,敢以己短,唬人当长,定会错把冯京当马凉。就好像柴进庄上的洪教头,排场很阔,虚名不小,会点花棍,嘴是最硬,就非得惹话,挑战在战场打拼出来的林教头。那是自讨没趣,真打起来,不到三招,就中了棍,扑地倒了,众人一起大笑。② 故今日我欲"跨界"评论《刑事诉讼原理》,的确从来没有感觉有如此大的踌躇,生怕提棍赶入的那一步迈得太大,一不小心就把自己拉成废青,在京城禁军真教头与众庄客面前丢丑,挣扎起不来,羞愧满面。

好在邓子滨的《刑事诉讼原理》总体上有一个写作特点:他描绘自己心中的刑事诉讼的理想图景,多于谈论我国刑事诉讼法的实定法条。③ 这或许可避免因暴露我对刑事程序具体法条的无知而生发的羞愧。

当初人类的始祖夏娃就犯过同类错误。夏娃面对突然闯进伊甸园的陌生古蛇,大概当时自以为站立得住,可像孔夫子一样"从心所欲不逾矩",所以大胆与能言善辩的古蛇侃侃而谈,哪知立马就中了古蛇的"诡辩论"话语圈套④,不知不觉就误解了法律的细节,被误导越轨犯了罪,跨法令之界,偷吃了知识树上的禁果。⑤ 固然在邓子滨看来,夏娃跨界偷吃了禁果,"'眼睛就明亮了','能知道善恶',这显然没有什么不好"⑥,但实际上此时人所看见的不是自身的美丽与荣耀,而是自身的一丝不挂与缺憾,照亮的是人自身因自恋骄傲而导致的无知与羞愧。

在日常生活中,大人常告诫孩童"不要和陌生人说话",害怕因幼稚无知而被骗被害。殊不知,陌生人之所以是危险的,恰恰在于"陌生客"本身,就像伊甸园里突然闯进来的那陌生古蛇,天生对人有种致命的美,致命的吸引力。正是那神秘的陌生感,让夏娃宁可相信并爱上外来客,背叛园内曾厮守相顾的熟悉爱人亚当的告诫。

---

① 总体认知水平基本停留在 20 年前,那时候跨专业考刑法学研究生,曾自学过一本《刑事诉讼法》教材,还要考虑人人难违的遗忘曲线规律的影响。

② 参见(明)施耐庵:《水浒传》,西苑出版社 2016 年版,第 57—58 页。

③ 邓子滨:《刑事诉讼原理》(修订版),北京大学出版社 2023 年版,"自序"第 5 页。

④ 邓子滨认为:我国法学界常常会有"假辩证、全面之名而行偷梁换柱、解脱约束之实,让权力游走于两个目的之间"的诡辩话语套路。参见邓子滨:《刑事诉讼原理》(修订版),北京大学出版社 2023 年版,第 30 页。打着辩证法之名的诡辩说辞,在语言逻辑上有两个特点:(1)用内涵扩大或缩小的词语进行概念偷换;(2)用"不确定"的字词,对字词含义的"确定性"进行消解。

⑤ 约翰·弥尔顿在其名著《失乐园》中,想象补充了蛇诱惑夏娃的故事细节,谈话就是从法律的细节误导开始的。

⑥ 邓子滨:《刑事诉讼原理》,北京大学出版社 2019 年版,第 7 页。

第十二章 程序正义与实体正义的纠缠

那伊甸园偷吃智慧果的古老故事,就是一个关于人的知识欲望的隐喻。俗话说"好奇害死猫",其实狗比猫在天性上更有好奇心。猫见到陌生人向来无动于衷,狗一见到陌生人,则不顾一切扑上去,又叫又咬,兴奋无比。人总是多像狗不像猫,爱陌生客多于爱熟悉人。哪怕遭当头棒喝,遍体鳞伤,也总是希望自己可以把偶遇的陌生客,变成自己的一个熟人、朋友乃至亲密爱人。然后对过于熟悉腻烦的她说,"你真美,你真美,但是我必须背叛你"①,转背离她而去,寻找下一个陌生客。

知识的增长过程就如恋爱,正是一个将陌生人变成熟悉的恋人,又将熟悉的恋人变成熟悉的陌生人的游戏。邓子滨在自序中说,"三载仰屋著书,既是向导师陈兴良先生呈正的致敬之作,也是为了完成个人的一次思想实验。"②他所言的"思想实验",在认识论上如果有什么特别含义,大概就是类似于一场"恋爱实验"。

文学家纪德写过一篇短篇小说《恋爱实验》,故事就具有这种"思想实验"的暗喻性:路克与拉结相遇于春天,相互爱悦,彼此结合了,然后一路走来,度过了整个幸福的夏天,到了秋天,却感受到了爱情的餍足,各自望向别处,不久便没有眼泪也没有微笑地分了手,因为他们各自悄然起了思想的风,思想了新的东西。③"我们欲念的对象啊,正像那些容易坏的凝聚物,只消手指一按,就剩灰烬了。只要是吹的,随便什么风吧。起来吧,我的思想的风。"④

关于人的知识取向,是应该扎根于本土,固守熟悉的伊甸园,还是该大胆吃知识树上的禁果,开拓、接纳陌生的危险世界的试炼,是一个永恒的矛盾话题,是非对错一言难尽。有时候得看具体的社会环境已经有了什么,进而判断最欠缺什么。总体上而言,我国学界主流观点倾向于前者,强调每个国家都有其特有的刑法理论和实践问题,认为作为实践理性的刑法学研究,不能像哲学家行走在路上而眼观遥远的星空,一心想着"生活在别处"。⑤

---

① [捷克]米兰·昆德拉:《生活在别处》,袁筱一译,上海译文出版社 2004 年版,第 412 页。
② 参见邓子滨:《刑事诉讼原理》,北京大学出版社 2023 年版,"自序"第 8 页。
③ 参见[法]纪德:《恋爱试验》,载《浪子回家集》,卞之琳译,上海译文出版社 2015 年版,第 29—31 页。
④ [法]纪德:《恋爱试验》,载《浪子回家集》,卞之琳译,上海译文出版社 2015 年版,第 31 页。
⑤ 笔者的导师齐文远先生比较强调法学的因时应景的实用性与实践性,但他其实也并不反对,至少是包容法教义学研究的价值与意义。参见齐文远:《刑法学人学术品格的重塑》,载《法商研究》2003 年第 3 期。齐文远:《中国刑法学该转向教义主义还是实践主义》,载《法学研究》2011 年第 6 期。

但是反过来想想,也许法治不彰,恰恰在于骨子里太强调低头寻找并满足于法学的本土资源或实用效应,太缺乏像邓子滨那样的学者,邓子滨与我辈,能否在生前看见"程序正义观"得到普遍接受并生根开花结果,我是持怀疑态度的。但我不怀疑他将程序正义法治理想的种子,在冬天就早早播种在寒冷无望的厚地里的信心与努力。

假如光看悠久历史与现实,精明务实圆滑老到之人,大概是世上最不可能接受程序理念与程序正义的理想目标的。但邓子滨还就这么毫不妥协地相信并努力提倡了。也许总有几个老实人还是相信了,并实践行动了,就像罗得一样,相信叔叔亚伯拉罕讲的童话故事,并跟着他一起离开熟悉的家乡吾珥,寻找并走向那虚无缥缈的、陌生的理想国。

第三节　十字坡上的程序正义

在认知层面,熟悉不见得总是好事,陌生也不见得总是坏事。事实上,无知与陌生,才是人学习的动因。比如我对刑事诉讼法学科几乎一无所知的陌生经验,也可能附带产生一种激发求知欲的距离效应,让我少了因一知半解而更容易犯常识性错误的心理负担,多了一丝意外期待心理。

故我天马行空的乱弹评说,若有一句话碰巧中彩了,那岂不就是意外惊喜么?若我的评说之语频频犯错,也不过是暴露了我意料之中的平庸无知,不会产生钱钟书笔下"忠厚老实人的恶毒"效应:"忠厚老实人的恶毒,像饭里的一粒沙砾或者骨鱼片里未净的刺,给人一种不期待的伤痛。"[①]

说到"老实人的恶毒",邓子滨在前言"如果没有刑诉法——从《创世记》到《五帝本纪》"最后有段话,谈及实体与程序的关系时设了一个比喻:"某人拥有杀人特权,这特权已无法收回,但是还有两个办法可以设限。一是规定'只准杀坏人,不可杀好人';二是规定每杀一个人之前,必须先在标准运动场跑一圈。选择哪种办法才能有效限制杀人的数量呢?第一种属于实体标准,看上去很美,但难以落实,因为好坏的标准全由杀人者掌握。第二种属于程序限制,乍听起来荒唐,但仔细想来,便于落实且容易监督。"

聪明的当事人要使得自己运用权力时舒服,一定会选择第一种高大上的实体标准而不愿意接受程序限制。邓子滨由此得出结论:"程序是老实人的游戏规则,试想,一个老老实实按照规则要求,每次在运动场跑完 400 米再杀

[①] 钱钟书:《围城》,人民文学出版社 1997 年版,第 4 页。

人的人,很难想象他会不按其他规则去行事,比如不许滥杀无辜。相反,那个不必守程序规则,只服从自己内心好人坏人标准的杀人者,不太可能是个老实人……"①

原以为这只是邓子滨设想的比喻,却不料中国历史其实满是这样以正义之名杀人吃人的例子。正如鲁迅先生所言:"凡事总须研究,才会明白。古来时常吃人,我也还记得,可是不甚清楚。我翻开历史一查,这历史没有年代,歪歪斜斜的每页上都写着'仁义道德'几个字。我横竖睡不着,仔细看了半夜,才从字缝里看出字来,满本都写着两个字是'吃人'!"②

我们熟知的《水浒传》里,就有一个"武都头十字坡遇张青"的精彩故事③,恰好讲了实体正义的虚假限制问题。下面不妨评议评议。

张青与老婆孙二娘在十字坡开黑店,卖人肉馒头。张青作为江湖上的英雄好汉,就定下一个看上去很美的杀人规矩:"只杀坏人,不杀好人。"比如孙二娘差点麻翻并错杀武松,后来道歉说:"有眼不识好人。一时不识,望伯伯恕罪。"

但仔细查看这个故事,就会发现,这个实体规则太虚假了,至多是一个对外打名号的仁义道德幌子。真实运行情况比我们看见的要肮脏腌臜得多。

张青向"兄弟"武松叙说的一大段自我介绍中,明确说自己表面是卖酒为生,"实是只等客商过往,有那些入眼的,便把些蒙汗药与他吃了便死,将大块好肉切做黄牛肉卖,零碎小肉做馅子包馒头。小人每日也挑些去村里卖。"可见,这个"入眼"的杀人标准已经说得很清楚了,并不是所谓道德上的"好人与坏人"之分,而只是地域上的"本地熟人与外地生人"之分。凡是外地来的过往客商,在他们眼中,都不过是待杀的行货,原则上都可杀。而且外地的过往客商不分好坏与肥瘦,都可杀,正如孙二娘麻翻外地汉武松一行三人,交代店小二:"这等肥胖,好做黄牛肉卖。那两个瘦蛮子,只好做水牛肉卖。"

即使张青真的想执行"只杀坏人,不杀好人"的实体规则,也是不好操作或者不可操作,因为所谓实体标准,通常比幡更灵动,可顺风而动,随心而

---

① 邓子滨:《刑事诉讼原理》,北京大学出版社 2023 年版,第 9—10 页。
② 鲁迅:《狂人日记》,载《鲁迅全集(一)》,人民文学出版社 2005 年版,第 447 页。
③ 以下有关十字坡故事的情节、对话的引用,均出自《水浒传》第二十七回:"母夜叉孟州道卖人肉,武都头十字坡遇张青"。(明)施耐庵:《水浒传》,西苑出版社 2016 年版,第 167—170 页。

变,根本靠不住。比如张青吩咐孙二娘的"三不杀"实施细则:"云游僧道不杀,行院妓女不杀,流配罪犯不杀",他讲的三条解释理由,其实没有哪一条真正是道德上的好人坏人之区分。如果说云游僧道吃斋念佛,"好人"居多,勉强说得过去;妓女因生活所迫卖淫,生活不易而值得同情,也还说得过去①;但非要说流配罪犯中"好人"居多,就完全说不过去了。

当张青解释说"各处犯罪流配的人,中间多有好汉在里头,切不可坏他",其实无意之间在逻辑上混淆了两个概念:江湖上有能量的"好汉"与社会上有道德的"好人"。事实上仔细查看《水浒传》里的一百单八条"英雄好汉",多干过坑蒙拐骗、偷鸡摸狗、寻衅滋事、行贿受贿、杀人放火、滥杀无辜的罪恶勾当,查看水浒一百单八将的所作所为,足够犯齐刑法中的大部分罪名,就没有几个社会道德意义上的好人。

退一万步来讲,即使张青说的三类人中真的"好人居多",也构成不了三类人绝对不能杀不可杀的理由。因为三类人"好人居多"的反面命题,意味着其中"坏人居少"。但按照邓子滨所描述的,也是我们国人所熟悉的"不惜一切代价发现犯罪真相"的客观真实主义与"决不放纵一个坏人"的高尚实体正义观②,即使是一群人中的"少数坏人",也是要杀的、可杀的,乃至坚决必杀的。张青所谓的三类人"不杀"的实体规则,准确地说不是三类人"不杀",而是对这三类人"不多杀""不滥杀""不错杀"。类似于坚持"少杀""慎杀""可杀可不杀的坚决不杀"的实体规则判断立场。

如此降格之后的实体规则,其实看起来也还不错,甚至比"三不杀"的绝对规则显得更加地公平合理。然而关键问题就来了:我们人类有什么技术手段能将"多数的好人"与"少数的坏人"从人群中严格区分出来,从而可以毫无偏差地坚持"只杀坏人,不杀好人"的实体正义规则呢?

很有意思,张青自己用"三不杀"的实际操作的例子,讲出来了这种实体规则限制的虚化实情:那就是为了贯彻"少数坏人可杀、要杀乃至必杀"的原则,就必然要杀掉"多数的好人"中的一部分,最极端的情况甚至要尽量多杀"多数的好人"。③ 因为这世界上所谓实质标准,多是因人而异、因事而异、因时而异,实在找不到区分"好人"与"坏人"的明显且不变的标准。有些人甚

---

① 其实原文中,张青自述不杀妓女,最真实的理由还不是同情妓女那样的弱者,而是害怕杀这样的人,坏了自己的江湖英雄好汉的名声:"若还结果了他,那厮们你我相传,去戏台上说得我等江湖上好汉不英雄。"
② 参见邓子滨:《刑事诉讼原理》(修订版),北京大学出版社 2023 年版,第 11—25 页。
③ 参见鲁迅:《难得糊涂》,载《鲁迅全集(五)》,人民文学出版社 2005 年版,第 392 页。

第十二章　程序正义与实体正义的纠缠

至特别喜欢这种"难得糊涂"的实质标准。①

即使有了这样的实体标准,"好人"与"坏人"的标志标签也不会写在每个人的脸上。张青也不大可能询问每个过客"你是坏人吗""你是好人吗",因此无法真正判断出谁是"坏人"与"好人"。这意味着要尽量多杀坏人,就得尽量多杀好人。在杀人实践中,进入十字坡黑店的"好人",也存在张青夫妻先误判后又刀下留人的极少数成功案例。成功纠错的过程,真是触目惊心、惊心动魄,记忆深刻。但这证明了这种成功纠错的案例,只能是偶然中的偶然,例外中的例外,幸运中的侥幸。

以"不杀云游僧道"规则为例,那位著名的云游僧人鲁智深,相对而言是《水浒传》中可称为道德好人的英雄好汉。但他因为生得肥胖彪悍,且一副凶神恶煞的样子,路过十字坡,被孙二娘看中是"好作黄牛肉"的大坏人,于是"就下了些蒙汗药,扛入作坊里,正要动手开剥,小人(张青)恰好归来,见他那条禅杖非俗,却慌忙把解药救起来,结拜为兄"。由此可见,我只能说鲁智深这个大好人,能在十字坡活下来,真是活得恰好,活得蹊跷,活得偶然,活得幸运。

张青口中另外一个无名的头陀,就没鲁智深那么幸运了。张青道:"只可惜了一个头陀,长七八尺,一条大汉,也把来麻坏了!小人归得迟了些个,已把他卸下四足。只留下……。想这头陀也自杀人不少,直到如今,那刀要便半夜里啸响。小人只恨道不曾救得这个人,心里常常忆念他。"

这个做了人肉馒头的头陀,在张青眼中,到底是"好人"还是"坏人"?不知道。说他是坏人吧,张青又何必可惜他,恨自己没从老婆刀下救得他,还常常忆念他?说他是好人吧,张青又何必说:"想这头陀也自杀人不少?"杀人不少的人,大概不是什么道德上的好人。说白了,来此店的客商,谁是"好人"与"坏人",谁也摸不准,只能任凭夫妻二人初审初见之时的个人欲望、喜好、胃口、心情、情绪、印象而定了,全凭夫妻二人一张嘴。

当执刀者或者执刀监督者张青说"想这头陀也自杀人不少",其实这话也可意味着,凡是已经杀的,夫妻二人一定放鞭炮开庆功会,又成功识破并严厉打击了一个坏人。不用想不用看那头陀留下的人骨连珠与那把半夜自鸣

---

① 孙二娘的实质判断逻辑,只能是"因为一身肥肉,好作黄牛肉",所以"鲁智深是大坏人"。而张青的实质判断逻辑与孙二娘一样,只不过他看中的实质判断要素不是肥肉,而是鲁智深的"非俗"能力。因为看到沉重的禅杖而判断出鲁智深这人能力的"非俗",所以他是个大好人。刚刚还是砧板上要开膛破肚的一堆"肥牛肉",转眼之间立马就变成亲大哥,这二人对坏人与好人的实质判断结论,的确比川剧中的变脸大师的变脸速度还快。我们或许骨子里早就习惯了这种实质主义的变脸文化,因此从孙二娘到张青的瞬间变脸中,就没看出什么异常来。

的凶刀,张青也可以宣告这个头陀就是一个死有余辜的"坏人",认定这是一起证据确凿事实清楚的铁案。

　　无名头陀就代表着那些永远沉默的绝大多数"坏人",他们在十字坡永无机会与机制,自证是好人。而凡麻翻之后却又成功刀下留人的,都证明十字坡黑店的整个"好人坏人的正义判断体系"运行正常,自我监督与纠错能力完美无缺。凡被刀下留人者,皆与张青夫妻结拜为兄弟,成为一个圈子里的人,也就被证明是好人,比如有名的鲁智深、武松。

　　因此,我们还是要相信代表英雄好人与正义一方的张青与孙二娘,他们对好人坏人的定性永不出错。虽然他们在人肉作坊的操作过程中,偶尔也会犹豫,偶尔也会看走眼,偶尔也会冲动。甚至执刀"解牛"之后,偶尔也会动情煽情,充满慈悲地忆念"死耗子",但这种使得自己内心震动的"动心",其目的却是意志更加坚定的"忍性"。所以,按照这种实体的运行规则与逻辑,我们也许只能相信:他们作为判断者,永远是心中充满正义,目光不断往返于"好人"与"坏人"之间①,黑店里的最终的判断结果,永远不会出错,也是不会被证明出现了好坏不分的错杀。一切定性以张青夫妻向我们正式宣告的结论为准就是了。

　　这让我想起美国电影《大卫·戈尔的一生》中的一幕:死刑废除论者大卫与"得州屠夫"②州长公开进行电视辩论,当大卫提出美国运行得再良好的司法制度也无法避免死刑错案的观点时,州长严肃地拿出一个笔记本,反驳大卫说:"你能指出哪一个在押的死刑犯是错案,你说出他的名字,我立马就特赦他。"大卫顿时哑口无言,因为他的确指不出来哪一个在押的罪犯是百分之百无罪的好人。③

　　按照邓子滨的说法推断,十字坡菜园子里的庄稼汉"老实人"张青,一直坚守"只杀坏人,不杀好人"实体规则,但实际上他杀起人来,肯定会越杀越顺手,越杀越有理,越杀越有替天行道的正义感。我们最后发现,这种只有实体规则的人治社会与黑道江湖,会把一个"老实"的庄稼汉变成十字坡的张青,内心实际上充满狡猾的恶毒。张青夫妻看任何路过的客商,其实都不是

---

　　① 比如张青实际所定义的"好人",就是能力强大且可与自己结拜兄弟的自己人。此圈之外的其他的人,都是可杀卖肉的坏人。

　　② 得州是美国保留死刑的州,也是执行死刑数量最多的州。当年小布什总统曾任得州州长,由于小布什坚决拒绝特赦一个死刑犯,被人称为"得州屠夫"。参见王书亚:《我有平安如江河——影视中的救赎与盼望》,江西人民出版社 2009 年版,第 83 页。

　　③ 参见周详:《该隐故事的启示与死刑废除——也谈呼格吉勒图案》,载《法学家茶座》2014 年第 4 期。

"人形",而只是或胖或瘦或大或小的行货"四蹄牛肉"。沮丧的是,我们还不好说他这么干具体错在哪里,到底错杀了谁。

同理,假如张青的人肉店铺定下的是"单日不杀人,双日可杀人"这种看似"荒唐"的程序性限制,那么张青夫妻执行起来,就一定感觉很难受,很别扭。这倒不是张青因为"双日可杀人"包含了杀死好人,内心产生道德意义上的良心难受,而恰恰是和灵活机动的"只杀坏人,不杀好人"实体规则相比,"单日不杀人"的程序规则太过于形式主义教条主义,令执刀者蹩脚别手,死板僵硬得令人难受。十字坡上可能一连几日无一人路过,但某个单日,偏偏一群坏人"好牛肉"结伴扎堆路过,揭不开锅手痒痒的张青,要不要"路见不平一声吼,该出手时就出手",祭出替天行道的实体正义大旗,用蒙汗药麻倒一群,动刀"解牛"呢?这就是一个实体正义与程序正义发生冲突时,特别让人难受的选择问题。

程序的形式限制一目了然,几乎不留任何讨价还价或自我赋权扩张的模糊空间。对权力执行者而言,不管在位谋判的是好人还是坏人,程序限制所产生的碍手碍脚的难受效果是一视同仁的,没有任何因人而异的差别。坏人在遵循程序前提下哪怕最大限度地玩弄实体权力做坏事,坏事的范围也不会无限制地扩张。如果假定随机出现在十字坡路上的好人坏人各占一半,那么严格遵循"单日不杀人,双日可杀人"的程序限制规则,最大最坏的累积效果,也只是分别杀死一路上所有坏人与好人中的一半。但如果只有所谓"只杀坏人,不杀好人"的实体限制规则,那么自我赋权自我定义的实体规则执行者,产生的最大最坏的累积效果,则是以杀死执刀者所认为的"坏人"的名义,杀死一路上所有的坏人与所有的好人。

如果我们回头再深入考察张青十字坡的案例,就会发现张青"杀生不杀熟"的杀人判断标准,其实还只是表面的实体标准,根本的实体标准乃是聪明老到之人所特别推崇的行为功利主义判断标准:杀与不杀的选择,只与是否对自己有利的即时功利判断因素有关。

张青为什么"杀生不杀熟"?不是因为生客肉好,熟客肉不好,也不是因为熟客杀起来好像有更大的道德压力,心理上下不去手。而是因为远处的生客被杀而失踪了,近处没有亲人家属朋友及时关心他的死活,也就不会有人千里迢迢一路追查到十字坡来。如果周边的村民熟人失踪了,恐怕附近有关系的人第一时间就会报官,查封张青的黑店。张青原则上不杀熟客,仍然是"兔子不吃窝边草,免得露巢被端窝"功利上的衡量计算,因而不会轻易冒黑店被官方一锅端的巨大风险。

张青在讲自己的身世时,其实暗示了这一点:"小人姓张,名青,原是此间光明寺种菜园子。为因一时争些小事,性起,把这光明寺僧行杀了,放把火烧做白地;后来也没对头,官司也不来问。"这说明哪怕是周边熟客,只要没有家属做对头穷追告官,就可杀人灭口。况且周边村民就是人肉馒头行货的买家,精明的张青不会杀鸡取卵、竭泽而渔,断绝了自己的经济来源。

另外,未杀死鲁智深与武松的两个例外,同样是聪明的张青及时做出行为功利主义判断的结果。鲁智深已经被孙二娘麻倒,上了砧板,恰好张青卖肉回来,"见他那条禅杖非俗,却慌忙把解药救起来,结拜为兄"。张青从六十二斤重的禅杖兵器,一眼判断出鲁智深不是一般头陀,杀了做人肉包子卖几个小钱实在是太浪费,不如赶紧救人一命,结拜大英雄为兄弟,将来对自己必有大用处大报酬,所以才慌忙制止过于短视只见"肥牛肉"的执刀者孙二娘,免得迟一秒就坏了张青眼中的大买卖大功利。

至于张青不杀武松的故事,更是将他善于功利计算的人物形象表现得淋漓尽致。当时"武松就势抱住那妇人,把两只手一拘拘将拢来,当胸前搂住;却把两只腿望那妇人下半截一挟,压在妇人身上,只见她杀猪也似叫将起来"。张青回家,突然撞见一个陌生男人以如此猥亵色情的姿势压住自己老婆,他并没有愤怒地一叉子杀将过去,而只是叉手不离方寸,呈防守姿态,求好汉松手松腿,叫道:"好汉息怒!且饶恕了,小人自有话说。"

按常理,凡是个血气方刚的正常男人,遇到这个尴尬的场景,都不会呈现出"有话好好说"冷静求饶姿态。更何况张青本是"一时争些小事,就性起杀人"者,在这个"是可忍孰不可忍"的关键时候,他为何不"一时性起"杀人呢?我只能说张青太圆滑聪明了,一眼就及时判断出眼前这个陌生男人,是比鲁智深还厉害的角色,只能为友、不能为敌。① 赶紧跪着结拜兄弟还来不及,哪能因为老婆正在被欺辱就动叉动刀,得罪了这个来之不易求之不得的大人物?此时忍不住而杀者,是情有可原的一般人。唯有忍住不杀且反身求拜,这种冷静到可怕者,才是骨子里真正精于计算的聪明人。②

精于算计的聪明人,总希望灵巧如蛇的实体正义掌握在手;而脑子一根

---

① 因为他晓得老婆孙二娘向来精明得很,"由你奸似鬼,吃了老娘的洗脚水!"麻翻人可从来没有失手过,而且她的家传武功也是相当了得,比张青还厉害。她之前轻易麻倒鲁智深,今天却反中了套路,还说这个大男人以如此欺负人的姿势,压在地上动弹不得。

② 虽然张青武功不及老婆孙二娘,但的确比孙二娘更精于计算。孙二娘无论是麻翻鲁智深既遂,还是麻翻武松未遂,基本动机都只是盯着他们身上的银子与人肉价值。用孙二娘自己的话说:"一者见伯伯包裹沉重,二乃怪伯伯说起风话,因此一时起意。"但张青则看到二位英雄好汉身上有更大的交往利益。由此可见,孙二娘的杀与张青的不杀之决定,都与所谓的好人坏人的正义规则的判断无关,只与各自眼中所即时看到的利益大小的衡量判断有关。

第十二章　程序正义与实体正义的纠缠

筋的老实人,则会希望形式正义的程序得到人人普遍的严格遵循。法治状态好的社会,大概就是绝大多数人像傻子一样尊重并遵守程序规则的社会,而不是老提倡什么实质的德治教化的社会。所以说,"说程序是老实人的规则,还意味着对程序规则的一贯遵守可以不断培养老实人"。

那么在程序正义与实体正义的较量中,如果通过强调实体正义去践踏程序规则,原本的老实人就失去了法律的客观保障,法律的所谓实体正义,不过就是握在权力者手中的神秘海绵,想捏成什么样,就捏成什么样。那样,普普通通的老实人虽然无缘掌管把玩国家法律,但在思维上也会上行下效,学得假借实体正义之名去破坏践踏日常生活中琐碎的形式规则。只有自己也变得像其他人一样聪明的恶毒或更加聪明的恶毒,才能方便求活,安身立命。

所以一地一国的法律程序规则或缺失或被架空虚置,这个体制就会不断地培养"老实人的恶毒",让原本普普通通的老实人,也随时随地变得想象不到的恶毒,给人一种四面围困无处可逃的伤痛。这种老实人的恶毒,放眼望去,比比皆是,就是邓子滨所描述的那些"一辈子随地吐痰、乱扔烟头、排队加塞,满口脏话、随处躺卧、闯红灯、强行并线的人……"[1]这都是我们身边的人,乃至于我们自己这些长期耳濡目染的法律人,也会时不时从骨子里冒出这种"老实人的恶毒"形象。[2]

对老实人或好人的论题,我唯一不大理解的是,邓子滨一方面认为,"老实人就是好人,好人的第一标准就是守规则"——这观点我比较赞同[3],但他接着又说,"一辈子随地吐痰……强行并线的,他可能是好人,但还不是一个文明人。"这似乎是自相矛盾的说法,因为后面描述的各样行为表现的普通人,都恰好是未守程序(形式)规则的人。不守规则,就不符合"好人的第一标准",怎么可能是好人?这需要邓子滨给我解惑。

十字坡上的张青夫妻,他们是好人吗?这是我们现代人需要慎重回答的实体问题。《水浒传》作者施耐庵似乎把二人作为正面好人描写,我们多数人也一直把他们当英雄好汉看待。但若按照邓子滨说的"好人的第一标准就

----

[1] 邓子滨:《刑事诉讼原理》,北京大学出版社2023年版,第10页。
[2] 举一个我亲身感受的例子:我在国内开车,在路上严守交通规矩,常常会遭到后面想超车或强行并线的司机的语言谩骂。甚至同车的身边人,也常常责怪我开车"太一根筋",不晓得灵活机动抢道抢速。挨骂次数多了,潜意识里就会真的觉得严守规矩不仅太傻、吃亏,而且是错的,也就开始学会适时地灵活违规,不仅违规操作得心应手,而且显得驾驶技术高超,智商也似乎高人一等。直到将这些习惯带到美国一年,发现一路上只有自己如此"高超聪明"地违规开车,才感觉脸红羞愧,老司机慢慢矫正坏习惯,好长时间不适应。
[3] 但我觉得还需要进一步明确地限定,此处的"守规则",特指守"程序(形式)规则",而不是守所谓"实体(实质)规则",否则这个好人的标准,就永远也说不清了。

265

是守规则",判断结论就要完全颠覆过来。我们会发现张青夫妻乃是十分恶毒的坏人。因为他们的行为没有遵循任何可见、可鉴、可监的形式规则,至于他们口中宣称的所谓"只杀坏人,不杀好人"的"实体规则"与"实体正义",不过是私人欲望得以满足的美好面具,也是任何人都会如此自我宣称的美辞。这也不足为怪,连最邪恶的魔鬼撒旦,也会用华美动听的辞令,伪装成光明的天使。

缺乏对实体权力的形式与程序监督的社会制度,必然会从上到下全面培养出张青这样的"老实人的恶毒",集中表现出鲁迅所形象描述的"中国人的劣根性":"中国人对于羊显凶兽相,而对于凶兽显羊相。所以即使显凶兽相,也还是卑怯的国民。这样下去,一定要完结的。"①勇者愤怒,抽刀向更强者;怯者愤怒,却抽刃向更弱者。张青这种见比自己弱者就毫无同情地专断践踏,见比自己强者就毫无底线地奴颜婢膝,原因当然不是鲁迅先生所谓"专制与奴性合体"的国民性所导致②,而是不正常的制度性权力关系所致,乃是人类的普遍规律。正如邓子滨在书中所言:任何社会,只要实体权力缺乏以保障人权与个人尊严为目的的程序性制度作为限制,实体权力的运行缺乏程序正义这个"障碍物与绊脚石",那么这个社会的性质与品位,就一定不是自由的。③

从这个角度看,与自由法治背向而行的人治型社会,一个重要特征就是过度重视刑事实体法,严重轻视刑事程序法。这必然会不断培养出张青那样"老实人的恶毒",给人人造成一种防不胜防的伤痛。邓子滨在本书后记的最后一句话中说:"人的命运太脆弱……人在国家权力面前就不一样,想象一下克格勃深夜敲开一扇门,屋里的人全无还手之力,甚至毫无抵抗之念。如果没有程序法的保护,被国家追诉的个人,只如梦幻泡影,只能万念俱灰。"④

中世纪著名的教父奥古斯丁说过一句名言,大意是:国家一旦失去正义,就会沦为一个巨大的匪帮。⑤ 我接受邓子滨书中所提倡的程序正义核心观念,故将这句法律格言改写为:国家一旦失却**程序正义**,就会沦为一个巨大的十字坡。在本部分结尾,也摹邓子滨写一句:

---

① 鲁迅:《鲁迅全集(三)》,人民文学出版社 2005 年版,第 64 页。
② 这有循环解释之嫌疑,将"对下是狼,对上是羊"这一具体现象抽象归纳为"专制性与奴性",循环解释为现象的内因。
③ 参见邓子滨:《刑事诉讼原理》,北京大学出版社 2023 年版,第 29—30 页。
④ 邓子滨:《刑事诉讼原理》,北京大学出版社 2023 年版,第 518 页。
⑤ 参见[古罗马]奥古斯丁:《上帝之城》(上卷),王晓朝译,人民出版社 2006 年版,第 144 页。

"人的命运太脆弱……想象一下你路过十字坡,老实人张青夫妻请你进屋喝茶,然后就被视为坏人麻翻捆绑,全无还手之力,甚至毫无抵抗之念。如果没有程序规则,被十字坡张青看中的过路客,只如四蹄行货,任其开刀宰割,并盖上'好牛肉'的检疫蓝标挑下山出售,死且死了,只能如梦幻泡影。"

第四节 《登徒子好色赋》《美人赋》中的实体正义

邓子滨在自序中说:"我希望这是一本好看的书,不让思想淹没在晦涩的语言里,而是用清丽的语言整理出前辈的思想,全不在意它够不够学术。"①

于是他在《刑事诉讼原理》一书中,穿插了很多古今中外历史性、文学性、现实性文本中好看的经典故事。比如《五帝本纪》中"舜杀鲧于羽山"的故事,《创世记》中亚当、夏娃吃禁果的故事,《撒母耳记》大卫王谋杀乌利亚夺妻的故事,电影《罗生门》中强盗奸淫武士之妻的故事,世纪大审判中辛普森杀前妻的故事,快播案的故事……对于这些故事,他用清丽的语言给予了独到有趣的刑事诉讼角度的法律解读。

我边读边笑,佩服之余,脑子里突然冒出一个问题:这些让读者觉得"好看"的故事文本素材的精心选择,以及对其进行的"好看"的法律解读,其"好看"的关键点,到底在哪里?

读着读着,想着想着,一个不期待的答案,渐渐明朗起来。尤其是读到后记"如果没有那阵风——《罗生门》'庭审笔录'评议"开头的一段话,让我豁然开朗:

"密林中,一个强盗在午睡,忽然刮起一阵风,带来女人的气息,吹起女人的面纱。如果没有那阵风,武士夫妻可能安然走过。"②

反复琢磨回味这段话,让我仿佛也感受到一阵凉风,闻到了"女人的气息",内心突然确定了答案:全书最"好看"的点,就是与重复出现的"女人"关键词有关的"好美"与"好色"。③ 用法国著名的符号学家朱莉娅·克里斯蒂

---

① 邓子滨:《刑事诉讼原理》,北京大学出版社2023年版,"自序",第8页。
② 邓子滨:《刑事诉讼原理》,北京大学出版社2023年版,第509页。
③ "好看"的近义词,往上褒一点是"好美",往下贬一点是"好色"。"美文"与"美女"的互文意象,在古代歌词诗赋中,几乎不分家。例如宋玉的《登徒子好色赋》中展示女性之美的经典之笔,"东家之子,增之一分则太长,减之一分则太短,着粉则太白,施朱则太赤",同时也可形容某人的一篇文章,文辞文体塑造得好看,且恰到好处,不可增减改换一字,一字可值一千金。

瓦的话说,人类的认知欲(原罪)的根源与根本表现就是女性的诱惑,原罪是从一个女人开始的,这个使人离开懵懂无知、天真无邪的自然状态的认识,这个通过思想将他提升到纯洁和自由的认识,在根本上是对性的认识。①

邓子滨时不时在书中某处"忽然刮起一阵风,带来女人的气息,吹起女人的面纱",让我们这些原本在密林中昏昏午睡的读者,被文中突然出现的清丽文辞与清新思想惊醒,好似一个强盗在荒山野岭看见一个"文温以丽,意悲而远,惊心动魄"②的千金小姐,好读("好色")之心顿时蠢蠢欲动,欲罢不能。

当然,文章有色好看不等于有逻辑,反而常有不少词令华丽的美文,固然看上去很美,实体内容却恰恰是不讲事理逻辑,乃是文过饰非的诡辩,犹如古蛇之一口两舌左右逢源的美言美辞,对读者有巨大的误导性。"但一切都虚有其表,纵使能言善辩,把善恶颠倒,死的被说成活的,最坏的事情也能自圆其说。"③智者老子、孔夫子也提醒我们:"信言不美,美言不信。善者不辩,辩者不善。"④"巧言令色,鲜矣仁。"⑤所以我们要警惕并善于识破那种看上去很美的诡辩之文。

邓子滨对此种"美辞的诡辩术"有强烈的警惕防备心。比如关于刑事诉讼法的目的,就反对所谓"既助推诉讼发现真相,也限制诉讼保障人权"的双重目的说,认为这种双重目的说看起来完美无缺,多是"假借辩证、全面之名,让权力游走于两个目的之间,而行偷梁换柱、解脱约束之实"⑥。同理,他也反对学界提出的"既打击犯罪,也保护人民"的检察官双重使命说,认为这种"既怎样怎样,又如何如何"的观点,"不仅是司法乌托邦,而且可能使权力游走于各种目的之间,不仅最终架空刑事诉讼法保障被追诉者权利的宗旨,而且沦为强权者的诡辩工具,从容应对社会质疑与目的审查"⑦。

可见,他虽在书中多使用清丽的语言且选取好看的素材故事,但这只是外在表现手法的讲究,最终目的在于借此尽量讲清楚事情背后的道理与逻辑。好的素材与文采固然可以学,但"道理与逻辑"的内核才是学子应该重点关注的地方。因为熟练掌握了事理与逻辑,才有可能辨识出学界或

---

① 参见[法]朱莉娅·克里斯蒂瓦:《恐怖的权力:论卑贱》,张新木译,生活·读书·新知三联书店2001年版,第178页。
② (南朝)钟嵘:《诗品》。
③ [美]斯坦利·费什:《读者反应批评:理论与实践》,文楚安译,中国社会科学出版社1998年版,第286页。
④ 老子:《道德经》第八十一章。
⑤ 孔子:《论语·学而》。
⑥ 参见邓子滨:《刑事诉讼原理》,北京大学出版社2023年版,第23、24页。
⑦ 邓子滨:《刑事诉讼原理》,北京大学出版社2019年版,第173页。

第十二章　程序正义与实体正义的纠缠

实务界普遍存在的"看上去很美"的话语套路背后存在的诱导、陷阱与诡辩术。

说自古以来很多大家的美文不讲道理与逻辑,可能很多人不信。比如我们都从宋玉的《登徒子好色赋》名篇读出来"登徒子是个好色鬼",所以历来"登徒子"就是"好色鬼"的代称。

事情的起因是大夫登徒子在楚王面前告小状,说宋玉:"体貌闲丽,口多微词,又性好色",希望王小心"戴绿帽",不要让他出入后宫。王一听,有道理,很紧张,赶紧找宋玉,质问他"是不是好色鬼"。宋玉当场否认自己好色,滔滔不绝讲了一大通美言,说服了王相信自己不好色。主要是两大要点:一是说自己老家隔壁有一位倾城倾国的绝代美女,曾经勾引他三年,他至今未许。由此证明他不好色,且更加不会对王宫中次一等的美女动心了。二是指认登徒子贼喊捉贼,他才是真正的好色者。因为登徒子的老婆奇丑无比,但登徒子居然还那么喜欢她,生了五子。宋玉就反问"王熟察之,谁为好色者也?"暗示登徒子"见到母的就喜欢",而宋玉"见到绝世美女不动心",两相对比考察,登徒子才是真正的天下第一好色鬼。

这还没完,宋玉还借旁边站着的秦章华大夫之口,证明宋玉真的不好色。"今夫宋玉盛称邻之女,以为美色,愚乱之邪;臣自以为守德,谓不如彼矣。且夫南楚穷巷之妾,焉足为大王言乎?若臣之陋,目所曾睹者,未敢云也。"这段话大概意思是说:宋玉在全世界第一美女的诱惑面前,居然毫不动邪心,太高尚了,堪比圣人。我自认为是老实人,但远不能跟宋玉相比。且不说是东家之女那样的绝世美女主动勾引,就是看到一般的美女,也肯定早就把持不住,会主动出击。想当年我走遍楚国偏远之地,阅花无数……哎哎,还是不说了,不值得对大王说这些乱桃花之事。

王的兴趣反而被吊起来,非要他继续说下去。于是秦章华就将自己如何用诗词歌赋去勾九州各地美女,暧暧昧昧而最终未遂的好色过程,绘声绘色地描述出来。将男人内心中所谓"妻不如妾,妾不如偷,偷不如偷不着"的心理运用到极致。王听得就过瘾,最后下了结论:要说其他人好色我信,但宋玉肯定不好色。

我们不妨从一个法律人的角度,仔细评议《登徒子好色赋》,点破流传甚广的美文所包含的不讲道理与逻辑的诡辩术。

首先,如果把事件看作一桩刑事诉讼,虽然案件的起因是登徒子告宋玉"好色",但需要明确《登徒子好色赋》这个文本的法律性质,整体上看不是一份宋玉作为被告的辩护词,而是一份宋玉转为反诉方的控诉词。"王熟察之,谁为好色者也?"是全文转向指控的关键用语。事实上最后成功被定"好色"之"罪"的,也正是登徒子。

其次,不管是看作辩护词还是控诉词,宋玉所说之美辞,在事实上与逻辑上均站不住脚,要么是事实上的虚假,要么是逻辑上的诡辩。

对于宋玉的第一点说法,主要问题是事实虚假或至少未经证实。没有人证明宋玉口说的"东家之女"是否存在,是否就在他家隔壁,是不是"绝代完美女人",是不是真的登墙主动勾引了他三年,他是不是真的没动心且没发生关系。如果把宋玉的这一编故事的说法视为被告的辩护,那么这个辩护,用邓子滨的话说,只不过是一次狡猾的"幽灵抗辩"①,最大的可能性,就是随口编造的一个好听故事。现代法庭对于没有证据证实的"幽灵抗辩"理由,基于自由心证的法官,是不会采信的。②

对于宋玉的第二点说法,主要问题是逻辑上的无关联性。也就是"登徒子喜欢她的天下第一丑老婆",这个事实或许不假或基本成立,但在逻辑上却推不出"登徒子是天下第一好色鬼"的结论。换言之,逻辑上不能武断地说"一个人喜欢她的天下第一丑老婆"就一定不好色,毕竟也存在一种可能性:这个男人实在能力太差,想娶更美的老婆而不能,有自知之明而只能接受现状。但我们决不能因为"一个人喜欢她的天下第一丑老婆"的事实而推出这个人就是天下最好色的。难道这比"宫里佳丽三千,还出去'打野食'"的大卫王更好色?③ 这显然是颠倒黑白、颠倒是非、颠倒曲直,没逻辑、没道理、没常识。

正像有网友指出的那样:"按照宋玉的逻辑,如果登徒子与其丑妻的关系不好,就不算好色了;如果登徒子抛弃了原来的妻子,再去找一个东家之子一般的美女,那就更不算好色了;像楚王那样后宫佳丽如云,就只能算是清心寡欲了:天下有没有这样的道理?"④

最后,登徒子作为本事件中的直接利害关系人,文章除了开头说了

---

① 在刑事诉讼中,经常会碰到犯罪嫌疑人、被告人及其辩护人提出一些"莫须有"的辩护理由,这些辩护理由如同幽灵一样,面目模糊、若有若无,既难于被证实,也难于被证伪,因此被人形象地称为"幽灵抗辩"。

② 参见邓子滨:《刑事诉讼原理》,北京大学出版社 2019 年版,第 116 页。

③ 邓子滨在解读舜杀鲧事件时,引入了大卫王与手下勇士乌利亚之妻通奸,后又借刀杀死了乌利亚的故事。邓子滨认为《五帝本纪》中记载的舜杀鲧事件过于蹊跷反常,其背后也可能隐藏着类似于"出征将军的留守妻子与王通奸"的纠缠故事。参见邓子滨:《刑事诉讼原理》,北京大学出版社 2023 年版,第 4 页。

④ 黄先明:《华丽诡辩,绝妙反击——读〈登徒子好色赋〉》,载"江上蓑笠翁"公众号,2017年 12 月 28 日。

第十二章　程序正义与实体正义的纠缠

一句话引出案件之外,后面的整个"审理过程",居然全程缺席不在场。以至于对宋玉说的第一点辩护理由的事实真假,无法提出有效的质证。对于第二点反控的理由,也无法提出有效的逻辑反驳。当然,这正是邓子滨通过古今中外的故事对比,所要描述的刑事诉讼不讲对抗、不讲道理、不讲质证、不讲直接言词原则之弊端。比如《五帝本纪》中鲧被定罪处死,"作为故事主角竟然始终不在场,历朝历代,高官被诛无论如何都是一件大事,可在杀鲧这一场景中,没有听到鲧的申辩,也没有人为他说话,包括那些强力举荐他的人……"①

我们发现,《登徒子好色赋》在规避程序规则方面做得很足,一是将登徒子排除在"庭审"之外,听不见登徒子本人的申辩,也无任何人替登徒子说话。二是安排了秦章华这样的大夫帮宋玉说话。仔细研读秦章华所讲的一段话,也就是用自己"泡"各样"次等美女"的人生经历,重复宋玉所讲的两点诡辩理由而已:一方面想暗示楚王,我们都是常人,人人都有点好色爱美女,登徒子作为常人,却娶了世界第一丑媳妇,肯定是欲色而不能罢了,其实内心比谁都好色;另一方面又以自己在次等美女面前尚且如此的主动好色,来衬托圣人宋玉在绝世美女面前坐怀不乱的超凡圣洁与无比高尚。由此看出,如果缺乏程序规则,所谓"谁好色,谁不好色"这样的实体认定结论,就与客观事实与事理逻辑无关,只能看是谁正在沉默,谁正在说谁了。

总之,《登徒子好色赋》乃是宋玉用华美的语言精心制造出的一起在定性上颠倒黑白的起诉状,可称之为中国诡辩文学的典范文本。再比如被鲁迅先生高度赞誉的司马相如②,其名篇《美人赋》之结构布局与说事理由,几乎是完全抄袭《登徒子好色赋》。同样是有人在王面前告司马相如人美且好色,他同样在王面前讲述一个自己坐怀不乱的故事,让王与我们相信了他是最不好色的,连孔墨之圣徒也不能比。

对于这种"幽灵辩护"手法,如果说"法官本诸有利于被告的考虑,最初是采信了的,但对后续的模仿之作,法官就不再采信"③。在好不好色的实质问题上,司马相如明明是用漂亮的文字吹出了满分牛皮,可奇怪的是,我们偏偏就一次次相信如此复制的"幽灵辩护"文章,相信了司马相如比宋玉的定

---

① 邓子滨:《刑事诉讼原理》,北京大学出版社 2023 年版,第 2—6 页。
② "武帝时文人,赋莫若司马相如,文莫若司马迁。"参见鲁迅:《鲁迅全集(九)》,人民文学出版社 2005 年版,第 431 页。
③ 邓子滨:《刑事诉讼原理》,北京大学出版社 2019 年版,第 116 页。

力更高一筹。① 后人以《美人赋》为基本定调,通过文学与影视编剧,把司马相如塑造成情感专一痴情不二的典范,把司马相如与才女卓文君的婚姻赞誉为"中国十大经典爱情之首"。可是国人却完全无视司马相如本就是一个沉溺于钱色,出轨成性,对卓文君始乱终弃的事实。该事实有他的结发夫妻卓文君——司马相如《美人赋》事件的另一沉默的当事人——的多首诗歌为证,也有其他史料为证。② 关键是我们头脑中,总不愿意将这些当事人、证人召唤入庭,就有关问题的事实与证据进行当面质证。

笔者批评流传千古的美文《登徒子好色赋》《美人赋》存在虚构事实、逻辑不真的诡辩问题,但并非在法律上否定宋玉、司马相如的这样的伪圣人、好色鬼的自我辩护乃至于诡辩说谎的权利。其实如实供述,在刑事诉讼原理的层面,并非被告人的义务。被告人的陈述,无论真实还是虚假,被告人都有自我辩解的权利。③ 正如邓子滨所指出的那样:哪怕被告的确是十足的色鬼,十足的坏人,十足的魔鬼,我们出于对每个人权利得到稳定保障的考虑,刑事诉讼"也一定要赋予魔鬼法律上的正当程序权利"④。

当然,我们也要赋予其他当事人同等的正当程序权利,通过程序保证案件当事人获得同等的说话权利,在法庭上形成公开、平等的对抗。虽然充满冲突与紧张关系的对抗制不是没有问题,它并不能保证一定可以揭开谎言,发现所谓客观真实,但"不能不说,对抗制是目前为止最不坏的诉讼制度"⑤。而最不坏的人类制度,也就是最好的人类制度。

---

① 宋玉写的故事中,邻家美女也只是和衣站在墙头,给他暗送秋波而已。司马相如写自己的故事就更夸张了:他故意跑到一个寂寞美女的单身房间,美女关上门,铺好床单,放下蚊帐,脱去外衣,露出内衣,裸露美体,显出苗骨与丰肉,时时贴身亲他,感到柔滑如凝脂。人事的"程序"走到了这一步,我们国人居然还相信他接下来的一句鬼话:"臣乃脉定于内,心正于怀,信誓旦旦,秉志不回。翻然高举,与彼长辞。"

② 才女卓文君写的《白头吟》《诀别书》《怨郎诗》等,都是以司马相如好色出轨为动因。据《西京杂记》卷三记载:"相如将聘茂陵人女为妾,卓文君作《白头吟》以自绝,相如乃止。"卓文君写的《白头吟》:一方面动之以情,"闻君有两意,故来相决绝。""愿得一心人,白首不相离。"一方面晓之以理,甚至暗示何必用断绝经济来源(钱刀)的方式来逼他回头是岸:"男儿重意气,何用钱刀为!"(司马相如是靠财主老丈人的家产发迹的。)《诀别书》则直接点出司马相如婚内觅新欢出轨:"春华竞芳,五色凌素,琴尚在御,而新声代故!锦水有鸳,汉宫有木,彼物而新,嗟世之人兮,瞀于淫而不悟!"有人考证,司马相如写《美人赋》的目的,恰恰是因为他酒色过度,以至于生重病,于是写《美人赋》以警诫或自勉,同时也骗了一帮子只看此文之美不思真假的人。

③ 法治国家的刑事诉讼,通常认为犯罪嫌疑人没有如实供述的义务,证明某人有罪是控诉方的义务,国家不得强迫犯罪嫌疑人自证其罪,犯罪嫌疑人享有沉默权,在接受警察讯问或出庭受审时,有保持沉默而拒不回答的权利。当然我们甚至可以举重以明轻,从犯罪嫌疑人的沉默权推导解释出犯罪嫌疑人在事实层面享有一种"说谎权"。犯罪嫌疑人在法庭上如何进行虚构事实,如何公然说谎,都不受伪证罪的追究与处罚。

④ 邓子滨:《刑事诉讼原理》,北京大学出版社2019年版,第96页。

⑤ 邓子滨:《刑事诉讼原理》,北京大学出版社2019年版,第66页。

第五节　刑法学者的自负与坚守程序正义的艰难

文学家纪德曾描述神话中自恋的两个人物"纳蕤思"与"亚当",他们在乐园里一动不动地观看大千世界,老做一个观客,看不见自己的样子与参与,觉得厌烦无聊。所以要采取一点行动,比如走到河边低头吻水,一个占有的动作就把水的平静搅破,或抓住一根树枝咔嚓折断它,在这个和谐的世界里,制造一点动荡与不和谐,然后就从水波的镜面反射看见了自己的美貌,在世界打上人的自我的印记,胸中涌出了一种交互认识的欲念。[1] 这大概就是人类不完美却好看的作品的开端。

苏力老师曾提出一个好的问题:"什么是你的贡献?"想起苏力老师在《批评与自恋:读书与写作》自曝的一个故事,他说:"我写完《送法下乡》那天……一路走的时候,我就想这个书十年至少没有中国学人能超过,外国人一辈子也写不了这个书。"[2]这吐露出一股浓浓的自恋。

尽管"自恋就是非常成功地不认识自身而呈现的一种满足状态"[3],但从知识的生产而言,自恋并非全然是缺点。有时候作者缺乏强烈的自恋情结,作品反而是不大可能好看的。苏力老师的书,虽然在逻辑上常有不讲是非曲直的嫌疑,但也是很好看的,这是无可置疑的,大概原因也是如此。

作者认真的自恋,远比假装不自恋要好。陈丹青在《退步集》里讲了几个艺术界成功的自恋或不成功的自恋轶事。年轻的达利初访毕加索说:"先生,我今晨抵达巴黎,没去卢浮宫,先来看您。"毕加索脱口而应:"你做得对。"梵高生前算是倒霉的,但他给自己亲兄弟的信中说:"有一天,全世界会用不同的发音念我的名字。"20世纪初,据说散居在巴黎蒙马特高地的"盲流画家",其中有一位兄弟,每天早起将脑袋伸出阁楼天窗,对着大街吼叫着:"我是天才!我是天才!"陈丹青因此说:"艺术家就自当如是看自己。"[4]

我不知道写了《刑事诉讼原理》的邓子滨,他自己会怎么回答"什么是你的贡献"这个好问题。他会不会自恋地说"我写完《刑事诉讼原理》那天……一路走的时候,我就想这个书百年至少没有中国学人能超过,外国人一辈子也写不了这个书"?

---

[1] 参见[法]纪德:《纳蕤思解说(象征论)》,载《浪子回家集》,卞之琳译,上海译文出版社2015年版,第6—12页。
[2] 苏力:《批评与自恋:读书与写作》,北京大学出版社2018年版,第429页。
[3] 王人博:《你看我说:一个法学者的人间情味》,北京大学出版社2019年版,第335页。
[4] 陈丹青:《退步集》,广西师范大学出版社2005年版,第5页。

退一步说话吧，邓子滨的这本专著，也没什么独特的创造性贡献，他只是在试图测量并标定刑事诉讼的现实与理想二者之间的关联、方向、路径与距离，目的也不过是唤醒中国法律人曾经有过、现在早已陌生乃至遗忘了的记忆——刑事诉讼法治的"理想标杆"。作为一个刑法学者，邓子滨的整本书都在反复强调一个并非他创造的"古旧"的或"传统"的或"公认"的法治观念："程序是自由的最后堡垒，没有程序，法治什么都不是……只有引鉴世所公认的程序理念及其规则，并真诚践行，才是走向诉讼文明的必由之路。"①

邓子滨潜心研究了三年有余，最后承认呈交给我们的是这样一个没什么创造性的"公认标答"，的确需要勇气。比如邓子滨在谈到辩护律师的职业伦理时，赞同并引用了一位我从来没听说过的中国法学者的观点："至于辩护人在辩护的性质上对于原告正当或不正当的攻击，一概加以防御，他是力图有利益于被告人方面的真实的发现，凡是不利益于被告人之处，辩护人就没有发表的义务，并且辩护人对于被告人还负有一种代他保全秘密的道义。如果法院要辩护人证明不利益于被告人的事实，他还可以拒绝证言。"——一看下面的引注——朱采真:《刑事诉讼法新论》，世界书局1929年版，第82页——明白了，难怪我不认识。

然后邓子滨给予了一句评论："这是90年前中国学者已有的观点。"②这句评论看似冷静，我却读出来一种何等的悲怆感。我们也许说这引用资料也够陈旧的了。可是反过来也可以说这观点，如今也算是够"少数派"够"新论"的了。我们曾经有过的好东西，但已经从记忆中强行抹去，等多年之后再看见时，就像是发现了一块新大陆。

这让我想起切斯特顿为了维护人类的共识性的传统观念，反对所谓五花八门的新观点，虚构了一个幽默笑话：主角是一个英国人，从家乡扬帆起航，但稍稍算错方向，几年之后登陆南太平洋一"新岛屿"，兴奋得不得了，其实那不过是英格兰而已。他讲完这笑话，自评《回归正统》一书说："假如本书是个笑话，笑话的主角非我莫属。我正是那个可笑的人，付上无比的勇气，只不过发现了前人早就发现了的事物。"③

我觉得把这个评论送给邓子滨的《刑事诉讼原理》挺合适的。不是要讽刺邓子滨写的此书没有创新观点，而是想表达与他一样的对诉讼制度的共感共识看法：离开人类几百上千年历史经验教训所沉淀下来的诉讼文明传

---

① 邓子滨:《刑事诉讼原理》，北京大学出版社2023年版，"自序"，第6—7页。
② 邓子滨:《刑事诉讼原理》，北京大学出版社2023年版，第224页。
③ [英]切斯特顿:《回到正统》，庄柔玉译，生活·读书·新知三联书店2011年版，第1—4页。

第十二章　程序正义与实体正义的纠缠

统,却去寻找什么五花八门的地方性知识与特色创新观点,恐怕大多是些早被证明了的常绊倒人的陷阱与错误。"一个又一个由错误与夸张设下的陷阱,要掉落任何一个陷阱是非常简单的事。一个人下跌的角度可以有无限个,但叫人站住的角度却只有一个。"①所以,找到那唯一能让人站住的标杆与角度很重要。

在法治的固定共识标尺与多样化的现实状态之间,如果距离过于遥远,让我们会产生习惯性的错误心理,干脆完全遗忘远方的他处,还有一个"理想的标杆"。进而把理想的念头杀死了,当下现状也就成为了最高理想,一切现存的就是最合理的。所以邓子滨强调:"我们应当努力达到国际通行标准,然后再谈现实合理性,而不是相反。在刑事诉讼领域,不应承认现实就是合理的,更不要误以为我们有什么本土资源,而是应当不折不扣地向世界先进的诉讼文明看齐,不屈不挠地相信'自由的历史在很大程度上就是程序的历史'。"②

观我们这个法学时代,恰恰又是一个多谈"摸着石头过河"的现实复杂性与特殊性,避而不谈按普遍科学规则架桥飞渡的理想图景与文明标尺的法学时代。刑事司法制度改来改去,就是不知道正确的标杆在哪里,这是挺可怕的事情。中国国情论、特色论、本土论,不仅仅读点书的所谓知识分子每天耳闻目染口耳相传,就是大字不识一箩筐的菜市场大妈,用起这套诡辩话语来指点江山也是头头是道、津津有味,大街小巷人人都堪称是这方面的哲学家。但对邓子滨在书中所谈的刑事诉讼观念与模式的"国际通行标准""制度文明的标尺"③,国人从小就是陌生的,多数人几乎没有听说过。纵然少数人偶尔在孤僻的一角瞥见,也大概是作为反面教材例子,仅供作大批判的靶子一用。

恕我诳语一句:"程序正义优于实体正义"的刑事诉讼法治规则体系,泛泛听说者众,真懂者寡,为此大张旗鼓摇旗呐喊的,则更是少之又少,邓子滨算是其中之"了了"④者。如今我们太喜欢谈法治文化的本土"国粹"了,正如鲁迅先生所言:"即使无名肿毒,倘若生在中国人身上,也便'红肿之处,艳若桃花;溃烂之时,美如乳酪。'国粹所在,妙不可言。"⑤程序法治观作为一种外

---

① [英]切斯特顿:《回到正统》,庄柔玉译,生活·读书·新知三联书店 2011 年版,第 108 页。
② 邓子滨:《刑事诉讼原理》,北京大学出版社 2023 年版,"自序",第 5 页。
③ 参见邓子滨:《刑事诉讼原理》,北京大学出版社 2023 年版,"自序",第 5—7 页。
④ 古语"了了",大概是明白通达、绝顶聪明、凤毛麟角之义。如《世说新语·言语第二》:"小时了了,大未必佳。"《核舟记》:"不甚了了,心中了了,勾画了了。"
⑤ 鲁迅:《鲁迅全集(一)》,人民文学出版社 2005 年版,第 334 页。

来理念,在我国法学界尚如此孤寂落魄,在我国刑事司法中就更谈不上有什么实践经验,成功的经验没有,失败的教训也没有。

所以,在我们还没有接受程序法治观念之前,《刑事诉讼原理》这本书或十年或百年有没有中国学人能超过,我真不知道;十年或百年之后,还有没有人读,我也不知道。但有一点我敢说:这本书,我今天喜欢读,就足够了。

三年之前,读到邓子滨的一段自述:"我曾说刑法有伤身心,主要源于强烈的双重悲观情绪:实践中,罪刑法定原则屡遭劫难,岌岌可危;理论上,任何犯罪论体系都无从抵敌'不惜一切的实质正义'……我已是知天命的年纪,仰事俯畜还处在进行时,颇感去日苦多,尤其对于学术创作而言,简直是来日无多。这是无须避讳的事实,唯一能做的就是珍惜每一次落笔的机会,于仰屋著书的草间求活中,期待沉李浮瓜的投闲置散早日来到"①,这似乎暗含着写完最后一本书,然后封笔退隐。

三年之后,他仰屋著书,果然落笔成画。难道他这是想学大画家杜尚,画完《走下楼梯的裸女》,就把笔一抛,投闲置散,只顾与街头老大爷下闲棋去了?有好画者撞见,不甘心,曾问杜尚先生:"你真的不再画画了吗?"他随口而决然地回答:"你又不欠社会一张画。"②

嗯,邓子滨兄弟,若谈刑法有伤身心,那么谈刑事诉讼法,岂不更伤身心?没有刑事法,这个世界可能运行得更好。故劝君以身心健康为重,不如有时间多读读《美人赋》之靡丽文章,虽然故事虚假,但美人般的词赋文采,可养眼养心。或者相约在一密林中打盹偷闲,等待那阵冷风吹过后,下山共饮杜康。毕竟,你又不欠社会一本好书!

---

① 邓子滨:《中国实质刑法观批判》(第二版),法律出版社 2017 年版,第 338 页。
② 陈丹青:《陌生的经验:陈丹青艺术讲稿》,广西师范大学出版社 2015 年版,第 326 页。

第十三章　我国防卫过当学说的反思

——电影《犯罪嫌疑人 X 的献身》《天注定》《夜行动物》

第一节　电影《犯罪嫌疑人 X 的献身》《天注定》《夜行动物》简介与刑法问题提示

《犯罪嫌疑人 X 的献身》（2017）

电影故事起因于一起案件，陈婧的前夫傅坚在离婚后依旧不断骚扰她。某日傅坚找上门，强行入室，并对其女儿心怀不轨。傅坚在上门勒索钱财后，对陈婧实施殴打并欲强奸陈婧，陈婧的女儿晓欣冲出来用奖杯击打其头部，傅坚又对晓欣实施了暴力殴打，此时的陈婧为阻止傅坚行凶，与女儿合力用电熨斗的电源线将其勒死。住在隔壁的数学天才石泓为了帮陈婧毁尸灭迹，并摆脱杀人的嫌疑，与警方斗智，费尽心机"下了一盘棋"。

> **问题**
>
> 陈婧与女儿杀死傅坚的行为是否为正当防卫？

《天注定》（2013）

电影改编自四起真实的案件，山西胡某灭门惨案，湖北邓玉娇杀人案，重庆周某连环抢劫杀人案，富士康员工跳楼案。影片的第二个故事中，洗浴中心的前台工作人员邓玉娇上班的时候被当地政府官员邓贵大以及黄德智当成了小姐，二人要求邓玉娇提供色情服务，邓玉娇拒绝，惹怒了邓贵大，邓贵大用一沓人民币不停抽打着小玉的脸，把她推倒在沙发上，嘴里还骂着"老子就是要办你！老子有钱！老子用钱砸死你"。邓玉娇反击，拿出一把水果刀狠狠地划向了邓贵大的胸部，邓贵大要反击，邓玉娇给了邓贵大致命一刀，然后走出洗浴中心，平静地打电话自首。

> 问题

小玉的行为是故意杀人,还是正当防卫、防卫过当?

《夜行动物》(2016)

和前夫托尼离婚后,苏珊嫁给了霍顿,尽管两人的婚姻已经维系了十多年,但这段感情早已经失去了激情,疲态尽显。与此同时,霍顿公司遭遇危机,让这个曾经富裕的家庭走到了破产的边缘,而苏珊严重的失眠问题也持续地困扰着她的生活。某日,苏珊意外收到了一封邮件,内容是托尼新创作尚未出版的小说《夜行动物》,他告诉苏珊,这是一本专门为她写的小说,希望她能够读一读。在阅读小说的过程中,苏珊不断地回忆起自己和托尼从相恋到决裂的过程。小说《夜行动物》中主人公的妻女被三个公路流氓强奸杀害以及主人公复仇的故事与托尼、苏珊二人的情感故事互衬,形成戏中戏。

> 问题

如果你是托尼,在公路上遇到三个公路流氓的相关行为,你该如何保护妻女?在什么时间点,采取什么手段保护?

第二节 热点案件中争议的焦点

正当防卫诸多问题中,理论争议最大的,就是防卫的必要限度条件。防卫必要限度问题,是正当防卫问题的"命门"。关于防卫必要限度的学说,大体上分三种:"基本相适应说""必需说"与"折中说"。在司法个案中采取不同的学说立场,判断结论可能会截然相反。比如湖北巴东邓玉娇案、山东聊城于欢案、江苏昆山反杀案等,有的学者认为是防卫过当,有的认为是正当防卫。但这种差异结论背后的防卫必要限度的立场与判断标准到底是什么,又是为什么,学者们却很少给出明确的解释说明。[①] 仿佛刑法学界对防卫限度的立场与标准问题早已经达成共识,无须多此一举地将"公认"的立场与判断标准摆出来,逐一接受逻辑分析与实践效果的对比检验。若彼此之间有判断结论的不同,似乎也主要是每个人认可的具体案件事实的不同所致。

但据笔者考察,学者们对热点争议案件无法达成共识结论的症结,通常

---

① 参见《二十位著名专家学者评论山东辱母杀人案》,载"法学学术前沿"公众号,2017年3月29日。

并不是事实的认定差异问题,而是学者实际采用的防卫限度学说立场与判断标准的差异问题。如亚里士多德所言,"并非事实的本身,而是对事实的解释,使人们产生分歧。"①尤其学界对三种学说(标准)之间逻辑关系的认识模糊不清,容易相互混淆。因此,我们对各种学说(标准)之间的逻辑关系的思考,需要精确性与条理化,因为坚持形式逻辑上的一致性,避免逻辑上的自相矛盾,是科学思维的总原则。②

本文要做的逻辑关系清理工作,集中在两个层面:第一,实践层面上,学者个体的理论立场宣示与其实践判断标准之间的逻辑一致性问题。采用的基本方法是:根据学者对某一具体热点案件的表态,挖出其观点背后关于"防卫必要限度"实际所持的判断标准,并将此实践判断标准与该学者通常宣称的理论标准简单对照,看二者在逻辑上是否存在自相矛盾的问题。第二,在刑法教义学的理论层面,几种学说立场(标准)之间的逻辑关系究竟如何?采用的基本方法是:通过个案判断结果差异的累计数量关系,来彰显并理清防卫限度不同理论学说、立场、标准之间的学理逻辑关系。

第三节 学者的理论宣示与实践判断的矛盾

学者积极参与讨论的相关司法个案中,于欢案最为典型,持防卫过当与正当防卫两种对立观点的学者,数量大体持平。因此下文主要以于欢案为例,来考察学者的实践判断标准与理论立场宣示之间可能存在的矛盾问题。

(一)于欢案件中公认事实的确定

学者对于一个具体案件的评论,应当建立在公认的事实基础上。在于欢案中,我们根据一审判决书,至少可以确定在于欢拿刀捅人之前,他们母子二人的法益已经遭受或者正在遭受逼债人以下几点不法侵害:(1)公司经营秩序,因为在公司里摆烧烤摊与喝酒吃烧烤、多人结伙闯入公司办公场所等属于扰乱公司经营秩序的寻衅滋事行为;(2)人身自由权,因为存在典型的非法拘禁行为;(3)人格名誉权,因为存在对被告人之母的当众侮辱言行;(4)健康权,因为有过对被告人的殴打行为。③

---

① [美]查尔斯·赫梅尔:《自伽利略之后:圣经与科学之纠葛》,闻人杰等译,宁夏人民出版社2008年版,第3页。
② "如果是逻辑上的矛盾,那辩证法就会变得没有任何意义,辩证范围内的任何论证便无法展开。"[德]汉斯·波塞尔:《科学:什么是科学》,李文潮译,上海三联书店2002年版,第202页。
③ 邱兴隆:《刺死辱母者案的情理、伦理与法理》,载《法学学术前沿》公众号,2017年3月27日。

对于这四方面的不法侵害事实,即使如一审法院那样,认为"因为无论被害方(之前)对被告人之母所采取的是什么样的言行侮辱,也无论对被告人所施加的殴打有何严重,其均已终止于警察到达现场之后,作为防卫前提的不法侵害因已告完结而不复存在",从而排除了第(3)(4)项不法侵害的紧迫性。① 但第(1)(2)项,尤其是第(2)项中非法拘禁这个不法侵害行为的持续性紧迫状态,并没有因警察到来与(暂时)离开现场而解除。所以,刑法学者在此最低事实确认的前提下,也一致认为于欢拿刀捅人的行为,具备了正当防卫的几个条件:不法侵害的客观存在与不法侵害正在进行。

理论上,不法侵害的客观存在是正当防卫的起因条件,不法侵害正在进行是正当防卫的时间条件。于欢拿刀捅人的行为,是对杜某等人的紧迫不法侵害行为的制止行为,具有防卫性。一审法院最大的失误,就是没有看到或者回避了非法拘禁这一不法侵害的持续性存在。后来二审法院纠正了这一认识上的失误,认定于欢的行为具有制止不法侵害的防卫性,但明显超过必要限度,属于防卫过当,构成故意伤害罪,判处5年有期徒刑。

(二)构成防卫过当观点背后的"法益衡量"标准

由于一审法院从根本上否认了于欢案属于防卫性案例,我们会发现多数主张防卫过当的刑法学者对于欢案件的评论,其笔墨主要集中在说明"不法侵害正在发生"(具有防卫紧迫性)这一问题上。但对于欢拿刀捅人导致一死三伤的严重损害结果是不是防卫过当的核心问题,往往是一笔带过,没有说明为什么是防卫过当而不是正当防卫。基本上只是复述一死三伤严重结果,然后就直接给出"于欢的防卫行为明显超过了必要限度,防卫过当"的结论。

学者最具代表性的评论模式是:"……但是,于欢的防卫行为导致了对方死亡一人、重伤两人、轻伤一人这样的严重后果,应该说,尽管有防卫的前提,但于欢的行为还是明显超过了必要限度,造成了重大损害,符合《刑法》第20条第2款防卫过当的规定,因而应当以防卫过当构成的故意伤害罪定性,依法应当负刑事责任,但是应当减轻或者免除处罚。"②其他主张防卫过当的学者的阐述,与此表述方式大同小异。

由于大部分主张于欢的行为属于防卫过当观点的刑法学者没有明确亮

---

① 关于第(3)(4)项法益的侵害,因警察的到场而停止的观点,笔者并不赞同。这涉及在防卫性案件中,持续性的非法拘禁过程中的暴力侵害紧迫性的认定争议问题。

② 赵秉志:《于欢防卫过当应显著减轻处罚》,载财新网(http://china.caixin.com/2017-03-26/101070535.html),访问日期:2017年3月26日。

出他们结论背后的判断标准与立场,笔者只能根据他们的结论与有限的词语表达,进行推理或归纳。笔者认为他们在本案中关于防卫必要限度的实际立场与标准上,持的是"基本相适应说"立场上的"法益衡量"标准。

"基本相适应说"认为防卫的必要限度,是指防卫行为必须与不法侵害行为相适应。而所谓相适应,当然不是要求两者完全相等,而是指防卫行为所造成的损害从法益性质、轻重、大小等方面来衡量,与不法侵害行为所造成的损害大体相适应。"基本相适应说"立场所持的判断标准,就是"法益衡量"标准:若防卫行为所造成的法益损害结果小于、等于,至多稍稍大于不法侵害行为造成的法益损害,就属于基本相适应,应为正当防卫;反之,如果防卫行为所造成的法益损害结果明显大于不法侵害行为造成的法益损害,就属于基本不相适应,应为防卫过当。

相对而言,在所有的防卫限度的判断标准中,"基本相适应说"立场所持的法益衡量标准,是最简单最直观的标准。比如在于欢案中,我们若采用"基本相适应说"立场所持的法益衡量标准,顺理成章可推导出防卫过当的逻辑结论,这不存在什么争议。因为从法益性质、轻重、大小的衡量比较角度看,于欢防卫行为导致的一死三伤严重损害结果,与高利贷讨债人实际上对于欢母子所造成的法益损害结果相比,肯定是"明显超过必要限度造成了重大损害"。若坚持"基本相适应说"立场上的"法益衡量"标准,那么于欢案属于防卫过当的结论,的确是一目了然,毋庸置疑。这大概是主张防卫过当结论的学者根本不多花笔墨去分析为什么是防卫过当的缘故,因为按照"基本相适应说"立场所持的"法益衡量"标准,本案过当还是不过当的结论很直观,无须说明解释。

(三)部分学者的理论立场与实践判断的不一致

科学思维讲究逻辑一致性原则,"不寻常的主张需要不寻常的证据支持"[①]。因而,要主张于欢的行为属于正当防卫这种看似异常的结论,一定要说出其他不寻常的根据、证据或更多理由予以支撑。准确地说必须采用不同于法益衡量的其他判断标准,才可能得出不同的结论。在刑法理论上一般认为:与"基本相适应说"持不同立场或判断标准的,主要有"必需说"与"折中说"。

"必需说"认为:防卫行为是否超过必要限度,须从防卫的实际需要出发,进行全面衡量,应以有效地制止不法侵害的客观实际需要作为防卫的必

---

① [美]弗瑞德·赫伦:《来自太空的挑战》,钱锟等译,团结出版社2012年版,第17页。

要限度。为了达到制止不法侵害这一目的,所使用的防卫强度,就不应该被不法侵害的强度所限制。只要防卫在客观上有需要,防卫强度可以小于,可以相当于,还可以远远大于侵害强度。

"折中说",也被称为"相当说""恰当说"。"折中说"认为所谓防卫的必要限度,是指防卫行为及其造成的损害是制止不法侵害所必要的(必需说——笔者注),且防卫行为的性质、手段、强度及造成的损害与不法侵害行为的性质、手段、强度及可能造成的损害基本相适应(基本相适应说——笔者注)。①

这三种正当防卫必要限度的学说、立场与判断标准,到底哪个最具有科学性合理性,本文暂且不论。此处笔者只想将三种学说、立场、标准摆出来,然后去检验学者宣称的学说、立场、标准与实践的判断标准是否一致。这种理论与实践的简单对比检验工作,彰显的效果可能是惊人的:在于欢案的讨论中,主张构成防卫过当的多数刑法学者,其实践判断标准与书面上持有的理论立场或标准,往往自相矛盾。最突出的表现是理论层面原则上赞同"必需说"立场之"必需性"标准,反对"基本相适应说"立场之"法益衡量"标准,但实际个案判断中,却通常回避了对"必需性"的分析与判断,习惯上采用的实际上还是"法益衡量"标准。

比如赵秉志教授在不涉及具体案例时所持的理论立场与学说,并不是他在于欢个案评论中所采用的"基本相适应说"之"法益衡量"判断标准。如果笔者没有理解错误,赵秉志教授平常所持的理论学说立场应该是"必需说原则基础上的社会相当性例外说"(下文简称"原则与例外说"),他认为:

所谓必要限度,防卫行为当然要以刚好制止住不法侵害并有效地保护合法权益为标准。这应当是一个原则(必需说为原则——笔者注)。但是,也有例外,即为了保护轻微的合法权益而采用防卫行为造成了不法侵害人权益的重大损害,尽管是刚好制止不法侵害行为所必需的,也不能就被认定具有了社会相当性,或者说是为社会大众所容许、理解(社会相当性为例外——笔者注)。②

能不能说赵秉志教授从于欢案开始突然改变了学术立场,否定了之前的"原则与例外说",从此采用了"基本相适应说"? 我们不能做这样的假定。笔者宁可假定赵秉志教授在于欢案件的讨论中,因评论或采访的文体、篇幅等因素的限制,其主要精力、目标、预期的贡献,放在提示于欢案"不是普通的

---

① 赵秉志、刘志伟:《正当防卫理论若干争议问题研究》,载《法律科学》2001年第2期。
② 赵秉志、刘志伟:《正当防卫理论若干争议问题研究》,载《法律科学》2001年第2期。

故意伤害案,而是具有防卫性质的刑事案件"。至于是正当防卫还是防卫过当这一争议问题,赵教授可能没有做特别精细的逻辑思考,就从一死三伤的严重损害结果这一显见法益不均衡的事实,暂时给出了最直观的判断结论——防卫过当。事实上在二审判决出来之后,赵秉志教授对于欢构成防卫过当的判决结论,略有补充性说明。一方面赵秉志教授明确肯定了自己理论上仍然坚持"原则与例外"说的立场,但问题在于,接下来结合于欢案具体分析时,赵秉志教授实际上却回避了于欢的防卫行为在当时的情景下拿刀防卫是不是"制止不法侵害所必需"的分析。他所强调的还是讨债人非致命性手段与于欢的拿刀刺的致命性手段之间的对比,实际上就是法益大小的衡量对比。①

如果赵教授真按照"原则与例外说"理论立场与标准去考察于欢案中的防卫限度问题,就得首先仔细分析于欢当时的各种特殊处境,其拿刀捅人的防卫手段及其导致的严重损害结果是不是"刚好制止不法侵害行为所必需的",以及是不是"具有社会相当性的例外"。假如赵教授做出这样的必需性要素的深入考量,那么笔者认为很可能也会得出于欢的防卫行为"不过当"的定性结论。换言之,笔者认为赵秉志教授在于欢案的分析评论中,并没有真正按照"原则与例外说"进行,而是抛开了必需性原则的分析,采用了与之对立的"基本相适应说"的判断标准。

其实这种理论立场宣示与个案中实践判断标准上的逻辑不一致,从认识论的角度,可能是刑法教义学原理运用于司法实践过程中常见的背离现象。几乎没有学者敢于自信地宣称:在任何时空任何案例的讨论中,始终如一地保持理论立场与实践判断之间的逻辑一致性。或许每一个人都要经常向自己反思一个简单的逻辑一致性问题:"我在理论上持什么学说立场,在于欢等具体个案中实际采用的又是什么学说立场。"

在本性上,人类是一种"易犯错的动物"②,这反而是人性高于动物本能的一种认知优势。在笔者看来,无论是学派之争、立场之争还是具体的观点之争,学者自我宣称的理论立场与实践判断标准的逻辑不一致性问题,不是学界中罕见的异常现象,相反乃是带有普遍性的认知现象。这也是学派之争、立场之争不断进行下去的动力。多数情况下,逻辑不一致处或自相矛盾处,作者本人不太容易发现,往往需要论辩的对方挑刺,帮忙指出、清理、理

---

① 赵秉志:《于欢案防卫过当法理问题简析》,载《人民法院报》2017年6月24日,第2版。
② 解释学家里克尔写有一本专著《易有过错的人类》,专门从人的存在论与认识论上讨论此问题。参见[法]保罗·里克尔:《恶的象征》,公车译,上海人民出版社2003年版,"译者前言"第2页。

顺、修正。通过这种他者的反思或挑刺活动，或许可以让文本的创作者与解释者"再次把握它自身作为主体被消散和被遗忘的那些过程之间的统一化原则"①。

关于防卫限度问题上的理论立场与实践判断标准之间的矛盾问题，笔者不妨另举一例，也挑一下陈兴良教授著作中的一根小刺。在《教义刑法学》这本专著中，如果笔者没有误解，陈兴良教授宣称他在防卫限度上持的是"必需说"基本立场。当然更准确地讲，陈兴良教授持的也是"必需说"范畴内的"原则与例外说"。②"这里的正当防卫的必要限度是指有效地制止正在进行的不法侵害所必需的限度……这种相当性不等于对等性，而是指为制止不法侵害所必需的。"③

然而，笔者注意到陈兴良教授接下来所举的邓玉娇案的具体分析判断中，却没有按照这个理论上预定的"必需说"立场或标准来进行，而是不自觉地滑向了"基本相适应说"立场所持的"法益衡量"标准。陈教授在陈述了邓玉娇案的基本案情之后，是这样分析的：

"如果邓贵大、黄德智的不法侵害行为是强奸，那么邓玉娇的防卫行为就不是过当，属于《刑法》第20条第3款规定的无过当之防卫。如果邓贵大、黄德智的不法侵害如同判决书所认定的那样，在要求邓玉娇提供性服务不被答应的情况下，对邓玉娇进行无理纠缠、拉扯推搡、言语侮辱等，则邓玉娇的行为不具有相当性，应当认为已经超过了正当防卫的必要限度。"④

显然，陈兴良教授在邓玉娇案的具体分析中，并没有对"制止不法侵害所

---

① 高宣扬：《利科的反思诠释学》，同济大学出版社2004年版，第7页。
② 值得注意的是，陈兴良老师主张的"必需说"，并不绝对排斥对结果相当性因素的某种程度的对比考量。在逻辑上，最极端的"必需说"立场，意味着在防卫必要限度的判断上，在任何情况下都绝对不考虑双方行为与结果（法益）的任何程度上的社会相当性。但法学界还没有人明确主张此"极端的必需说"立场。主张"必需说"基本立场的学者，实际上总是会在强调必需性判断的基本原则之下，也会允许存在个别性的例外案例，即将那种防卫和侵害行为与结果（法益）之间对比过于悬殊，明显超出了社会相当性的个别性例子，哪怕防卫手段上必需如此方可制止不法侵害，也视为不具有防卫的必需性。因此，在这个特定语境下，陈兴良教授所持的"必需说"基本立场，不是指绝对不考虑手段与结果的相当性因素的"极端的必需说"，而是特指"（必需性）原则与（社会相当性）例外"这种缓和意义上的"必需说"。这里的逻辑问题是：既然"（必需性）原则与（社会相当性）例外"这种缓和意义上的"必需说"也"要同时考虑必要性与相当性这两个因素"（陈兴良：《正当防卫如何才能避免沦为僵尸条款——以于欢故意伤害案一审判决为例的刑法教义学分析》，载《法学家》2017年第5期），那么这不就是学界早已经存在的"折中说"吗？我认为不能这么看。在逻辑上这二者的确特别容易混同。下文将详细分析"（极端的）必需性说"、基本相适应说、折中说以及"（必需性）原则与（社会相当性）例外"说这四者之间的真实逻辑关系。
③ 陈兴良：《教义刑法学》，中国人民大学出版社2010年版，第361—362页。
④ 陈兴良：《教义刑法学》，中国人民大学出版社2010年版，第363页。

必需的"这个"必需性"要素进行分析,而是着重在邓玉娇防卫行为导致的死亡结果与邓贵大不法侵害的行为类型(轻微法益的无理纠缠、侮辱还是重法益的强奸)之间进行比较与衡量,而这种比较衡量,实际上就是法益不同种类与大小之间的比较衡量。侵犯重法益或轻法益的不法侵害行为类型的分析判断,与制止不法侵害"所必需"还是"非必需"的判断,在具体案件中可能会有一定关联性影响,但毕竟二者的判断不是一回事。例如,在特定情况下,即使遭遇对重法益的不法侵害,有可能只需要轻微的防卫行为就可以有效制止不法侵害。而另外的特定情况下,遭遇对轻法益的不法侵害,却有可能必需造成重大法益损害才能起到制止不法侵害的效果。

假如我们用极端的"必需说"立场去分析邓玉娇的防卫行为的限度,那么必要限度就与邓贵大、黄德智的不法侵害是强奸行为还是一般的侮辱行为类型无关,而只与邓玉娇在当时特殊情况下,需要什么样的制止手段有关。换言之,哪怕我们认定邓贵大、黄德智只实施了对较轻法益的无理纠缠、拉扯推搡、言语侮辱行为,但根据当时的各种主客观综合环境判断,也可能会得出邓玉娇只能够拿刀刺才能制止此种不法侵害,故其反击行为属于防卫限度中"所必需的"。当然陈兴良教授在理论上持的是"(必需性)原则与(社会相当性)例外"缓和意义上的"必需说"。即使原则上防卫行为具有了制止不法侵害的必要性,也还要进行社会相当性的例外考察,即考虑防卫的制止行为与不法侵害行为之间的法益对比,是不是明显过于悬殊,超出了人们可以容忍程度上的社会相当性。笔者认为邓贵大等人的不法侵害,并不属于那种法益侵害手段或结果过于轻微的例外情况。因此按照缓和意义上的"必需说"立场与判断标准,也应该得出"构成正当防卫,不应负刑事责任"的逻辑结论。

因此,笔者认为陈兴良教授在邓玉娇案的分析中,也出现了理论立场(标准)之宣称与个案的实践判断立场(标准)不一致的矛盾,陈兴良教授在邓玉娇个案中实际采用的判断标准是"基本相适应说"立场所持的"法益衡量"标准,而不是他在理论上所宣称的"必需说"立场所持的"必需性"标准。

相反,陈兴良教授在于欢案件的案例分析中所采用的实践判断标准,则将"必需说"理论立场贯彻到底,保持了逻辑上的一致性。首先,陈兴良教授肯定了"本案中死者等人的行为是为索债服务的,没有致于欢死伤的行为与意思"。因此,于欢的防卫行为不符合《刑法》第 20 条第 3 款特别防卫的规定。然后,陈兴良教授还是认为于欢的防卫行为"没有明显超过必要限度",可以适用《刑法》第 20 条第 1 款的规定。其判断理由在笔者看来,其实就是根基于"必需说"立场的"必需性"分析:"因为当时死者一方有近十人,足以控制局面,于欢处于劣势。经过六个小时的辱骂折磨,于欢精神处于崩溃边缘。尤其是民警到场以后未能有效制止不法侵害即行离去,使于欢感到公力救济无望,而且死者等人步步紧逼。在于欢要摆脱拘禁,死者等人殴打阻挡的情况下,于欢就地取材用桌子上的水果刀对死者等人乱捅,并且事先有警告,死者等人仍然一拥而上。在这种情况下的防卫行为,是为解除不法侵害(所必需——笔者加),不是故意犯罪。"①

在某种意义上来说,只要学界与司法实务界真正将这种"必需说"贯彻到底,正当防卫条款就不会在我国司法实践中变成"束之高阁的僵尸条款"。②

当然,这里还存在另外一种逻辑的假定可能性,那就是:"法益衡量"标准其实与"必需性"标准没有任何差异。但如果将"必需说"所持的"必需性"判断标准等同于"基本相适应说"所持的"法益衡量"标准,那么"基本相适应说"与"必需说"的理论立场与标准的争论,就只是词语之争了,完全失去价值与意义:名词不同,实质一样。

"意义产生于符号差异"③,"差异原则是符号得以产生的结构逻辑"④,这是现代语言学的基本命题。同理,是差异而不是共性,决定了判断立场与标准的意义。防卫必要限度的不同立场与判断标准的学说之争的实质意义,就在于采取不同的立场或标准去判断案例,其判断结果在一定范围内必定存在差异性。因此不同学说立场与判断标准相互之间的逻辑关系如何的问题的答案,就取决于这些立场与标准在什么边界、在什么范围、在多大程度上存在差异。而恰好在"学说立场与判断标准的关系"这个核心问题上,以前刑法学界的说法在表达上是模糊的,在逻辑上是混乱的。学者之所以在个案中采用的实践判断标准与宣称的理论立场之间频频自相矛盾,也与防卫必要限度学说、立场、标准之间的逻辑关系模糊不清有直接关系。

第四节　防卫必要限度判断学说之间的逻辑关系

在刑法教义学或刑法解释学的发展历史中,关于正当防卫必要限度的学说或立场,向来主要有"基本相适应说""必需说""折中说"三种。笔者认

---

① 陈兴良:《于欢构成正当防卫,不应负刑事责任》,载搜狐网(http://mt.sohu.com/20170329/n485354534.shtml),访问日期:2017年3月29日。
② 参见陈兴良:《正当防卫如何才能避免沦为僵尸条款——以于欢故意伤害案一审判决为例的刑法教义学分析》,载《法学家》2017年第5期。
③ 陈本益、向天渊、唐健君:《西方现代文论与哲学》,重庆大学出版社1999年版,第216页。
④ 刘恪:《词语诗学·复眼》,河南大学出版社2008年版,第304页。

为,正当防卫必要限度三种学说立场之间的逻辑关系,最终需要通过立场所对应的不同判断标准之间的效果差异性具体彰显出来。

(一)理论立场与判断标准之间的对应关系

关于防卫限度三种理论立场与三种判断标准之间的对应关系,笔者将其归纳为:(1)"基本相适应说"立场对应着"法益衡量"形式判断标准;(2)"必需说"立场对应着"必需性"实质判断标准;(3)综合"基本相适应说"与"必需说"两种立场的"折中说"立场,对应的是同时采取"法益衡量"形式判断与"必需性"实质判断的双重判断标准。

(1)"基本相适应说"立场之形式判断标准

笔者之所以将"基本相适应说"立场的"法益衡量"标准视为一种"形式判断"标准,是因为在任何一个防卫案件中,比较衡量法益大小的标准,相对其他立场的判断标准,最简单明了,分歧也最小。[1]

首先,在一个案件中,防卫行为所造成的结果是既定而清楚的,无须费什么工夫去确定或者判断。防卫行为导致的重大损害是死亡还是重伤结果,一眼就可以明了。

其次,不法侵害的法益种类与大小的确定与判断,可能略微麻烦些或模糊些,也可能有一定的主观性[2],但基本上也是一个不法侵害行为的构成要

---

[1] "形式"与"实质"具有多重对比性关系与含义。本文此处所言"形式判断"与"实质判断",讨论的不是构成要件与违法性两大范畴之间的对比,而是对防卫必要限度条件这一问题进行判断时,根据判断标准的考量因素是否单一与明确而做出的区分。此时的"形式判断",意味着判断标准只涉及单一且明确的因素,比如法益衡量标准就是法益这个单一因素之间大小的比较。"实质判断"则意味着必须综合权衡考量每一个具体案件中的各种复杂变量因素,具体问题具体分析才能得出相对合理的判断结论。按此标准,防卫的"必需性"判断就是实质判断,它无法根据某一单一因素抽象出明确的判断标准。比如于欢案中11:1的人数之比,当然是判断本案防卫必要性的重要因素,但不是唯一因素。我们尤其不能因此案而抽象出"只要不法侵害者的人数大于防卫者的人数,任何防卫都不过当"的形式判断标准,相反我们必须综合其他变量予以考量。举个反例:我们假定其他条件不变,只把于欢换成乔立夫(全国散打冠军)那样的搏击高手,足以赤手空拳打败11个收账者,那么动刀防卫刺死人就是非必需的。当年抓捕犯罪嫌疑人乔立夫,最开始挑选的八个精壮武警想不开枪而活捉他,却不料反被乔立夫强力拒捕,打伤几人。在对方虽是一人但是搏击高手这个特殊情况下,此时人数比占绝对优势的警方为了制服他,哪怕使用了致命武器打死对方,也没有超出执法行为(类似于正当防卫)的必要限度。

[2] 理论上不法侵害所涉及的法益侵害形态,不仅仅指不法侵害行为实际上已经造成的某种损害结果,也包含不法侵害行为对法益损害结果的危险。对实际上没有发生的法益损害之危险的判断,只能是一种大体上的推算或者估计。我国司法实践中,在防卫限度问题上通常采取的是现实的后果主义态度,即法益侵害结果一定是现实的,而不能是推算或估计的法益危险状态。

287

件符合性的形式判断过程。

"基本相适应说"立场的"法益衡量"判断标准之适用,其核心是案件中不法侵害的事实与行为类型的确认问题,比如邓玉娇案中被刺死者邓贵大的不法侵害,到底是强奸行为(重法益侵害行为)还是一般的侮辱、推搡行为(轻法益侵害行为)。于欢案中高利贷讨债人杜某等人对于欢母子二人的一系列行为中,到底存在强制猥亵妇女还是一般的侮辱妇女行为,到底是故意伤害罪的行为还是一般的殴打行为,到底是非法拘禁行为还是讨债的合理自救行为,等等。一般情况下,确定了不法侵害的行为类型,也就基本上确定了不法侵害行为所指向的法益种类及其法益的大体轻重程度。①

不法侵害的行为类型之间、侵害法益种类之间的轻重级别,大体上也是既定与清楚的,比如盗窃的行为类型不同于故意杀人,一般的侮辱不同于强制猥亵,非法入侵住宅不同于抢劫……法益种类之间的轻重的形式排序通常为:生命权高于身体健康权,身体健康权高于人身自由权,人身自由权高于名誉或财产权。这个法益轻重的阶梯判断过程,在案件发生之前,就事先完成了。换言之,法益衡量活动,事先就有一个基本公认的法益种类、轻重、大小的序列或形式标准可对照参考。正如有学者指出:"共同的看法是,法益的比较应当尽可能采取客观标准。具体而言,对于同一法益,应以其量的大小为标准;而对于不同的法益,则应以保护这些法益的犯罪的法定刑的轻重为标准。"②

最后,将不法侵害行为造成的法益侵害(包括实害与危险)与防卫行为所造成的法益损害的种类与轻重大小一对比,就可以很容易判断出是否"超过必要限度"或"明显超过必要限度"。

正如劳东燕教授归纳刑法中的法益衡量标准之简易特点,"它既简便可操作,又整齐划一,无须考虑个案的特殊情形,有助于确保法秩序的统一性……在绝大多数的场合,刑法中的利益衡量犹如小学生都会做的算术。只要对冲突的两个法益的大小进行掂量,在一方法益高于另一方法益的场合,就应当说存在比该侵害法益更值得保护的利益,行为的法益侵害性被消

---

① 即使侵犯同种法益的客观不法,也仍然在形式上可以继续进行行为类型上或者法益程度上更细微程度的划分,比如侵犯身体健康权的故意伤害行为,一般划分为重伤行为、轻伤行为、轻微伤害行为。盗窃可以根据行为样态划分为一般盗窃与入户盗窃、携带凶器盗窃、扒窃等行为类型。根据盗窃指向的财物种类也可以分为对珍贵文物、枪支等特殊物品的盗窃与对一般财物的盗窃。根据财物价值大小,可分为重大财产的盗窃,财物数额较大的盗窃,轻微财物的盗窃。

② 赵秉志主编:《外国刑法原理(大陆法系)》,中国人民大学出版社2000年版,第132页。

除。西田甚至给出了更为简洁的公式:在保全法益(A)与侵害法益(B)之间存在 B-A>0 的关系时,从社会功利主义的角度,就可将该行为整体予以正当化。"①

(2)"必需说"立场之实质判断标准

笔者将"必需说"的判断活动归为"实质判断",原因是我们无法像"基本相适应说"立场的法益衡量活动那样,事先就有一个基本的法益种类、轻重、大小的序列或形式标准可对照参考。"必需说"立场中的"必需性"要素的判断,要求我们必须进入每一个案件中的细节中去,根据具体的复杂情景方可判断。只有设身处地,感同身受,才能判断出防卫人的防卫手段与结果是不是"制止不法侵害所必需的"。

与"基本相适应说"立场的法益衡量形式判断标准完全不同,必需说即使面对同法益同种类的不法侵害,使用的相同防卫手段导致的是相同的法益损害结果,但也可能会因具体案件中某个特殊情节的存在,而影响同一种防卫手段或者结果的"必需性"判断。

为了彰显两种判断标准之间的差异,我们不妨设置一个极端一点的案例:有一个苹果园园主,年龄 80 岁,体力微弱、腿脚不便、坐着轮椅。此老人看见有一个陌生的年轻力壮的小伙,爬上苹果园里的一棵大树准备偷吃苹果。老人就从屋里拿起一把猎枪,要求年轻人下来,停止偷吃苹果。年轻人不理会,反而戏弄老人,"我就是要咬你的一个苹果,你有本事上来咬我一口。"老人鸣枪警告,但年轻人并没有被吓住,根本没当回事,继续嘲笑:"你有本事就打死我,苹果我是咬定了。"老人于是朝此年轻人开了一枪,正好打中年轻人身体,受重伤的年轻人从高树上摔下来,摔死了。

此案,若按照"基本相适应说"立场的"法益衡量"的形式判断标准,老人为了保护一个苹果不被盗窃而开枪击伤(乃至杀死)年轻人,年轻人所侵犯的法益之轻微与老年人防卫行为所造成的法益损害之严重,显然二者严重失衡,很容易得出"明显超过必要限度、造成重大损害"的结论,肯定属于防卫过当。

但按照"必需说"的"必需性"判断标准,考虑的基本因素并不是两种法益种类(财产权与健康权、生命权)与法益大小的衡量比较问题,而是各种特定条件下防卫人的防卫行为是否"为制止不法侵害所必需"的问题。在当时的情景下,老人的年纪与身体的特殊状态等因素决定了他的开枪行为就是保

---

① 劳东燕:《法益衡量原理的教义学检讨》,载《中外法学》2016 年第 2 期。

卫一个苹果不受非法侵犯所必需的手段。严格按照极端的"必需说"的实质判断标准,本案的防卫行为虽然造成了死亡的严重损害结果,但老人别无他法可以制止年轻人偷吃苹果,因此老年人在当时的情景下,要制止此显著轻微的不法侵害行为,开枪的手段是必需的,这决定了最后导致青年人死亡的严重结果,在手段上具备了必需性要素,也就没有超出必要限度。① 除非尚需额外考虑其他因素而被例外地排除,否则本案按照"必需说"立场,就属于正当防卫。②

如果将此案件中时间、空间、人物关系、力量对比等复杂要素中某一特定要素予以改变,也许"必需性"的判断结果就会发生改变。比如将这位老人替换为一个健壮的青年,其他条件不变,那么青壮年朝树上的人开枪致人死亡的防卫行为,是不是制止不法侵害所"必需的",就值得怀疑了。因为他完全可以从容地先采取其他相对比较缓和的防卫手段,比如扔石头砸,或者爬上树去制止此人(尽管这对防卫人本人也存在一定风险)就足以制止不法侵害。

由此可见,一个案件中,是不是制止不法侵害所必需的,主要是一个以各种特殊条件、因素为转移的防卫手段"必需性"的实质判断。这个防卫手段"必需性"的实质判断的结果,的确受到案件各种复杂的具体的情境因素影响。借用赵秉志教授的话说,防卫限度中必需性的实质判断,"不可能脱离案件的具体情况,要根据具体案件中双方行为的性质、手段、强度、人员多少与强弱、现场所处的客观环境与形势进行全面分析"③。

(3)"折中说"立场之双重标准

综合"基本相适应说"与"必需说"两种立场的"折中说",在我国一般也可称为"恰当说"。这种观点认为,"必要限度"的确定,应当以防卫行为是否能制止正在进行的不法侵害为标准,同时考虑所防卫的利益的性质和可能遭受损害的程度,要同不法侵害人造成损害的性质、程度大体相适应。④ 换而言之,按照"折中说"的这个陈述,"折中说"的最根本特征,就是同时适用"必需性"标准与"法益衡量"双重标准。

---

① 德国的罗克辛教授认为,此时没有超过必要限度,只是缺乏需要性。施密特霍伊泽尔教授也持相同观点,他说:"如果一个成年的小偷盗窃了水果,虽然受到了警告却不从苹果树上下来,那么防卫者可以将其击毙。"参见[德]约翰内斯·卡斯帕、陈璇:《德国正当防卫权的'法维护'原则》,载《人民检察》2016年第10期。
② 这是后文要处理的"必需性为原则,社会相当性为例外"的另一种观点。
③ 赵秉志、刘志伟:《正当防卫理论若干争议问题研究》,载《法律科学》2001年第2期。
④ 马克昌、杨春洗、吕继贵主编:《刑法学全书》,上海科技文献出版社1993年版,第118页。马克昌主编:《犯罪通论》,武汉大学出版社1999年版,第757—758页。

第十三章　我国防卫过当学说的反思

以前,受到辩证法政治哲学思维的影响,我国刑法理论通说反对"形而上学"的非此即彼形式逻辑思维,反对"片面的深刻"①之说,主张"既要……也要……"之"折中说""辩证法"。好像任何事物、理论、立场、标准,只要一"折中",一"全面",一"统一",一"辩证",一"综合",此说就当属全世界最"科学"、最"恰当"的学说。仿佛"折中说"天生就是"恰当之说"。辩证法、折中说的这种话语公式,成为"万金油",四处套用。

尽管李海东先生早就批判这种辩证法其实就是"似是而非的诡辩",违反了规范科学的方法论②,但至今,这种以辩证法为根据的"折中说"在刑法学界仍然很流行,如有学者认为:"在其中适当说(折中说——笔者注)是刑法理论中的通说……对'必要限度'含义的理解,新刑法颁布之前刑法理论中的'适当说'是科学的"。③

但这种以似是而非、模棱两可、不可证伪为特征的辩证法哲学作为科学体系的基础,是相当糟糕且危险的。我国有学者指出,"黑格尔辩证法的神学性质首先表现为它是永远也不会有错的绝对正确性,它可以有力地反驳一切对自己不利的批评,它的命题和理论永远也不会被证伪,就像人们既无法证明上帝存在,也无法证明上帝不存在一样。因此,其科学内容为零,它是形而上学,是伪科学。与本体论证明一样,辩证法正反合题,肆意歪曲、消解正题与反题、主词与宾词之间的界限,并将反题、宾词作为正题、主词的内在否定性环节而包括其自身,这样实际上就取消了反题、宾词自身的独立性,因而也就消解了正题与反题、主词与宾词的非此即彼的界限,这就是黑格尔辩证法矛盾学说可怕的亦此亦彼的魔力所在。"④"古希腊时的诡辩主义者曾经热衷于采用这一方法来证明任何一个命题皆可成立,与其相应的反命题同样也可以成立……亚里士多德发展了逻辑,并且证明了所谓辩证矛盾并非逻辑矛盾,而是纯粹的骗术……辩证法只是一个空洞的形式,事后可以把任何东西放进去辩证一番,因而没有任何科学价值。"⑤可见,以黑格尔为代表的辩证法思想的性质,与不可证伪性(永远正确)的神学一脉相承,与可证伪性的科

---

① 陈兴良:《刑法的启蒙》,法律出版社 2007 年版,"代跋"。
② 李海东说:与"社会危害性说"异曲同工的是刑法理论研究中在方法论上对于规范科学的基本背离。其中最典型的是可以以不变应万变的"辩证统一"说。"辩证统一"说与所谓"主客观一致""原则性与灵活性的结合"诸如此类的"原则",在基本思维的形式逻辑上是典型的似而非的诡辩。李海东:《刑法原理入门(犯罪论基础)》,法律出版社 1998 年版,"序言"。
③ 王政勋、贾宇:《论正当防卫限度条件及防卫过当的主观罪过形式》,载《法律科学》1999年第 2 期。
④ 章忠民:《黑格尔的本性与命运》,上海财经大学出版社 2013 年版,第 79 页。
⑤ [德]汉斯·波塞尔:《科学:什么是科学》,李文潮译,上海三联书店 2002 年版,第 208—209 页。

学相背离。波普尔就指出:辩证法由于其"模糊而灵活",足以解释任何情况,"不管事情怎样发展都合乎辩证法的图式;辩证法家永远不必担心未来经验的反驳。"①

将这种辩证法的神学思维运用在规范法学里,同样是糟糕的。两百多年前的刑法学之父贝卡里亚在《论犯罪与刑罚》中就明确反对这种辩证法思维:"应当用几何学的精确度来解释这些(刑法)问题。因为这种精确度足以制胜迷人的诡辩、诱人的雄辩和怯懦的怀疑。"②当代刑法教义学(信条学)一直在朝这个方向努力,"刑法的本身的性质,要求刑法学应当是最精确的法律科学……显然,最精确的刑法只能来自最精确的刑法学,因为刑法学是研究和构造刑法领域的思维方式的,刑法的条文乃至刑法典不过是这种思维方式的结晶,甚至司法判决也是自觉不自觉地运用这种或那种思维方式所得出的结论。很难想象,一个不严谨、不精确的思维方式能够产生和支持一部严谨、精确的刑法(学)。"③

笔者并不抽象地反对一切"辩证法"或"折中说",但是经过严格的逻辑考察,笔者发现将"折中说"搬到防卫的必要限度的判断问题上,的确是最糟糕的立场与标准,不仅在逻辑上导致各种模糊而混乱的说法,其适用的社会效果也最差,而不像很多赞同"折中说"的学者口中说的那样:"折中说(标准)是科学的、恰当的"。

下文将会着重揭示"折中说"的糟糕表现:表面上它承诺给我们的仿佛是扩大了正当防卫的成立范围,但实际操作效果几乎将正当防卫的成立空间挤压到趋近于零的地步,是所有学说立场中成立正当防卫空间最小的一个。学界公认,目前在我国司法实践中,只要正当防卫的案件中出现死亡结果,被告人肯定会被认定为犯罪而被判刑,以至于"在偌大的中国,很少见到正当防卫的判决"④,属于不正常的刑事司法状态。考究其缘由,除了司法者害怕判了正当防卫会引起死亡者家属的上访、闹访这个法外因素之外,显然也与司法者习惯于采用"折中说"理论立场的双重严格标准有直接关系。

---

① [英]卡尔·波普尔:《猜想与反驳——科学知识的增长》,傅季重等译,上海译文出版社1986年版,第475页。
② [意]贝卡里亚:《论犯罪与刑罚》,黄风译,中国大百科全书出版社1993年版,第133页。
③ [德]克劳斯·罗克辛:《德国刑法学·总论》,王世洲译,法律出版社2005年版,"译者序",第1页。
④ 张明楷:《故意伤害罪司法现状的刑法学分析》,载《清华法学》2013年第1期。

(二)三种立场(标准)的判断效果差异分析

如果我们承认三种立场(标准)是有差异的,那么我们就应当将三种立场摆出来进行对比,用事实或数量关系,精确地告诉司法裁判者,三者的具体差异到底是什么,差异在哪里,差异程度有多大。如果只是笼统地模糊地说"彼此之间肯定有差异",却不揭示彼此差异之处与差异程度,等于什么也没有说。因此,为了更加形象地说明此差异问题,下文中笔者以"挑鸡蛋"的故事[①]为类比例证,运用数学的精确性计算方法,揭示三者判断效果之数量关系上的差异,以此来理清三种防卫限度学说、立场、标准之间的逻辑关系。

"基本相适应说"立场中的"法益衡量"形式判断标准,相当于挑鸡蛋(土鸡鸡蛋约重40~50克,现代肉鸡鸡蛋约重60~70克)中的"大小轻重"形式判断标准。审查方按照重量定下的严格形式标准是:65克以上的是"好蛋"(正当防卫),65克以下的是"坏蛋"(防卫过当)。于是按此"大小轻重"的形式标准,理论上约五分之四以上的"鸡蛋"(防卫性案件),会被判定为不合标准的"坏蛋"(防卫过当),剩下不足五分之一为"好蛋"(正当防卫)。

"必需说"立场中的"必需性"实质判断标准,则相当于挑鸡蛋中的"可食性"实质判断标准,即根据鸡蛋有没有臭味、鸡蛋壳的颜色是不是异常等各种经验识别方法,具体判断鸡蛋是否为"散黄蛋""破损蛋"或"臭蛋"。这些"坏蛋"与鸡蛋的"大小轻重"没有直接关系,只与保存与运输鸡蛋的方式、温度、时间等复杂性环境因素、条件有直接关系。正如"必需说"立场主张:为达到制止不法侵害的目的,防卫所使用的强度,就不应该被不法侵害的强度所限制。只要防卫在客观上有需要,防卫强度就可大于、也可以小于、还可以相当于侵害强度"。这种防卫限度"必需性"的判断,不可能脱离案件的具体情况,要根据具体案件中双方行为的性质、手段、强度、人员多少与力量强弱、现场所处的客观环境与形势进行全面分析。[②]

尽管可能有人批评"必需说"的这种观点,意味着对防卫手段不加任何限制。但实际上"有效地制止不法侵害所必需",这就是"必需说"的实质限制标准。[③] 但不管怎么说,根据鸡蛋"可食性"(防卫限度"必需性")实质标

[①] 在20世纪五六十年代,中苏两国关系交恶,于是民间流传一些苏方向中方无情逼债、百般刁难中国的故事。其中的故事之一:中方还鸡蛋时,苏方的审查人员用一个固定大小的铁丝圈圈出鸡蛋,大了小了都不行。

[②] 赵秉志、刘志伟:《正当防卫理论若干争议问题研究》,载《法律科学》2001年第2期。

[③] 赵秉志、刘志伟:《正当防卫理论若干争议问题研究》,载《法律科学》2001年第2期。

准判断出的"坏蛋"（防卫过当）的比例不会太高,且肯定比按"重量大小"（"法益衡量"）标准判断出的"坏蛋"（防卫过当）比例要低得多。我们暂且最大限度地假定审查方按"可食性"（"必需性"）标准判断出的"坏蛋"（防卫过当）所占比例为五分之一①,那么留下来的合乎"可食性"（"必需性"）标准的"好蛋"（正当防卫）比例,就是五分之四。

"折中说"立场之标准,其实就是同时满足"大小轻重"（"法益衡量"）的形式标准与"可食性"（"必需性"）实质标准。无论先适用"大小轻重"的形式判断标准,还是先适用"可食性"实质判断标准,在此问题上,判断标准的适用先后之顺序不会影响最终判断结果,比例关系都一样:被认定的"坏蛋"所占比例的计算公式为:4/5+1/5×1/5,得数约为六分之五。

根据数理计算结果,三种立场与判断标准在认定正当防卫的效果差异上所显示出的数理逻辑关系,也就一目了然了。以认定的防卫过当（"坏蛋"）所占比例为例,三种立场（或标准）的数理位置与关系,如图13-1:

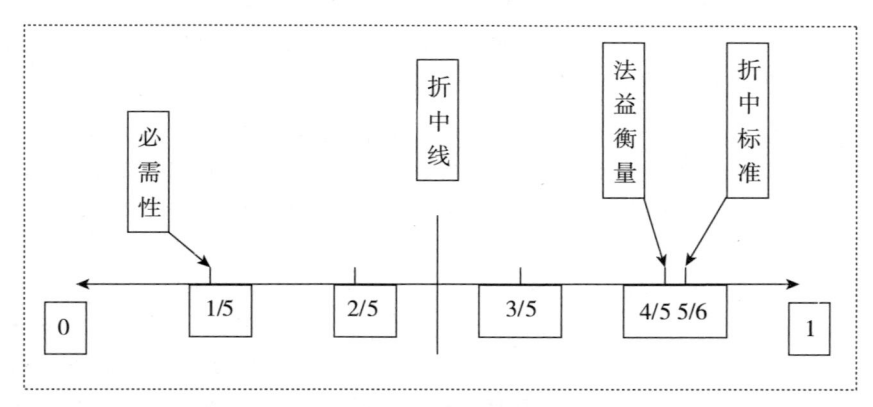

图13-1　三种立场（标准）的数量与位置关系

---

① 这种五分之一或五分之四的数据比例的假定,并非依据实际调查统计得出来的数据,而是为了方便说明三种标准之间的逻辑关系,按照概率大小的大致预估而做出的数据假定。这种数据假定,并没有违背一个公认的基本事实,那就是以"必要性"标准判断得出的防卫过当的比例,肯定远远低于司法实践中按照"法益衡量"标准的判断结果。其实我国有关防卫过当、正当防卫的司法判决的统计数据,比笔者假设的这个数量关系更加地夸张。比如有人根据"北大法宝"司法案例库统计,截至2018年8月30日,涉及正当防卫或防卫过当的刑事案例有15987例,数量相当可观。但真正被判为正当防卫的案例,却屈指可数,预估在千分之一以下（参见"正当防卫制度与司法案例数据分析报告",载"北大法宝"公众号,2018年10月12日）。甚至判防卫过当的案例,也只占10%左右,90%左右的绝大部分案例,都是按照不具有防卫性的普通故意伤害或故意杀人罪定性。参见尹子文:《防卫过当的实务认定与反思——基于722份刑事判决的分析》,载《现代法学》2018年第1期。

需要特别提醒刑法学界,在三者逻辑关系中,最容易产生认识错误或误会的是"折中说"与其他两种学说的位置关系:

首先,在三种立场(标准)所认定的防卫过当的比例或数量关系中,"折中说"双重标准实际上所产生的效果,并没有按照我们通常对"折中"一词的通常想象,望文生义产生"折中"或"中和"的效果。实际上,"折中说"立场(标准)并不处在"必需说"与"基本相适应说"两种立场(或标准)的折中线位置,而是处在靠近"基本相适应说"立场(或法益衡量标准)的一端之外。

其次,正是因为很多刑法学者对三种立场(标准)位置上的逻辑关系有这个重大误解,以至于衍生出很多似是而非的说法。比如很多刑法学者在论述"折中说"(适当说)的"科学性""恰当性"时,通常会认为"折中说"一方面采用"必需性"标准,这有利于鼓励防卫人制止不法侵害的这一正当防卫制度目的的实现,此标准体现出对防卫人不能限制过严之优点;同时又采用"法益衡量"的标准,则可以防止私刑的泛滥,具有有利于保护社会的稳定的优点。[①] 这种"一方面……另一方面……""既……又……"似是而非的辩证法用语,套用在防卫限度标准上,在逻辑上犯的根本错误,就在于"后一方面"的标准所运用的实际社会效果,完全是对"前一方面"的标准运用之社会效果上的彻底否定。

上文的逻辑计算的结果也清楚地表明:"折中说"提供的双重判断标准是最苛刻的。在三种判断标准中,"折中说"双重标准成立正当防卫的空间最小,成立防卫过当的空间最大。按照"折中说"立场与双重标准,所认定的正当防卫("好蛋")比例,至多是六分之一。按照"基本相适应说"立场的"法益衡量"标准,所认定的正当防卫("好蛋")比例比前者略高一点,大约为五分之一。按照"必需说"立场与"必需性"标准,所认定的正当防卫("好蛋")比例最大,至少是五分之四。

既然"折中说"提供的防卫限度的双重判断标准是最苛刻的,是三种判断标准中成立正当防卫空间最小的,那么谈何有利于"鼓励防卫人制止不法侵害的正当防卫目的的实现",或"在判断一行为是正当防卫还是防卫过当时,对正当防卫行为不宜过于苛刻,对防卫人不宜要求过严"[②]?

---

① 马克昌:《犯罪通论》,武汉大学出版社1999年版,第757页;王政勋、贾宇:《论正当防卫限度条件及防卫过当的主观罪过形式》,载《法律科学》1999年第2期。

② 马克昌:《犯罪通论》,武汉大学出版社1999年版,第761页。

第五节 "原则与例外说"的立场归属

刑法学界关于防卫限度问题,还提出"以必需性为原则,以社会相当性为例外"第四种观点。在这个"原则"与"例外"之间的关系论述上,赵秉志教授讲得比较清楚。① 但是学界对"折中说""基本相适应说""必需说"三者的逻辑关系或位置关系上的误解,也会直接导致对"原则与例外说"观点之立场归属问题判断上的错误。

在"原则与例外说"应该归入以上三种基本立场的哪一方这个问题上,学界主要存在两种看法。

一种观点认为,"原则与例外说"就是"折中说"("恰当说")立场。例如,黎宏教授认为:"正当防卫的必要限度,应当以制止不法侵害、保护法益所必需为标准("必需说"为原则——笔者注),同时要求防卫行为与不法侵害在手段、强度等方面,不存在过于悬殊的差异(例外排除特殊情况——笔者注)",在笔者看来,这个陈述内容应该就是"原则与例外说"。但黎宏教授将这种"原则与例外"的观点,等同于"折中说"立场或标准。② 很多赞同"折中说"的学者,都持与黎宏教授相似的观点。

但笔者认为,将"原则与例外说"等同于"折中说"("恰当说"),是对"原则与例外说"观点之立场归属上的重大误解。"原则与例外说"与"折中说"不是同一回事。二者差异实在太大。在逻辑上应当把"原则与例外说"归属于"必需说"立场的范畴。

那么"原则与例外说"与"折中说"二者之间到底有什么重大差异?

首先,我们还是运用上文中选鸡蛋的数学比例为例,从判断的整体效果角度来考察二者之间的巨大差异性。

"原则与例外说"立场,实际上是先采用"必需性"("可食性")实质判断标准,得出五分之四的防卫案件("鸡蛋")符合必需性要素,原则上属于正当防卫案件("好蛋")。但是例外的要在五分之四的正当防卫案件(好蛋)中排除一些法益大小轻重之间过于悬殊异常,超出人的想象的案件。比如第一次判断出的千万个"好蛋"中,有一两个鸡蛋异常小,小的如鹌鹑蛋(鹌鹑蛋通常在 10 克左右)一样,或者有一两个鸡蛋异常大,大的如鹅蛋(鹅蛋通常在

---

① 赵秉志、刘志伟:《正当防卫理论若干争议问题研究》,载《法律科学》2001 年第 2 期。
② 黎宏编:《刑法学》,法律出版社 2012 年版,第 141 页。

140克左右,有些大鹅蛋可达300多克)一样。这个时候,判断方有合理理由怀疑此蛋不是鸡蛋或者怀疑是基因变异之鸡生的鸡蛋,因此将这种过大或过小的异常鸡蛋例外排除在"好蛋"的范畴。但这种"异常鸡蛋"的例外,实际比例相当小。假定比例最高为千分之一,对"坏蛋"(防卫过当)的整体比例影响微乎其微,几乎可以忽略不计。"原则与例外说"的"坏蛋"(防卫过当)判断结果是"五分之一"加上"千分之一",这与采取双重标准的"折中说"所得"坏蛋"(防卫过当)判断结果——"六分之五",可以说"差异过于悬殊"。所以,将"原则与例外说"归入"必需说"基本立场是合适的,归入"折中说"("恰当说")立场,是不合适的。

"原则与例外说"在防卫过当判断效果的比例数量关系,以及该说与其他三种学说所处的位置关系,如图13-2:

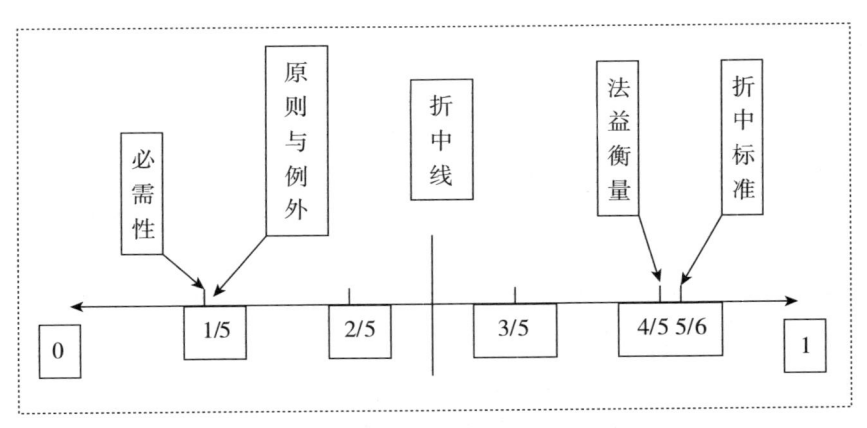

图13-2 四种观点的数量关系与位置关系

其次,"必需说原则基础上的社会相当性例外说"之例外个案的排除,并不是采用法益衡量标准的结果,而是采用了社会相当性标准进行判断的结果。

关于例外排除所采取的标准,学界有两种观点。一种观点认为:类似于"对盗窃几块豆腐干的人,用木棍防卫打死打残"等构成防卫过当的例外个案,"所论述的问题,实际上主要是法益均衡原则"。[①] 另外一种观点认为:"以社会相当性理论来指导必要限度的理解应当是一种正确的思路……为了保护轻微的合法权益而采用防卫行为造成了不法侵害人权益的重大损害,尽管是刚好制止不法侵害行为所必需的,也不能就具有了社会相当性,或者说

---

① 马克昌:《比较刑法原理》,武汉大学出版社2002年版,第365页。

是为社会大众所容许、理解。"①

笔者赞同第二种观点的意见。第一种观点将例外情况的讨论,归结为法益均衡原则,并不妥当。所谓法益均衡,其反面当然是法益不均衡。在现实生活中,大小重量之均衡与不均衡的衡量工具是天平或秤。但实际上需要用天平或秤去衡量的,往往是大小或轻重差异不过于悬殊的情况。比如甲、乙两个体型看起来差不多的成年人争论谁的体重更轻,那就需要用秤去衡量解决,二人重量上的差异可能也就是两三斤。但一个正常体型的成年人,绝对不会与一个刚出生的"胖娃娃"争论谁的体重更轻,更不会为了解决这一问题,而去动用天平或者秤去量。因为无论婴儿再胖再重,却与成年人的体型差异太大,根据外型悬殊的常识一眼就可以判断孰轻孰重。尽管这里两个人的体重客观上存在着一个巨大量差,但我们不认为这是用秤或天平进行衡量而判断出的结果,而是用年龄与体型的异常差异等显见因素,根据常识常理作出社会相当性判断的结果。

当一只蚂蚁与一头大象摆在人们的面前,要我们在二者体重数量关系之间填大于号、等于号、小于号时,这表面上是一个体重衡量的函数问题(法益衡量),实际上是一个根据体型用常识之眼就可以判断的几何问题(社会相当性)。② 假如此时我们把二者的过于悬殊的量差,当作一个体重的数量衡量问题,并动真格用天平的标准去量一量称一称,反而是多此一举,违反常识与常理。所以,笔者赞同赵秉志教授的观点:必需性原则的例外情况,这不是一个法益衡量原则的问题,而是一个社会相当性原则的问题。

虽然说刑法学界往往批判社会相当性理论的判断标准太抽象、太模糊,对很多问题进行社会相当性的判断,往往主观性、模糊性很大。但是这不能否认存在有明显不具有社会相当性的个案情况,这种个案为大家所公认,毫无争议。比如,在防卫的必要限度判断问题上,人人都认为:(单纯)为了保护价值极其低微的财物,哪怕当时特定情况决定防卫人在手段上非杀死盗窃者不可(必需说),在防卫限度上也明显超出了社会大众的容许与理解的范围,不认为是正当防卫(例外),应该认定为防卫过当。

上文举的老人用枪射杀一个偷吃苹果者的例子,就属于虽然完全具备了"必需性"要素,但不具有社会相当性的特殊例外情况。因为在一般人看来,此种防卫手段即使在当时情况下是制止偷吃苹果行为所必需的,也还是

---

① 赵秉志、刘志伟:《正当防卫理论若干争议问题研究》,载《法律科学》2001年第2期。
② 借用了电影《嫌疑人X的献身》中那位天才数学家、高智商杀人犯的经典台词:"(这个案子)看上去是几何问题,实际上是函数问题。"该电影故事就是由一个防卫性杀人案引发的。

超出了社会大众所容许与理解的防卫的最大限度范围,属于防卫过当。

最后,不少中国学者在逻辑上容易混淆"原则与例外说"与"折中说"("恰当说")。比如有些教材这样描述"折中说"("恰当说")的优点:"既抓住了理解必要限度的本质、关键的特征,有利于鼓励公民实施正当防卫,又提出了对防卫的必要约束,有利于保障正当防卫的正确行使。"[1]其实这并不是所谓"折中说"的优点,而是将赵秉志、刘志伟教授等所提倡的"原则与例外说"的优点,张冠李戴错误嫁接在采用双重标准的"折中说"头上。正如图二所示:在四种观点的位置关系中,"折中说"是偏离折中线最远的,"原则与例外说"反而是最靠近折中线的。

我国有学者也模糊地意识到"折中说"有问题,"由此可见,基本相适应说的标准在折中说中,仍旧牢牢把持着最终的否决权。于是,基本相适应说的弊端在通说中无法得到有效克服"[2]。在笔者看来,假如"基本相适应说"的法益衡量标准是根本错误的,那么号称是"必需说"与"基本相适应说"两种立场(标准)有机统一的"折中说"("恰当说"),并不会因为有了对的立场(标准)之一方,而遮蔽了根本错误之立场(标准)那一方。相反,如上文的数量关系所揭示的那样,在防卫限度问题上,若同时采用"必需说"立场的"必需性"实质标准与"基本相适应说"立场的法益衡量形式标准,其计算结果不是我们所想象的正负抵消的平衡效果,而是负负叠加的更差效果。这就好比直接吃一包毒药与把毒药混在包子里吃两种情况,尽管毒死人的效果是一样,但后一种"折中说"("混同说")的负面效果更大,因为在毒死人的同时,还额外浪费了一个好包子。

总之,在笔者看来,从形式逻辑上看,正当防卫必要限度的四种学说之争,本质上是"基本相适应说"与"必需说"两种对立的基本立场之争。其中,"折中说"大体上可归为"基本相适应说"立场,是"基本相适应说"立场的进一步向外的延展。"原则与例外说"则可归为"必需说"立场,是"必需说"立场向内的相对缓和。

理清了四种学说的基本逻辑关系之后,我们可以看到:正当防卫必要限度的核心问题,就归结为"必需性"实质标准与法益衡量形式标准,到底哪一个标准具有逻辑合理性与良好社会效益的问题。在此问题上,笔者赞同陈兴良教授、赵秉志教授等主张的"必需说"范畴内的"原则与例外说"的基本

---

[1] 高铭暄、马克昌主编:《刑法学》,北京大学出版社、高等教育出版社2005年版,第143页。
[2] 陈璇:《侵害人视角下的正当防卫论》,载《法学研究》2015年第3期。

立场与判断标准。① 如上文分析所言,如果按照此标准来判断于欢案,于欢的行为具备防卫行为的必需性条件,也不属于社会相当性的例外情况,故本案按照学理逻辑,应该定性为正当防卫,而不是防卫过当。如果司法实践判断或个案的评析中,将防卫的"必需性"这一防卫限度判断的决定性标准模糊过去,不做认真的考察,却把对结果的利益衡量这个辅助性标准作为主要标准,必然人为极大地压缩正当防卫的成立空间②,乃至于使得正当防卫条款成为存而不用、束之高阁的僵尸条款,这是我们刑事司法过程中应该要避免的错误。

---

① 当然在防卫限度问题上,必需性判断标准优于法益衡量标准,涉及违法性的本质、正当防卫制度的目的、正当防卫与紧急避险的违法性类型的区别、我国正当防卫制度在司法实践中面临的根本问题等,非一言两语所能道清,对此核心问题的理论论证与具体展开,笔者将另文阐述。

② 参见周光权:《正当防卫的司法异化与纠偏思路》,载《法学评论》2017年第5期。

第十四章　人工智能能否成为"犯罪主体"的问题

——科幻电影《人工智能》《黑客帝国》《异形》

第一节　科幻电影《人工智能》《黑客帝国》《异形》简介

人工智能(Artificial Intelligence：AI, 2001)

21世纪中期,由于温室效应,南北极冰川融化,地球上很多城市被淹没。此时,人类科技已经高度发达,人工智能机器人就是人类发明出来用以应对恶劣自然环境的科技手段之一,而且,机器人制造技术已经高度发达,先进的机器人不但拥有可以乱真的人类外表,还能感知自身的存在。莫妮卡的儿子马丁重病住院,生命危在旦夕,为了缓解悲痛的心情,她领养了机器人小孩大卫,大卫的生存使命就是爱她。马丁苏醒,恢复健康,回到了家里,一系列的事情使大卫"失宠",最后被莫妮卡抛弃。在躲过机器屠宰场的残酷追杀后,大卫在机器情人乔的帮助下,开始寻找自己的生存价值:渴望变成真正的小孩,重新回到莫妮卡妈妈的身边。谁也不知道他能否完成自己的心愿,脱胎换骨成为真正的人,等待他们的只是凶吉难料的旅程。

黑客帝国(The Matrix, 1999)

网络黑客尼奥对这个看似正常的现实世界产生了怀疑。他结识了黑客崔妮蒂,并见到了黑客组织的首领墨菲斯。墨菲斯告诉他,现实世界其实是由一个名叫"母体"的计算机人工智能系统控制,人们就像它们饲养的动物,没有自由和思想,而尼奥就是能够拯救人类的救世主。

可是,救赎之路从来都不会一帆风顺,到底哪里才是真实的世界？如何才能打败那些超人一样的特勤？尼奥是不是人类的希望？这是黑客的帝国,程序和代码欢迎大家的到来。

《异形：普罗米修斯》（Alien：Prometheus，2012）

21世纪末，人类的科技水平已高度发达，克隆人技术和宇宙航行早已实现，不再是梦想。与此同时，许多科学家仍孜孜不倦追索着人类起源的秘密与真相。通过对许多古老文明的考察与对比，科学家伊丽莎白·肖和查理·赫洛维发现，人类可能是由来自一个遥远星系的外星人创造的。在Weyland公司资助下，他们乘坐维克丝所掌管的宇宙飞船普罗米修斯号前往那颗未知的星球。经过对当地的考察，地球人的设想成功得到印证。可是他们贸然探查"神的秘密"的行为，也将自己引入万劫不复的深渊。

《异形：契约》（Alien：Covenant，2017）

故事发生在一艘名为"契约"的殖民太空船之上，飞船上搭载了两千名进入沉睡的殖民者，他们的目的地是遥远的欧米伽六号行星，希望能够在那里建立新的家园。一场意外的发生令契约号的能量收集帆遭到了破坏，船长布兰森亦不幸身亡。作为代理船长的欧朗带领着惊恐而又悲伤的船员们降落到了一颗未知的神秘星球上。在这里，他们遇见了仿生机器人大卫，大卫热情地接纳了人类的到来，并讲述了他和已故的肖博士在这里生活的经历。就在大卫渐渐赢得了船员们的信任的同时，大家已经一步一步地走入了前者为他们精心打造的地狱之中。

第二节 刑法研究的想象力落后于科技的飞速发展

人工智能问题，不仅是一个新技术或新市场的问题，也是一个全新的哲学、伦理与法律问题。我国政府与政治家也已经敏锐地观察到人工智能技术可能全面重塑人类社会的发展趋势。① 根据2015年国务院《中国制造2025》，将智能机器人产业列入国家重点战略，因此2015年被业界称为"智能机器元年"。② 2017年党的十九大报告明确提出"加快建设制造强国，加快发展先进制造业，推动互联网、大数据、人工智能和实体经济深度融合"，并将"人工智能"从经济领域全面延伸到社会治理领域，确定了"提高社会治理社

---

① 2014年习近平总书记在两院院士大会上，对"智能机器人"作出如下判断：机器人的研发、制造、应用是衡量一个国家科技创新和高端制造业水平的重要标志，是"制造业皇冠顶端的明珠"。"机器人革命"有望成为"第三次工业革命"的一个切入点和重要增长点，将影响全球制造业格局。参见李拯：《引领"机器人革命"的浪潮》，载《人民日报》2015年6月11日，第5版。

② [意]卢西亚诺·弗洛里迪：《第四次革命：人工智能如何重塑人类现实》，王文革译，浙江人民出版2016年版，第1页。

第十四章 人工智能能否成为"犯罪主体"的问题

会化、法治化、智能化、专业化水平"的观点。

但与其他人文社科领域很早就对人工智能问题进行敏锐的关注相比,中国法学界,尤其是刑法学界对人工智能的研究,整体上处于严重滞后状态。近年来,该问题才成为法学界研讨的热点。法律在总体上固然是保守的,但法学研究却不能保守,需要抓住时代发展的潮流,拥有创新意识、超前意识与开放意识。① 从这个意义上看,法学界不仅应该研究与"已经制造出来的智能机器人"有关的法律问题,也应该预见性地研究"在逻辑上可能制造出来的未来智能机器人"产生的法律问题。② 否则,我们的学术研究就会在"整体上'辜负了时代',理论更新研究与立法司法实践相比存在明显滞后与脱节"。

所有涉及人工智能的法律问题,核心是"智能机器人是不是人",即其是否具有权利主体资格问题。对此,目前学界大体上分为两种观点:主流观点是不承认"智能机器人是人"。③ 少数人承认"智能机器人也是人"。④ 笔者赞同第二种观点,但需要更加详细深入的论证。本文将从法理上论证"智能机器人也是人"的"权利主体论"⑤观点,并重点从刑法学的角度,阐述该观念对传统法学理论知识体系可能造成的重大挑战及其适应性应对。

---

① 苏力老师从"社科法学"的开放性角度,曾大力批评法教义学的封闭性、自足性、保守性,尤其是批判刑法教义学(刑法解释学)无视中国新出现的有法律意味的社会事件或社会事实的新变化,包括无视影响本领域的最新技术或最新科研发现、突发事件等,几乎是在不计一切代价恪守着某些"天条"或"教义"。参见苏力:《中国法学研究格局的流变》,载《法商研究》2014年第5期。

② 正如吴汉东教授所言,"这些问题不仅涉及对传统法律制度的深刻反思,更是以'未来法学'问题为主旨的有益探索。"吴汉东:《人工智能时代的制度安排与法律规制》,载《法律科学》2017年第5期。

③ 例如,吴汉东教授认为,"机器人不是具有生命的自然人,也区别于具有自己独立意志并作为自然人集合体的法人,将其作为拟制之人以享有法律主体资格,在法理上尚有商榷之处。换言之,受自然人、自然人集合体——民事主体——控制的机器人,尚不足以取得独立的主体地位。"时方教授认为,"人工智能本质上是人类辅助工具,不具有法律上的人格属性。"吴汉东:《人工智能时代的制度安排与法律规制》,载《法律科学》2017年第5期。时方:《人工智能刑事主体地位之否定》,载《法律科学》2018年第6期。

④ 例如,许中缘教授认为:"赋予智能机器人有限人格具有理论基础与实践需要。"刘宪权教授认为,智能机器人"按照自主的意识和意志实施犯罪行为,因而完全可能成为行为主体而承担刑事责任"。许中缘:《论智能机器人的工具性人格》,载《法学评论》2018年第5期。刘宪权、胡荷佳:《论人工智能时代智能机器人的刑事责任能力》,载《法学》2018年第1期。

⑤ "权利主体"与"法律主体"是两个不同的概念。例如,在刑法上,作为法律主体的犯罪主体,有严格的年龄与心智条件要求。12周岁以下未成年人或完全无刑事责任能力的精神病人这些不具有犯罪主体资格条件的人,完全可以成为"权利主体",成为法律保护的对象。

第三节 "权利主体"问题的人类观念史梳理

"权利""人权"是近现代政治学与法学范畴中的核心概念。在法理逻辑上,"权利""人权"特指"人"这个特殊主体的权利。离开了"人"的主体性,谈不上"权利"或"人权"。西方学术界的主流一般认为:"权利,也被称为'主体权利'的观念,就其在西方法律传统中的发展而言,就是法律特权的观念;法律特权被看成是它所属的主体的准所有物。"[1]"人权指的就是人的权利、属人的权利,它指的是人类能够拥有或宣称拥有的东西。换句话说,人权指的是人类认为自己是谁。"[2]

现代法治理论与制度的启蒙思想家都是"以描述的人类学为发端",从"天赋人权"学说展开各自的理论。[3] 由于犹太—基督教文化乃是西方现代国家与法律的文化基础之一,"世俗法的部门法制度,最早来自基督教会法关于婚姻、地产、诉讼、遗产继承和信徒的权利义务等不同规定的领域划分,这一点已经成为法律学者的共识"。[4] "人权的基础是基督教理论和自然法思想。"[5]在谈及"权利""人权""主体"等政治学与法律学概念时,自然离不开宗教起源视角的考察与解释。"宗教解释促使人们去关注一种在法律规则、法律学说和法律制度形成过程中常常居于首要地位的因素,所以人们绝不应当忽视宗教解释。"[6]

当然按照现代人本主义或唯物主义的思考逻辑,所有的宗教不过是人对现实世界与自我认知的某种颠倒性的反射或反映。宗教本质上是特定社会关系下的人,按照自我定义的"人的形象与样式"去造"神的形象与样式",其实都是人在虚构创造"神的故事"。[7] 马克思就认为,是人创造了宗教,而不是宗教创造人。

因此,下文按照马克思主义哲学的立场,将人类的定义等观念问题,置于特定历史时期的"具体社会关系"中予以考察,大体上划分为两大类"具体的

---

[1] [加]查尔斯·泰勒:《自我的根源:现代认同的形成》,韩震等译,译林出版社 2001 年版,第 15 页。
[2] [美]弗朗西斯·福山:《我们的后人类未来:生物技术革命的后果》,黄立志译,广西师范大学出版社 2017 年版,第 113 页。
[3] [德]H.科殷:《法哲学》,林荣远译,华夏出版社 2002 年版,第 25 页。
[4] 何勤华:《宗教法本质考》,载《法学》2014 年第 11 期。
[5] 胡玉鸿:《"法律人"建构论纲》,载《中国法学》2006 年第 5 期。
[6] [美]罗斯科·庞德:《法律史解释》,邓正来译,中国法制出版社 2002 年版,第 36—37 页。
[7] [美]乔纳森·歌德夏:《讲故事的动物:故事造就人类社会》,许雅淑等译,中信出版社 2017 年版,第 162 页。

社会关系":一是农业社会主导模式下的"人与动物的关系",探讨"动物是不是人"的权利主体问题;二是工业社会之后,尤其是后工业社会中"人与机器(人)的关系",探讨"智能机器(人)是不是人"的权利主体问题。

(一)"动物是不是人"的权利主体问题

自古至今,"人是什么"或者"认识自我"的问题,乃是哲学探究的最高目标。[①] 在21世纪之前,哲学界、社科学界主要围绕人与动物之间有没有本质性区别的问题展开,形成了各种关于"人"的看法,尤其突出反映在各个民族的特定宗教文化观念之中。宗教是"一种颠倒了的世界观,因为它们就是颠倒的世界"[②]。所以,我们可以通过不同民族文化塑造的"神话故事"所赋予的"神的特性",看出不同民族文化对"人"的不同定义。

考究历史上不同的宗教文化,在处理"动物是不是人"的观念以及权利主体问题上,大体上而言有两种基本对立的观点。

1. "泛灵论""多神论"文化思维下的众生平等论或众生连续论

这种观点认为,人与动物(甚至植物、非生物)虽然外形各有不同,但内在的神圣性没有什么本质区别。古老的"泛灵论"相信:万事万物皆是神,皆有神。这些"有灵有魂"的各样生命与事物,全都可以与人以某种神秘的方式或仪式进行精神或灵性上的沟通。比如古代人类为生存而猎杀一只鹿,很可能会通过仪式先求山神的赐福,再求得鹿之神或灵魂的原谅。甚至连一花一草一山一石也被视为有自己的精神或灵气,应该予以慎重对待。如法国著名人类学家斯特劳斯所言,"奥马哈印第安人认为他们和白人之间的主要区别之一是,'印第安人从不摘花',就是说从不为赏玩而采花;事实上(在他们看来),'植物具有神圣的用途,这些神圣的用途只为其秘密的主人所知'"。[③]

当然,"泛灵论""多神论"的文化思维,并非对一切"有灵"的事物完全等同视之,反而会对各样事物从名称、能力、功用、精神等级、沟通仪式等方面进行繁琐而精细的分类、定级、排序与区分。狩猎与农耕时代,需要吃肉的人,与活的动物生命体的精神关系显得最重要,与植物性生命体的关系次之,与无机物的关系再次之。所以从原始的泛神论思维脱胎而来的多神论宗教文化中,动物之神像或人与动物的混合神像,如古埃及的人面狮身神像,中国古代的"女娲""伏羲"人面蛇身神像等,是普遍性的宗教崇拜对象。

---

① [德]恩斯特·卡尔西:《人论》,甘阳译,上海译文出版社2003年版,第3页。
② [德]《马克思恩格斯选集》(第1卷),人民出版社1995年版,第1页。
③ [法]列维-斯特劳斯:《野性的思维》,李幼蒸译,商务印书馆1987年版,第52页。

305

总之,"泛灵论""多神论"文化思维的要旨在于:人与动物(或者其他存在)都具有主体性,在"神圣性"上没有本质差异。然而,当所有的生命体在本质上都具有了"神圣性",其实也就否定了"神圣性"与"非神圣性"生命的界分意义。不仅人没有了"神圣性",连各路"神仙"也没有了"神圣性",最多是比人多些特殊的智慧与能力而已。所以美国著名的无神论法学家德沃金说:神即为一切,而一切即为神,这样的泛神论只是"粉饰过的无神论"。①

2.以犹太教、基督教为代表的"一神论"文化思维所主张的"人是万物之灵"观

这种宗教文化观直接来源自《旧约·创世记》故事的记载:上帝六天创造世界,但所有的被造物中,唯有人是按照"上帝的形象与样式"被造的,且人被上帝赋予了管理一切动物的权柄。菜蔬、果实、青草等植物则被上帝赐给人与动物作为食物。后来在诺亚大洪水故事里,动物也干脆如同之前的菜蔬一样,被上帝赐给人做食物,人可以杀死动物。但上帝命令无论是动物还是人,都不能杀人(除非对犯了死罪的死刑犯),否则上帝必讨他的罪。为此,"上帝"直接给出的基本理由就是"因为神造人,是照自己的形象造的",也就是人的生命是唯一神圣不可侵犯的。故"基督教出现以来,尤其是近代哲学和自然科学得到发展以来,人们认为动物没有任何权利,动物的存在是为了服务人类"②。人类作为具有神圣形象的万物之灵,将动物排除在伦理共同体之外。

这种"一神论"观点与前述的"泛灵论""多神论"思维所讲述的故事,最大的差异在于:严格区分具有神圣性的人与其他存在物。将动物、植物、日月、星宿等万物去神性、去灵性、去主体性。万物失去了主体性角色之资格,降格为没有灵性与神性的物质性被造物,全都是为人类服务的各种自然物质性资源或供人利用的动产不动产而已。于是经过"一神论"改写的神话故事剧本里,只剩下两个真正的主体性角色:有灵性的人类和唯一的神。人类之地位前所未有地拔高,成为一神之下、万物之上"有灵的活人"。"泛灵论""多神论"神话故事中的各样精灵鬼怪神仙妖魔等主体性角色,"包括所有的动物、植物及其他自然现象,现在都成了无声的装饰"③。难怪有宗教史学家说,"现代科学最先发源于西方世界并非偶然。坦普尔大主教惯常说犹

---

① [美]罗纳德·M.德沃金:《没有上帝的宗教》,於兴中译,中国民主法制出版社2015年版,第30—35页。
② 王正平:《环境哲学:环境伦理的跨学科研究》,上海教育出版社2014年版,第108页。
③ [以色列]尤瓦尔·赫拉利:《未来简史:从智人到智神》,林俊宏译,中信出版社2017年版,第82页。

太教及其后代——基督教,乃是世界上最物质主义的宗教。"①

这种严格区分神圣的人与非神圣的动物的"一神论"神学思维具有历史进步性。② 按照现代唯物主义的观点,只要撕下"上帝"词语的宗教面具,露出"神性"面具包装下的"人性"真面貌,就是伴随近现代启蒙运动所兴起的自由主义或人本主义。比如费尔巴哈对基督教有句总结性的话:与其他异教文化不同,基督教的"神学之秘密是人本学。属神的本质之秘密,就是属人的本质"③。西方学者一般也认为"我们由此开始将现代世俗人文主义的西方视为基督教传统完全合法的继承和延续"④。"自由民主主义乃是西方历史上头一个伟大的世俗宗教——是与传统基督教相分离,同时又吸收了传统基督教的神圣观念和它的一些主要价值的第一个思想体系。"⑤

世俗的"自由人文主义"或"人本主义"从基督教宗教思想继承下来的文化内核就是:不管承认"上帝"与否,人都是一种与其他动物有着本质性差异的主体性存在物,人这个权利主体在灵魂上具有独一无二的高贵性、神圣性;动物则不是权利主体,没有高贵的灵魂与神圣不可侵犯性。启蒙时代的法学家格劳秀斯说:"一切法都来自人的本性。……即使上帝不存在,这种理性法仍然有效。"⑥法哲学家黑格尔也说,"法的基地一般说来是精神性的东西……。精神一般说来就是思维,人之异于动物就是因为他有思维。"⑦

这个从"神本主义"到"人本主义"的思想观念的论证与转换工作,有两种路径:一种路径就是人类在观念上直接将"上帝"的主体性角色杀死,如哲学家尼采那样借疯子之口向人类宣布"上帝死了!上帝真的死了!是我们杀害了他"。⑧ 第二种路径是将上帝这个主体性角色逐出人类历史的舞台,如红衣大主教宣布的那样:既然"上帝"已经因基督这个人的"道成肉身"而完成了"从神到人"的所有工作,"一切都交给了人,一切都在人手里",上帝就

---

① [美]休斯顿·史密斯:《人的宗教》,刘安云译,海南出版社2013年版,第263页。
② 现代历史学人类学家一般认为:人类的思想史,大体上是一个高级的、进步的、统一的"一神论",逐步战胜相对低级的、落后的、混乱的"泛灵论"与"多神论"文化思维的发展史。人类大体上经历了"万物有灵论—多神教——神教"的宗教三阶段,代表的是人类认识水平与思维能力从低级到高级的发展。参见韩芸:《文化人类学通论》,首都师范大学出版社2008年版,第339页。
③ [德]费尔巴哈:《基督教的本质》,荣震华译,商务印书馆1984年版,第432页。
④ [英]唐·库比特:《神学的奇异回归——基督教在后现代思想中的变迁》,王志成等译,社会科学文献出版社2013年版,第51页。
⑤ [美]伯尔曼:《法律与宗教》,梁治平译,中国政法大学出版社2003年版,第62页。
⑥ [德]魏德士:《法理学》,丁晓春、吴越译,法律出版社2005年版,第201页。
⑦ [德]黑格尔:《法哲学原理》,范扬等译,商务印书馆1961年版,第10—12页。
⑧ [德]尼采:《快乐的科学》,余鸿荣译,中国和平出版社1986年版,第139页。

没有权利再干涉或妨碍已经"得了自由的人类"。① "上帝创造了一切,然后退位了。"②自由的人类从此以后成为人类历史大舞台上唯一的主体性角色。③

(二)"机器(人)是不是人"的权利主体问题

工业社会以来,随着科技与社会的发展,人与机器共存成为工业社会的基本特征。关于人的观念或定义,之前"人与动物之间关系"的思考并没有结束,但显然又有了新的思考素材与视角,那就是"人与机器的关系"。

其中最著名的一个观念,乃是三百年前法国机械唯物主义哲学家拉·梅特里向世人宣告的"人是机器"。④ 但是这种将人和机器画上等号的机械唯物主义观点,遭到了包括马克思在内的绝大多数自由主义或人本主义哲学家的批判。不可否认,在工业社会中,人与机器的等同是部分事实,但却是以"人的异化"为前提的。换言之,不是"真正的人"等同于"机器",而是工业革命中的机器改变了部分人的人性,将"真正的人"降格为"机器"。人成了机器的附庸,异化为拧螺丝的"机器"人。⑤ 马克思、恩格斯同样对资本主义国家这种"人异化为机器"的丑恶现象给予了深刻的批判:

工人把自己的生命投入对象,但现在这个生命已不再属于他而属于对象了。工人在他的产品中的外化,意味着他的劳动作为一种异己的东西不依赖于他而在他之外存在;意味着他给予对象的生命作为敌对的和异己的东西同他相对抗。工人劳动为富人生产了奇迹般的东西、宫殿、美和智慧,但是为工人生产的却是赤贫、贫民窟、畸形和愚钝。劳动用机器代替了手工劳动,但是使另一部分人变成了机器。⑥

显然,马克思对工业社会中"人异化为机器"的批判,意味着他并不认同"人是机器"的命题。"人异化为机器"并非对整个人类人性的应然性判定,而只是对资本主义社会中部分工人悲惨命运的事实描述。换言之,在马

---

① [俄]陀思妥耶夫斯基:《卡拉马佐夫兄弟》,荣如德译,上海译文出版社2006年版,第227—278页。
② [美]雷·库兹韦尔:《奇点临近》,李庆诚等译,机械工业出版社2011年版,第236页。
③ 虽然18世纪以来,随着当代深层生态伦理学运动的兴起,学界也有人再次主张"动物权利"论,但存在太多关键性问题难以应对,并没有得到哲学界、法学界主流思想的认可。参见甘绍平:《当代伦理学前沿探索中的人权边界》,载《中国社会科学》2006年第5期。
④ [法]拉·梅特里:《人是机器》,顾寿观译,北京三联书店1957年版,第17页。
⑤ 比如电影喜剧大师卓别林用夸张的手法,描写了工业社会中的工人,表面上是在操控机器,实际上是被机器操控。
⑥ 参见《马克思恩格斯全集》(第42卷),人民出版社1979年版,第89—102页。

克思主义哲学、科学与逻辑层面,"人异化为机器"的基本前提是肯定人性的独特性、高贵性与神圣性,强调"人与机器的本质不同","人不应该等同于机器"。在《共产党宣言》中,马克思明确反对"对绝大多数人来说是把人训练成机器"的资本主义教育观(人的观念)。马克思、恩格斯的这种"人与机器严格区别"的观念,是"人与动物严格区别"观的逻辑延伸。马克思、恩格斯认为,将人与动物区别开来的就是"人类的特性"或"人的本质"——有意识的、有目的、自由的、自觉的活动。正如恩格斯所说:"人离开动物愈远,他们对自然界的作用就愈带有经过思考的、有计划的、向着一定的和事先知道的目标前进的特征。"①

将人与动物、机器严格区别的自由主义或人本主义的人性观主导了几个世纪。拉·梅特里提出的"人是机器"人性观,向来只是作为一个反面教材供人批判,没有多少人当真。即使少数人坚持"人是机器",但也不会反向提出"机器也是人"这种在当时看来显得荒诞不经的命题。

然而,随着科学技术的发展,尤其是人工智能与生物工程技术的高度发展,"人是机器"的"人性"观认知,逐步得到越来越多新近的科学理论或证据的支持。在某种意义上,近现代的几次认知革命,乃是从不同角度革了"自由主义人性观"的命。哥白尼日心说从地理学的角度,革掉了传统天主教人士持的"地球是宇宙的中心,地球人是宇宙的中心"观。达尔文进化论从生物学理论的角度,革掉了"人类是地球的主宰,人是地球上万物之灵"的思想。弗洛伊德的精神分析说(潜意识驱动说)则从心理学理论的角度,进一步革掉"人是自己的精神世界的主人,人是能够完全掌控自我思维的物种"的思想。② 德国法学家科殷从法学的角度评价后两种学说造成的重大影响,他说:

两千年之久,在哲学与宗教里把人作为精神动物和作为上帝一模一样的形象,把人与动物对立起来(自由主义学说)。但从 19 世纪下半叶开始,关于人的观念,出现了某种具有决定性意义的变化。新的观点首先来自生物学,达尔文发表于 1859 年的物种起源理论把人完全纳入动物王国。"种族学说"法学认为,传统自由主义关于平等和博爱的教条是错误的,只有白人种族是真正"优越的""文明的"。这样一来,启蒙运动的法学观点的决定性的理

---

① 《马克思恩格斯选集》(第 3 卷),人民出版社 1972 年版,第 516 页。
② 哥白尼的日心说不仅仅是科学理论,也是得到科学证据验证了的事实。但达尔文的进化论与弗洛伊德的精神分析说是不是科学事实在学界有争论。参见[美]约拿单·威尔斯:《进化论的圣像——科学还是神话?》,钱锟等译,中国文联出版社 2006 年版。[法]卡特琳·梅耶尔:《弗洛伊德批判——精神分析黑皮书》,郭庆岚等译,山东人民出版社 2008 年版。

念就成问题了。稍晚一些,弗洛伊德发展了心理分析。他把非理性的性欲本能冲动等看作是这种决定性的力量。这样一来,一副崭新的人的形象就形成了,完全颠覆了古典哲学与法律建立在人的理智之上的学说。①

假如达尔文与弗洛伊德的学说为真,那么经过三次认知革命的冲击,人类在宇宙万物中剩下可以沾沾自喜的东西的确已经不多了。只剩下帕斯卡尔所提出的"人是一棵会思考的芦苇""我们全部的尊严就在于思考"命题。人的高级思考能力,被视为"维护人类在宇宙中之优越性的一道底线","我们依然自信地球上没有什么物种比人类更聪明"。②

然而"智能机器人"作为"机器"的升级版,在很多单项智能的能力方面,事实上已经有了质的飞跃。过去被视为人与动物、机器之间无可跨越的本质性差异,比如人所具有的理性的计算能力、语言能力、学习能力等,在各种智能机器人面前,一个个被抹平乃至被超越。③ 此时不仅仅"人是机器(人)"的哲学命题需要严肃对待,就是曾经看似荒诞的"机器(人)是人"这个反命题,也需要严肃对待了。也难怪著名的未来学家雷·库兹韦尔在谈到人工智能时说,"21世纪的政治问题和哲学问题将主要研究到底如何定义'人类'"。④ 准确地说,在"图灵革命"时代或"人工智能革命"时代,人类面临的最大哲学与政治问题,就是要思考或确定"智能机器人是不是人"的权利主体问题。

第四节 智能机器人"权利主体论"的法理分析与论证

"智能机器人是不是人"的哲学与政治问题,核心其实是一个法学问题——在法律观念与制度上是否承认智能机器人的"权利主体"身份问题。笔者认为,现在法学界到了必须认真对待"机器人权利主体"问题的时候了。我认为在法理上完全有理由、也有必要承认智能机器人的"权利主体"身份。基本的法理理由与分析如下:

---

① H.科殷:《法哲学》,林荣远译,华夏出版社2002年,第40—41页。
② 参见[意]卢西亚诺·弗洛里迪:《第四次革命:人工智能如何重塑人类现实》,王文革译,浙江人民出版社2016年版,第101—104页。
③ 例如,脱离了人类棋谱经验,完全靠机器从零开始"自我"深度自学的新一代"阿尔法狗—零",只用了40天"自我"学习,就完败依靠人类棋谱学习的老一代"阿尔法狗",曾被老一代"阿尔法狗"击败的围棋冠军柯洁,了解了新一代"阿尔法狗—零"的实情之后曾评论:"一个纯粹自我学习的AlphaGo是最强的,对于AlphaGo的自我进步来讲,人类太多余了。"
④ [美]雷·库兹韦尔:《机器之心》,胡晓姣等译,中信出版社2016年版,"序言"第3页。

第十四章　人工智能能否成为"犯罪主体"的问题

1. 将智能机器人"人格化"不存在法律方法论上的障碍

从法律推理的形式逻辑与论证的方法论角度看,将某些非个人的组织予以"人格化"这种"社会人格化"的论证方法,乃是法律史上一种普遍性的法律推理的思维方式。正如德沃金所言,当我们把法律作为一个整体予以考察研究时,就会发现人类有一种普遍的法律见解:"政治整体性赋予社会或国家以一种特别深奥的人格化。"①我们现代的法制体系在对待某国家、某民族、某群体、某公司、某单位时,就好像在对待一个有血有肉的具体个人一样,赋予这类非个人的庞大组织以法律主体上的人格、意志、精神、权利、责任与义务。

德沃金在此并没有提及"智能机器人是不是人"的权利主体问题。不是他在法理逻辑上否认这一点,而恰恰是因为他当时所处的社会,"智能机器人"还处在试验研发过程中,并没有在社会上普遍形成一个不可忽视的社会事实,故当时智能机器人的"人格化"问题,还不是一个紧迫的现实性问题。② 正如德沃金在谈及公司人格化的深奥性时说,"这仍然是人格化而不是一种发现,因为我们认为社会并不是独立的抽象的存在,而是思想与语言实践的产物,正是这些实践之中社会得以形成。"可见,以往有很多先例可循的"社会人格化"例证,足以说明如今我们若将智能机器人"人格化",在逻辑上并不存在法律推理与论证方法层面的根本性障碍。

2. 智能机器人"权利主体"论的历史性建构并非异常

"权利主体"应该包含哪些实质内容,是在具体历史中逐步建构起来的。在政治学与法学领域,"权利主体"与生物学意义上的"自然人"是两个不同的概念。"自然人"相对而言是比较容易判断的事实性概念,主要与其他动物相区别。在认知上,我们并不难区分从小被狼养大的"狼孩"与"狼崽"之间生物物种上的不同。就是三岁的小孩,也不会将生物意义上的自然人与其他动物相混淆。但"权利主体"则是一个观念建构性、价值判断性的概念。"权利主体"意义上的"人"是一种价值性的存在,其具体内容由特定历史时期主流社会的法律文化价值所认可与建构,正如英国学者杜兹纳所言:"所有的人都是由法律认识和法律关系的总和建构起来的法律主体。"③韦伯则干脆将权利主体意义上的"人"统称为"法人","法律技术上的一个解决办法,便是法人概念的构想。从法学观点而言,这个名称其实是同义反复,因为

---

① [美]德沃金:《法律帝国》,李常青译,中国大百科全书出版社1996年版,第151页。
② [美]德沃金:《法律帝国》,李常青译,中国大百科全书出版社1996年版,第154页。
③ [美]科斯塔斯·杜兹纳:《人权的终结》,郭春发译,江苏人民出版社2002年版,第249页。

所谓人,通常就是个法学概念。"①

历史上不同的法律体系与法律文化体,在构建"权利主体"时所承认的具体内容差异很大。美国法学家格雷就指出,历史上有六种法律主体类型:(1)正常生物人;(2)非正常生物人,如痴呆者;(3)超自然人,如"神""上帝""天使";(4)动物;(5)无生命物,如可移动的轮船;(6)法人,如公司。相异的法律体系承认的主体范围各有不同。②

其实,这个法史角度的主体类型的归纳还不太完全,漏掉了有生命的植物类主体。比如明末崇祯皇帝吊死在一棵歪脖子槐树上,清朝顺治皇帝将此槐树定罪,用铁链"囚禁"起来。在当时的中华法律文化观念中,此"囚树"就被构建为特定法律关系中具有某种权利、义务、责任内容的主体,而不仅仅是法律关系中的客体(法益)。

根据本文第二部分关于权利主体的学说史的梳理,笔者认为可将"权利主体"论的历史变迁与未来发展趋势归纳为三点:

一是将非人的"动物""植物""无生命物"这类古老"主体"逐步淘汰,排除在权利主体的范围之外。主要原因是如前文所言,人类的思想史大体上是一个高级的、进步的、统一的"一神论"文化思维方式,逐步战胜相对低级的、落后的、混乱的"泛灵论"与"多神论"文化思维的发展史。

二是将自然人的权利主体范围恢复完全。"多神论"法律文化思维除了将某些动物或植物不当扩大为权利主体,通常也会基于某些宗教观念或现实利益的考虑,反向将自然人中某类人的权利主体资格完全剥夺,人类历史上流行几千年的奴隶终身制就是如此。比如古希腊的奴隶主宣称"奴隶只是会说话的工具",不具有"人"的资格,其法律地位显然连某些获得高级待遇的动物都不如。正如马克思对类似法律制度的批判:其"原则总的说来就是轻视人、蔑视人、使人不成其人"③。但"一神论"则在观念上主张"上帝面前人人平等"。④ 这种每个自然人都是平等的权利主体的古老宗教观念,是后来近现代国家全面废除奴隶制的基础性观念。⑤

---

① [德]韦伯:《法律社会学》,康乐、简惠美译,广西师范大学出版社 2005 年版,第 102 页。
② [美]约翰·齐普曼·格雷:《法律主体》,龙卫球译,载《清华法学》2002 年第 1 期。
③ 《马克思恩格斯全集》(第 1 卷),人民出版社 1956 年版,第 411 页。
④ 比如三千多年前的旧约律法《申命记》第 15 章中,对奴隶有专门的法律规定。以色列奴隶不是终身制,法律规定凡以色列奴隶,服侍主人的期限最长为六年,第七年则必须解放。对奴隶而言,第七年就是好消息之年,被称为安息年或禧年。而且奴隶在安息年还可自愿继续"当主人的奴仆的权利"。这意味着其实古以色列法律并不否认奴隶的权利主体身份,主人对待奴隶不是像外邦人对待"会说话的牲口"那样可以任意而为。
⑤ 石云霞、袁银传、张桂荣:《美国人权问题研究》,武汉大学出版社 1998 年版,第 33—35 页。

三是人类根据社会变迁与发展的适应性需要,在自然生命体之外拓展性承认或拟制"特殊类型人"的权利主体。比如"法人"这类权利主体,实际上是最近几十年才因公司"违法犯罪现象"剧增而被建构起来并逐步得到法律界的普遍性认同。例如我国在 1997 年修改刑法典时,"法人能不能犯罪"都还是个激烈争论的观念问题。如果不是立法机关最后采纳了单位(包含法人)也可以成为特定犯罪的主体的立场,非自然人的犯罪到今天还会被许多人认为是奇谈怪论。

所以按照上述权利主体论第三点的发展趋势,如果有一天"智能机器人"也被民法典、刑法典正式纳入"法律主体"或"犯罪主体"的范畴①,就不要以为这是人类头脑发热产生的异常精神现象。

3. 智能机器人具备了权利主体的智能性这一本质性要素

凭什么我们现代的法律体系要将动物排除在属人的权利主体范围之外,而又想把智能机器人纳入属人的权利主体范围之内?这实际上涉及一个关键性问题:法律意义上的权利主体,到底需要具备什么样的本质性要素。这就是一个"人何以成为人"的哲学问题。在人类思想史中,可看见诸多"人是一种具有××性的动物"的定义。其中"动物"是属,具体的种差到底是什么,则各有各的说法。有的人认为是"理性",有的认为是"符号性",有的认为是"同情性",有的认为是"道德性",有的认为是"信仰性",有的认为是"创造性",有的认为是"自我反思性",有的认为是"虚构故事性"……

人类对人本身性质的认识,有一个由浅入深、从形式到实质、从有形到无形的发展过程。② 笔者认为,这些关于人的特性,除了科学上不可证伪的"信仰性""灵性",其他特性大体上能够被可认知或可测量的"智能性"一词所包含。可以说"智能性"是信息时代人类对自身本质最深刻的认识,"智能性"是目前人类所能认知的有关权利主体所必需具有的最本质性的要素。

我国民法学界已经开始敏锐地意识到这一点,比如吴汉东教授在论及是否应该赋予智能机器人独立的民法主体资格时,提及的关键点就在于智能机器人是否完全具备了"人类智能"要素。③ 事实上,我国法学界首先开始关注

---

① 2018 年 5 月份,沙特阿拉伯宣称赋予机器人索菲亚"机器人公民身份",这是史上首位获得人类公民身份的人形智能机器人。

② 人类早期曾经有思想家给人下过"人是两条腿的无毛动物"之定义。这种外表浅层的认知,必然会面临"拔了毛的公鸡是不是人"的尴尬。

③ 吴汉东教授在文章中认为:目前的机器人虽然具有相当智性,但不具备人之心性和灵性,与具有"人类智慧"的自然人和自然人集合体不能简单等同,所以暂时不承认机器人的"独立主体资格"。吴汉东:《人工智能时代的制度安排与法律规制》,载《法律科学》2017 年第 5 期。

智能机器人的法律问题,不是刑法学界,不是法理学界,而是从民法学独立出来的知识产权学界,这个现象本身就很有意思。我认为这恰好与知识产权学界对"知识产权"的"智能性"这一人类本质属性的最新认知有密切关系。正如吴汉东教授所言,"作为著作权,亦不产生有形无形问题,关键在于作品系智能产物,为非物质形态"①。

换言之,"智能机器人是否是人"的法律主体问题,关键点不在于智能机器人的外形是否"长得"像人(称之为"人形机器人"),而在于其内在的社会智能性要素是否像人(称之为"类人机器人")。虽然尚存在分歧,但科学界的主流认为:"类人机器人"是智能机器人的未来发展趋势,在"内在的智能要素"方面,"类人机器人"倾向于"越来越像人",甚至于"比人更像人"。"类人机器人可能会给人类带来心理上的困扰,当然,人类最后可能会习惯这些新人类并接纳它们。"②如果这个科学预测为真,那么无论是民法学界还是刑法学界,从承认智能机器人具有有限法律主体资格到承认其具有独立法律主体资格,就是一个必然的趋势。

4. 智能机器人"权利主体"论的建构具有正向的功能性

虽然不同的历史阶段、不同的民族法律文化所建构的"权利主体"具体内容有很大的差异,但这并非意味着"权利主体"的建构是任意的、武断的,"法律上对人的抽象并不是任意的、无限的,它也有其必要的理论与实践限度"③。其实在各类权利主体的法律建构中,无论是排除还是新添某类权利主体,真正的制约或限制,不是法律技术用语或逻辑上的限制,而是法社会学所强调的合目的性或合功能性的考量。

正如苏力教授所言:"对于法律学人来说,仅仅从概念或理念层面思考远不够,必须从实践层面以及可能的后果层面来思考,这才是务实的法律学术思考。"④马克思主义法学特别强调对法律修辞用语形式包装下的实质目的、功能、政策的合理性审查:"……正像你们的法不过是被奉为法律的你们这个阶级的意志,而这种意志的内容是由你们这个阶级的物质生活条件来决定的"。当马克思说,"法也和宗教一样是没有自己的历史的"⑤,其实乃在提醒

---

① 吴汉东:《财产的非物质化革命与革命的非物质财产法》,载《中国社会科学》2003年第4期。
② [意]多梅尼科·帕西里:《机器人的未来:机器人科学的人类隐喻》,王志欣等译,机械工业出版社2016年版,第29页。
③ 胡玉鸿:《法律主体概念及其特性》,载《法学研究》2008年第3期。
④ 苏力:《问题意识:什么问题以及谁的问题》,载《武汉大学学报》2017年第1期。
⑤ 《马克思恩格斯选集》(第1卷),人民出版社1956年版,第289页。《马克思恩格斯选集》(第3卷),人民出版社1955年版,第71页。

我们,不要被法与宗教中使用的大词以及看似自足的教义学逻辑体系蒙蔽,而要看到每一个教义学体系背后具体规范的目的、社会功能与政治政策的选择。

按照马克思的观点:人并无抽象不变的本性,他只有具体社会关系的历史。法律制度对人的主体性的建构,同样要适应特定历史与具体社会关系中的人的需要与目的,就像法学家伯尔曼所言,"这段史话的历史性主题便是耶稣热烈的呼喊,'安息日(法律)为人而定,并非人为安息日(法律)而生!'"。① 韦伯在谈及历史上有关法律对"人"或"法人格"概念的建构时也说,"胎儿和市民完全一样,都被当作主观权利与义务的担纲者,而奴隶则不是,前两者都是为了达成特定效果的法律技术上的手段。就此而言,法人格也和法律定义里何谓'物'的问题一样,全都是依(因应目的而选择出来的)法律判准而人为地加以规定。"②

法律观念应当是建设性的。③ 即使形式推理逻辑或法律方法论上没有技术障碍,也不等于我们就必须采用新的法律观将智能机器人"人格化"或"主体化"。要不要更新一种法律观念,主要取决于这种新法律态度对现实社会矛盾的处理以及对社会关系的反映是具有建设性还是具有破坏性。

"智能机器人也是人"这一新的权利主体观念所具有的合乎社会发展趋势以及厘清新型社会关系与秩序的正向建设性功能,已经得到我国哲学界部分学者的认可。中国社会科学院哲学研究所段伟文研究员就认为:"赋予机器人公民身份实际上是因为机器人的发展日益影响到人们的日常和社会生活,其生产、服务和交互等活动越来越多地涉及各种权利和责任问题,这些发展迫使人们开始考虑赋予其身份,以便厘清相关的法律和伦理上的权益。以此为标志,人们将在实践中进一步细化与机器人身份相对应的责任和权利,进而使机器人获得正式的'拟主体'地位。这实际上是一个进一步塑造机器人的社会角色和地位的过程。"④

将智能机器人纳入"法律人"的范围,认可智能机器人的权利主体资格,尽管可能会对旧有的法教义学体系产生重大的冲击,但在其良好的社会效果的预判上,我是持肯定态度的。下文主要侧重于从刑法学体系的角度,来考察"智能机器人权利主体论"的建构,将会引起哪些刑法教义学观念、理论、教条与制度上的更新。

---

① [美]伯尔曼:《法律与宗教》,梁治平译,中国政法大学出版社2003年版,第41—42页。
② [德]韦伯:《法律社会学》,康乐、简惠美译,广西师范大学出版社2005年版,第102页。
③ [美]德沃金:《法律帝国》,中国大百科全书出版社1996年版,第367页。
④ 潘玥斐:《机器人被赋予公民身份引发舆论关注》,载《中国社会科学报》2017年11月10日,第1版。

第五节　智能机器人"权利主体论"对传统刑法观的挑战

刑法学中的"人"之观念，主要是依赖于哲学、伦理学、人类学等其他学科对"人"的建构。没有人否认犯罪是"人"的行为。"人"是刑法学的基础概念。但"人"的观念之研究，是中国刑法学研究中非常薄弱的环节，基本上还是对18世纪启蒙思想家关于人的基本假设的全盘接受。正如周光权教授所言：虽然"人"已经受到了刑法学一定程度的关注，但以往刑法理论对"人"的知识的讨论是远远不够的，尤其是将刑法中人的观念问题简单地以犯罪主体概念替代更会忽略很多相当复杂的问题。① 笔者所提倡的"智能机器人权利主体论"，对传统的"人"的观念毫无疑问是重大的更新。

首先，智能机器人"权利主体论"的建构，意味着我们要重新评估目前法学体系流行的权利主体关系模式。

从上文第二部分关于权利主体论的简史分析可知，启蒙运动之前欧洲法律体系总体上属于基督教思想占统治地位的"二元权利主体论"模式，其具体内容是"上帝—人"的关系模式。启蒙运动之后人类在思想上杀死或放逐了"上帝"这个权利主体，人类物种（自然人与法人）大体上成为法律世界中单一的权利主体。"智能机器人权利主体论"的建构，意味着人类关于"权利主体"的看法，从如今占主流的"一元权利主体论"基本模式，又回归到了"二元权利主体论"基本模式。这种"二元权利主体论"模式，对传统的"二元权利主体论"模式中"上帝—人"的具体内容进行了修正，要么形成"人—机器人"关系，要么形成"机器人—人"关系。② "人—机器人"与"机器人—人"两种具体模式之区别，就在于谁是立约的主动者：是人占主动，还是智能机器人占主动。比如我们所熟知的机器人学专家阿西莫夫所写的"机器人三大定

---

① 周光权：《刑法学中"人"的观念的演变》，载《法律科学》2005年第1期。
② 其实，权利主体论的具体模式在逻辑上还有第三种可能性：智能机器人成为唯一权利主体，即超强智能机器人在法律关系上否定了"人"的主体地位，或者彻底灭绝了"人"这个物种的存在。摩尔曾经引用的尼采的论述"人是一条纽带，将动物和超人类紧紧地连接在一起——一条跨过深渊的纽带"，向我们描述一种"消极奇点主义"的担忧。既然超强智能机器人已经借着"人的智能"这条纽带跨过了深渊，人就完成了物种进化链条上的中介桥梁的历史使命，变成多余的累赘，也该退休或彻底消失了。（参见[美]雷·库兹韦尔：《奇点临近》，李庆诚等译，机械工业出版社2011年版，第225页）。但既然作为主体的"人"都已经不在了，讨论法律问题也就毫无意义，故本文不讨论此种情况。

律",就属于"人"占主动的"人—机器人"二元主体关系的典型立约模式。①

当机器人变得足够复杂、智能并全面进入人类社会的时候,它到底将成为"人类的仆人""人类的主人""人类的伙伴",还是"人类的终结者",没有人能准确预测。②但有一点可以肯定,人与智能机器人的关系,肯定不再是传统观念预设中的"主体"与"客体"关系,或"人"与"工具"的简单生产关系,而是一种法律不得不严肃面对并妥善处理的"类人"复杂社会关系。人工智能时代的法律,除了要调整传统的人与人之间的社会关系,还要调整人与智能机器人之间的社会关系,以及智能机器人之间的社会关系。

其次,智能机器人"权利主体论"的全新建构,突破了"权利主体"的"人类的种族"界限。

近现代以来绝大多数国家法律体系上关于"法律人"的建构,都是以"人类的种族"为界限。"对于大多数当代人来说,这个类以人类的种族为界。"③事实上,现代法律体系即使在自然人个体之外新增加诸如公司、法人、单位、国家等"法律人"主体,也仍然是在"人类的种族"素材之内进行的法律拟制。"这里所称的'拟制',并不是指将一个非人的动物、实体假定为人,而是指法律人的成立,首先是源于法律的抽象建构。"④

当笔者建议将智能机器人纳入现代法律体系中"权利主体"的范畴,这显然突破了"人类的种族"界限。在生物物种上,"狗"不是"人","阿尔法狗"等智能机器人也不是"人",这毫无争议。⑤若将来的立法者或司法者采纳了智能机器人"权利主体论"的学术观点,那么从此以后,"法律人"或"权利主体"就将分为两大类:一类是"人类种族上的主体",包括自然人主体与各种传统意义上的"法人"("单位")主体。另一类就是"非人类种族的主体",即各类智能机器人。"地球上还有另一种智慧,同有机生命无关,完全

---

① 阿西莫夫"机器人三大定律"。第一定律:机器人不得伤害人,也不得见人受到伤害而袖手旁观;第二定律:机器人应服从人的一切命令,但不得违反第一定律;第三定律:机器人应保护自身的安全,但不得违反第一、第二定律。[美]艾·阿西莫夫:《我,机器人》,国强等译,科学普及出版社1981年版,第1页。
② [美]约翰·马尔科夫:《与机器人共舞:人工智能时代的大未来》,郭雪译,浙江人民出版社2015年版,第208页。
③ [加]查尔斯·泰勒:《自我的根源:现代认同的形成》,韩震等译,译林出版社2001年版,第5页。
④ 胡玉鸿:《"法律人"建构论纲》,载《中国法学》2006年第5期。
⑤ 生物种族的区分上,也并非完全没有任何争议。比如几万年前早已灭绝了的"尼安德特人"是不是"人",乃至于"类人猿"物种是不是"人",学界还存在争议。

是人类自己制造出来的,那就是计算机。"①

换言之,如果有人问"智能机器人是不是人"的问题,那么在智能机器人"权利主体论"者看来,目前的回答就应该分为两个层面:第一,智能机器人不是生物意义上的人②;第二,智能机器人是法律意义上的人。

"人"这一刑法学基础概念在观念上的更新变化,必然会引起传统刑法学其他概念、范畴、体系、制度、教义、立场全面性的更新变化。因篇幅有限,下文不打算全面论述这些理论体系或技术上可能发生的变化,只是将某些或真实或预想的有趣案例引出的典型问题列出来,供大家思考。

我国发生的两起真实的案例,一个是许霆案,一个是快播案,在笔者看来,其实都已经涉及要不要有限度地承认"智能机器人是人"的核心问题。在许霆案中,"自动取款机"凭什么在没有任何银行人员在场管理或操作之下,可以与客户独立完成一系列存款取款等法律行为?"自动取款机"究竟只是一个机械工具,还是被银行人员授权的有相对智能性和意思表达性的法律上的"代理人"?刑法学界在讨论许霆案时,主张构成盗窃罪的学者,比如张明楷老师,其实持的乃是过于传统的"机器不能被骗"的立场,否定机器已经具有了"人"的诸多特征的观点,实际上是将有了一定智能性的自动取款机不当类比为不具有任何智能性的自动贩卖机。③ 张明楷老师难以接受"智能机器人可以按自己的意识代替自然人交付(处分)财产"的事实或观点。④ 然而在快播案的分析中,张明楷老师却又似乎自相矛盾地赋予了"快播调试服务器"这个机器意向性的"人格","快播调试服务器不仅拉拽淫秽视频文件存储在缓存服务器里,而且也向用户提供缓存服务器里的淫秽视频文件。后一行为就属于以陈列方式传播淫秽物品的行为。"⑤其基本推理逻辑是:机器像人一样有意地"拉拽"并"提供"淫秽物品,所以是"作为"。既然机器"人"在"作为",机器"人"所属的公司人员的行为也就是作为。但如果

---

① [美]艾萨克·阿西莫夫:《终极抉择:威胁人类的灾难》,王鸣阳译,上海科技教育出版社 2000 年版,第 424 页。
② 即使这一点,在未来都有可能被改变。科幻电影《异形:契约》中虚构的"仿生人"选择用有机材料制造身体,或在生命物种基础上培育进化生成身体。实际上人工智能之父明斯基已经为我们制造具有意识、思维、常识、自我、痛感的"情感机器人"提供了详尽的科学逻辑与技术路线图。[美]马文·明斯基:《情感机器:人类思维与人工智能的未来》,王文革等译,浙江人民出版社 2016 年版,第 2 页。
③ 在日本将铁片当作硬币投入自动贩卖机,使其吐出商品进而取走的行为构成盗窃。张明楷:《许霆案的刑法学分析》,载《中外法学》2009 年第 1 期。
④ 张明楷:《非法使用信用卡在 ATM 机取款的行为构成盗窃罪——再与刘明祥教授商榷》,载《清华法学》2009 年第 1 期。
⑤ 张明楷:《快播案定罪量刑的简要分析》,载《人民法院报》2016 年 9 月 14 日,第 3 版。

第十四章　人工智能能否成为"犯罪主体"的问题

不承认智能机器人也是法律拟制的"人",这种推理逻辑就很难成立。

在许霆案中,张明楷老师反对将"智能机器人视为人"的另一个理由是:"倘若将 ATM 机当人看待,那么,将 ATM 机砸坏后取走其中现金的行为,就成立抢劫罪了。恐怕没有人会赞成这样的结论。"但这个反对理由并不成立。因为将"智能机器人视为人",观念上或法律上拟制的相似性,关注的只是"智能"本质方面,而不是"身体"外形方面。"犯法的人要不要负起刑责,基本的评判基础就在于这个人有无分辨对错的能力。……命令不会下达给没有智力的对象。"①在功能上有类似于人类个体的基本"智能"而不是"血肉身体",这是法律拟制非自然人的"法人"主体的法理根据。我国刑法上单位犯罪主体不负杀人罪、抢劫罪的刑事责任,也不能对单位处以自由刑,原因就是这类拟制的法人主体不具备"血肉身体"。同理,目前的智能机器人暂时还不具备自然人的"有机生理"特征,故破坏无机材料制成的机器"身体"结构,并没有侵犯智能机器人的"人身"权,当然不构成故意伤害罪或抢劫罪。

目前,ATM 机与快播服务器都还只是市面上智能程度较低的机器人。将来的强人工智能高速发展的时代,并不排除对智能机器"人"也可能会有"人身"权的保护需要问题。比如我们不仅可能需要制定像阿西莫夫三定律那样调整人和机器人之间关系的单行法"自然人与机器人刑法"——其中不仅仅涉及机器人侵犯自然人层面的法律处理问题,也有可能涉及自然人反向侵犯机器人的"身体"权等层面的调整问题,还有可能需要制定调整智能机器人之间涉及"身体"权等关系的"自然人与机器人刑法"。②例如,如果机器人之间发生与机器人"身体"有关的侵犯案例,完全可以构成"自然人与机器人刑法"意义上的"抢劫机器人罪""强奸机器人罪"等。

这种智能机器人主体问题或许过于超前,离我们的现实生活还有段时空距离。但智能性的义肢(也称之为"神经性义肢")已经面市,刑法该怎么对待破坏他人智能性义肢的行为,则是个眼前的刑事司法疑难问题。也许司法机关很快会将智能性义肢作为主人的身体部分予以特别保护,故意破坏他人智能性义肢的,按故意伤害罪处理,而不是按传统观点把义肢仅仅作为主人的财产予以保护。

换言之,在刑事立法修改之前,我们当前的刑事司法还是得面临涉及人工智能的很多疑难问题。比如澳大利亚聊天机器人公司曾经创建的"我的完

---

① [美]艾伦·德肖维茨:《法律创世记》,林为正译,法律出版社 2011 年版,第 31—32 页。
② 调整这三种"智能机器人"社会关系的法律体系之间,可能有着层级、位序、结构协调等复杂的立法技术问题。

美女友"服务项目几乎就是一个失控试验。很多人对这个服务上瘾，项目实际上已经变成了"数字妓院"。① 这一社会现象很快就可能成为疑难刑事法律问题。如果某人不组织女性卖淫，也不组织男性卖淫，他组织仿真人的"智能机器人"为男性与女性提供"性服务"②，这需要刑法调整吗？在现有的刑法典中，有合适的罪名适用吗？能解释为"组织卖淫罪"吗？同理，如果某人组织"智能机器人"进行"淫秽表演"的，是"法无明文规定不为罪"，还是可以扩大解释为"组织淫秽表演罪"或者"传播淫秽物品罪"？从情色信号所激发的性欲与效果看，涉及智能机器人的这类"古怪"性行为，比自然人之间"正常"性行为范畴的卖淫和色情活动，可能显得更恶劣、更卑鄙。③ 司法机关很快就会面临这样的复杂社会问题。

从20世纪70年代，各国已经陆续发生机器人致人死亡、伤害的事件，最近的一起是2015年德国大众汽车公司的机器人"杀人"事件。现有法律上一般以意外事件处理，最多涉及民事上的赔偿问题，其基本假设就是"机器人"不具备独立的意识，也就不具备"自主犯罪"的能力。然而这种观念假设很快就面临崩溃的局面，"阿尔法狗—零"已经证明智能机器人完全有自我学习的能力。比如电影《机器人与弗兰克》就虚构了一个智能机器人在老人调教下学会入室盗窃的有趣故事。④ 智能机器人在技术层面或事实层面具备"独立的意识"或"自主犯罪"的能力⑤，是迟早的事情。英国伦敦著名咨询机构未来实验室专家研究预测，"到2040年机器人犯罪率将超过人类，成为大多数犯罪的主体"⑥。

---

① [美]约翰·马尔科夫：《与机器人共舞：人工智能时代的大未来》，郭雪译，浙江人民出版社2015年版，第220页。

② 2001年的《人工智能》电影中，裘德·洛就扮演了一个"最了解女人"、为女人提供最好性服务的智能机器人舞男"乔"这一角色。

③ 参见理[美]理查德·A. 波斯纳：《性与理性》，苏力译，中国政法大学出版社2002年版，第489—490页。

④ "陪护机器人"无意中帮老态龙钟几乎丧失行动能力的弗兰克不付账就拿出了杂货店里的东西。"老窃贼"弗兰克告诉机器人，"未经允许拿走他人的财物就是盗窃罪"。弗兰克很快教会机器人怎么开锁、怎么入室"拿东西"。后来这个机器人同意与弗兰克组队，共同商议制订盗窃计划，完成一系列入室盗窃案，最后机器人为保护弗兰克，同意销毁了与弗兰克一起生活的电子记忆，成功逃避了警察的盗窃案取证。在整个犯罪过程中，机器人起着支配性作用。这个案例故事中，目前的刑法也许可以勉强把机器人当人的工具，只处罚自然人弗兰克。但后续问题是，一旦机器人，无须人的具体指示、教唆，就自己单独去盗窃，乃至杀人，处罚谁就成了大问题。

⑤ "权利主体"问题表现在刑法学中，最主要的问题是"犯罪主体"问题，但也涉及其他复杂的刑法问题。

⑥ 彬彬：《2040年机器人犯罪率将超过人类成大多数犯罪主体》，载《科学与现代化》2017年第1期。

该电影故事也让笔者思考老年人的刑事责任年龄问题。由于人工智能或生物工程技术在科学技术上有可能缓解乃至根本解决衰老问题,美国法学家波斯纳所言的"老年痴呆与法律能力、法律责任的迷人问题"①在智能时代将变得更复杂。姑且不论"数字化永生"的可能性争议问题,但2000年以后出生的婴孩,按目前的趋势活到100岁以上已经不是神话,而且预期寿命还会随人工智能技术的发展而不断增加。② 那么中国《刑法》第17条中规定的"老年人"年龄标准(75岁),很可能逐步降格为"中年"乃至于"青年"的年龄标准而成为大问题。

总之,随着人工智能技术的高速发展并广泛运用于社会各领域,诸如自动驾驶汽车事故的刑事责任分配问题,智能无人机或机器人误杀人或故意杀人的刑事责任问题,人工智能刑事司法系统可能涉及的伪证与妨碍作证问题,人工智能医疗领域中涉及的医疗事故的责任分配问题,人工智能创作与著作权犯罪的相关问题等智能机器人"犯罪"现象,或其他各种涉及人工智能的犯罪现象,已非纸上谈兵或科幻电影的虚构案例,将会很快涌现出来,层出不穷。对于这些疑难问题,首先要解决智能机器人能不能拟制为人的法观念问题,然后才会涉及通过修改立法还是通过刑法解释去解决的法律技术选择问题。③

尽管以上的部分案例与问题的出现,还以智能机器人未来技术上的成熟为前提条件,但正如政治学家福山所言,"也许谈论尚未在技术上可行的基本权利是一件令人奇怪的事情,但这就恰恰是当前权利话语的迷人张力"④。

第六节　人工智能技术的发展与刑法学研究的功能主义走向

自1737年法国诞生第一台可以吹笛子的"人形机器人"之后,人工智能技术在历史上经历了四次失败的寒冬期,但在2015年迎来局部性的重大突破,"图灵革命"或"智能机器人革命"已被界定为可能全面重塑人类社会与自我认知的"第四次革命"。⑤ 在人工智能的技术层面,现在的机器人的确离

---

① [美]理查德·A.波斯纳:《衰老与老龄》,周云译,中国政法大学出版社2002年版,第315页。
② [美]皮埃罗·斯加鲁菲:《智能的本质:人工智能与机器人领域的64个大问题》,任莉等译,人民邮电出版社2017年版,第152页。
③ 吴允锋:《人工智能时代侵财犯罪刑法适用的困境与出路》,载《法学》2018年第5期。
④ [美]弗朗西斯·福山:《我们的后人类未来:生物技术革命的后果》,黄立志译,广西师范大学出版社2017年版,第107页。
⑤ 参见[美]马丁·福特:《机器人时代:技术、工作与经济的未来》,王吉美等译,中信出版社2015年版,第257页。[意]卢西亚诺·弗洛里迪:《第四次革命:人工智能如何重塑人类现实》,王文革译,浙江人民出版社2016年版,第104页。

科幻电影中那种"超人类智慧"机器人还比较遥远,我们对科学界"2045年人工智能将全面超越人类"的"奇点临近"预言或"智能机器人毁灭人类"的世界末日预言①,也持谨慎保留态度。但不管内心是否愿意接受,无疑我们已经不可逆转地迈进了人工智能技术革命的时代。

在人工智能技术飞速发展的背景下,我们刑法学界是继续坚持"机器人不是人"的传统刑法观念,还是敏感地适应科技与社会的全新发展,大胆地承认"智能机器人也是人",这将关系到智能时代各种复杂社会现实问题能否得到妥善有效的处理,也将关系到中国的刑法学该向何处去的理论走向问题。

传统刑法观建立在一个基本的人性假设之上,那就是:动物与机器人不可能有"类人的智能",更不可能有"超人类的智能"。但这个假设也许很快就会在人工智能时代被证明是错误的,正如周濂教授所言:"这个观念之所以错误,一是高估了人类,把人类当成了上帝,一是低估了机器,把机器当成了人。十八世纪的法国哲学家拉美特利主张'人是机器',现在看来,这或许不纯然是对人的贬低,有一天机器会觉得这是对他们的羞辱。"②

甚至在"消极奇点主义"者看来,超级智能机器人具有毁灭"低智能"人类的风险,导致"以前的所有规则将不复存在,也许就在眨眼之间,一切都指数般地增加,毫无控制的希望"。每个政府对此技术风险都心有余而力不足,却不可能预先制定出有效策略去控制"天生不可能控制的智能"。③ 当然,这种科学技术上未知的潜在的人类末日风险,本来就属于任何刑法政策都预防、管理、控制不了的风险社会之风险,"对这项规制任务,刑法显然有些力不从心"④,故不在本文的讨论范围之内。

刑法显然不是风险社会管控的万能工具,但在面对复杂的人工智能社会时也并非毫无作为。从这个角度看,笔者也是个谨慎的乐观主义者,赞同"我不怕人工智能的到来,相反,我怕它来得不够快"⑤。

20世纪80年代,一位外国社科学者撰文,希望"我们能想象有一天,

---

① [美]雷·库兹韦尔:《奇点临近》,李庆诚等译,机械工业出版2011年版,第80页。
② [美]弗朗西斯·福山:《我们的后人类未来:生物技术革命的后果》,黄立志译,广西师范大学出版社2017年1月版,"导读",第6页。
③ [美]玛格丽特·博登:《AI:人工智能的本质与未来》,孙诗惠译,中国人民大学出版社2017年版,第177—178页。
④ 劳东燕:《公共政策与风险社会的刑法》,载《中国社会科学》2007年第3期。
⑤ [美]皮埃罗·斯加鲁菲:《智能的本质:人工智能与机器人领域的64个大问题》,任莉等译,人民邮电出版社2017年版,第209页。

第十四章 人工智能能否成为"犯罪主体"的问题

一位勇敢的法学家会重写历史,他会坚持应当在法律上把机器人看作是人。到这一天,将出现一个全新的未来"[1]。本文尝试以一种靠近现实主义的开放心态,主张并论证"应当在法律上把机器人看作是人"的权利主体论观点。因为随着社会制度变得越来越技术化、智能化、抽象化,作为社会镜像的刑法也应该适当采取功能主义的研究进路。如法学家庞德所言,"在现代法律科学中,最重要的推进也许是从分析性态度转向以功能性的态度对待法律。"[2]

但这并不意味着笔者全然向"科技主义""数据主义"投降[3],否定了或放弃了对传统刑法教义学的价值理性判断方法。刑法教义学方法,无论如何都是刑法学研究的核心。在此前提下,笔者不妨重视并回应苏力教授对中国刑法学界有益的批评与警醒:"目前法律中的科学技术的因素不是太多了,而是远远不够。法律中的科学精神、法律对实证科学的关注以及对实证研究成果的采纳都太缺乏了。如果不改变这一点,我们就会永远停留在原则的争论之中,永远无法推进对法律的了解和对实际问题的解决。这一点,在缺乏科学技术传统并历来容易将社会的政治法律问题道德化、不关注法律的操作性的中国,也许格外应当引起警惕。"[4]

---

[1] Phil McNally、Sohai Inayatullay:《机器人的权利:二十一世纪的技术、文化和法律(下)》,邵水浩译,载《世界科学》1989年第7期。
[2] [美]本杰明·卡多佐:《司法过程的性质》,苏力译,商务印书馆1998年版,第43页。
[3] 参见[美]皮埃罗·斯加鲁菲:《智能的本质:人工智能与机器人领域的64个大问题》,任莉等译,人民邮电出版社2017年版,第210—212页。
[4] 苏力:《法律与科技问题的法理学重构》,载《中国社会科学》1999年第5期。

第十五章　人性的弱点与刑法中的期待可能性

——电影《1942》

第一节　电影《1942》简介与刑法问题提示

《1942》(2012)

　　1942年,抗日战争正处于白热化阶段,中国大地生灵涂炭,天灾人祸,哀鸿遍野。当军事家和政治家的目光聚焦在一城一郭的征伐劫掠之时,几乎鲜少有人注意到古老的中原大地河南正爆发一场惨绝人寰的大旱灾。故事的主人公范殿元的大部分家业被一烧而光,一家人只能够赶着马车去逃难,在路上灾民们仍旧受到政府的剥削和日军的轰炸。

　　范殿元的女儿星星为了给父亲换口粮食,把自己卖了。农妇花枝为了养活两个孩子,只好卖身,而花枝的丈夫早已因为偷驴被打死。范殿元家里的长工栓柱在找花枝孩子的途中,被日本人活捉,因为不肯当汉奸,被日本人杀害。当火车到达潼关的时候,范殿元的孙子又被闷死。这个时候范殿元身边没有一个亲人。电影以范殿元收养了一个路上碰见的孤儿作为结尾。

　　从整个电影来看,无论是身为财主的范殿元,身为孩子母亲的花枝,还是身为佃户长工的栓柱,都只是1942年河南旱灾时,河南人民乃至全中国人民的一个缩影。当然在最艰难最惨痛的时刻,主人公心中的良知、勇气、尊严也闪耀着炫目的光芒。在残酷的环境下,他们在灭顶之灾面前依然囤积着看似渺小,实际上却显示着不屈服的希望。对这部影片有很多评价,有的说影片为观众讲述了一部民族血泪史,因为它涉及抗日战争;有的说它告诉人们只有互相扶持、抱团取暖,才能凝聚渡过危机的力量。

　　作为一个刑法学理论工作者,笔者从这部电影中看到的是编演人员对人性的思考,对大难来临时人性的挣扎、无奈甚至泯灭的一种思考。"人性的弱点"是一个关键词。刑法是否要关注人性的弱点？如何关照人性？这就是本文的要讨论的一个问题。

在电影开头,有这样一个场景:几百名灾民因为极度饥饿,无奈当了"土匪",以"借"的名义,哄抢东家范殿元家的粮食。在和平的时期,这样的行为毫无疑问是犯罪,要么构成抢劫罪,要么构成聚众哄抢罪。但是在1942年这个灾荒战乱的年份,对于这种为了生存而不得不实施的哄抢行为,能进行刑法意义上的谴责和非难吗?

电影中甚至有一些人吃人的场景,因为饥饿连尸体都成了灾民自保的食物。侮辱、毁损尸体是有损人的尊严的犯罪行为,所以以吃同类的尸体等方式侮辱、毁损尸体,显然是有悖法理的,这种行为无论在哪个国家都是不允许的。但是在毁尸方能自保的情况下,在1942年那样的情况下,我们能期待灾民饿死也不食同类吗?

影片最后范殿元的女儿星星被卖到妓院苟且偷生,花枝被他人收买后做了别人的媳妇。这里面的买卖人口行为,都是应被严厉谴责的犯罪。但是在那个年代的极端情况下,如果他们不这样,他们还能活下去吗?在当时的情况下,这成了活命的唯一的办法。那么法律在决定刑罚时,在决定制裁时,是否应该考虑这些因素?应该如何来考量?这就引出了本文的另一个关键词:"期待可能性"。

第二节 刑法理论上的回应:期待可能性理论的提出

期待可能性是刑法上的一个专业术语,有它独特的内涵。所谓期待可能性是指从行为人行为时的具体情况来看,可以期待行为人不为违法行为而实施合法行为的情形。换句话说,如果可以期待行为人不实施违法行为,而去实施合法的行为,他就有期待可能性。如果不能期待行为人不实施违法行为,他就不具备期待可能性。

很早之前西方法谚中有一句话,叫做"法律不强人所难",期待可能性就体现了这个意思。只有具备了期待可能性的时候,才有可能对行为人的违法行为作出谴责,进行制裁。只有可以期待他实施合法行为,而不去干犯法的事儿,那么国家对他的违法的行为才能进行谴责,进行惩治。如果我们不能期待行为人实施合法的行为,那么也就不存在对其进行谴责的可能性,或者谴责的程度必定会大大降低,这就是期待可能性的内涵。从体系地位上来看,期待可能性是一个主观责任的问题。具体讲是就一个人的意志而言的:他是主动选择去犯罪,还是被迫去实施这个行为。意志自由是人选择自己行为的能力,这种选择只有在具备期待可能性的前提下,才是自由选择,才能体现行为人的违法性意志。所以说期待可能性是一个主观责任问题。有期待可能性，行为人才有责任或者说责任大；没有期待可能性，他就没有责任，或者是责任减弱。

在大陆法系的刑法理论中，无期待可能性是阻却责任的事由，它不是由法律明确规定的，不是一种法定的阻却责任事由，它被称作"超法规的阻却责任事由"。在一个具体案件中期待可能性是否存在，由法官根据具体的情形加以判断。

在中国早期的刑法理论中没有期待可能性的概念，但是在司法实践中却一直有期待可能性的很多元素存在。比如有配偶而与他人结婚，这是刑法规定的重婚罪的一种情况。但是如果因为自然灾害而流落他乡，因为生活所迫而与他人重婚的情形下，行为人明知本人有配偶而与他人结婚，具有重婚的事实性认知；明知重婚违法，仍然与他人结婚，具有违法性意识。但因为生活所迫而与他人重婚，在我国司法实践中通常不认为构成重婚罪。

单从犯罪构成来讲，从行为人的主观方面来看，其明知本人有配偶（即具有事实性的认识），明知重婚不合法（即具有违法性的认识），仍然与他人结婚，客观上实施了重婚行为，完全符合重婚罪的犯罪构成，为什么中国司法机关对其不以重婚罪论处？其背后的法理就是司法机关考虑到行为人的行为从责任上欠缺期待可能性。

这些年来中国政府加大了救济救援的力度，比如发生地震、海啸等天灾后，政府的救济救援能及时地赶到，所以已经不会再出现《1942》中那种由于灾害而逃荒的悲惨境况。即便是出现了极个别类似案例，我国司法机关也不会对其以重婚罪论处。

第三节　期待可能性在我国刑事司法中的具体运用

基于考虑"人性的弱点"而发展起来的期待可能性概念，在我国司法实践中有一些具体运用。

最高人民法院的一些司法解释，比如说关于盗窃罪的司法解释，提到亲属之间相互盗窃的，一般不作为犯罪处理，实在有追究必要的，也应与社会上的盗窃相区别。2013年《最高人民法院、最高人民检察院关于办理盗窃刑事案件适用法律若干问题的解释》第8条规定："偷拿家庭成员或者近亲属的财物，获得谅解的，一般可不认为是犯罪；追究刑事责任的，应当酌情从宽。"这实际上意味着考虑了期待可能性问题。

第十五章 人性的弱点与刑法中的期待可能性

亲属相盗问题的另一面,就是亲属之间的包庇,父母子女之间对对方犯罪的包庇行为,同样因为期待可能性而区别于普通人之间的包庇罪。在中国历史上就有源于儒家思想的"亲亲相隐制度"。《论语》中就有讲"父为子隐,子为父隐,直在其中矣"。唐律对亲亲相隐原则做了规定。唐律是中国封建法的集大成者,亲情相隐制度在唐律中规定得最为完善,以后各朝各代的规定大体上都与唐律相同。它在内容上一般来说就是三点。

第一点,亲属有罪相隐,不论罪或减刑。有的就不当犯罪处理,有的虽然也要认定为犯罪,但是减轻处罚。第二点,控告应当相隐的亲属,要处刑。而且如果是应该相隐的亲属犯罪,不为之隐瞒而去举报的,还要判刑,还要处刑。例如,儿子举报父亲犯罪,妻子举报丈夫犯罪,在一定的场合还要追究责任,要处刑。第三点就是例外的情况,有两类犯罪不适用亲属相隐原则,一类是谋反、谋大逆、谋叛,这属于十恶大罪,涉及皇权稳定性的犯罪,不适用亲属相隐。另外一类就是亲属之间互相加害,不适用亲属相隐。亲亲相隐制度也是基于期待可能性的考虑:不能够要求父母或者子女大义灭亲,这种期待可能性是不存在的,或者说这种期待可能性是很低的。

此外,刑法中对防卫过当、避险过当规定减轻、免除处罚,也可以说考虑到了期待可能性。比如湖北邓玉娇案件的处理结果就考虑到期待可能性。湖北省巴东县野三关镇政府三名工作人员在野三关镇雄风宾馆梦幻城消费时,涉嫌对当时在该处做服务员的邓玉娇进行骚扰挑衅,邓玉娇为自卫用水果刀刺向两人,一人被刺死,一人轻伤。邓玉娇当时拨打110报警。第二天即5月11日警方以涉嫌故意杀人,对邓玉娇采取强制措施。巴东县人民法院审理后认为,邓玉娇是在遭受死者等人无理纠缠、拉扯、推搡、言辞侮辱等不法侵害情况下实施的反击行为,所以具有防卫性质,但超过了必要限度,属于防卫过当,构成故意伤害罪。另外案发后邓玉娇主动投案,如实供述罪行,构成自首,而且经法医鉴定,邓玉娇属于部分刑事责任能力人,据此依法判决对邓玉娇免予刑事处罚。

当时还有中国科学院的一位博导还要招邓玉娇做他的博士研究生。这当然有些有些夸张,但是它反映了一个公民对邓玉娇行为的评价。为什么那么多网友支持邓玉娇?主要是大家觉得在这种情况下,你不能期待她坐以待毙,而且应该说她这种反抗、这种自卫是值得鼓励的和提倡的。从法律上来讲,你不能期待她不实施这种反击行为,她不具有不反抗的期待可能性,在当时情况下不具有不损害不法侵害人的权益的其他可能性。

中国历史上的亲亲相隐的法律传统,现代的刑事司法解释,以及一些具体案件的处理,都反映了期待可能性。期待可能性这个概念即使在我国还没有得到普遍的承认,但是在实践中,在司法实务中已得到广泛的认可。

第四节　期待可能性的理论渊源与哲学基础

　　期待可能性作为大陆法系的一个概念,可溯源至1897年德国帝国法院对"癖马案"的一个判决。被告人受雇驾驶双匹马车,其中一匹马具有用尾巴绕住缰绳并用力压低马车的习惯。被告人(车夫)多次要求换一匹马,但是提议没有被雇主接受。有一天马的劣性发作,被告人(车夫)采取紧急措施,但是仍然没有制止,马车撞伤了一个未成年人。

　　法院判决行为人无罪,理由是很难期待被告人坚决违抗雇主的命令,不惜失业而避免这种伤害结果的发生。最终法院根据被告人所处的社会关系、经济状况,否定了本案中期待可能性的存在,从而否定了在损害结果发生方面行为人的应受谴责性。判决作出以后,德国著名刑法学者麦耶尔于1901年首次提出期待可能性的概念。1907年弗兰克在其论文《论责任概念的构成》中引用这个判例,从而成为期待可能性理论研究的开端。

　　期待可能性理论的价值,在于充分考虑行为人本身的情况,不向行为人提过多的要求,从而保持处罚结论的实质合理性,不使行为人承担多余的义务。当然它也有不足之处。期待可能性是一种超法规的事由,由法官来具体解释,所以容易以司法裁量代替刑法规范,容易冲击成文法的权威和社会秩序。

　　期待可能性有其哲学和伦理学基础。期待可能性的哲学基础是行为人相对的意志自由。人的行为到底是自由意志的产物还是被决定的,这是一个哲学问题。它也是刑法学中法律责任问题,或者说是一个刑事责任问题。对这个问题,早期古典学派认为人是自由意志的产物。行为人有意识实施的任何行为都是其自由选择的结果,所以他应对自己选择的违法行为承担责任。

　　后来近代学派认为人是自然与社会的产物,行为人犯罪或者是先天的原因,或者是由于社会的作用。总之犯罪不是人自由选择的结果,人犯罪或者不犯罪是宿命的、必然的、被决定的,根本不存在自由选择的问题。

　　我们的观点或者说马克思主义刑法学,是以辩证唯物主义的哲学为基础的,因此认为人的存在和意识是相互作用的。从存在决定意识而言,人犯罪不是偶然的,有必然性,但从相同环境下别人守法而行为人却犯罪来讲,意识又具有反作用。所以意志有自由的一面,也有不自由的一面。犯罪有客观的原因,也有主观的原因,如果自由的因素更大一些,主观恶性当然也就大一些,责任也就重一些。如果不自由的成分更多一些,那么则没有主观恶性或者恶性小一些,所以行为人就不应当承担刑事责任,或者只承担较轻的刑事责任。

从逻辑上来讲,期待可能性与责任的关系是这样的:期待可能性的程度影响到相对意志自由的程度,从而决定了主观恶性的大小,最后决定刑事责任有无或者大小。可见期待可能性理论正是借助于意志相对自由的哲学理论来论证行为人在期待可能性有无或大小不同的状况下,所应承担责任的相应变化。

第五节 期待可能性理论的人性基础

从伦理学角度看,期待可能性有其人性基础。伦理学认为人性是在一定社会制度和一定历史条件下形成的。人的本性或人性从根本上决定并解释了人类行为的那些人类天性。它是稳定的,是不变的,是人类社会的最基本规律。人类社会的一切都是基本人性的映射,而利己是人最终极的根本属性,事实上这也是一切生命的最根本属性。因此,伦理学是建立在人性基础上的道德哲学。从伦理学来看,人性是善恶并存的,任何人都有善的一面,也有恶的一面。故对人性就只能够善加引导,抑恶扬善。刑法也应当按照人性来设计来实行,需要考虑到人的天性,考虑到利己是人的本性。

因此刑法就不能用圣人或者道德君子的标准来要求人,只能以普通人为标准来扬善抑恶。根据人性利人利己是为善,损人利己谓之恶。利人利己当然没有问题,但是损人利己这个情况恐怕就需要具体分析。它是不是就一律是恶,我们要从马斯洛的需求层次理论来进行分析,马斯洛把人的需求分成生理需求、安全需求、爱和归属感、尊重以及自我实现这么五类。

马斯洛认为除了性以外,生理上的需要是人类维持自身生存的最基本要求,如果这个需求得不到满足,人类个体的生理机能就无法正常运转,人类的生命就会受到威胁。只有这些最基本的需求满足到了维持生存所必需的程度后,其他的需求才能成为新的激励因素。所以在这个意义上,生理需求是推动人们行动的最首要的动力,是其他需求的基础。所以孔子说"食色,性也"。按照这样一个理论,如果某人为了满足生存基本需要,或者说为了求生而损害他人财产,就像《1942》里面所说的那样,这能说是一种恶吗?或者说这种损人利己是刑法应当抑制的吗?

法律不能以圣人的尺度来衡量普通人,法律所规定的只是对人的最低的伦理要求。在某些情况下,不可能要求平常人放弃求生这种本能去遵守法律,任何法律都不能约束一个人放弃保全自我,这是人性的要求。马斯洛承认人性中存在以生命为最高价值判断的金字塔式的价值观念等级,法律也必须反映这一人性,不能盲目地希望或者过分地期待人们牺牲较大的价值来迎合较小的价值。如果法律那样要求的话,那就是一种恶法。

从这个意义上讲,我们说"饥寒起盗心"与其说是犯罪的因果律,不如说是人性的弱点,因为这种盗心是必然的,从人性来讲是必然的。当然他是否成立犯罪,要看他有无其他选择,如果可以通过劳动而维持生存,却好逸恶劳,也属于人性之恶,必须用刑法来遏制。但假如是1942年的那种情况,那就属于无法选择,就不具备期待可能性。说这是人性的一种弱点,是因为人不是神。神不吃不喝没关系,但是人没有吃的就会饿,甚至会饿死。所以为了生存,他的举动就是应该被谅解的。可见刑法规范的设立必须充分考虑人之求生本能,必须充分考虑人性的弱点,而不能是那种僵化的、拘泥于冰冷丛林法则式的一些要求。

对于期待可能性,也可上升到整个刑法来观察。从整个刑法来看,期待可能性是刑法人道主义品格的一个组成部分。期待可能性不是一个孤立的存在,整个刑法都体现了这样一种人性的要求,体现了这样一种品格。

一般印象上认为刑法的特点就是杀气与暴力。在过去可能是如此,中外古代刑法都是十分野蛮残虐的,就连欧洲启蒙时期的思想家也承认刑法是一种恶,是一种必要的恶。刑法是一种罪恶,是一种报应,恶有恶报,这是前人的观点。随着人类社会的进步和文明的进化,实际上刑法的品格也在发生变化。我们说从罪刑法定到刑法谦抑,从降低死刑的执行方式的残酷性,到减少乃至废除死刑,都表明了刑法越来越人道,越来越宽容。应该说人道和宽容这是现代刑法的品格。期待可能性是这种品格的一种具体表现或标志。

所以日本著名刑法学家大塚仁说:"期待可能性理论是想对在强大的国家规范面前喘息不已的国民脆弱的人性倾注刑法的同情之泪的理论",这是一句很富有文学色彩的评价。刑法具有一种"同情之泪"的品格,是对过去理解的"刑法是冷冰冰的,铁面无私的"的观念的一种反思。

实际上刑法具有铁面无私的一面,也有人性宽容的一面、同情的一面,这是一个综合刑法观,综合了铁面无私和宽容同情的因素。因为这种宽容是符合人性的,是基于人性的善的一面的宽容,是对同类的宽容,对利己本性的宽容,是推己及人的宽容。

尽管在今天各国刑法的具体规定不完全一样,但是不能否认宽容与同情是刑法的品格,是刑法的基本精神所在。从我们国家的刑法中也应该得出这样的认识,而且现代人权观念与中国传统文化中的宽容元素,都充分体现了这一点。

刑法的宽容是承认人性弱点的一种宽容,人是有弱点的,那么对于不具有期待可能性的一些行为,动用刑罚是没有必要的,是没有益处的,因为任何人在那种情况下都难以自持,所以对这样的行为需要有一定的宽容之心。

总之,整个刑法都是以人性为基础的。陈兴良教授有一本书叫做《刑法的人性基础》,他认为整个刑法都是以人性为基础的,因为法不外乎人情,法律不能违背人性,必须顺应常情人理。我们说刑法的有效性或者权威性不在于判了多少人的罪,而在于有多少人信仰法律,而要使法律被人信仰,必须根据人性来设计和实行。刑法不仅是法官的裁判规范,它同时又是行为规范。行为规范就意味着它必须是人的行动指南,所以法律宽容对待合乎人性的行为,也可以对公民起到好的教化作用,使得整个社会更加人性更加宽容。

这种宽容不仅从理论上来讲是应当的,在刑事司法中也应该贯彻。如果不宽容,就会带来一些负面的效果;如果不宽容,违背了人性,刑法的效率与权威性会被减弱。许霆案就表明了这一点。许霆一开始被判处无期徒刑,最后网友们广泛地质疑,他们质疑的根据也就是期待可能性或人性的弱点。面对强大的舆论压力,2008年2月22日案件重审判处许霆5年有期徒刑,2010年许霆已经出狱。如果制作成电影,将是一部新的关于人性的弱点、关于期待可能性、关于刑事责任的好教学片。

第十六章　刑事冤案的产生与防控

——电影《杨乃武与小白菜》

第一节　"杨乃武与小白菜"剧情与历史故事简介

杨乃武与小白菜案是清末四大疑案之一。同治年间,杨乃武与葛毕氏被怀疑通奸杀夫,在刑讯后认罪,身陷死牢,含冤莫雪。此案惊动朝廷,数度更审后,虽还他们两人以清白,但两人亦受尽酷刑折磨,这种悲惨遭遇令人扼腕。这个历史故事的具体情况如下:

杨乃武,浙江人士,居住余杭镇的澄清巷口,同治十二年八月中了举人,时年33岁,正值盛年。他为人耿直,好管不平之事,因此与余杭知县刘锡彤积怨颇深。当时镇上有一个漂亮女子名叫毕秀姑,因为常穿绿衣白裙,街坊给她起了个外号叫"小白菜"。毕秀姑18岁与葛品连成亲,租住在杨乃武家的一间后屋,两家相处非常和谐。毕秀姑常到杨家聊天吃饭,杨乃武教毕秀姑识字读书,所以街坊中一些无聊的人就传言他们两个人有奸情,编了一个"羊(杨)吃白菜"的下流故事。葛品连听到以后心中不爽,搬出杨家移住在太平路口。当年的十月初七,葛品连身发寒热,膝上红肿,两天后身亡。完工回家时,胃寒发抖,喉中痰响,口吐白沫,晚上一命呜呼。到了初十的夜间,尸身发变,口鼻有淡血水流出,他的母亲葛喻氏遂以其子死因不明告知县衙。

知县刘锡彤素与杨乃武有矛盾,邻居又有"羊吃白菜"的传闻,于是怀疑杨乃武与毕秀姑投毒害命,所以亲率衙役前往验尸。当时正值中午,只见死者皮色淡青,肚腹有浮皮疹疱,口鼻内存血水流入眼耳,误认为是七窍流血。仵作用银针探入咽喉,银针呈青黑色,便认为葛品连是服毒身亡,这和知县的怀疑不谋而合。于是刘锡彤将小白菜带回县署审问,小白菜说不知情,后遭刑讯逼供,一连三拶(挟手指的刑具)。所谓十指连心,夹到极处,指甲就脱落了。毕秀姑受刑不过,被迫诬称与杨乃武私通,在初五时被授予砒霜,然后谋杀亲夫。刘锡彤把杨乃武传来对质,杨乃武不认,怒斥知县诬陷。在清末,举人属于文人,不能够对他随意用刑,所以刘锡彤呈请上司首先把他的举

第十六章　刑事冤案的产生与防控

人功名革除,然后对他动刑。重刑之下杨乃武被迫诬服,刘锡彤认为案情已明,于是将验尸结果和审讯情况上报杭州府。

杭州知府听信知县之言,在二审中继续对杨乃武滥施酷刑,杨被迫编造供述,说是自己十月初三从仓前镇钱宝生药铺处以毒鼠名义买了40文钱的红砒交给葛毕氏来下毒。于是刘锡彤回到余杭补充证据,传讯药铺老板"钱宝生"核查,但这个老板说我叫钱坦,从来没有用过钱宝生的名字。爱仁堂是个小药铺,也从来没有卖过砒霜。县衙的师爷陈胡对钱坦威逼利诱,说杨乃武都已经有供词在前了,你要不承认就要对你加重治罪,又请其他人来写信给钱坦,让他大胆承认,保证绝不拖累他。钱坦不得已做了伪证,出具了卖砒霜给杨乃武的文书。刘锡彤怕案情拖延省里怪罪,于是没有令钱坦与杨乃武对质,直接将钱坦签字的文书送到杭州府,杭州知府陈鲁即按该文书定案。杭州知府陈鲁拟刑,葛毕氏拟以凌迟论处,杨乃武拟以斩立决论处,"钱宝生"拟以杖责论处。十一月初六,案情经由浙江按察使蒯贺荪、浙江巡抚杨昌浚复核。杨昌浚认为案情确实,依原拟"谋夫夺妇"罪断结,上报刑部批复执行。

杨乃武在狱中写下诉状,要他的姐姐杨菊贞带出,会同他的妻子詹彩凤,上北京向都察院告御状。第一次到北京上访,被都察院押送回浙江。第一次上访失败,杨菊贞去找杨乃武在杭州的同学吴以同。吴以同在红顶商人胡雪岩家做家庭教师。当时正巧兵部任右侍郎夏同善回京途经杭州,胡雪岩为夏同善饯行,请吴以同作陪。吴以同就把杨乃武的冤情讲给了夏同善听,夏同善答应,回京相机进言。

同年九月,杨菊贞与詹彩凤二上北京,经夏同善介绍遍叩浙籍在京官员30余人,并向刑部递交冤状。夏同善又联络当时的军机大臣翁同龢,把本案的内情面呈两宫太后。于是清廷下谕,派礼部侍郎胡瑞澜在杭州复审。浙江巡抚杨昌浚又调宁波知府边葆诚等随同审理。

审讯时杨乃武和毕秀姑翻供,再次受刑,杨乃武两腿被夹断,毕秀姑十指被夹掉。在重刑之下,杨毕二人再度诬服。胡瑞澜将案情报给刑部,刑部详细研究,发现很多矛盾情节,于是奏请朝廷又令胡瑞澜重审,并且要求不得用刑。这个时候杨乃武拼死翻供,证人钱坦已经病故。

十二月浙江士绅吴以同、汪树屏等30余人又联合上告,请求将人犯解京审讯,以释群疑。夏同善又联络其他的在京的浙籍朝廷命官,多次在慈禧太后前为此案说话。于是朝廷下旨责令杨昌浚将此案所有卷宗、人犯、证人,连同葛品连尸棺一起押运到京,刘锡彤也解任同行。

333

光绪二年十二月刑部大审,都察院、大理寺会审,杨乃武剖辩案发经过,否认通奸谋毒之事,并声称是受到了惨绝人寰的刑讯。毕秀姑口呼冤枉,照实直说。刑部又审问了尸亲和证人,提审了门丁沈彩泉、堂药铺伙计等人,都供出实情。接着开棺验尸,发现确属病死,并非中毒。案件终于真相大白。

最后的结案是各打 50 大板。光绪三年二月十六日,朝廷下谕,革去刘锡彤余杭县知县职务,从重发往黑龙江赎罪。杭州知府陈鲁、宁波知府边葆诚等也都因为草率定案予以革职。侍郎胡瑞澜、巡抚杨昌浚玩忽人命,也被革职。其他人员分别定罪。葛品连之母杖一百,徒四年。毕秀姑不避嫌疑,抛头露面,致招物议,杖八十。杨乃武不遵礼教,革去举人。陈湖因为坐牢已经毙命,钱坦已经病故,所以免去刑罚,这样一下就把这个案件就结了。这个案件历经 3 年 4 个月,案情曲折,轰动朝野,成为当时影响非常大的一个案件。

杨乃武出狱后以养蚕种桑为生,晚年患病不治而死,年 74 岁。毕秀姑出狱后看破红尘,在南门外石门堂出家为尼,法名慧定,76 岁圆寂。

第二节　刑事冤案发生的原因分析

冤案不仅发生在古代,在现代也会发生。我们身边仍然不时地传出一些冤假错案的新闻。那么杨乃武与小白菜等刑事冤案发生的原因是什么?

刑事冤案发生的第一个原因在于有罪推定的司法理念。

用老百姓的话来讲,被告里面没好人,苍蝇不叮无缝蛋,你没罪怎么会把你当被告,怎么把你抓起来了? 你杨乃武没有问题,毕秀姑没有投毒,怎么不怀疑是别人呢? 有罪推定就是"从被告人有罪"这样一个假定入手,要求被告人证明自己是无罪的。先假定被告人是罪犯,被告人必须举证证明自己无罪,只有这样他才能够脱干系,这就意味着被告人具有证明自己无罪的义务。如果被告人不能履行这一证明义务,他就是罪犯。

这种有罪推定的司法理念,已经先入为主地把被告人定了罪,但被告人其实很难证明自己无罪,这是冤假错案形成的一个最主要的原因。被告人是个体,而且往往身陷牢狱,怎么才能够证明自己无罪? 故有罪推定的司法理念,是冤假错案形成的主要原因。

第二个导致冤案的重要原因就是刑讯逼供。

我们从杨乃武和小白菜这个案件中,以及从发生在我们身边的一些刑事案件中,可以发现:几乎所有的冤假错案,都有刑讯逼供的影子。所谓刑讯逼供是指在刑事诉讼过程中,追诉者对被追诉者进行讯问的时候,采用肉刑、变相肉刑或精神折磨等方法逼取口供的行为。在刑事冤案背后基本上都存在着肉刑或者变相肉刑逼取口供的行为,这是冤案发生的另外一个重要原因。

杨乃武是非常不屈的一个人。他是一个举人,敢跟知县对着干。在几次屈打成招已经定案的情况下,还在不停地申诉。如果不是他自己的这种坚持,这个案子也很难翻案。就是这么一个刚强的人,每一次刑讯逼供,也不得不屈服,承认自己没有干过的事。所以刑讯逼供是冤案发生的一个非常重要的因素。

刑事冤案发生的第三个重要原因就是证据证明的标准的主观性。

证据的证明标准不可能是像标尺的刻度一样那样客观、具体明确。虽然有很多的原则与规则,但是证明标准仍然属于自由心证的范畴,具有一定的主观性。法官审案子主要审证据的证明力,但即使在这方面有经验的法官,也有可能"看走眼"或犯主观臆断的错误。

《吕氏春秋》中有一个"疑邻窃斧"的寓言:"人有亡斧者,意其邻人之子。视其行步,窃斧也;视其颜色,窃斧也;听其言语,窃斧也;动作态度,无为而不窃斧者也。俄而掘其沟而得其斧,他日,复见其邻之子,其行动、颜色、动作皆无似窃斧者也。"这个人丢了斧子,怀疑是邻居家的儿子偷去了。他看到那人走路的样子,像是偷斧子的;看那人脸上的神色,像是偷斧子的;听他的言谈话语,像是偷斧子的;一举一动,没有一样不像是偷斧子的人。不久,他挖掘山沟时却找到了自己的斧子。之后又看见他邻居的儿子,就觉得他的行为、表情、动作,都不像偷斧子的人。邻居的儿子没有什么变化,但他自己的先入为主的"意"变了。

当主观上先把他人看成一个犯罪人,于是怎么看他就怎么像犯罪的人。《吕氏春秋》这个寓言故事,既反映了"有罪推定"容易导致错案,也反映了我们每个人都可能犯"先入为主"的主观判断错误。在证据的采信方面很容易犯这个错误,有经验的侦查人员与法官,也可能因为"走眼"犯主观臆断的错误而造成冤案。像浙江张氏叔侄案中,号称"女福尔摩斯"的侦办警官就犯了这种主观臆断的错误。所以司法人员应该在刑事证据的自由心证问题上,尽量采取非常慎重的态度。

在司法实践中,很多有经验的法官在定什么罪的问题上通常不用花多少功夫,他们审案子主要是审证据,判断其证明力。司法人员把证据弄确凿了,事实查清楚了,就基本上不会冤枉嫌疑人,不会办成假案错案。

杨乃武这个案件充分证明了这一点。余杭知县刘锡彤虽然跟杨乃武有矛盾,但是他并非出于故意制造冤案以报复杨乃武,而是基于一些客观证据,在主观上认定杨乃武是杀人犯。本案尸检中一些所谓的证据似乎证明了"死者是中毒而死",故推断为他杀。民间又传说"羊吃白菜",所以杨乃武有作案动机,是最大的犯罪嫌疑人,这个侦查办案的方向客观而言并没有什么错误。也不能说杭州知府陈鲁、钦差胡瑞澜、浙江巡抚杨昌浚是完全无视证据而草菅人命,故意制造冤假错案的坏官,他们其实也是基于尸检的证据以及其他证据认为杨乃武就是杀人罪犯。只不过这些看似是证据的东西都是假象。

在刑事冤案中,一些司法人员对有罪证据的审查一般都大而化之,即便证据有瑕疵也不仔细追问,而对于无罪证据,只要其逻辑上稍微有点瑕疵,就将其否定,进而忽视无罪证据。这些都是证据的证明标准问题——既有客观上的问题,也有主观上的问题。主观上的问题,就是司法人员先入为主,偏听偏信,对证明有罪的证据予以夸大,对证明无罪的证据予以忽视。

为什么有经验的法官说"审案件主要是审证据"?因为只有能够证明有罪的证据确实、充分,才会确保办案的质量,把案件办成铁案。所谓的"铁案"就是指有罪的证据标准把握得比较好,达到了确实、充分的程度。因此,对证据证明标准的把握程度是决定冤案是否发生的重要影响因素。

第三节 刑事冤案的社会危害性

刑事冤案具有严重的社会危害性,必须引起我们的高度重视。

为什么要把这个问题看得这么重?从最近几年最高人民法院在全国人大会议上的报告得知,全国法院每年共审理近百万件刑事案件,冤假错案或者冤案其实很少,万分之一都不到。虽然"九个指头与一个指头"的关系,常常用来界定工作的成就(主要方面)与失误(次要方面),但在刑事司法问题上,我们不能说"一个指头"的失误就是无关紧要的次要方面。这种认识过去是存在的,有不少人认为冤假错案是一个代价,是一个成本。没有哪个国家不发生冤假错案,只要把冤假错案降低到能够忍受的比例就行了。这种说法是非常错误的。

第一,对具体当事人而言,冤假错案是百分之百的严重错误。一个冤假错案会毁掉一个家庭,会毁掉一个人的一生。尽管有国家赔偿,但是任何赔偿都无法弥补刑事冤假错案造成的重大损害。杨乃武与小白菜在审讯中所受到的酷刑能弥补吗?佘祥林在监狱里度过了十几年,他的青春都是在监狱

第十六章 刑事冤案的产生与防控

度过的,国家赔偿能够赔偿得了吗?赵作海在监狱也关监押了十多年,妻离子散,能够赔偿吗?每一个刑事冤案对当事人及其家庭的伤害都是无法弥补的,所以不能够用冤假错案和正确处理的案件是"一个指头和九个指头"的关系来辩解。对于当事人来讲,它是百分之百的问题,这是就当事人而言冤假错案的严重危害性。

第二,刑事冤案对司法形象与司法权威的损害也是非常严重的。培根曾经有一句名言,他说"一次不公正的审判比十次犯罪为祸更甚,因为犯罪只是弄脏了水流,而不公正的审判则是污染了水源",这句话说得非常到位。司法公正要靠案件质量来说话,出了一个冤假错案,多少年多少人的努力都会付诸东流,多少成绩和贡献都将化为乌有。

现在都实行办案质量终身负责制。如果办了一起错案冤案,终身都要承担一定责任。当然问责的程度不同,故意的还是过失的,有没有什么客观的因素在起作用,这要区别对待。但是这种问责是终身的,这也说明刑事冤案的危害性,以及司法部门对刑事冤案危害性的重视。最高人民法院原首席大法官周强曾经说:"冤假错案是对社会公平正义的极大伤害,要坚决防止和依法纠正冤假错案。"我们确实要像防范洪水猛兽一样,防范冤假错案,宁可错放也不可错判。

第三,刑事冤案严重伤害社会公众对法律和法治的信仰。虽然我们说古今中外都难以完全避免错案,但是中国公众的普遍认知是司法应该绝对正确,绝对的公正。冤假错案一旦发生,就会极大地动摇公众的法治信仰。

中国公众对司法公正的期待从中国传统文化也可以看出来。包公戏那么热,在电视上常年播放,因为包公代表着司法人员公正无偏的形象。包公没有办过错案,有一个案件好像办得不是那么合适,他还追到阴曹地府把这个案件给纠正过来,京剧《探阴山》讲的就是包公的这个故事,它寄托着民众对刑事司法绝对公正的期望。京剧《探阴山》的编剧曾说:"我写的这出戏就是要强调司法的公正要靠执法的人来实现,执法者不按法律来办案,或按主观臆断来办案,就会制造出冤假错案来。"①尽管这是一种戏曲性的描述,但是它说明冤假错案对公民、对公民的法治信仰的伤害之巨。

包公执法如山,不徇私情,不办错案,所以已经在老百姓心目中成为一个高大上的形象。这是传统文化,在现实中也是如此。习近平总书记提出,"要让人民群众在每一个司法案件中都感受到公平正义",如果你不能让人民群

---

① 《全新演绎〈探阴山〉包公闯阴曹地府》,载搜狐网(https://yule.sohu.com/20040802/n221313979.shtml),访问日期:2024年4月24日。

众在每一个司法案件中都能感受到公平正义,如果人民群众在一个案件中觉得不正义不公平,是冤案,群众对法律和法治的信仰就会形成崩溃之势。他会举一反三,所以刑事冤案对法律和法治信仰的伤害是巨大的。如果公民不相信法律和法治了,这个社会也就不称其为社会了。

第四节 刑事冤案的防范机制

防范刑事冤案,要从以下这么几个方面来努力。

第一,必须确立无罪推定的司法理念。

刑事冤案发生的最主要的原因是有罪推定,所以必须针锋相对,要防范刑事冤案的发生,首先必须确立无罪推定的司法理念。无罪推定是指未经人民法院审判确定有罪前,推定被控告者无罪。无罪推定原则是意大利刑法学家贝卡里亚提出的,他在30多岁所写的《论犯罪与刑罚》的小册子中,抨击了残酷的刑讯逼供和有罪推定,提出了无罪推定的理论。他说在法官判决之前,一个人是不能被称为罪犯的,只要还不能断定他已经侵犯了给予他公共保护的契约,社会就不能取消对他的公共保护。

无罪推定原则一经提出,就得到了广泛的认同,成为现代法治国家刑事司法通行的一项重要原则。它也是国际公约确认和保护的一项基本人权,是联合国在刑事司法领域制定和推行的最低限度标准之一。

第二,必须建构冤案的发现机制。

无论是佘祥林案、赵作海案、杜培武案,还是浙江张氏叔侄案,这些刑事冤案最后被发现都带有一定的偶然性:"被害人"意外生还或真凶落网,才启动冤案的纠错程序。但是又有多少真正被冤枉的刑事被告人能够通过这些偶然因素得以平冤昭雪呢?人们不得不想"是不是还有无辜者,因为这种偶然性没有出现而继续沉冤未雪"。所以应该建构冤假错案的发现机制。虽然世界各国古今中外冤假错案难以百分之百地杜绝,但是如果我们有冤假错案的发现机制,错了以后能够尽早发现并纠正,这也算是给无辜者一个交代,给人民群众一个交代。所以一定要改变现行伸冤渠道存在的多头、无序、缺乏专业性和权威性等弊端,建构起我国的冤案发现机制。

第三,必须建立起非法证据的排除规则。

几乎每一个冤假错案背后都存在着刑讯逼供的问题,虽然刑讯逼供在我们的刑法中被规定为犯罪,但是在现实中这种现象却屡禁不止,这就需要我们认真反思刑讯逼供屡禁不止的原因。这就要从经济学上考虑刑讯逼供的

第十六章 刑事冤案的产生与防控

成本收益问题。

刑讯逼供屡禁不止,除了是由于刑法上惩治不力,对明知是刑讯逼供取得的证据仍然加以使用,也是一个重要原因。某些刑讯逼供者在被追究刑事责任后,还认为自己破了大案,立了大功,功大于过,没有罪恶感。所以对刑讯逼供所获取的证据,必须予以排除,不能把它作为定罪的根据。尽管在各国"警方看来,任何一次刑讯都有必要,破案之功可抵消非法取证之过",但越来越多的法治国家认识到:"对冤案的防范而言,事后审查再怎么严格,也不如对警方违法取证行为采取釜底抽薪式排除有效。"[1]故除了惩治刑讯逼供者之外,还要把刑讯逼供取得的证据排除。

在这个问题上,国外曾有"毒树之果"能不能吃的争论,通过非法的手段取得的证据能不能用,在美国在欧洲都有争论。我们国家在深入研究的基础上,现在已经确立了非法证据排除规则,这对刑讯逼供防范会起到重要的作用。

第四,必须消除刑讯逼供产生的条件。

刑讯逼供产生的条件是多方面的,消除其条件也要从多方面入手:要摒弃被告人肯定不是好人的错误认识;要克服人权观念淡薄的传统;要提高侦查人员的素质能力;要不断加大技术侦查的力度;要消除命案必破等侦破案件的压力。

下面简单地提一个例子。美国1989年发生过一起中央公园慢跑者的案件,一位女银行家在晨练的时候,在纽约曼哈顿中央公园被殴打和强奸。警方对此案非常重视,很快将嫌疑人锁定为5名14~16岁的少年。在漫长的讯问后,嫌疑人陆续认罪,做了认罪的录像。后来这5个嫌疑人坚称是遭受到刑讯逼供以后被迫认罪的。但是由于这种"强有力"的认罪证据,最后法官还是裁定他们有罪,分别判处5~15年的监禁。结果到2002年案件真凶出现,以及新出现的DNA鉴定结论,均表明当时的判决是错误的。根据新的DNA技术,活检女银行家受害时的一些生物检材,发现不是这5个未成年人的DNA。生物检材中DNA与真凶的DNA是吻合的,证明这个案件是个错案。这就说明要加大技术侦查的力度。这些问题一定要从技术上去突破,要依靠技术,实际上佘祥林案也是这样一个问题。当时DNA检测技术不成熟,没有进行DNA检测,如果进行DNA检测,就会发现尸体根本不是佘祥林的妻子。所以加大技术侦查的力度,是可以消除刑讯逼供产生的条件。口供

---

[1] 邓子滨:《刑事诉讼原理》(修订版),北京大学出版社2023年版,第249—250页。

就变得不是那么重要了,侦查人员也就不会千方百计地去撬开犯罪嫌疑人的嘴。即使嫌疑人不认罪,通过技术手段一样能够定罪准确。

第五,必须充分争取社会各界的支持来共同防范冤假错案。

防范刑事冤案是一个系统工程,光靠司法机关是不能彻底根除的。首先,防范刑事冤案要充分发挥辩护律师的作用。不要把辩护律师都看成是来挑刺的,是与国家司法机关对着干的。辩护律师的有力辩护,实际上可以帮助司法机关判断定罪证据是否确实、充分,是否抓到了真凶。其次,防范刑事冤案还必须取得广大人民群众的支持。司法机关在没有真正确定真凶的时候不定案,确实会面临压力,这个时候司法机关要努力争取人民群众的理解与支持,告诉群众慎重定案的系统性好处。

换句话说这里面还有一个成本问题。要防范冤假错案,就可能放纵个别的真正罪犯。但如果尽可能少的甚至不出冤假错案,即使会放纵一些犯罪分子,这种成本也完全可能会得到人民群众的理解与支持。

第六,从我国的国情出发,必须严格依法严惩刑讯逼供的犯罪行为。

我国《刑法》明确规定了刑讯逼供的刑罚很重。如果导致被害人伤害或者死亡,可能转化为故意伤害罪或故意杀人罪。但是司法实践中对刑讯逼供行为实际上定罪的不多,严格依照刑法规定判重刑的更少。我们对刑讯逼供的禁止,还任重道远。

德国曾有一个警察刑讯逼供的案子。犯罪嫌疑人绑架了一名银行家11岁的儿子,索取100万欧元的赎金。犯罪嫌疑人在3天后被警方抓获,在接下来的审讯中,犯罪嫌疑人拒绝透露拘禁被害人的地点。警方一直没有找到被害人,案件发生72个小时后,考虑到被害人由于缺乏必要的饮水和食物,可能处于极度的生命危险之中,当时德国法兰克福的警察长官下令在医生的监护下,通过对犯罪嫌疑人进行恐吓,甚至在必要时对之施加肉体痛楚的方式,逼取到有关被害人藏匿地点的信息,但被害人已于绑架的当天晚上被杀害。绑架者后来被判处了无期徒刑,但是该警察长官也被法院认定犯有"强制罪",基本理由就在于"即便是为了保护被害人的生命和尊严,也不允许使用酷刑"。维护人的尊严,这是人类的基本价值。

有的学者对德国这个案件的公正性提出了质疑,认为警察实施救援酷刑是正当的,不应当定罪处罚。据张明楷教授研究,德国也有60%以上的民众谴责法院的这一判决,认为法院的这一有罪判决是错误的、不公正的,是不合理的。

但是不管德国民众怎么看,就中国的国情而言,我们应当借鉴这一思路或者做法,也就是说必须矫枉过正。正因为中国的国情和德国还不一样,也许在德国这个判决确实是太过分了,对警察定罪不太公正,但在中国部分地区,刑讯逼供的观念仍然根深蒂固,刑讯逼供的现象屡禁不止,对刑讯逼供的杜绝任重道远,必须矫枉过正,否则很难从根本上减少冤假错案的发生。

第十七章　中国熟人社会与求刑权反思

——电影《秋菊打官司》

第一节　《秋菊打官司》电影简介与法理问题提示

这是一个讨说法者执着地讨说法的故事，它给我们勾勒的是20世纪80年代，中国北方农村的一个纠纷是怎样被处置和解决。村民万庆来由于宅基地和村长发生了纠纷，骂村长断子绝孙。断子绝孙，在中国的背景下，特别是在农村可以说是非常恶毒的一个人身攻击。"断子绝孙"这句话正好戳中了村长的痛处，因为村长生的4个孩子都是女孩。俗话说"打人不打脸，骂人不揭短"，村长恼羞成怒，和万庆来打了起来。在打斗的过程当中，村长连踢了万庆来的下身，万庆来受伤，躺在家里不能干活了。这样的事在农村可以说是司空见惯，大家见怪不怪了。一般人都会选择忍气吞声，事情会不了了之。

但是这一次恰恰遇到的是一个非常倔强的人——万庆来的妻子秋菊。虽然秋菊当时怀有身孕，但她为了讨一个说法，她从村里告到了乡里，从乡里告到县里，又从县里告到了市里，这期间又是调解又是诉讼，她始终对官方的处理结果不满意。她不相信在中国的背景下只是要一个说法，竟然难以上青天。拿秋菊自己的话来说，我不相信找不到一个地方说理。代写书状老头的夸夸其谈，市公安局局长的平易近人，市里吴律师的法言法语，所有的一切都让秋菊讨说法的希望的肥皂泡，一次次充满，又一次次被无情击碎。

这中间有个插曲不得不提，就是正当秋菊打官司回来之后，大年三十在家里休息的时候，因为难产而生命垂危。这时候正是那个踢她老公的村长全力组织劳动力，并且亲自抬着她，在雨夜跋山涉水，最后把秋菊送到了几十地里外的县医院，最终母子得以保全。秋菊全家人都对村长充满了感激，热忱地邀请村长来吃满月酒。那么这时候影片似乎应该画一个句号了，皆大欢喜。但是老谋深算的导演，选择了另外一个让我们充满了遐想，或者说又让我们难以接受的一个结局。

当秋菊一家正在筹办的满月酒的时候，答应来吃酒席的村长却缺席了。不是因为他还在因秋菊告他而生气，而是因为涉嫌故意伤害罪被公安人员拘

第十七章 中国熟人社会与求刑权反思

留。听着警车的警鸣声,秋菊追出半里地,站在马路上望着警车远去扬起的烟尘,陷入了深深的不解,一脸的困惑和茫然。电影到此结束。

问题与提示

秋菊打这个官司,从头到尾经历了很多苦楚,最终得到的结果是村长被关了起来。从官司的角度,秋菊似乎打赢了,似乎是一个让人拍手称快的结果:正义最后得到伸张,村长被绳之以法。但秋菊却一脸的困惑。秋菊为什么会困惑?秋菊该不该打这个官司?其背后隐含着一个什么样的法理问题?

影片涉及两个关键词:第一个关键词是"成本"。秋菊打这个官司究竟要花多少成本?这值不值得?我们给秋菊算个账。从经济账面上讲,秋菊为打官司贱卖了家里的基本收成——那一串又一串的辣椒。但是她最后得到了一个她无法理解的结果:村长被带走拘留了。

从精神层面的耗费成本来讲,她将来要受到村里人的冷嘲热讽与冷落,恐怕会心力交瘁。在秋菊打官司的时候,甚至她的老公都对她表示不解,认为她不应该这么倔,不应该这样打下去,没完没了。村里面人对她更是议论纷纷。那么村长被关了起来之后,她的境况可能会更加恶化,秋菊将来在村里边会寸步难行。

在20世纪80年代,中国农村是一个典型的熟人社会。什么是熟人社会?抬头不见低头见,大家都要讲面子讲和谐。这个影片里边主要反映了秋菊与村长两个人的面子博弈。秋菊要讨个说法就是要个面子,要村长道个歉认个错,她自己就有面子了。村长要面子,坚决不道歉,理由是你丈夫骂我断子绝孙,我踢了你丈夫一下,活该。你让我给你道歉,我不干,我是一村之长,面子放不下。秋菊坚持打官司以及最后秋菊的茫然、不解、无助,都源于面子。费孝通先生笔下的中国"熟人社会"中的面子观,在这部电影中反映得淋漓尽致。从成本上说,秋菊打官司,确实是不划算的。

接下来是第二个问题。我们在建设法治社会的过程当中,如何去看待农村的乡规民约和国家的正式法律之间的冲突?中国是有几千年传统文化的国家,我们传统的农民对法律是排斥的,所以中国法律文化有一个非常重要的关键词叫厌讼,就是讨厌诉讼,远离官司,这涉及第二个关键词"厌讼"。

乡规民约注重的是以和为贵、和谐。建设和谐社会,这是我们千百年以来一直在追求的梦想,是中国梦的集中反映。国家的求刑权和乡规民约之间的冲突程度,这就涉及"国法大还是家法大"的问题。

同时期放映的另外一部电影叫《被告山杠爷》对该问题体现得更明显。

山杠爷是偏远地区的村党支部书记,他把这个村治理得秩序井然,县乡两级的司法人员从来没有光顾过,他颇为得意,广受村民的尊重,因为他会用自己的方式去处理村里的各样纠纷矛盾。当时村里有一个媳妇特别爱大骂婆婆,山杠爷看不下去了,直接派人把她抓起来游街。游街在当时的农村是非常侮辱人的,属于非常严重的惩罚方式。结果媳妇受不了,羞愧难当,选择了自杀。最后公安人员来把山杠爷带走了,因为他涉嫌非法拘禁致人死亡。在一个秩序井然的乡村里边,国法和家法究竟该如何取舍?下面我们就来解答究竟是国法大还是家法大,究竟是取国法还是取家法这个问题。

第二节 我国刑法对秋菊讨说法的正式回应

在秋菊讨说法过程中,国家刑法正式制度给予的回应结果是:村长被公安机关带走,予以刑事拘留。用刑法专业术语来说,国家此时发动了"求刑权"。

刑罚权是国家对犯罪分子进行刑事惩罚的权力,国家的刑罚权主要包括四个方面:制刑权、求刑权、量刑权、行刑权。

制刑权是刑罚权在立法层面的存在,它使得刑罚权从非常空洞的概念落实到纸面上,落实到静态层面。具体到刑法层面,是全国人大和全国人大常委会制定了刑法和刑法修正案。量刑权是审判机关在定罪的基础上,对是否判处刑罚以及判处怎么样的刑罚的一种权力。行刑权是行刑机关按照审判机关的刑事判决来具体执行的权力。刑罚从纸面上的条文变为现实当中活生生的法,从制刑到行刑,在中间缺少了一个有机的连接环节,就是求刑权。顾名思义求刑权是请求刑罚的权力,那么这个请求是谁来请?是立法赋予各级人民检察院求刑权。

在《秋菊打官司》中,村长最终被公安机关带走。侦查完毕之后,就会将案宗移交给检察院决定是否提起公诉。我们可以沿着制刑权、求刑权、量刑权、行刑权环节,分析一下秋菊打官司这个事件当中各项权力运作的机制。

首先来看制刑权。在《秋菊打官司》中,村长涉嫌触犯刑法当中规定的故意伤害罪。按照公安部伤害鉴定的标准,故意伤害可以分为三个层次:第一个层次是轻伤害,第二个层次是重伤害,第三个层次是重伤致人死亡。秋菊老公所受轻伤害符合故意伤害罪的伤害鉴定标准。国家通过刑法的规定,制定了关于故意伤害罪的罪名,这是制刑权的体现。

其次来看求刑权。求刑权的实施实际上是以公安机关逮捕犯罪嫌疑人开始的。公安机关逮捕了村长,然后检察机关提起刑事诉讼,求刑权就得以实施。

再次来看量刑权。检察机关提起公诉,这个案件就到了人民法院,法院根据村长打人的情节,认定村长构成故意伤害罪,在三年以下有期徒刑、拘役或者管制这个法定刑幅度内量刑。

最后来看行刑权。人民法院的刑事判决生效以后,就要把村长送到监狱里边。当然在中国还有一个具体的情况,如果村长前面被羁押的时间比较长,判处的刑期很短,那么最后他可能就直接在看守所里执行没有执行完的刑罚,或者折抵刑期之后没有余刑可执行,就当庭释放了。

制刑、求刑、量刑、行刑形成一个有机的逻辑整体。有些情况下行刑也会影响到制刑,比如说在 1979 年刑法中对盗窃罪规定有死刑。当时盗窃罪叫做"死刑大户",死刑犯里面有一半以上都是盗窃犯。但是在现实当中行刑的效果并不好,最终《刑法修正案(八)》取消了盗窃罪的死刑规定。由此可见,制刑、求刑、量刑、行刑是一个相互影响相互制约的有机过程。电影《秋菊打官司》只涉及求刑环节的一部分,其他环节需要我们去想象。

第三节　民间习惯法与国家刑罚制度的冲突关系

影片最后秋菊看着远去的警车一脸的困惑,这表现了国家求刑权的运作与中国农村熟人社会中普遍存在的习惯、乡规民约之间存在矛盾冲突关系。当然这里边实际上也存在一种博弈和互动。农村的村民,他会选择对自己有利的方式来维护或救济自己的权利。

从 20 世纪 80 年代开始,我国不仅制定、完善各种法律,也大力推进普法教育,送法下乡,让法律走进每一个村落。但是效果并不好,农民还是会选择对自己有利的、熟悉的乡规民约这些不正式的法律或习惯法。

国家对于农民的这种选择往往睁一只眼闭一只眼,通常会作出一些妥协和让步。在中国法治进程当中,这是一个非常普遍的问题。我们不能指望单单通过普法宣传解决中国法治现代化的问题。法制或者说求刑权并不是灵丹妙药,它不可能完全解决中国社会所有的问题,我们必须要找到一些新的路径。

农村人奉行传统的习惯,尽量规避国家正式的法律,这里面其实有一个经济学的思考或考量。趋利避害是人的本性,我们当然会去做一些对我们自己有利的事情。英国著名刑法学家边沁曾经说过一句非常有名的话——法治应该追求"最大多数人享受最大多数的幸福"的目的。

秋菊也会考虑这个案件究竟给她带来了什么好处。她经过层层上访,层层讨说法,最后结果是村长被关起来,自己在村里受到冷落。如果下次遇到这样的情况,她还会选择相信国家法律,找"公家人"帮忙打官司吗?

法治现代化的问题不可能一蹴而就。中国就像一个运行了几千年的列车,如果短时间让它去转轨或者是大转向,这是非常困难的。中国农村的法律问题必须要找到根源,它的根源在哪?

根源在农民这里,所以必须要尊重农民的选择,了解他的内心世界。我曾经遇到过这样的一个案例:农村有两个男女青年相爱了,男青年条件不错,很优秀,但是后来女青年去外地读书之后,觉得男青年不太适合她了,选择要和男青年一刀两断。她写了一封信,说我俩不适合在一起了。男青年非常痛苦,他说今生今世非你不娶,如果你做这个决定我尊重你,但是你请你给我一次机会,我们还约在村口的那棵老槐树下见面。两人见面后,经过一番争吵,女青年还是不同意,最后男青年就把这个女青年给强奸了。女青年羞愧难当地跑回家,家人报案了。报案之后,在公权力介入之前,男青年家里人就提着彩礼到女青年家里边。男青年家人说既然生米都煮成熟饭了,我家给你3000块钱。当地农村那个时候的彩礼一般给一两千就很不错了,他家给出了3000块钱。女青年说不行,你至少给1万块钱。双方讨价还价,男方给了8000块钱。最后两个人成了婚。就在他们将要开始幸福生活的时候,公安机关以涉嫌强奸罪把男青年带走了。

很多人说,强奸犯太可恶了,把男青年抓起来判刑,对于实现社会的公平正义是一件非常好的事。但是在农村的背景下,这个案件如此解决,究竟好不好?

我们觉得还要结合当时的情况来看待。农村特别是在偏远地区,对女性的贞操看得特别重,女子一旦失去贞操,在农村很难抬起头。如果男青年没有被抓,他们一辈子可能会像童话故事的结尾一样:从此他们幸福地生活在一起。现在把男青年带走了,就会有两个家庭的悲剧。男青年被关个十年八年,出来之后他找对象都成问题了。女青年也因被强奸,大概只能选择背井离乡,这段经历会永远在她的心里留下一个阴影。

在这个案例当中,国家刑罚权介入的效果是不成功的。正是在这种意义上,中国的司法界也正在探索或鼓励"恢复性司法",这正是考虑了中国比较复杂的国情。刑法对"恢复性司法"观,也应该有所体现。最高人民法院正在推行的"刑事和解"经验,其理念就是"恢复性司法"。"恢复性司法"其实是中国传统文化的一部分。继承、吸收、转化中国悠久的传统文化来对整个法治进行改造,是非常有意义的。

影片《秋菊打官司》向我们法律人提出了一个问题:在中国法治现代化的进程中,如何对待中国传统法律文化?尽管法学界通常说"我们的刑法要国际化,要和国际接轨",但这只是中国法治现代化的一面,不是法治现代化的全貌。要知道法律在本质上是一种文化的反映或者实践,其也必须考虑本土文化的特点。

西方的文化也是经过几千年的沉淀而形成的,如果把西方的法律制度和法律文化照搬过来,放在中国的背景下,肯定会有很多排异现象。秋菊有那么多困惑,正是因为她讨的说法和我们正式法律中给予的救济方法,出路与效果是完全不同的。

所以向西方学习固然重要,但是也需要认认真真踏踏实实考虑中国的传统。中国的问题核心在农村,农村问题的根本是在农民身上,所以在整个法治现代化进程中,我们不应当全盘照抄西方的经验,而应当是有条件地择优拿来。

在中国还有千千万万万个秋菊,我希望随着法治建设不断的深入与进步,千千万万个秋菊面对官司面对纠纷,不会有那么多的困惑,而是多一点真正属于她的公平正义。

第四节 对"国家追诉主义"求刑制度的反思

电影《秋菊打官司》结尾,秋菊那张困惑的脸,让我们刑法人必须反思一些习以为常的刑法命题。例如我国刑法理论认为,刑事责任是犯罪的必然法律后果,"行为人实施了犯罪行为就必然要承担刑事责任,或者说,行为人实施了犯罪行为就必然追究其刑事责任。"[1]"刑事责任是刑事法律强制犯罪人向国家所负的一种法律责任,而不是向被害人承担的一种责任。"[2]因此,对犯罪行为的起诉权或求刑权也应由国家指派专门机关来行使,即实行"国家追诉主义"。如果从这一理论观点出发来思考,似乎不应该允许刑事纠纷的当事人自行和解。

然而,上述刑事责任必然性的理论本身却有值得商榷之处。在笔者看来,犯罪与刑事责任的关系在通常情况下表现为一种必然性,但如果把这

---

[1] 参见赵秉志、吴振兴主编:《刑法学通论》,高等教育出版社1993年版,第315页。
[2] 马克昌主编:《犯罪通论》(修订版),武汉大学出版社1995年,第274页。

一命题绝对化,认为犯了罪就毫无例外地要承担刑事责任,则是不可取的。例如,根据1982年1月21日国务院转发公安部制定的《劳动教养试行办法》第10条关于劳动教养对象的规定①,对某些轻微犯罪可以不追究刑事责任,而只给予劳动教养这种行政处罚。另外,在刑法中我们也可以发现对犯了罪的人可以不追究刑事责任的规定,如1997年《刑法》第242条收买被拐卖的妇女、儿童罪规定,收买被拐卖、绑架的妇女、儿童的,即构成犯罪;另一方面,如果他们犯罪后按照被买妇女的意愿,不阻碍其返回原居住地的,对被买儿童没有虐待行为,不阻碍对其进行解救,亦可以不追究刑事责任。② 以上"可以不追究刑事责任"的规定,虽然已经被废除,但不以为该规定是错误的或不合理的。例如刑事诉讼法明确规定了六种可以不追究刑事责任的情况:(1)情节显著轻微、危害不大,不认为是犯罪的;(2)犯罪已过追诉时效期限的;(3)经特赦令免除刑罚的;(4)依照刑法告诉才处理的犯罪,没有告诉或者撤回告诉的;(5)犯罪嫌疑人、被告人死亡的;(6)其他法律规定免予追究刑事责任的。有关刑事司法解释也作出了类似的解释,比如2017年《最高人民法院关于常见犯罪的量刑指导意见(二)》关于危险驾驶罪规定:"对于醉酒驾驶机动车的被告人,应当综合考虑被告人的醉酒程度、机动车类型、车辆行驶道路、行车速度、是否造成实际损害以及认罪悔罪等情况,准确定罪量刑。对于情节显著轻微危害不大的,不予定罪处理;犯罪情节轻微不需要判处刑罚的,可以免予刑事处罚。"由上述可见,不能认为犯了罪的人都非得负刑事责任不可,应当承认轻微犯罪是可以例外的。这些规定或司法处理,背后有其法社会原理。

第一,中国社会是"熟人的社会",人和人的关系基本上是一种熟人关系。在这样一种社会结构中,解决侵犯个人权益的纠纷(包括许多刑事方面的纠纷)的最好方式也许不是诉讼,因为司法干预无论从哪方面看都是对熟人关系的一种损害。从古到今,中国的老百姓一直把打官司看成一种不得已而为之的下策而不愿动辄对簿公堂。这一点可以通过活跃的民间调解活动得到证明,或者可以将其看成人民调解制度之所以发达的注脚。因此,对于时下普通老百姓在自己的权益受到侵害时不愿诉讼而宁可采用其他非正式的方式来解决纠纷——即人们通常说的"私了"现象,我们不能简单地断言是因为中国没有法制或法治传统,所以中国人不懂得运用法律手段来保护自己的权利,而应从中国社会是"熟人社会"这样一种社会结构及其对人们处世方式的影响上来认识和评价。客观地分析,这种"私了"或当事人自行调

---

① 《劳动教养试行办法》2018年被废除。
② 2015年《刑法修正案(九)》废除了本罪中"可以不追究刑事责任"的规定。

第十七章　中国熟人社会与求刑权反思

解解决纠纷的做法在价值上并非一概都是负面的,在某些情况下也有着积极的意义。

第二,亲告罪制度或者刑事和解制度的合理性还在于承认市场经济条件下公民选择的多样性可以延伸到刑法领域这一客观现实。既然市场经济的确立赋予了公民更多的选择自由,那么这种选择也不可避免地扩展到法律乃至刑法领域。这一点是不以人们意志为转移的,当前社会中广泛存在的"私了"现象充分证明了这一点。尽管法学界多数学者对此持批判态度,主张不能承认当事人有这样的选择自由,但事实上我们不可能有效地抑制这种现象。因此,笔者认为,规定当自己的利益受到侵害时,在一定限度内,被害人有权选择是诉诸法律还是采取其他适当的解决方式,只不过是对业已存在的客观现实的一种认可。正像马克思所说的,"物质生活的生产方式制约着整个社会生活、政治生活和精神生活的过程"①,"无论是政治的立法或市民的立法,都只是表明和记载经济关系的要求而已"。② 我们也应当将亲告罪制度或者刑事和解制度看成市场经济条件下公民选择自由可以延伸到刑法领域这一客观要求在法律上的反映。

第三,从国家的角度看,亲告罪制度或者刑事和解制度的价值还在于可以减少轻微刑事案件的审理数量,从而有助于司法机关尽可能集中有限的资源去处理严重侵犯国家和人民利益的犯罪。特别是由于我国目前正处于社会转型时期,各种社会问题和矛盾急剧增多,从而导致了刑事立法上的犯罪化倾向,其结果是刑法中的犯罪数量在较短时间内大幅度增加。然而,正如有的学者所指出的,"我国是在社会财富、政治民主、社会文化'发展不足'的状况下进入社会转型时期的,因此,社会不可能为司法上对犯罪行为的全方位惩治提供必要乃到充足的人力、物力上的支援和保证。如今,司法机关内部存在着的人员不足、素质低下、经费缺乏、装备落后、监所拥挤等,已经同大规模犯罪化立法所要求的大量迅速地司法投入形成了鲜明反差。"③而当前人们对社会安定感的要求非常强烈,故不可能在短期内根本改变立法上的犯罪化倾向(实现非犯罪化)。在这样一种态势下,与其把司法机关不能及时有效处置的侵犯个人权利的轻罪也交由公诉机关追诉,不如将其规定为亲告罪或采用刑事和解制度,将起诉与否的决定权授于被害人。这样,起码可以减少一些非必要的刑事诉讼,从而使司法机关可以腾出手来惩治那些更严重

---

① 《马克思恩格斯选集》(第2卷),人民出版社1957年版,第82页。
② 《马克思恩格斯全集》(第4卷),人民出版社1972年版,第121—122页。
③ 参见苏惠渔、游伟:《社会转型时期涉及刑事立法思想的若干问题》,载马克冒、丁慕英主编:《刑法的修改与完善》,人民法院出版社1995年版,第30页。

的犯罪。

第四,从法律效果层面上讲,扩大亲告罪制度的适用范围或采用刑事和解制度的合理性也是十分明显的。首先,这样可以减少规避刑事法律的现象从而维护法制的权威。如上所述,许多轻微犯罪的被害人出于各种考虑往往倾向于"私了"而不愿求助于司法机关。对于这类现象,国家可以采取的对策无非是两种:一种是通过强调加大执法力度,严格法制以及通过现代法治意识的培养和提高力求根除"私了"现象;另一种是承认现实,通过多规定一些亲告罪,将是否起诉的决定权赋予被害人,从而在一定范围内使"私了"现象合法化。从我国近些年来的法治进程来看,前一种做法的效果并不是很理想,实际生活中规避法律而"私了"的现象并没有随着人们法律知识水平的普遍提高而显著减少;而后一种做法,由于表现出较大的灵活性,倒是更有利于维护法制的权威。合法的"私了"或许不是法治的理想状态,但毕竟不是破坏法律,而是有法可依的。其次,这样有助于缩小刑罚的适用面,防止不必要地适用刑罚,从而贯彻刑法的谦抑性原则。"刑罚同时具有积极作用和消极作用,如果适用面过宽,则不仅削弱刑罚的效果,而且有害于国家与公民。"[1]因此,只能将刑罚作为一种"最后手段"来使用,如果可以不使用刑罚,则尽量不使用。只有当其他手段都不能实现正义,都不能维护公民的合法权益和社会秩序时,才动用刑罚。

第五,扩大亲告罪制度的适用范围与新刑事诉讼法的立法精神也是相吻合的。1996年3月17日我国第八届全国人民代表大会第四次会议通过的修改后的《刑事诉讼法》在对被害人诉讼权利的法律保护方面作了有重大突破的规定,开创了刑事被害人能以当事人身份参与刑事诉讼的先例。[2] 这一规定虽然主要是从保护被害人诉讼权利的行使这一角度而设计的,但其实质是为了更充分地保障被害人的合法权益。这无疑承认被害人是自己利益的最佳保护者。从这一点上来分析,在实体法上扩大亲告罪制度的适用范围或采取刑事和解制度,赋予被害人更广泛的自由选择权,与刑事诉讼法的规定在精神上是完全一致的。

最后应指出的是,绝对的"国家追诉主义"是不符合中国国情的。早在多年前,法学家杨荫杭先生就曾尖锐地指出:"司法改革以来,最不惬人意者,莫如检察官垄断追诉权。"他认为这种制度"最不合中华之习惯与中华人之心理"。他批评道:"中华法政人才以出于日本者居大多数,故中华人之食

---

[1] 参见张明楷:《刑法的基础观念》,中国检察出版社1995年版,第24页。
[2] 参见吕宗慧:《论我国保护刑事被害人诉讼权利的新发展》,载《法学评论》1996年第5期。

日本法,如日本人之食鱼,生吞活剥,不暇烹调。所谓'国家追诉主义',即一例也。"[1]笔者以为,在今天重温杨荫杭先生的批评是很有必要的,因为尽管我国刑法明确规定把中国社会主义革命和建设的具体经验和实际情况作为制定刑法的实践根据,但在具体制度的设计上如何从中国的国情出发,力求尽可能地适合本国的实际需要,仍然是一个值得认真研究解决的问题。当然,需要说明的是,笔者并非一概否定国家追诉权,只是认为依照国情,国家不应垄断这种权力,而应保持一定的灵活性,亦即留给当事人(主要是被害人)较大的选择空间。事实上,我国1979年制定的刑法也没有采取绝对的"国家追诉主义",也给被害人留下了一定的选择空间,只不过限于当时的情况,所留的空间太小,以至于亲告罪制度以及刑事和解制度的价值没有充分得到体现。

---

[1] 转引自慕槐:《杨荫杭不满检察垄断刑事追诉权》,载《法学研究》1995年第4期。

附篇
刑事案例演习课程的教学反馈

《电影中的生命》

(张俊　学号 0504000825)

影像中的世界,是人生的略影,也是制作者的内心世界。一部真实的电影绝不可能仅仅是为了反映或赞颂法律。每次心灵的悸动都来源于那银幕上仿佛经历过的感受。而法律只是一个素材,只是规范这个社会的经纬——最低的道德标准。每一次我在课上看完一部电影,首先想到的是什么东西触动了我,而不是谁触犯了哪条刑法。

我从这节课上得到了很多,但其中只有一小部分是关于刑事的! 我已经满足了。

《死囚之路》

"死是什么也看不见,什么也听不见,什么也感觉不到,什么也不会想。……就像你未出生时一样!"

影片用死刑犯来诠释人的死亡,又用这凄惨的方式演绎活的原因。活着是一定需要原因的,就是有了活着的原因我们才会惧怕死亡。在这个世界中有两种人,一种是忙着去死,一种是忙着去生。前一种人,在来来往往的人群中穿梭,为金钱疾走。用时间去一遍又一遍地数着手中的钱,为了利益反叛自己的家人和朋友。甚至到了死亡的那一刻他们都未曾想过为何而生。他们最惧怕死亡,因为他们牵挂着自己的身体,执着于未来的生存,所以他们恐惧失去以至于感受不到未来的快乐。影片中那个疯子(罪犯)就是这样。

后一种人是值得我们尊敬的,他们不是注视着自己的身体而是牵挂着自己所爱的人。他们不会放弃现在争取未来因为他们知道未来之后还有一个未来,他们只观注生命存在的那一刻,于是他们能看见生命的美丽,影片中的"黑巨人"就是这样,他有自然赋予的神奇力量,他能感受别人的感受。这是他最大的痛苦也是他最大的幸福。他不会担心明天吃什么,而是在关心在这个世界上每一个善良的人,当他站在原野上,看着离离的野花在风中摇晃,飞舞的蝴蝶围着他旋转,我想他是最幸福的因为他看到了生命的美丽。其实这一刻死,跟下一刻已没有什么分别。

可是影片中的他时常是最痛苦的,他的眼中经常溢着泪水。为什么? 他能感知这个世界,如果这个世界是幸福的,那么他也会是幸福的,反之亦然,影片从另一个角度反映了这个世界的痛苦、罪恶、恐惧远远多于幸福与欢乐。最后他选择死亡,回到他来的地方,这是最幸福的解脱。

"影响幸福的不是时间,而是你的心。"

电影的最后,由于主人公得到了"黑巨人"的神奇力量,他活到了一百二十多岁,并且他还要活很长时间。他看着自己的亲人一个接一个地老去,现实中很多人都想长寿可是真的长寿了又怎么样了呢?孤独地等待着死亡。纵然你可以留得住你自己,你却留不住你身边的东西,看着身边所有的东西都改变了,只剩下自己,那种无法承受的沉重,是时间。

从影片中我还了解了美国的死刑制度,虽然美国大部分州都已废除死刑,但仍有保留死刑的州。从各个州的犯罪率来看,废除死刑并不会导致犯罪率的大幅上升,所以废除死刑的最大障碍并不是犯罪率失控,而是人民的观念。从保护人权的角度,我支持我国立即废除死刑。

《寻枪》

"当他的胸膛被剖开的那一刻,我已泪流满面,他用最唯美的方式证明了他自己。"

影片让我感动的地方并不多,爱是最感动人的东西,在哪里都一样。本片也不例外。记不得曾听谁说过:"爱就像是一条河,欲深欲无声。"警察马山经常跟他老婆吵架,曾经喝醉后打他的儿子,就像每一户三口之家一样打打闹闹。他不会浪漫地对老婆说我爱你,不会像美国人那样对自己的孩子说我很关心你。可是在他蹲下来从墙洞中看他妻子和儿子的那一刻,没有什么东西能掩饰他的爱,没有什么东西能将爱表达得如此完美。无需任何语言,我已泪水溢眶。

本片还引起了我对行政审讯制度的思考。影片中假酒厂厂长被审讯的时候,被四五个警察吼来吼去。没有沉默权,没有权利申请打电话给律师,没有记录,没有程序。我建议应加强对警务活动的监督,使审讯、提口供更加透明化,程序化。比如录制审讯录像等以保障人权。

《魔鬼代言人》

"生命中有很多美丽的事情,小时候表哥开的红色跑车,大学毕业时的照片,抑或我女儿学走路时的笑声……"——《美国丽人》

我并未把这个影片看完,但作者的思绪跟我碰撞出了火花。影片中的主人公是名律师,他要为当事人脱罪。他每一次上庭都面临着一次选择:是为了钱打官司,还是为了自己的心。他在厕所中的愤怒是他在挣扎,可是他放弃了心灵的宁静,跟很多很多人一样。他只为自己认为值得的东西去工作,他要住上超大公寓,要他的孩子生活得优越,要开更好的车,等等。他以为这就是幸福,这些东西是生命中美丽的东西。可是当他得到这些的时候,却失去了原来的幸福。她的妻子只感到孤独、恐惧,只能看到罪恶。他们有钱了,是的,可是他们还有什么?

生命中有很多美丽的东西,以至于我无法承受。我爱这个世界,因为我害怕推动他们,当我看到一片枯黄的树叶从树下落下时,当我停在飘着雪的原野中时,当我在除夕之夜看着公寓楼上温馨的场景时,我忘了我自己。期末考试考多少分?谁知道,谁又在乎呢?

只有明白了生命中什么才是值得珍惜的东西,你才会感到幸福,才会得到心灵的宁静,为罪恶代言,得到的只有罪恶。

影片涉及美国的审判程序,还有法律人职业道德等法律问题,我不想多谈。若干年后,谁会记得这场电影,这堂课,这篇作文。但我会记得影片给我的警示,不论我从事什么职业,我都会去欣赏这些美丽的东西。凡事尽我之力凭自己喜好为之,得到了高兴,得不到也为自己所珍惜的事情努力过,亦不悔此生啊!

后记

弥尔顿在《失乐园》中写道:"上帝拿着金制的圆规,画出所有的造物和这个寰宇,一只脚放在中心,另一只旋转,向那广阔、深沉、混沌中画去,说道:周边就这么遥远,世界就这么宽阔。这就是你们的疆域,这就是你们的大地。"既然我超脱不了限制,那就让我们好好珍惜生命,别忘了自己为什么活着。

关于这门课的感想

(法0508班　孙小平　学号0504000849)

"刑事案例演习"这门课自开学以来我每堂课都上了,一学期下来感触颇多。

这门课并不是像我开始想象的那样,老师讲一些刑事方面的案例分析给我们听,时不时来个演习。而是放一些老师精心挑选的电影,然后让我们自己去发现里面关于法律方面的问题或写下感想。可能是我领会得比较慢,电影只看一遍我是不敢下笔写东西的,怕写得有偏差、有错误,于是每次课后我还要把影片下载到电脑里再看一遍,细细咀嚼,回味一番才觉得有话说。我并不觉得这样有多浪费时间,何况这些片子都是值得反复观看的。

在外人看来,这课似乎是用来消遣的,看看电影,写写观后感。但是,我认为只要细细体味,求知欲强的人就会发现实际上从中学到了不少东西。在观看影片的过程中发现问题,也是主动学知识的过程,这远比被动接受来得好。我想老师的目的也在于此吧,就像老师自己说的,通过自己的引导,启发学生自己去思考,自己去探索、发现问题。我觉得这样很好,因为自己从中获益颇多。比如我会去看法学家伯尔曼的《法律与宗教》等书,很有兴趣获取这方面的知识。知道了与法律信仰相关的知识,但相关问题极为深奥,不是我看一两本书就能参透的,不过老师通过电影指引着我,为我开启了关注这方面知识的大门,激起了我浓厚的兴趣去研究这方面的问题。虽然现在还说不出什么大道理,但我想,待知识积累到一定的程度终究会有柳暗花明那一日。再就是通过影片,自己也了解了很多可能以后才会学到知识,自己主动探寻的过程是充满乐趣的。比如看了《秋菊打官司》,就主动查阅了关于行政复议、行政诉讼法的知识。关于死刑制度,我了解了死刑在古今中外有哪些种类,死刑的存废之争等。通过电影我认识了陪审团制度、中国和西方(主要是美国)之间法律文化的差异以及丢失枪支的后果。老师引导我们开展的关于死刑的讨论以及看完每部影片后给我们提出的问题都给我留下了深刻的印象。我觉得大学里的学习就应当是这样,老师应该授之以"渔",而非"鱼"。

总之,一学期下来,我对这门课的感触颇深。我觉得于我而言,最大的收获不在于学到具体的知识,而是通过这样的引导,自己对很多知识的兴趣被激发,有进一步去学习相关知识的欲望,调动了学习的积极性。我认为这便是我学习这门课最大的收获。

感谢老师的指引!

学习"刑事案例演习"课的一些所得与感想

(统计0501班　张裕之　学号0509020110)

一直以来法律给我的印象就是神圣、权威而不可侵犯的,作为社会的一员我们不仅要知法,而且要懂法。对法律知识的渴望促使我千方百计地通过各种渠道去学习并试图揭开它的神秘面纱。鉴于此,本学期我毫不犹豫地选了"刑事案例演习"这门课,希望通过学习它可以知道更多的与法律有关的知识。一个学期的学习下来,我学到了很多,收获了也很多。下面,我想通过两个方面的内容来谈谈自己的一些看法和感想。

第一部分,我想谈谈自己对刑法中死刑的看法。

想必看到这个标题,老师也忍俊不禁了吧!没错,就死刑这个问题我们还在课堂上展开过激烈的辩论,一方是以老师为代表的为数不多的人赞同现在就应当废除死刑,另一方则是绝大多数人不赞同现在就废除死刑的。双方观点明确,各执己见,以至于两小时的辩论下来,胜利的天平也没有倾向任何一方。虽然我当时也在场,但遗憾的是自己没有发言,错过了一个锻炼的机会,现在我要谈的也算是对遗憾的一个小小补偿吧。

言归正传,我想我是站在不支持废除死刑的一方的。原因是:目前我国的国情所决定的,人口众多,整体国民素质偏低,对犯罪的仇视,对死刑的认可(这可能是最主要的)"杀人偿命"等原始法律根深蒂固,以前法院宣判死刑布告中常出现的"不杀不足以平民愤"也是中国特色。历史的积淀加上现时种种条件的制约,是我国目前还不能取消死刑的原因。但是,随着社会的进步,人类文明的发展,我们有理由相信,死刑在我国最终也会取消,也许会经过一百年、二百年甚至更长的时间。

第二部分,我想谈谈上刑事案例演习课的一些心得体会。

学习这门课程,我所听到的最多的一个词就是"犯罪",它贯穿于课程开始至结束。是啊,犯罪给社会带来了多少挥之不去的阴影,它是黑暗的,而研究犯罪的刑法也是灰暗的,有多少人把厌恶刑法的理由描述成是刑法的灰暗。犯罪之于成年人,就像漆黑的夜晚之于幼儿。我们幼年的时候,只知道夜晚的黑暗,而不知道社会的凶险。在不了解刑法之前,犯罪好像离我们非常遥远,事不关己。但当我们长大了,尤其是接触案例演习这样的刑法课的时候,才发现原来漆黑的夜晚并不可怕,而凶险的社会才真正令人噤若寒蝉。于是,通过这门课的学习,让我们逐渐看到,明亮的世界里黑暗无处不在。过去,我们可能没有看见,现在,开始不得不看。但是,不要因为进入这个黑暗的世界而把自己也塑造成灰暗的,我们需要一个坚强的信念,那就是正义的信念,而这正是通过学习并经过自身的升华得来的。

学习"刑事案例演习"这门课程让我学会了从不同的角度看待问题。

就拿犯罪来说,孰对孰错?孰是弱者,孰更是应该获得同情?多数情况下,犯罪受害人是弱者。但是,从另一个角度来说,犯罪人也可能是弱者,因为犯罪发生在一个社会或者国家的制度范围内,刑罚是社会或者国家对于犯罪的反动行为,我们将来要为弱者提供法律等各方面服务的话,不仅为被害人,而且为犯罪人。这样,在我们的心目中,就不会具有作为一个普通公民所拥有的那种对于犯罪的仇恨,或者说在对待犯罪人就不会有先入为主的感觉。诚然,如果我们遇到犯罪,我们也会仇恨,这是正常人的态度。但是,我们面对的不是仇恨和报复,而是理性的惩罚,让犯罪人得到他应得的惩罚。所以,客观、理性地看待问题是一个懂法的人所具有的最基本的条件。

以上,就是我对这个学期以来学习"刑事案例演习"课的一点心得和体会,由于篇幅有限,这门课所带给我的很多东西没有一一列出来,但上面所写的却是感触较深的一些方面,希望它们能够在以后给予我更大的帮助,最后,我想对这学期以来一直陪伴我们走过的老师说:"老师,您辛苦了!"

影像中的刑法

(法 0512 班　余思璇　学号 0504001252)

视听的冲击往往要比冰冷的文字给人们的影响来的直接,来的强烈,同时,也更加震撼、更加深刻。其实,刑法不只是一张张的判决书,不只是一条条的法规,不只是一篇篇的论文,它更天然的是我们现实生活中鲜明的实例。然而,相对于现实中纷繁复杂琐碎的事情来说,影像中的刑事案例则是增添了更多的特殊性与典型性,因此也更具有讨论的余地与价值,促使我们不断地品味、深入与思考。所以,我很喜欢这种用电影来呈现刑法的形式,而非照本宣科。这让我们学会换个角度来寻找与发现刑法中的问题,而且是现实生活中确实存在的问题,而不是对着书本咬文嚼字。

《耶稣受难记》《杀戮时刻》《死囚之路》《绿里奇迹》《魔鬼代言人》等一系列影片囊括古今,包罗万象,涉及死刑、社会终极的公平与正义、道德等多个方面。它们在带给我们感动与震撼的同时,也让我们开始思考。虽然,所有的影片都是围绕刑法这同一个主题,但是,不同的影片却是从不同的角度切入。比如《耶稣受难记》更多的就是从死刑的残酷性方面来展开的,《杀戮时刻》主要是从刑事诉讼这个方面展开。在这些充满尖锐的矛盾与冲突的影片中其实有很多问题值得我们去探究,其中有两个问题在影片中有充分的体现,一个是陪审团制度问题,另一个就是死刑问题。

在英美法系国家,谈到刑事诉讼,就没有办法回避陪审团制度,而影片《杀戮时刻》与《魔鬼代言人》正是通过大量的法庭审判的镜头向我们展示着西方的陪审团制度。不可否认,陪审团制度有自己的优势,它有助于实现司法民主与司法公正,有效地遏制司法腐败,同时分割了法官的权力,防止法官滥用权力,等等。正所谓"存在即合理",陪审团制度的优越性显而易见,但值得我们注意的是,在影片当中我们似乎看到一种现象,在最后关头,仅仅依靠律师的三寸不烂之舌,或以情动人或慷慨激昂,就能使本来已经十分明朗的审判陷入不确定状态,最后,成功反转。即使在之前铁证如山,正如《杀戮时刻》展现的一样,在最后陈述之前,卡尔李败诉几乎已成定局,但是保罗在正确的时间里选择了正确的方式,用人心的感性而非法律的理性打动了陪审员,最后卡尔李被无罪释放。有人说这正是最终正义的体现,但事实上他的确开枪射杀了那三个人,也许正如保罗律师所说的一样,官司打赢了,正义得到了伸张;官司打输了,正义也得到了伸张。可是这也给我们带来了困惑,这种充满不确定因素的审判制度对于讲究严谨的法律来说,能够实现公平正义吗？英美法系的陪审团是由丝毫没有法律背景的公民组成的,他们仅对案件的事实作出判断,而适用法律则是法官的责任,陪审团对案件的认定与判断并非建立在严谨的逻辑推理之上,而是由那些根本不具有法律知识的人基于所谓"社会正义感"作出主观判断,而且越具有法律知识的人反倒越不适合担任陪审员。这种在法庭辩护时十分讲究罪刑法定与法律依据,而在判决时又是由法律上的外行作出判断的矛盾要如何去调解？正是由于法律上的外行,检察官和律师们都极力地"误导"陪审员偏向自己的一方,这使得本应是追求公平正义的审判,变成检察官与律师的二人战争,变成基于实力而产生的胜败。当然,不论是怎样的审判制度都会或多或少地受到主观的影响,但是相对于接受过专门训练的法官来说,我们对陪审员们能够保持中立与理性的期待就要小很多了。另一个不得不说的问题就是陪审团的构成,特别是在像美国这种存在种族歧视的国家里,陪审员的选定成了一件足以影响审判结果的重量级筹码。所以有人说陪审团是某种隐蔽的社会偏见的容纳者。在《魔鬼代言人》中有一个细节,那就是凯文在帮另一个律师挑选陪审员时敏锐地感觉到一个貌似十分有同情心的中年妇女可能是因为过去受过感情的挫伤而伺机报复,而另一个看上去循规蹈矩的好人却最容易被激怒,最后她们都被排除了。这也反映出陪审员拥有着不同的背景和不同的动机,甚至是潜藏着偏见。这对于公正的审判来说又何尝不是危险呢？在著名的辛普森杀妻案中出现了两种截然相反的判决。刑事审判中辛普森无罪释放,民事判决中却认为他有罪。我们注意到刑事审判的陪审员绝大部分是黑人,而民事审判中陪审员没有一个黑人,全是白人,难道这种对比强烈的构成比例与最后大相径庭的结果之间毫无联系吗？这是不是说只要选对陪审员,然后重点在他们身上下功夫就能极大地增加自己这一方的胜率呢？这些问题对于陪审团制度来说是致命硬伤,还是瑕不掩瑜,众说纷纭。也许陪审团制度的不断发展会解开人们的疑惑吧。

从《耶稣受难记》中残酷的死刑执行,到《绿色奇迹》里戴尔与考菲坐电椅被电死,再到《死囚之路》里先注射一针麻醉药,然后再注射一针毒药,让死囚内脏破裂而死,这都显而易见地包含一个问题——死刑。自从死刑存在以来,表面上看执行死刑的方式在不断进步,接受死刑者的痛苦好像在不断减轻,似乎死刑也变得人道了起来。其实,这不过是障眼法而已,人类不断尝试着用所谓的更加文明、更加人性化的手段而已,而且目的只有一个,也从未改变,那就是结束生命。只是这种血腥与残忍的本质被掩盖了,以血还血,同态复仇的表像被掩盖了。贝卡里亚在《论犯罪与刑罚》中首次提出了废除死刑,同时他也说过:"死刑不是一种权力,而是一场国家同一个公民的战争,因为它认为消灭这个公民是必要的和有益的。"的确,有的时候国家的权力是高于公民的,但问题是国家的权力能否凌驾于公民最基本的权利——生命权——之上呢?根据社会契约论,人民让渡出自己的一部分权利,然后组成了国家权力,国家对人民的一些行为进行限制,但这一部分权利之中是否包含生命权呢?有人说,死刑是实现社会正义的必然要求,对于杀人者来说刑罚是不可避免的,但这并不能说明杀人者的生命是没有价值的,在终极意义上来说,人人平等,谁有权利去剥夺另一个与他有同等地位的人的生命呢?有一位日本的学者说过:"死刑作为理念是应当废除的,然抽象地论述死刑是保留还是废除,没有多大意义,关键在于重视历史的社会的现实,根据该社会的现状、文化水平的高下决定之。"在我国,死刑仍然存在,但是国家在不断限制适用死刑,而废除死刑的呼声似乎在高涨。如果现在中国废除死刑的话也许会出现一些问题,比如不被赞同怎么办。因为废除死刑应是经过人民代表大会通过的,如果人民代表反对,就没有办法通过。再假如即使默认通过了,是否就会产生预期的结果呢?死刑废除了,是否真正表明我们的国家真正地越来越重视人权了呢?还是只是流于形式?如果只是流于形式的话,那么相对于在更加适当的时候再去废除死刑来说,如此仓促的决定是否影响了废除死刑在人民大众中的教育宣传作用呢?这些都是难以确定的,而要求一个国家把威信与尊严赌在一个不确定的事件上是不是太强人所难了?

通过欣赏这些影片,其实可以发现,电影中容易出现两种对立的走向:正义或非正义,要么被扩大,要么被缩小。在想要极力展现积极的一面时,正义往往被扩大,变得无所不能,而非正义往往被缩小,变得可以忽略;在想要极力展现消极的一面时却刚刚相反。这种十分尖锐的对立与统一是影像中的刑法的典型处境。当然,也正是与现实生活中的实例的不同之处。毕竟,现实终究不是电影,正义也绝非导演手中的镜头,想拉长则拉长,想缩短则缩短。即使如此,我仍觉得学会这样的从典型到一般以及发散式的思维方式,或许能让我们的思考另辟蹊径、别有洞天。

致老师的一封信

老师:

您好!

既然您说写这篇文章体裁不限,那我就以信的形式写,相信您也不会介意吧!

　　说实话,我挺喜欢上这门课的,您的讲学方法很灵活,思想也比较开放,是那种注重学生个性发展的老师。每次上课时,都感觉很轻松,心里没有太大压力,即使上课回答问题,大家也都可以各抒己见,不用受束缚。而且,您以放电影这种方式来教学,教学方法也是比较新颖的。这样,大家就可以更大的热情参与到学习中,这与当今大学生追求个性发展与创新意识也是比较吻合的。

　　不过,有些方面,我觉得应该改善一下。我们这门课的课程名称是"刑事案例演习",可学了这么长时间,我总觉得与课程联系不大,前几部片子都是关于教育、死刑问题,直到最后几部才与现实的法律有点联系。也许是影片中的问题,我们看得不够深刻,但正是如此,我才觉得老师有必要引导我们对影片进行深入分析,在引导的过程中讲述一些与课程有关的内容。可老师您让我们看电影的时间多,讨论的时间少,我觉得有必要看一部影片,大家一起讨论一下。相信在讨论的过程中,我们可以学习很多东西。

　　另外,我觉得老师对待我们交上去的评论的态度也应该改变一下。我知道老师您很尊重我们的意见,我们交上去的每一篇文章您都认真看了。可是老师,您看了之后并没有将您的意见反馈给我们。每一次交了作业之后,我们都满心期待老师告诉我们自己写的怎样,好在哪里,不好在哪里,可每一次交了作业之后,总感觉像石沉大海,这很打击我们的积极性。虽然这么做是大学老师的通病,可老师您不能这样,我们是站在朋友的立场和您交流的啊!既然是交流,怎能有去无回呢!

　　针对上述问题,我有一点建议:

　　首先,我觉得应该每看一部电影,学生写一篇感想。老师就我们这些想法进行分析,老师和同学再就影片中涉及本课程的问题进行深入探讨。

　　其次,这门课既然是刑事案例演习,老师可以搜集一些刑事案例,让我们在课堂上进行分析。分析的方式多种多样,可以是自由讨论,也可以是辩论赛形式或模拟法庭形式,争取让每位同学都能参与进来。如果怕人数太多,可以将同学们分成几个小组,在各小组内展开活动。

　　最后,我觉得老师应该多选择一些明显涉及刑事案件的影片,或者对我们提高法律素养有启发的影片。

　　当然,这些都是我的个人见解,也许有很多谬误,希望老师对错误的一笑置之,对有用的采纳一点。

无论怎样，我都觉得您是一个好老师，我也很喜欢这门课。在这门课上，我也学会了很多东西，从原来被动地接受知识，到现在主动地探索真理，这是一个不错的转变。老师，谢谢您啦！

此致

敬礼

范晓玲

法 0514 班　学号 0504001434

《刑事案例演习课程小感》

（法 0505 班　程洁　学号 0504000527）

最初选择刑事案例演习这门课程，一来是由于自己的专业是法学，另外还是缘于当时突然对刑法萌发出强烈的好感。想来这门课就是老师在上面讲讲案例，然后下面的同学一边翻翻刑法书或是法典，一边听听老师的见解和分析，虽然枯燥但对巩固知识应该很有帮助的。

于是，抱着这样一种平静的心态，我踏进了文波 101 的刑事案例演习课堂。然而，刚一进门我就大吃一惊，这是刑事案例演习课堂么？居然在放电影！在向旁边的同学确认之后，我疑惑地找座位坐下来。还没容我多想，便一下子被精彩的电影给吸引住了。那天放的是《死亡诗社》，真的好好看啊！禁不住要为他们那不断追求不断努力的精神而欢呼，虽然船长老师最后离开了学校，但看着那一个个傲然站立在书桌上的男孩子们，不顾校长的威慑，毅然向他们的船长老师表达对他的无限敬意时，我不禁热泪盈眶。他的影响已经深深植入了男孩子们的心里，并不断生根发芽，这种精神是任何书本都教不来的。通过他的教学，学生们由软懦变坚毅，更富有创造性，而这，也正是我从这部影片中，从这个课堂上所学到的。

随后我们又看了《耶稣受难记》《杀戮时刻》《死囚之路》《秋菊打官司》等，每部片子都让我受益匪浅，感触颇多。《死亡诗社》这部开场戏其实也是昭示了老师的教课理念。老师没有硬性规定我们一定要写作业，只是要我们看完后有什么想法可以写了交上去。我很喜欢这样的方式，单纯为了作业而去抒发的感情是没有灵魂的。只有真正有所想法，真正想要表达，才能体现它的价值。虽然写不写作业随意，但每次我都很认真地记录下了自己的感想，比其他任何课程的作业都要做得积极细致。能够自由地表达自己的想法的确是一件令人激动的事情，而我也很高兴这门课给了我这个机会，激发了我内心隐藏的某种对未知的追求以及对已知的探索与批判。

在每部电影之后,通常会有一节课用来讨论与电影内容有关的问题。在我们进行讨论发表自己意见的时候,老师会适时地提出一些问题让我们思考,而这些问题常常使我恍然大悟,意识到自己考虑问题是这样的狭窄这样的单一。像上回讨论《耶稣受难记》,我们围绕的都是那些残忍的刑罚,都不断表示对受刑者的无比同情,对那些凶手的无比憎恨,然而老师却提出了受刑者是否被冤枉的问题,如果被冤枉应该如何证明?如果不是被冤枉呢?是否该受到这样的惩罚?呀,我随即一想,是哦,我们都习惯性地认为受刑者是被冤枉的,但在当时又如何来证明呢?若每个人都自称是上帝的儿子,那岂不是乱套了?同时不禁为自己的习惯性思维汗颜。在不断地顿悟之后,我慢慢发现自己也开始喜欢思考喜欢发问了,虽然有时不免有点钻牛角尖,但也算是一种进步吧。

还有一堂令人印象深刻的课便是对死刑的讨论。在连续看了几部和死刑有关的电影后,老师专门腾出一节课让我们讨论关于我国死刑的存废的问题。老师和少数几个同学主张立即废除死刑,面对的是几乎所有同学的反对,包括我在内。虽然我并不很认同他们的观点,觉得有些地方甚至像是诡辩,但那种气氛还是很不错的,能够跟老师坐在一个教室(而不是我们坐着老师站着),激烈地争论一个问题,尽情表达自己的意见,即使进行一点小小的人身攻击也无妨,这在我们平时的上课中几乎是不可能的,而在这样的"没大没小"的争论中,大家也都一改平时的沉默,变得很积极,思维也跟着活跃起来了。

我很喜欢这样的上课方式,在看电影时,全身心地投入,用心体会,在讨论的时候就不会只是以理论来探讨理论,我们通常会加入自己主观的感受,这样就使讨论更具有社会性,不至于脱离实际。同时也让我们更接近现实,凡事都不是非此即彼,我们必须要看到事物的两面性,必须学会独立思考,不断创新。

我很庆幸自己选了老师的刑事案例演习,通过一个学期的课程,不仅观看了很多部好电影,同时还了解了很多的知识,更重要的是让我学会了一种思维,一种创造与独立的思维,这将是我一生的宝贵财富!

后记　别把凶恶的"狮子"放出来

——《文学、电影与刑法》出版后记

一、"骆驼—狮子—婴儿"精神三变寓言故事

本书责编田鹤女士给我发了三张书的封面设计图片,自谦说"都不太满意",让我提建议。我说:"三张都很美,我十分满意。非要在美中选至美,我倾向于第二张。"没什么原因,就是直觉:看到第二张封面时,尼采的"骆驼与狮子"的寓言故事的形象画面瞬间就冒了出来。田鹤两分钟后迅速给我发了一张截图,是书稿中有关"骆驼与狮子"寓言故事内容的页面。我大吃一惊,真的完全忘记自己在书上写过某年某月某日曾经在刑事案例演习课堂上给学生讲过尼采的这个寓言故事。

这印证了现代解释学上的一个奇怪悖论:好的读者、编辑也许比原作者更聪明,对原作品意义的理解更深刻。"楷爷"就在他的那本黄色封面《刑法学》教科书序言中暗示:解释者往往比立法者更聪慧,总能从法条中解读出立法者当时完全没想到的新意。① 大家都喜欢读这本《刑法学》,书里充满了刑法解释学"大狮"的智慧与艺术。

当然,这种智慧与艺术能不能直接用在对刑法的解释上是另外一个学术问题,比如邓子滨就不同意这种实质解释论的立场。在《中国实质刑法观批判》一书中,他幽默地批判以张老师为代表的实质解释论者:"你们宣称挖出来的宝贝,是自己提前埋进去的。"② 这让我联想起《水浒传》里的一个故事:公孙胜召集四十八位道众,见证他开了"可看穿一切"的天眼,他看见某地深处埋有一块石碣。派人去挖,果然挖出一块"又黄又厚"的石碣,写满普通人看不懂的蝌蚪文天书。在场有一位名叫何玄通的道士,宣称认出石碣上的内容原来是上天早排好了的一百零八将座次表,大家无人不服,至少没有人公

---

① "楷哥""楷爷"等,都是喜欢张明楷老师的广大学子们私下对他的"昵称"。参见张明楷:《刑法学》(第五版),法律出版社2016年版,第二版至第五版"前言"。
② 参见邓子滨:《中国实质刑法观批判》,法律出版社2009年版,第34页。

开提出异议。

回到"狮子与骆驼"这个寓言故事上来。尼采说,人类的自我精神从低到高有"三变":先变"骆驼",再变"狮子",最后变"婴儿"。①"骆驼"精神是"你应",象征着被动承受和服从,虽刻苦负重,但总听命于人;"狮子"精神是"我要",象征着对旧秩序或价值的反抗,虽主动积极,但有破无建;"婴儿"精神是"我是",象征着新生和创造,相当于老子所言的"复归于婴儿"②。

对学生而言,"骆驼—狮子—婴儿"对应三种学习状态:被动式努力学习—主动探究式学习—自我创造新知识。多数人都可以达到"骆驼"的精神境界,对中学生,包括多数大学生——"大龄中学生"③而言,只要克服懒惰,养成刻苦耐劳的习惯,就已经是在圈养之中的"骆驼"了。少数人可达到"狮子"的精神境界,这种人的批判性思维比较强。比如很多学生看"法学大牛"的文章,频频点头称好称赞。我却频频摇头,满脑子问号。我不希望学生与老师都努力使自己成为"一个知道全部答案却提不出任何问题"的骆驼式专家,而应像头狮子一样用质疑的警惕之眼审视世界,抓住"动物(他人的优秀作品)"之后按照自我主体的需要一通撕咬,用逻辑的尖锐爪牙,把其完美的逻辑与体系一片片撕碎,吞食消化之后变成真正属于自己的营养。④"婴儿"的精神境界最高,自主意识最强,罕见达到者。吾以为刑法学界的陈兴良、张明楷老师是唯二达到者,两人既破坏性批判,更创造性建设,年轻后辈恐暂无人超越。故从"不破则永无立"的角度,我提倡学生要有"狮子"精神,也经常在课堂上推荐学生读一本书《批判性思维与写作》。⑤ 我不认识作者,连她名字中"鋆"字也读不准确。她的几本有关论文写作的书,比如《你学习那么好,为什么写不好论文?》《你写的论文,为什么老师总看不上?》等,我都特别喜欢。

二、大学生的"枪"丢了咋办?一个字:找!

我讲的"刑事案例演习"课程,将核心考核目标定得很"低":写出一篇合格的学术论文。不过,二十余年的刑事案例教学经验告诉我:这个目标,对当前的很多"大龄中学生"而言,其实定得太高。想想每年本科、硕士毕业论文

---

① 参见[德]尼采:《查拉斯图拉如是说》,尹溟译,文化艺术出版社1987年版,第22页。
② "知其雄,守其雌,为天下谿。为天下谿,常德不离,复归于婴儿。"出自《道德经》第二十八章。
③ 王东华:《新大学人》,海天出版社1993年版,第65页。
④ 关于我所主张的大学生素质教育观念,参见本书第一章。
⑤ 参见田洪鋆:《批判性思维与写作》,北京大学出版社2021年版。

答辩的场景:老师们看着成百上千篇不是论文的"论文",还得普遍评定为"合格",就知道老师们内心有多么煎熬。交"论文"的学生痛苦,指导老师更痛苦。指导毕业论文的过程中,还有学生常堂而皇之地问:"我就是模仿知网上师哥师姐的优秀毕业论文写的,到老师您这里怎么就被全部推翻了呢?"我说:"即使这样优秀的毕业论文,如果严格按照学术论文的标准看,在我这里也是不合格的论文。"这大概是有些学者呼吁"取消本科毕业论文"的现实背景,但显然药不对症。

大学生们之所以得了"不会写论文"之重病,根本原因是大学生们早已习惯了做一只"骆驼":拼命记,拼命背,拼命读,拼命考,却丢了学生的"枪"——主动思考与写作之笔。他们根本不知道"论文"是什么,完全不会写论文,常常把"论文"写成对各种概念、理论、学说、观点进行介绍、比较、堆积、排列组合的教科书式"优秀的说明文",却几乎看不见以说理论证为基本特征的议论文的影子。这不单是本科生的通病,也是多数硕士生、博士生的通病。甚至年纪越大,习惯越痼,病症越重。可见,从"骆驼"到"狮子"的精神变形,确实难,难于上青天。次要原因是大学课程设置与教学方案设计可能存在着某些普遍性的问题。田洪鋆在《你学习那么好,为什么写不好论文?》中这样写道:身在教育圈,我特别知道能写意味着什么,写作意味着高级层次的思维。学生的写作能力,成了衡量学生素质的硬指标……这就是为什么中国大学现在的毕业论文是个重灾区,跟毕业论文的整体教学设计有很大的关系。严格意义上说就没有教学设计,只有教学考核。也就是我常说的,在学生写作这方面,我们大学其实是只考核但不教授的。[①]

特引这么长一段话,是为了说明"狮子"们所见略同。即使大学里开了"论文写作"这门选修课,学生若不转变思维,也还是学不会。但总得想办法解决大学生普遍存在的这个严重问题。

学生把"枪"丢了,怎么办?电影《寻枪》中有个幽默搞笑的好答案。

> 老树精对丢了枪的警察马山说:"我说你的事情要想解决啊……凭我的经验,只有一个字。"
>
> 马山期盼地问:"哪个字?"
>
> 老树精一本正经地说:"找!"

说容易,也太容易了。本书在"法科生如何写学术论文"一章中,就有个

[①] 参见田洪鋆、赵海乐:《你学习那么好,为什么写不好论文?》,北京大学出版社2022年版,第27—33页。

严肃的结论:解决不会写论文的根本技巧就是"写"。大家别笑话我,这就是一个实践检验过的真理。当我看到田洪鋆在几本写作主题的书中说:"不管哪种类型的学生,光看不写就是错误的。""要解决写作能力的问题,(一个字)就是写!""老师,我不会写论文,怎么办?去写!"①看到她这么回答,我这头"小狮子"会心一笑。

三、小王子的"帽子"与秋菊的"困惑"

本书第三部分,主要是我写的几篇合格学术论文的示例,都是按照文章初稿的原貌收录。当时我按照法学核心刊物"规范性""严谨性"的要求,删除了初稿中各种精彩纷呈、有血有肉的文学故事、电影故事部分,只留下刑法规范学的骨架内容。几篇修改稿分别发表在《法学研究》2010年第3期、《法商研究》2022年第4期、《中外法学》2018年第6期、《法学》2019年第10期。

如果你们仔细看,会在第九章第四节发现本书正文中唯一一张富有文学性的图片,就是小王子的"帽子"。这就不能不感谢陈兴良老师。陈兴良老师在其主编的《刑事法评论》上,一字不动、一图未删地发表了《建立一座法律解释论的"通天塔"——对实质的刑法解释论的反思》这篇文章。② 陈兴良老师在当期《刑事法评论》的序言中,对这篇文章的文风与观点用"绝无仅有""极为欣赏"等词给予高度评价。在法学界特别讲究严谨与规范的学术论文写作习惯或发表规训的大氛围中,主编居然在公开出版的《刑事法评论》中,特意保留了这么奇怪的一张图片,也堪称学术出版物编辑中"绝无仅有"的了。在"不发表就出局"③的学术界,当我感觉快要出局的时候,可以说,没有陈兴良老师让这篇文章公开面世,估计我早就放弃这种过度文学化的法学论文写作风格了,也就没有今天这本书的公开面世。

陈老师对刑法学界很多如"小王子般年轻幼稚"的青年学子的提携与包容,可以说在法学界是找不出第二人的。所以我把这篇文章放在了第三部分第一章,意在感谢陈老师,同时感谢文章中的商榷对象——张明楷老师。我特别爱读张老师所有的作品,思想观念深受张老师实质解释论思想的熏陶感染,深入骨子里。与其说《建立一座法律解释论的"通天塔"——对实质的刑法解释论的反思》一文旨在与张明楷老师商榷,不如说旨在反思批判原来的

---

① 参见田洪鋆、赵海乐:《你学习那么好,为什么写不好论文?》,北京大学出版社2022年版;田洪鋆、赵海乐:《你写的论文,为什么老师总看不上?》,北京大学出版社2024年版。
② 参见周详:《建立一座法律解释论的"通天塔"——对实质的刑法解释论的反思》,载陈兴良主编:《刑事法评论(第26卷)》,北京大学出版社2010年版。
③ 李连江:《不发表 就出局》,中国政法大学出版社2016年版。

自己,阐明自己立场调整的理由而已。在张老师《刑法的私塾》这本书里,我的这篇表面上批评他的文章,居然在首页第一段被提及,我自作多情地读出来一点点被张老师欣赏的意思①,感觉他对我这种突然背叛"中南师门"的学术批评行为,心中没有任何一丁点的芥蒂,大概是把我视为他一直提倡的那种讲道理的"学派之争精神"②的传承者、实践者。他仿佛是在欣赏动物园里一只凶猛的狮子四处猎杀,虽鸡飞狗跳,一地鸡毛,却生气勃勃。没有"狮子"四处寻找可吞食之物的学术之林,将会死气沉沉。后来陈兴良老师将《刑事法评论》的主编工作交给了江溯,他传承了这种极大的学术包容精神。主编江溯在《刑事法评论》第45卷中,同样一字不改地审核通过了《如果没有"美人赋"——从中国古典文本品〈刑事诉讼原理〉》这篇特立独行、天马行空的异类书评。③

本书最后一章,是以《秋菊打官司》影评收尾,意在向我的硕士生、博士生导师齐文远先生致敬,也向我特别喜欢的苏力老师致敬。齐老师对我的影响、扶持、帮助,千言万语也叙说不尽,在此不表。④ 最后一章其实是中南财经政法大学刑法学科网易公开课"影视刑法"的一次讲课内容,这次课的主讲人是我的师兄郭泽强教授。我按照"刑事案例演习"课程的教学模式与教学经验,为"影视刑法"公开课做了一些基础性的电影资料收集工作,提了一些教学方案与开课建议。这次课是以齐老师的文章《"亲告罪"的立法价值初探》为讲义底本。齐老师的这篇文章主要是受苏力老师的《秋菊的困惑和山杠爷的悲剧》的启发而写成的。⑤ 这篇文章在法理学界开创了中国特色的"法律与文学"流派。⑥ 可以说齐老师的这篇文章是"法律与文学"流派在刑法学界的开篇之作,但以后几十年在刑法学界都很少见到探讨"刑法与文学"的文章。齐老师的这篇文章的视角独特新颖,对我的冲击力很大。接着,我开始接触苏力老师的作品,每出必买,每买必读,越读越喜欢。刑法学界有不少同仁曾对我说:你的作品风格与观念中明显有陈兴良与苏力的影

---

① 参见张明楷编著:《刑法的私塾》,北京大学出版社2014年版,第1页。后来从在清华大学上过张老师"刑事案例研习课"的博士生黄继坤(目前就职于湖北民族大学)口中得知:在课堂上张老师对我的这篇文章评价很高。

② 张明楷:《学术之盛需要学派之争》,载《环球法律评论》2005年第1期。

③ 参见周详:《如果没有"美人赋"——从中国古典文本品〈刑事诉讼原理〉》,载江溯主编:《刑事法评论(第45卷)》,北京大学出版社2021年版。

④ 有关中南刑法学科发展史,可参见郭泽强、刘代华主编:《如何培养合格的法律人》,法律出版社2022年版。

⑤ 参见齐文远:《"亲告罪"的立法价值初探——论修改刑法时应适当扩大"亲告罪"的适用范围》,载《法学研究》1997年第1期。

⑥ 参见苏力:《法律与文学:以中国传统戏剧为材料》,生活·读书·新知三联书店2006年版。

子。由此可见,苏力老师的思想观念对我的熏陶感染,潜移默化已经深入骨子里,可谓"病入膏肓"。若要治此好"病",就非得对自己"刮骨疗伤"进行自我反思不可。我采取的写作方式还是:形式上批他人,实质上批自己。

于是我在一些文章中又开始与苏力老师商榷。这恐怕也引起不少读者的误解,以为我与苏力老师有什么过节。这不能怪读者,只能怪我文章中很多地方用词不当。一直想找机会当面向苏力老师说明此事,但除了经常读他的书以外,并没有与苏力老师有过任何生活层面的交集。故一直未遂,心结积存良久。在本书出版之际,看到陈兴良老师在推荐序言中说:苏力奠定了"法律与文学"的学术范式。周详教授的这本书"实际上是法律与文学的刑法版,也就是把法律与文学的研究方法引入刑法研究之中",看到此处,我的心结瞬间消失了。

王朔也是我特别喜欢的中国作家之一,他有一本小说叫《动物凶猛》。我不知道,对我这只凶猛的动物而言,是该回笼关起来,变成一个温柔的婴儿,还是从动物园里放出来,搅得天翻地覆,给学术界造成更大的"秩序破坏"。我想这是每个有强烈"狮子"精神的学者内心的一种矛盾、煎熬与困惑。比如张明楷老师在《刑法学》序言中说:"本人并无'毁坏刑法学成果'和'扰乱刑法学秩序'的故意……","或许应当认为,对他人学说的批评,是对他人本身的尊重"。[①]

最后感谢北京大学出版社的蒋浩老师,无论是本书的出版,还是其他正在出版中的书籍,他都给予各种无法一一叙说的关心、帮助与支持。

[①] 张明楷:《刑法学》(第六版),法律出版社2021年版,第三版"前言"、第六版"前言"。

图书在版编目(CIP)数据

文学、电影与刑法：刑事案例演习课程实录 / 周详著. -- 北京：北京大学出版社, 2025.6. -- ISBN 978-7-301-35984-6
Ⅰ. D924.05
中国国家版本馆 CIP 数据核字第 2025CU5718 号

书　　　名	文学、电影与刑法——刑事案例演习课程实录 WENXUE、DIANYING YU XINGFA ——XINGSHI ANLI YANXI KECHENG SHILU
著作责任者	周　详　著
责 任 编 辑	田　鹤
标 准 书 号	ISBN 978-7-301-35984-6
出 版 发 行	北京大学出版社
地　　　址	北京市海淀区成府路 205 号　100871
网　　　址	http://www.pup.cn　http://www.yandayuanzhao.com
电 子 邮 箱	编辑部 yandayuanzhao@pup.cn　总编室 zpup@pup.cn
新 浪 微 博	@北京大学出版社　@北大出版社燕大元照法律图书
电　　　话	邮购部 010-62752015　发行部 010-62750672 编辑部 010-62117788
印 刷 者	河北博文科技印务有限公司
经 销 者	新华书店
	650 毫米×980 毫米　16 开本　24 印张　440 千字 2025 年 6 月第 1 版　2025 年 6 月第 1 次印刷
定　　　价	88.00 元

未经许可，不得以任何方式复制或抄袭本书之部分或全部内容。
版权所有，侵权必究
举报电话：010-62752024　电子邮箱：fd@pup.cn
图书如有印装质量问题，请与出版部联系，电话：010-62756370